A Claudia

la estima in[illegible]

personal de

[signature]

B.A. 15 de julio / 2003

MEMORIAS POLÍTICAS

OSCAR CAMILIÓN

MEMORIAS POLÍTICAS

De Frondizi a Menem (1956-1996)

INVESTIGACIÓN, DIÁLOGOS Y EDICIÓN:
GUILLERMO GASIÓ

CON LA COLABORACIÓN DE:
CAMILA CHARVAY

PLANETA / Todo es Historia

Diseño de cubierta: María Inés Linares
Diseño de interior: Orestes Pantelides

Independencia 1668, 1100 Buenos Aires
Grupo Editorial Planeta

ISBN 950-49-0387-8

Hecho el depósito que prevé la ley 11.723
Impreso en la Argentina

A Susana
A Malala, Susi, Carlos y Juan
Por tantos años de amor y de paciencia.

Presentación

La idea que dio origen a este libro surgió en una conversación en la embajada de Brasil. La propuesta fue de Guillermo Gasió, apoyada calurosamente por Susana, mi esposa. Se trataba de escribir un libro de memorias que recogiera sintéticamente mi actuación, bastante larga, en la vida pública, que me permitió ser testigo de episodios importantes y actor en algunos de ellos.

No era la primera vez que me rondaba una iniciativa de este tipo. Más de un amigo consideraba que por mi parte me encontraba en deuda. Pero mi formación personal que tiene una cuota académica no desdeñable me disuadía. Estaba pasando por una situación personal a mi entender absurda que descartaba la posibilidad de un esfuerzo de búsqueda de antecedentes y revisión de archivos para el que no me sentía realmente motivado.

Surgió entonces la transacción: Gasió se ofreció a trabajar en un esfuerzo conjunto. Su parte sería la presentación de preguntas y la mía las respuestas, frente a un grabador y con una frecuencia razonable.

Trabajamos así durante varios meses, hasta fines de 1998. La última conversación registrada en las páginas que siguen es del mes de diciembre de ese año. Todo el trabajo posterior ha sido división en capítulos, titulado, corrección de nombres no adecuadamente descifrados en la transcripción de las cintas y reformulación de algunos pocos párrafos que resultaron un tanto incoherentes. Se optó por conservar la forma coloquial, exactamente como surgió del grabador, al precio de sacrificar más de una vez, la elegancia gramatical y la corrección prosódica.

En la preparación del libro no se recurrió a un solo papel, deliberadamente. Se pensó que, o bien se hacía un trabajo académico con todo el esfuerzo del caso o bien se recurría a la memoria. Estamos pues ante unas *Memorias* en sentido estricto. Desde luego que la metodología escogida se presta a omisiones adicionales a la inevitable selectividad de la memoria humana. Esto no me preocupa demasiado porque mi objetivo principal es, más que una detallada elaboración histórica, aportar materia prima para el trabajo de historiadores. Si alguien objeta que el libro subraya excesivamente una participación personal, la explicación no es ciertamente una malsana tendencia egocéntrica. Consiste ella, más bien, en el propósito de relatar, de la manera más honesta que me ha sido posible, parte de lo que pude ver en largos años, sintetizado en dimensiones realistas y, en lo posible, legibles.

Desde luego, mi último paso por la vida pública puede extenderse considerablemente pero creo que lo que tiene mayor interés es lo que está más alejado en el tiempo y es por consiguiente, menos conocido.

Debo agradecer muy especialmente a Guillermo Gasió por la idea, por la incansable colaboración y por la inteligencia con la que orientó la indagación que llevó a mis respuestas, incluidas aquéllas relativas a hechos cuya relevancia el tiempo había parcialmente desvanecido. El agradecimiento se extiende con igual calidez a Camila Charvay.

Me quedan por mencionar algunos nombres que no aparecen en la crónica pero que estuvieron cerca, siempre o en algunas etapas del camino. Ante todo, mi hermano Luis Camilión, una figura singular de la cultura argentina de nuestros días. A Félix Luna. Y a Enrique Lúpiz, Federico Barttfeld, Ernesto de la Guardia, Alberto Salem, Alberto Dumont, Federico Erhart del Campo, José María Cantilo. A Gerardo Schamis, Eduardo de Simone y Héctor Tejerina. A José María Carazo, Patxi Aguirre, Benito y José Luis de Miguel y Rodolfo Calvo. A Ignacio Katz. A Carlos y Paula Keller Sarmiento. A Carlos Gregorini, Víctor Malavolta y Daniela Kutyn. A John Reilly. A Ricardo Ramayón, Raúl Estrada Oyuela, Rodolfo Gentile y Jorge Martínez Celaya que, con Héctor Subiza, integraban el escueto equipo de Cancillería en Brasilia. Y a Carlos Conde, Luis Barboza, Myriam Leitão y Carlos Chagas que, con muchos otros periodistas brasileños, supieron informar sobre una buena causa con objetividad y sin prejuicios.

O. C.

Pasar de la teoría a la realidad

¿Qué recuerdos familiares y de infancia guarda relacionados con la política?

Cada generación tiende a considerar que ha vivido durante lo que Karl Jaspers llamaba "tiempo-eje". Es probable, sin embargo, que quienes como yo, nacieron en 1930, tuvieron oportunidad de presenciar la suma de acontecimientos más notables de la historia del mundo. Por supuesto, por la propia mundialización de la historia, que se aceleró década a década en forma cada vez más vertiginosa.

En 1930 el mundo era aún europeo-céntrico. El mapa que se enseñaba en las escuelas estaba manchado de los contornos rojos del imperio inglés o amarillos del francés, aunque Estados Unidos –debatiéndose en la crisis– fuera desde mucho antes la primera potencia económica mundial, y aunque la Unión Soviética, vieja de sólo cinco años, con Stalin consolidado en el poder, o la Alemania con Hitler lanzado a su conquista, anunciaran cambios inminentes.

La Argentina a la que despierta un niño en edad escolar a mediados de la década era un país básicamente apacible. La vida era sencilla. Las diferencias en los niveles de ingresos podían traducirse en pocas cosas: viajar, tener una casa más lujosa, mejores vestidos o un nuevo auto. No existía la sociedad de consumo en los términos actuales.

El país de los argentinos estaba, sin embargo, bien conectado al mundo. Un niño de cuatro años podía incorporar el recuerdo del legado papal presidiendo el Congreso Eucarístico de 1934. "Es un santo. Es el próximo Papa", se decía del cardenal Eugenio Pacelli, del cual los argentinos se sintieron de alguna manera propietarios cuando se lo llevó, de hecho, al pontificado. Poco después, el mismo niño podía incorporar a sus recuerdos al presidente Roosevelt de visita en Buenos Aires con motivo de la Conferencia de Consolidación de la Paz del Chaco. Una banderita argentina y otra norteamericana en cada mano en un tiempo en que Estados Unidos suscitaba más bien indiferencia. "Es un gran hombre este Roosevelt –decía mi padre–. Sin embargo, algunos de mis amigos norteamericanos (entonces no se decía americanos) dicen que es un demagogo." No era tiempo todavía para saber qué era un demagogo.

Queda claro de lo dicho que mi padre era un conservador. Mi familia era por todos lados una vieja familia argentina. Como mis padres eran hijos menores de familias muy numerosas y se casaron relativamente tarde, se llega rápidamente en el árbol familiar a tiempos lejanos. De hecho, todos mis tatarabuelos vivían en el Río de la Plata al declararse la independencia. En el Río de la Plata digo, porque había en el tronco una o dos ramas uruguayas.

Consiguientemente, no había en mi casa, por ningún lado, memorias europeas. Todo era criollo, argentino de la Capital, de la provincia de Buenos Aires, del Norte Argentino.

Mi padre era un abogado, típico representante de los universitarios de La Plata en tiempos de la Reforma Universitaria. Recibido en 1917, era presidente del Centro de Estudiantes y también de la Juventud del Partido Conservador. Era reformista, pero nada que ver con el movimiento de la Reforma en el orden nacional. Los platenses en Derecho eran reformistas porque eran antiyrigoyenistas. No hay por qué descifrar aquí este enigma. Como producto de su generación era típicamente laico. Sus ídolos literarios eran Anatole France, Zola, Rubén Darío, Ortega, Maupassant. De chico, me hizo leer *La isla de los pingüinos*. Pero, al mismo tiempo, me envió al Colegio del Salvador, previos tres años en el Santa Unión, cuando las monjas aceptaban chicos hasta los ocho años. Los jesuitas de aquel tiempo eran cosa seria. Además, tal era la "altura de los tiempos". France era difícilmente transitable en un tiempo en que tenía vigencia en las conductas el *Index Librorum Prohibiturum*. ¡Como para meterse con Maupassant si *Los tres mosqueteros* estaba *off limits*!

Mi madre era una piadosa católica y al mismo tiempo una liberal convencida. Provenía de una familia decididamente mitrista, de las que entornaron la puerta cuando murió el general. Andaba a caballo en pelo, remaba como un pescador, pescaba, jugaba al tenis como una buena aficionada, tocaba piano de oído, era entusiasta de Wagner y de Richard Strauss, silbaba como un pájaro. Estaba muy adelantada para su tiempo pero, por otra parte, era una señora conservadora. Su catolicismo la llevaba a apoyar a Franco en la guerra española y su liberalismo a ser crudamente antinazi. Todo lo cual no era en absoluto contradictorio en aquellos tiempos. Mi padre, gran admirador de Inglaterra y Francia, no tenía tampoco dudas a medida que se acercaba la Guerra Mundial.

Tengo todavía grabados en mi memoria los titulares de *La Razón* y de *Crítica* cuando Hitler atacó Polonia: "Francia en pie de guerra", a título catástrofe. Yo ya estaba en el Colegio del Salvador y la guerra (como la española) no estaba ausente en las conversaciones de los chicos a los nueve o diez años. Varios compañeros eran españoles que habían huido del "terror rojo", que lo hubo, desde luego y sobre todo en Cataluña. Los jesuitas no tenían dudas sobre su posición en la guerra española ni ocultaban su alegría con su desenlace. En cambio, cultivaron una escrupulosa discreción cuando la Guerra Mundial, sobre todo a partir de la entrada de la Unión Soviética en la guerra.

Yo no tenía dudas: el nazismo era una calamidad que debía ser destruida. Como el único entretenimiento (aparte del fútbol, yo era de Boca, fanático) era el cine, recibíamos dosis de adoctrinamiento. Robert Taylor, enamorándose de una pianista rusa, que las autoridades soviéticas dejaban partir, generosamente. Philip Dorn luchando contra los nazis como nacionalista serbio. Cary Grant se embarcaba en un submarino rumbo a Tokio. Bogart se lucía en *Casablanca*, cuando todavía no era el ícono en que se convirtió. Por supuesto, no todos éramos aliadófilos. Un porcentaje de compañeros simpatizaba con Alemania o, si se prefiere, estaba contra quienes apoyaban los soviéticos. Pero era una minoría.

Cuando se produjo el golpe militar del 43 (los padres vinieron a buscarnos al Colegio) la cuestión tomó a la mayoría por sorpresa. Pocos sospecharon que se abría una nueva etapa en la historia argentina. Algunos pensaron –y se alegraron– que se rompería al fin con el Eje. Otros consideraron que se podría aspirar a una elección no condicionada por el fraude. Un chico de trece años sabía quién era Patrón Costas. Mi padre, aunque conservador, no simpatizaba con esa posibilidad. Pero a poco andar se comprendió de qué se trataba con el golpe, sin que, por supuesto se sospechara de la existencia de un coronel Perón. En el ambiente familiar y en el del Colegio no se simpatizaba con el gobierno militar. "Palito de yerba, nada en el mate", era el chiste popular sobre el presidente Ramírez. Cuando a Ramírez lo reemplazó Farrell, Perón se diseñaba con claridad en el horizonte. Y lo que se veía no gustaba.

Claro: no nos gustaba a nosotros. En 1944, en 1945, no se tenía noticia de la realidad de las dos Argentinas. Es decir, no la tenía el mundo oficial, que incluía a la mitad, abarcando en esa mitad a la totalidad de los medios de comunicación. Para colmo, surgió Evita. Surgió como la describe muy aproximadamente el musical y la película realmente admirable de Alan Parker: que sorprendentemente fue rechazada con gran incomprensión por casi todo el peronismo.

De repente, el 17 de octubre. Luego de las humillaciones de Chapultepec, del ingreso en la guerra, de la entrada casi por la ventana en las Naciones Unidas, llegó la sorpresa del golpe de Estado contra Perón y la respuesta popular. La Argentina burguesa no se repuso nunca –mejor dicho, hasta Menem– del choque producido por la erupción subterránea de la otra Argentina. Pero claro, se creía que las elecciones pondrían las cosas en su lugar, porque había que llamar a elecciones en la posguerra todavía de predominio norteamericano.

Vino entonces la otra irrupción: Estados Unidos entrando de lleno, ostensiblemente, en la vida argentina. Braden o Perón. Desde luego, una buena parte del país apostaba por Braden. La Unión Democrática, que se constituyó con todos los partidos del radicalismo a la izquierda, cometió un tremendo error: excluyó a los conservadores. En febrero de 1946 los conservadores –que no eran el 5% que se convertía por el fraude en 60%, pero sí un gran porcentaje de la sociedad argentina– votaron contra los radicales. Y aseguraron la victoria de Perón, que tomó de sorpresa a todos los que sabíamos, a través de la lectura de *La Nación*, que tal aberración no era posible. Mi padre, estoy seguro, votó en blanco, porque aunque jamás hubiese votado a Perón, nunca hubiese puesto el voto a un candidato radical. Sus hermanos, ciertamente, no tuvieron ese reparo.

¿Cómo vivió los años del peronismo?

Durante el gobierno de Perón yo tenía ya uso de razón política. Fui permanentemente opositor, tanto por las buenas razones como por las malas razones. Al ingresar a la Facultad de Derecho, a fines de 1946, esa actitud se fortaleció: el peronismo era impopularísimo en la Universidad. Pero no se hacía política. Perón terminó con la autonomía universitaria y, por ende, con la politización de los claustros. En 1948 el doctor Faustino Legón ya era Director del Instituto de Derecho Político y Constitucional de la Facultad. Muy amigo de mi padre, le ofreció incorporarme como auxiliar de docencia. Yo tenía una inclinación fuerte por el derecho civil, siguiendo las huellas de papá, pero a su consejo acepté el ofrecimiento.

En la diaria frecuentación de Legón y del subdirector del Instituto, Marcelo Sánchez Sorondo, mi visión del mundo empezó realmente a conformarse. En esos tiempos académicamente apacibles los clásicos de la historia de las ideas políticas, de Platón en adelante, pero sobre todo Maquiavelo, Locke, Hobbes, Montesquieu, Rousseau, Hamilton y Madison y, particularmente, Tocqueville, pasaron a ser mis lecturas favoritas. Cuando Sánchez Sorondo incorporó al Instituto al gran maestro del derecho y la historia constitucional, Manuel García Pelayo, tuve el privilegio durante tres años de ser el principal ayudante de uno de los más grandes especialistas del mundo. García Pelayo, que hizo gran amistad con Sánchez Sorondo, había sido comunista y un importante oficial del Ejército Rojo. El gobierno de Franco lo dejó subsistir en una posición académica, pero lo ahogó el clima y, como muchos, vino a la Argentina.

Por otra parte tenía yo contacto con el ala nacionalista del catolicismo. Mariano Montemayor trabó una amistad conmigo que duró hasta su muerte. Con muchos amigos frecuentábamos el colegio del padre Julio Meinvielle, como comentaré más adelante. Pero los elementos teóricos de análisis de la sociedad eran de procedencia liberal: Max Weber, Ferdinand Tönnies, Werner Sombart; también, el hegelianismo conservador de Lorenz von Stein.

Mi actividad en la Facultad transcurrió pacíficamente durante el decanato del gran caballero que fue Carlos María Lascano, con cuya hija Susana hube de casarme, en la única decisión totalmente acertada que tomé en mi vida.

Mi actividad en Derecho se complicó con la intervención de Juan Antonio Villoldo, y terminó en 1953, cuando reclamé la devolución de diez pesos que me habían descontado de mi sueldo como contribución a un busto a ser colocado en la sala de profesores de la Facultad "de la Jefa Espiritual de la Nación y Protectora de la Universidad Argentina, doña María Eva Duarte de Perón". Evita había muerto y yo no tenía nada en particular contra ella. No me gustaba el procedimiento y siempre había pedido la devolución de contribuciones "voluntarias". El decano de la Facultad, Fernández Moreno, me explicó que mi pedido de devolución, escrito, había sido el único en la Universidad argentina y que tenía que comprender que "eso no podía ser". Lo hizo con mucha simpatía, he de reconocerlo.

¿Cuál fue su actitud ante la revolución de 1955?

Cuando cayó Perón, los antiperonistas nos dividimos casi automáticamente en dos grupos. Mi hermana María Teresa, que desempeñaba una tarea apostólica estupenda en Emaús, fue el 23 de setiembre a la noche a visitar a sus amigos en Villa Soldati y Villa Cartón. "Es como si se hubiera muerto el padre de todos", me dijo. Yo estaba feliz luego de lo que entendíamos había sido una gran jornada cívica en la Plaza de Mayo. Mi hermana me llamó a la realidad. Pasé, pues, a integrar el grupo que, excluido Perón, entendía la necesidad de una gran reconciliación. "Ni vencedores ni vencidos" fue una consigna que, lamentablemente, no contaba con organización frente a la muy poderosa del otro grupo, al que la caída del régimen le había exacerbado el resentimiento y el deseo de venganza.

Durante el breve intervalo de Lonardi fui designado secretario de la Facultad de Derecho en la intervención de Alberto Padilla, un hombre moderado y lleno de sabiduría que tropezó de inmediato con el rector, José Luis Romero. Allí viví en carne propia la primera confrontación con el gorilismo, la otra cara de la intransigencia que el peronismo supo mostrar cuando definió la situación del país, jurídicamente, como estado de guerra interno.

La gestión en la facultad de derecho fue una interesante experiencia política. Padilla era un hombre de grandes cualidades, inteligente, cansino y de pocas palabras. Pachamámico, lo llamaba Marcelo Sánchez Sorondo. Profundamente antiperonista, carecía por otra parte de cualquier resentimiento y no le gustaban las actitudes apresuradas. Como era inevitable, requirió la renuncia del grupo de profesores, doce en total, que habían tenido destacada actuación política durante el peronismo. Con muy buen criterio consultaba sobre el resto y en ello reposaba mucho en mis opiniones, avaladas en el conocimiento que como alumno reciente tenía de la casi totalidad del cuerpo docente. Me parecía indiscutible que a quienes había respetado como alumno debía también respetar como autoridad académica.

Padilla hizo unos pocos nombramientos, no más de una docena. Contrastaba su actitud con la de otros delegados interventores, que expulsaron a la totalidad del cuerpo docente y crearon luego cuerpos docentes de la nada. Padilla consideraba esto una total aberración y una muestra de soberbia intolerable. En cambio deseaba llamar a concurso de inmediato para la totalidad de las cátedras, tarea a la que comencé a dedicarme full-time con la inmediata designación de los jurados. La idea era normalizar la situación en pocos meses, pero se tropezó en primer lugar con la conducción de la universidad en manos de los socialistas que consideraban a Padilla un conservador anacrónico, en segundo lugar con la renuencia de los centros de estudiantes que reaparecieron y con las principales conducciones en manos de radicales del sector intransigente, pero sobre todo de quienes por razones políticas habían estado alejados de la universidad peronista y entendían que su turno había llegado.

Un alto funcionario del gobierno me citó un día a su gabinete y me mostró un documento, una especie de cartapacio en varias páginas de pergamino que exhibían las firmas de todos los profesores de la universidad que habían adherido a la reforma de la constitución en 1949. Le sugerí que quemara el cartapacio porque con seguridad buena parte del poder judicial figuraba allí.

Lo cierto es que la pretensión de actuar con objetividad en un momento de cambios políticos profundos era ilusoria. Cuando comenzó la primera disputa en torno de lo que sería luego el debate sobre la enseñanza libre, el ministro Dell Oro Maini debió renunciar, lo que arrastró la renuncia de Padilla y mi renuncia luego de un incidente no muy agradable con el interventor de la Universidad, José Luis Romero. Las nuevas autoridades abandonaron los planes de concursos inmediatos, echaron a la casi totalidad del cuerpo docente y lo reemplazaron ex nihilo. Un espacio moderado fue reabierto luego con la designación de la singular figura que fue Ambrosio Gioja. Yo había abandonado las actividades académicas en las circunstancias antes recordadas. Como jefe de investigaciones del instituto de Derecho Político, Gioja me propuso incorporarme como profesor adjunto en la cátedra de Derecho Político, cuyo titular era Carlos Fayt con quien tuve el honor y el placer de trabajar muchos años, reanudando así las actividades docentes que continué hasta 1987, ya profesor titular de la asignatura.

Había llegado para mí, el momento de hacer política, de pasar de la teoría a la realidad, de acercarme a Arturo Frondizi.

La necesidad de las soluciones democráticas

¿En qué circunstancias conoció a Arturo Frondizi?

A Frondizi lo conocí en ocasión de un acto que fue parte de la campaña presidencial del año 51. Reitero que yo no era peronista, era opositor, pero tampoco radical. Frondizi era una figura importante, y fui invitado a escucharlo en un almuerzo en el Club Universitario de Buenos Aires. Allí hizo un análisis del peronismo cuya síntesis era que el peronismo era fascista, lo cual me sorprendió. No compartí en absoluto lo que allí se dijo. De modo que mi primer contacto con Frondizi fue bastante desilusionante, sobre todo desde el punto de vista académico-intelectual.

No lo volví a ver por largo tiempo, pero seguí su campaña personal y su actuación como jefe de la oposición.

Otro de los temas de la actividad de Frondizi que registré fue el libro *Petróleo y política*, cuya lectura me causó muy mala impresión, tanto en cuanto a la reafirmación de la política petrolera tradicional, como al prólogo, que me pareció una expresión bastante primaria y elemental de leninismo doméstico.

Por entonces, mi militancia transcurría en el Partido Conservador. El jefe político al que yo respondía era Vicente Solano Lima, aunque su exilio de la Argentina me impedía el contacto directo con él. Pero en definitiva, Frondizi significaba en la política argentina, fundamentalmente, la oposición al peronismo.

¿Qué ocurrió ante la revolución de septiembre de 1955?

Cuando cae el gobierno de Perón, la línea que Frondizi representaba –en rigor, no representaba en sí ninguna línea, era simplemente el presidente del Comité Nacional de la Unión Cívica Radical–, no era la que me resultaba afín.

Yo seguía militando activamente en el conservadorismo, donde se habían puesto en evidencia, luego de la caída del gobierno de Perón, dos líneas: una de ellas subrayaba los aspectos conservadores, y consiguientemente populares del partido; la otra subrayaba los aspectos liberales y, como los hechos nos revelaron en 1955, los aspectos antipopulares, poco populares, o elitistas del Partido Conservador. Esa división profunda de la derecha no nacionalista –en el sentido tradicional de la palabra–, marcó hondamente una generación y determinó algunas de las cosas que ocurrieron posteriormente.

La revolución del año 1955 fue respaldada prácticamente por la totalidad de los sectores políticos tradicionales argentinos. Pero la división que se produjo casi inmediatamente después, motivada particularmente por el golpe de Estado de noviembre de 1955, trazó líneas todavía más profundas para el futuro argentino que las que habían dividido tradicionalmente al conservadorismo y al radicalismo, o incluso al peronismo y antiperonismo de la década precedente.

El elemento nuevo y desconocido fue la aparición del radicalismo jacobino, que tuvo un impacto muy profundo en la concepción política de mucha gente de entonces, y fue en definitiva lo que en mi caso personal va a marcar mi aproximación a Frondizi. Hasta entonces, yo seguía con la línea de Solano Lima, que en ese momento representaba una reconciliación con el peronismo.

Me parecía razonable, puesto que en aquella época para mi generación –yo tenía 25 años en 1955–, no había duda respecto de la necesidad de las soluciones democráticas ni de la de legitimidad democrática en la Argentina. Tampoco había duda de que ello significaba el gobierno de la mayoría sin fraude, ya que veníamos de una generación que había repudiado profundamente el fraude practicado por la anterior. Y no ignorábamos que la revolución del 55 no había determinado la desaparición de la mayoría peronista. De manera que era indispensable encontrar una reconciliación con el peronismo, sin que significara en ese momento su retorno liso y llano.

¿En qué se fundaba su relación política con Solano Lima?

Era una relación de naturaleza familiar. Mi padre había sido presidente de la juventud del Partido Conservador de la provincia de Buenos Aires y, a su vez, presidente del Centro de Estudiantes de la Facultad de Derecho de La Plata, en el momento en que Solano Lima ingresó. De modo que fue en La Plata cuando comenzó su amistad personal con Solano Lima, que duró toda la vida.

Lo que me acercó finalmente a Solano Lima fue la manera en que enfocó la política en el 55: habiendo sido un opositor extremadamente activo, se le pasó la rabia al día siguiente del 23 de septiembre.

Para mí, significaba no solamente apoyar una línea política que compartía, sino una línea que, a medida que se acercaban las elecciones del año 1958, tenía la posibilidad de ser apoyada por el peronismo, dado que estaba bien claro que la posibilidad para el peronismo de asistir a aquellas elecciones estaba directamente excluida.

¿Cuáles fueron las especificidades de su antiperonismo de entonces?

Existía un denominador común de rechazo al peronismo que comenzó a expresarse de 1946 en adelante. No eran necesariamente las ideas económicas de Perón, ni las ideas sociales, sino ciertamente su autoritarismo y la obsecuencia que había caracterizado de un modo muy profundo su sistema.

Sobre su autoritarismo no había ninguna duda: su gobierno fue democrático en el sentido de que sus bases siempre fueron electorales, pero autoritario en sus prácticas, más allá de cualquier discusión posible. El aspecto de obsecuencia tenía íntima relación con el autoritarismo de Perón y con la dinámica totalitaria que había en el sistema, como lo demostró el enfrentamiento con la Iglesia. Pero la realidad popular estaba allí y había que buscar una forma de reconciliación, que era lo que el gorilismo de entonces negaba sobre la base de una asunción particularmente radicalizada de la vieja fórmula del fraude patriótico.

Ya no se trataba de los conservadores que habían disfrazado burlonamente la voluntad popular. La revolución del 55 había incurrido, casi inmediatamente después de consumada, en las violaciones más flagrantes del estado de derecho y de la Constitución que se suponía que había intentado restablecer.

Un sector importante del pensamiento argentino, en ese momento, tenía que reafirmar la legitimidad constitucional, el respeto del estado de derecho propiamente dicho, que era lo que se había reconquistado luego de su vulneración en el gobierno de Perón. También debíamos aceptar la realidad de la democracia, que significaba que el peronismo iba a tener que votar. En ese momento estábamos bajo la sombra del decreto 4.161, que lo proscribía.

¿Cuál fue su actitud hacia el gobierno de la Revolución Libertadora?

Para el año 1956 se había producido una serie de acontecimientos importantes: en el campo económico, la Revolución Libertadora había reiterado todos los errores de la conducción de Perón y no había recogido ninguno de sus aciertos.

Más graves habían sido sus errores políticos, el peor de los cuales fue el de los fusilamientos del año 1956: un crimen desde cualquier punto de vista, y sobre todo un terrible error, que a la larga le costó la vida al general Aramburu. Esos fusilamientos fueron las semillas que generaron la violencia de años más tarde.

Finalmente, estaba el campo de las decisiones institucionales: la reforma de la Constitución concretada en 1957 fue un hecho muy decisivo para las afiliaciones políticas de aquel tiempo. Nosotros habíamos visto con horror la abolición por decreto de la Constitución del año 49. Yo publiqué un artículo en la revista *Presencia* criticando esa abolición, fundándome en las teorías políticas de Carl Schmitt, quien, si bien es cierto que en un momento dado fue un pensador que convivió con el fascismo alemán, fue uno de los mejores teóricos del estado de derecho, y de la Constitución del estado de derecho.

La Asamblea Constituyente que se convocó para el año 1957 dio lugar a la primera gran campaña política luego del año 55, de la que yo participé, todavía dentro del Partido Conservador. Fui candidato a convencional por la provincia de Buenos Aires. Actuaba en la fracción que en ese momento encabezaba Emilio Hardoy, que junto con las otras fracciones conservadoras, logró diecisiete convencionales.

Lo que a mí me llamó la atención cuando se reunió la Constituyente fue la decisión de la Unión Cívica Radical Intransigente de retirarse de la Convención. Por primera vez empecé a pensar que la figura de Frondizi se manejaba con pautas políticas distintas de las que había tenido el radicalismo tradicional y bien diferentes de las que representaba el sector radical más próximo a la Revolución Libertadora.

Ese sector ya se había escindido, luego de la Convención de Tucumán que había tenido lugar el año anterior. Hasta el día de hoy me sorprende cómo la división del radicalismo fue presentada como hecha por Frondizi, quien había ganado democráticamente la Convención del año 57. El secesionismo fue generado, en realidad, por el grupo conducido por Balbín. Aquí me empezó a llamar la atención cómo la prensa liberal presentaba deformados hechos políticos muy notorios. No había la más mínima duda de que la legitimidad le correspondía a Frondizi y que el radicalismo en su conjunto debía haber aceptado su victoria.

De modo que en el año 57, cuando empezaron a trazarse las líneas finales de lo que iba a ser la campaña electoral del año 58, yo tenía gran afinidad con Frondizi, tanto en el repudio a la línea política que se había expresado en los fusilamientos del 56, como en la actitud de buscar una forma de reconciliación con el peronismo.

A esto se agregaba mi creciente interés por las formulaciones económicas del frondizismo, que se expresaban para el público en la revista *Qué*. Esta revista empezó a llamar la atención por sus formulaciones nuevas, sumamente heterodoxas y atractivas: la defensa de la enseñanza libre, la defensa de una política petrolera abierta, y la reclamación de una política de apertura al capital extranjero que significara inversiones masivas, particularmente en el sector público.

¿Qué actividad política adoptó en definitiva ante las elecciones de 1958?

Cuando se aproximan las elecciones del 58, se hace evidente que la polarización se produciría, al igual que en el año anterior, entre las dos fracciones de la Unión Cívica Radical. Y que el voto en blanco que había impuesto su número en aquellas elecciones de convencionales iba a desaparecer, en el sentido de que sería absorbido por una candidatura nueva o por uno de los términos de la opción radical.

La opción peronista empezó a condicionar el pensamiento político y el voto de mucha gente. Yo personalmente le planteé mis dudas a un dirigente político del Partido Conservador Popular, Mateo Gelisich, a quien dije, al acercarse las elecciones, que realmente tenía dudas sobre a quién tenía que votar. Me contestó que había que votar al candidato del partido, a Solano Lima. Le dije que Solano no tenía posibilidades de ganar, y en esas elecciones había que ganar. Recuerdo que me respondió que su opinión era que si lo votaba a Frondizi me iba a arrepentir, pero que si lo votaba a Balbín me iba a avergonzar...

La verdad es que la opción ya estaba hecha: yo ya estaba trabajando, aunque más no sea en el análisis intelectual del problema, a favor de la solución frondizista, sin haberlo conocido a Frondizi, ni tampoco todavía a Rogelio Frigerio.

Estaba próximo a Luis María de Pablo Pardo y a quien me llevaría al gobierno de Frondizi: Carlos Florit, que fue luego, sorpresivamente para todos, inclusive para él, el primer canciller del gobierno de Frondizi. Florit era por entonces prosecretario de la Corte Suprema de Justicia.

¿Cómo describiría al doctor De Pablo Pardo?

De Pablo Pardo era una personalidad muy especial dentro del nacionalismo tradicional argentino. Hay que aclarar que los intelectuales nacionalistas argentinos tenían un espectro muy grande de filosofías y posiciones políticas, que se habían reflejado en discrepancias durante la guerra.

Asimismo, De Pablo Pardo había sido un hombre de militancia fuertemente antiperonista. Estuvo conectado con el golpe de Estado de 1951. Hacia 1955 representaba una línea de pensamiento católico moderado, por lo que suscitaba grandes desconfianzas en los sectores liberales, sobre todo en la Armada. Había sido protagonista involuntario del golpe de Estado de Aramburu de noviembre de 1955, cuando Lonardi lo designó ministro del Interior en reemplazo de Eduardo Busso.

Yo me había acercado progresivamente a De Pablo Pardo, a medida que se aproximaba el proceso electoral del 58. Lo que nos aproximó primeramente a De Pablo Pardo fue el enfrentamiento con la Revolución Libertadora, que me llevó también a una participación marginal en la redacción de *Azul y blanco*, de Marcelo Sánchez Sorondo. De Pablo Pardo nos acercó al frondizismo y, probablemente, fue él quien contactó a Florit con Frigerio, porque Frigerio y De Pablo Pardo habían hecho una aproximación que, entiendo, inicialmente había funcionado bien desde el punto de vista de la mutua impresión intelectual que se habían producido. Por otra parte, De Pablo Pardo era un hombre con bastante conocimiento de lo que ocurría en las Fuerzas Armadas.

¿Cómo nació y se cultivó su amistad con el doctor Carlos Florit?

Florit venía de los grupos conservadores, aunque no de la militancia del Partido Conservador. Había sido siempre independiente. Era un típico exponente del pensamiento que tenía, como era también mi caso, un componente católico, un componente liberal, uno de inclinación hacia la línea popular, y también, uno de inclinación nacionalista. De alguna forma habíamos asimilado el nacionalismo como una actitud de replanteo del Estado argentino. Había una línea nacionalista en ese momento, que no había tenido nada que ver con el nazismo. Florit era uno de estos casos. Con él teníamos una afinidad muy especial, aparte de poseer parámetros intelectuales comunes, como el liberalismo doctrinario francés del siglo XIX. Había completado su formación universitaria en Europa, básicamente en España, Alemania y Bélgica. En España había sido discípulo de Zubiri, también de Luis Díez del Corral, y había trabajado en la línea del pensamiento del liberalismo doctrinario, particularmente de Royer Collard.

Una trayectoria parecida era la de un amigo común a los dos, y particularmente de Florit en ese momento: Arnaldo Musich, proveniente de la línea del nacionalismo, también antinazi, de los hermanos Irazusta. Representaba igualmente una línea de pensamiento económicamente liberal, políticamente conservador, pero con apertura hacia el sector popular y sensibilidad de tipo nacional.

Mi relación con Florit provenía de la Facultad de Derecho y de otro ámbito, el cenáculo del padre Julio Meinvielle, que había influido en casi toda esa generación, al menos en algunos de los aspectos de su pensamiento. En ese momento tenía una fuerte militancia antiperonista, lo cual era una de las razones de su atracción. Por otra parte, Meinvielle era un analista muy profundo de las cuestiones económicas. Era uno de los buenos conocedores de Marx, aunque obviamente lo criticaba. En su ámbito había una curiosa, para quienes no lo conocían, profunda libertad para el debate de las ideas, por lo que allí convergían demócratas cristianos, nacionalistas de derecha, conservadores, liberales demócratas. A Florit y a mí nos tenía caracterizados como liberales de derecha: nos ubicaba políticamente muy bien. Otras líneas ideológicas que habían estado muy conectadas con Meinvielle eran las que se relacionaban con la crítica al nacionalismo que habían hecho los nacionalistas más importantes, desde el punto de vista intelectual de su tiempo, particularmente Mario Amadeo y Marcelo Sánchez Sorondo.

Yo había sido discípulo dilecto de Sánchez Sorondo en la etapa en que había revisado su pensamiento originario. El pensamiento de Sánchez Sorondo que yo conocí estaba básicamente orientado a la ideología de Tocqueville y del liberalismo doctrinario. Había conservado de su origen ideológico histórico una cierta fobia antirousseauniana, por eso se inclinaba a los frenos y contrapesos. Era, en los términos de la filosofía del siglo XVIII, un hombre de Montesquieu y de Madison; y en términos de la filosofía del siglo XIX, un hombre de Tocqueville.

Todas esas corrientes habían convergido en la formación de un pensamiento político que se expresó en esa línea que se acercó al frondizismo, en el caso de Florit a través de Frigerio, y en el caso nuestro a través de Florit, para llegar a Frondizi y a Frigerio. Carlos Florit fue la persona que me acercó o convenció de la novedad importante que resultaba la línea de Frondizi.

Como ha ocurrido hasta el día de hoy, con Florit coincidíamos siempre en el enfoque de los hechos políticos. Muy pocas veces hemos discrepado. Él se había hecho amigo de Frigerio, ignoro la forma. Teníamos también otro punto en común que era nuestra amistad con Luis María de Pablo Pardo.

En el gobierno de Frondizi, Florit fue inesperadamente nombrado ministro de Relaciones Exteriores. Cuando asumió, lo hizo con la voluntad inicial de ser ejecutor de la *usina* de pensamiento que se suponía iba a ser De Pablo Pardo. Pero eso no ocurrió porque, como siempre pasa cuando alguien se sienta en una silla, naturalmente empieza a tomar las decisiones por sí mismo, porque lo impone así la dinámica de las cosas. De modo que no tardó en producirse un distanciamiento profundo entre Florit y De Pablo Pardo, y consecuentemente, entre los que estábamos junto a Florit frente a De Pablo Pardo, cuya actividad se separó progresivamente de la nuestra y posteriormente de la del gobierno de Frondizi.

Florit fue un ejecutor muy fiel de las políticas que Frondizi trazaba, y aportó a ellas su indiscutible competencia y su visión del mundo, que era coincidente con la que proponían Frondizi y Frigerio. Aunque, desde luego, sin los componentes de origen radical, en el caso de Frondizi, ni marxista, en el de Frigerio. Hay que sumar, además, la línea de pensamiento católico liberal de los que creíamos en la necesidad de la aproximación a Estados Unidos, a la que Florit se plegó plenamente.

Todas las primeras líneas de política internacional de Frondizi se hicieron durante la gestión de Florit, que coincidió además con la apertura al Fondo Monetario Internacional y la apertura indicada por la política petrolera. Se orienta también en el campo latinoamericano por las líneas trazadas por Frondizi en sus discursos como presidente electo en Santiago de Chile y Brasil, que enfatizan una política latinoamericana y de estrechas relaciones con los países vecinos. La política latinoamericana merece destacarse, porque fue mucho lo que Florit innovó en esa materia. La política latinoamericana de Perón había sido muy relativa, ya que había provocado gran desconfianza en los países vecinos, sin perjuicio de que se hicieron algunas aproximaciones puntuales exitosas con Chile y Brasil. Pero, en general, se había visto la política de Perón como una tentativa de difusión del peronismo como ideología en algunos países de América Latina, aparte de las dificultades que tenía con Estados Unidos.

La revolución del 55 había dado un giro totalmente opuesto ya que había intentado europeizar a la política argentina contra la evidencia y el tiempo histórico. En cambio, la política de Frondizi pondría énfasis en lo latinoamericano y naturalmente en la lucha por el desarrollo económico como eje de la nueva política latinoamericana. Eso significaba naturalmente una gran aproximación a Kubitschek: Florit estableció muy buenas relaciones con los brasileños, particularmente con Augusto Frederico Schmidt. La gestión de Florit, bastante poco conocida, significó un verdadero *turning point* en la política internacional argentina.

Cuando se produjo la crisis que llevó a Álvaro Alsogaray al gobierno, Florit se fue del Ministerio de Relaciones Exteriores. Durante su gestión, yo fui jefe de gabinete y director de personal, de manera que había sido probablemente su colaborador más íntimo, junto con Arnaldo Musich, que era formalmente asesor, y con Francisco D'hers, subsecretario de Relaciones Exteriores. Este último, un político radical que se comportó con Florit con condiciones destacables de amistad y consecuencia personales. La salida de Florit del gabinete fue consecuencia de la desfrigerización que impusieron las condiciones militares de marzo y abril de 1959.

La incorporación de Álvaro Alsogaray al gabinete representaba poner a alguien que estaba en posición potencialmente antagónica con Rogelio Frigerio, aunque eso no fue lo que inicialmente se supuso. En realidad, cuando se produjo la designación de Alsogaray, Frigerio no era adverso a su designación y el grueso de la tarea económica estaba ya realizada. Pero la pregunta por la designación de Alsogaray no debe ser tanto por qué Frondizi lo nombró a Alsogaray sino por qué lo sacó a Donato del Carril. En ese sentido, es probable que en el momento en que se produjo dicha crisis haya sido el propio Frondizi quien sintió mayormente la salida de Del Carril, aun cuando Frigerio, probablemente, haya podido interpretar que con Alsogaray iba a poder hacer tan buenas migas, o mejores, que con Del Carril.

Florit sale del gabinete y se lo propone como representante en la OEA. Como corresponde, se mandaron los pliegos de Florit y de Dardo Cúneo al Senado, que, aunque era unánimemente frondizista, adoptó una actitud poco honrosa al no aprobar esos acuerdos por razones de antipatía antifrigerista.

Florit se quedó en Buenos Aires, abrió su estudio, y se dedicó también a la redacción de trabajos, entre los que se destacó *Los militares y la guerra psicológica*. Ese libro tuvo una curiosa suerte editorial, porque la primera edición se agotó prácticamente en el acto, y lo mismo sucedió con la segunda. Según comenta Florit: "Evidentemente hay que pensar que yo era un escritor capaz de suscitar una adhesión inmediata de un público masivo o que los servicios de informaciones compraron todo y lo hicieron desaparecer". La verdad es que el libro ponía en evidencia de manera sumamente documentada la acción psicológica llevada por los servicios de las Fuerzas Armadas y por la Secretaría de Información del Estado contra el gobierno.

Es probable que los servicios de informaciones hayan empezado entonces su gran actuación en la política argentina como protagonistas propios. El Control de Estado en la época de Perón había funcionado como un instrumento del gobierno. Los servicios de informaciones de las tres Fuerzas Armadas –particularmente los de Ejército y Marina– a partir de 1958 empezaron a funcionar como organismos adversos al gobierno. Junto con la Secretaría de Informaciones del Estado, que había sido reformulada íntegramente por el gobierno de Aramburu, fueron fuentes permanentes de agitación de acción psicológica y perturbación para el gobierno. Obviamente, si había gente cuyos teléfonos eran permanentemente escuchados eran los de los funcionarios del gobierno. Por otra parte, la documentación que producían los servicios de informaciones eran campaña fundamental en la acción psicológica que pretendía presentar al gobierno de Frondizi penetrado de comunismo, pro peronista o corrupto. Esto dio lugar a ciertas actitudes de Frondizi, como las razones por las cuales no reprimió el movimiento de 1959. El punto culminante de la acción psicológica de los servicios de informaciones, en íntima conexión con sectores de la prensa, fue el tema de las falsas cartas cubanas de 1961, que fue una operación totalmente realizada por los servicios.

Florit siguió teniendo una presencia comparativamente activa en la política exterior, particularmente en la relación con Brasil. Estuvo presente en los trabajos preparatorios de la Reunión de Uruguayana, tuvo sus contactos personales con Janio Quadros, a quien visitó en Brasilia. Desde luego, acompañó a Frondizi con gran lealtad hasta el momento de su caída.

Frondizi: un interrogante

Volviendo al año 56, ¿cómo explica la contradicción que podría existir entre el conservadorismo próximo a Hardoy y el radicalismo intransigente de Frondizi?

No era contradictorio porque, primeramente, la cosa vino por etapas. Frondizi me atraía en algunas cosas de la revista *Qué*, pero todavía distaba mucho yo de haberme decidido a pensar que alguna vez iba a votar por él.

Con respecto a Hardoy, yo llego a él de una forma un tanto sinuosa. Primeramente, porque Hardoy estaba en el año 1955 con Solano Lima, hasta que se divide el conservadorismo. Nosotros optamos por Hardoy cuando, en las elecciones a constituyentes, Solano Lima decide la abstención. Yo personalmente no estaba preparado para una definición tan pro peronista. Además, me parecía que era importante participar en la Constituyente. En realidad, Hardoy era todavía en ese momento un moderado en el esquema político: la línea antiperonista dura del conservadorismo la representaban otros. Así que la razón por la cual me alejé temporalmente de Solano Lima y me acerqué a Hardoy fue porque yo francamente no estaba maduro para votar en blanco. En cambio Susana, mi mujer, sí lo hizo.

La aproximación a Frondizi viene después, en el año 58, cuando hay que optar. Yo me decidí a votarlo a Frondizi muy pocas semanas antes de la elección, compartiendo las dudas que tenían muchos, de un extremo o del otro. Recuerdo un diálogo que tuve, poco antes de las elecciones, con Ismael Viñas, quien obviamente no pertenecía a mi misma orientación sino que representábamos polos muy antagónicos. Me preguntó a quién iba a votar. Le respondí que votaría a Frondizi, aunque con reparos. Me confesó que le pasaba lo mismo, a lo que contesté que uno de los dos se estaba equivocando.

Supongo que tales dudas estaban generalizadas en el electorado.

Por supuesto. La opción que llevó al voto por Frondizi, y que lo condujo a la victoria, fue compartida por una enorme cantidad de argentinos por los motivos más diferentes.

Los peronistas, que en ese momento se habían consolidado en el porcentaje político que han mantenido históricamente –en torno del 30% del país– se encontraban frente a la necesidad de optar. La línea dura quería mantener la posición del año 1957: mantener el voto en blanco. Pero la mayoría optó por la solución pragmática de Perón, aunque muy a *contre coeur*. Frondizi no era mirado de ninguna manera con simpatía por la dirigencia peronista, casi en su totalidad. En todo caso, algún sector de la dirigencia sindical sí estaba dispuesta al diálogo con Frondizi, porque se tomaron en serio los compromisos electorales en torno a la Ley de Asociaciones Profesionales y en torno de la devolución de la CGT. Mi suegro, Carlos María Lascano, que se reaproximó al peronismo luego de la caída de Perón y que era un importante militante peronista, llegando a ser secretario general del movimiento, conversaba conmigo y me transmitía las dudas de su propio partido. En el peronismo de base había, desde luego, mucha renuencia al pacto. Un amigo de Lascano le decía: "¡Cómo lo vamos a votar Doctor, con esa cara de violinista polaco!".

Del otro lado estaban los radicales que apoyaban a Balbín. Ese grupo había sido radical toda su vida, seguía siendo profundamente antiperonista, y desde el punto de vista económico tenían el Programa de Avellaneda muy internalizado. No tenían ningún reparo en el ejercicio eventualmente autoritario del poder, ni tampoco en un proceso electoral que proscribiera a un partido de la dimensión del peronismo. Desde ese punto de vista, Balbín era un candidato natural. Aparte de ser un hombre de indiscutibles condiciones personales y morales, era un gran dirigente político, un gran orador y había sido un luchador digno contra el gobierno de Perón.

El llamado electorado independiente se enfrentaba con la opción. Los que no eran radicales pero tenían todavía un componente fuertemente antiperonista, iban a votar a Balbín contra Frondizi. Y los que habían disminuido este componente lo iban a votar a Frondizi, que representaba un interrogante, puesto que su campaña electoral, dejando de lado su pasado político, tenía elementos que, desde la perspectiva que se podía tener en 1958, parecían contradictorios.

Hay que recordar que en 1958 el país estaba muy inmaduro todavía. Muy poca gente tenía visión de lo que ocurría en el mundo. El peronismo había sido una especie de campana neumática que había aislado ideológicamente a la Argentina del resto del mundo. Y la Revolución Libertadora había acentuado aún más, con su anacronismo, esa dificultad de percepción.

Suele afirmarse que Frondizi violó sus compromisos electorales...

Me parece importante aclararlo, por lo que ocurrió históricamente después. Por de pronto, los compromisos fueron presentados por mucha gente desde el ángulo de su propia inclinación y preferencia. Frondizi respondía en ese momento a la influencia creciente de la revista *Qué*, o sea, de Rogelio Frigerio, aunque esto lo sabía muy poca gente, puesto que Frigerio era una persona totalmente desconocida.

Los debates del país contenían muy pocas iniciativas nuevas. La problemática económica de la Argentina era presentada de manera extremadamente precaria en un país que carecía de infraestructura. El peronismo había sido destructivo en materia de inversión pública. El país tenía menos comunicaciones y caminos que en 1946. La ciudad estaba oscura... Los temas económicos prácticamente no se incluyeron en la campaña electoral, excepto en algunos aspectos de la prédica de Frondizi.

En el campo político, para los que en la época se llamaban demócratas, democracia significaba el gobierno de los demócratas, y no el de la mayoría. Fue por entonces, incipientemente, que el frondizismo empezó a plantear, como su ideología distintiva, la integración y el desarrollo del país, caracterizándose lo que en el futuro sería el Movimiento de Integración y Desarrollo. Integración quería decir, en términos políticos prácticos, la reincorporación del peronismo a la vida política argentina en un sentido más amplio que la nacional-geográfica. Sin embargo, vale recordar que hacia el 58, la palabra desarrollo no tenía carta de ciudadanía todavía en la política argentina, ni como definición de movimiento político, ni como proyecto político, ni como conceptualización. El debate real sobre el que se llegó a la elección del año 1958 estuvo mayormente marcado por las actitudes políticas respecto del peronismo, más que por otra cosa. La victoria de Frondizi fue decidida por el peronismo excluido.

¿Gracias al pacto Perón-Frigerio?

Frondizi optó por el pacto, fundamentalmente, para asegurar su estabilidad. Yo creo que Frondizi buscó el pacto por una razón pragmática. Pensaba, después de las elecciones de 1957, que sin necesidad de ningún acuerdo con Perón, iba a ganar las presidenciales, porque la UCRI había demostrado que era una fuerza política muy importante y, aunque había perdido las elecciones con el radicalismo del pueblo (UCRP), el peronismo no tenía otra opción que votar a Frondizi –aunque no necesariamente de manera unánime– frente a la actitud radicalmente intransigente de la nueva Unión Democrática. De modo que, me parece, Frondizi se acercó al acuerdo con el peronismo –aunque no lo puedo decir con seguridad– por la necesidad de lograr una victoria electoral contundente.

No fue ésa la posición de Frigerio, que se acercó al peronismo porque, sobre la base de la alianza de clases, en la que él creía, sustentaba la necesidad del movimiento nacional y popular. Era una fórmula muy nueva en la política argentina, que no correspondía a ninguna realidad concreta, pero que se compaginaba con una idea del todo nacional, a la cual luego sí se incorporó Frondizi en todos los aspectos de la realidad argentina. Este bagaje intelectual no integró realmente el pensamiento de los grupos políticos del año 58.

Por otra parte, todos los argentinos de mi extracción política habíamos seguido con mucho interés la campaña de Álvaro Alsogaray en el año 57. Su planteo de que "la crisis la tiene que pagar el petróleo" nos había interesado, no solamente por la necesidad de hacer una nueva política petrolera, sino por la apertura que significaba hacia la recuperación de la capacidad de inversión y la recuperación del crecimiento del país. Para alguna gente, en efecto, en ese momento, el tema prioritario de la Argentina era recuperar el crecimiento económico, incorporar la idea del desarrollo económico. Fue entonces cuando las tesis de Frigerio sobre las problemáticas del desarrollo y el subdesarrollo llegaron a producir impacto, aunque al mismo tiempo despertaron una cantidad de reacciones negativas, en la medida que provenían del frondizismo, del desarrollismo y del integracionismo.

¿Cómo se condujeron las negociaciones preelectorales con el sindicalismo peronista?

Una de las cartas fundamentales que tenía el frondizismo para acercarse a la clase obrera era su convicción de que había que dictar una Ley de Asociaciones Profesionales, y que debía existir una CGT, única, que tenía que ser devuelta a sus administradores naturales, los dirigentes sindicales. Esta idea de una CGT única era incomprensible para algunos sectores importantes de la sociedad argentina, que la habían considerado un instrumento autoritario y que todavía la analizaban como si fuese una especie de órgano corporativo fascista. La idea de que la CGT representaba un instrumento posible en una alianza económica que se iba a inspirar en las ideas de la desregulación del aparato estatal, de la economía, del aumento drástico de la inversión y la apertura del capital extranjero, representaba una innovación fantástica.

Para Frigerio éstas eran cosas que cerraban muy automáticamente. Y tenía razón, pero resultaba de muy difícil admisión para la época. Frigerio ya tenía una visión de los acontecimientos mundiales lanzados hacia la globalización.

En fin, había tantas cosas en el pensamiento de Frondizi que motivaban reacciones de sorpresa como, por ejemplo, su primer discurso como presidente. Mi socio en el estudio jurídico, Enrique Libardi Novaro, que había votado a Solano Lima, me dijo: “Es un notable discurso; parece el primer ministro de Noruega en 1970. Lo van a voltear”.

Una usina de pensamiento

¿Qué recuerdos tiene de la asunción de Frondizi?

El 1° de mayo de 1958 fue un día tenso. Frondizi había ganado las elecciones por un amplio margen, pero desde el primer momento quedó claro que el sistema de poder requería en ese momento algo más que casi dos millones de votos de ventaja.

Ese mismo día se produjo el famoso episodio del saludo de Frondizi yendo hacia la Catedral con el general Bernardino Labayru, uno de los exponentes principales de la línea dura de las Fuerzas Armadas. Fue una especie de anticipo de lo que iba a ser la relación del presidente con los militares.

Por otra parte, Frondizi pronunció un discurso memorable al inaugurar el período parlamentario. Señaló a quienes lo habían votado que los caminos que recorrería eran los que había prometido en su campaña electoral, si habían leído bien sus promesas y dejado de lado la hojarasca inevitable en esa etapa de los procesos políticos.

El gabinete que conformó Frondizi fue básicamente partidario: eran casi todos hombres de extracción radical, como Vítolo, Del Mazo, Mackay, Noblía, incluido el ministro de Economía, Del Carril. Frigerio no quiso ocupar la cartera. Debo agregar que es un interrogante que tengo aún hoy si Frondizi lo hubiese nombrado. Pero, sin duda, Frondizi estaba dispuesto a adoptar las líneas económicas que Frigerio le proponía.

Los únicas excepciones a la ortodoxia radical del gabinete fueron el subsecretario de Justicia, Bruno Quijano, que provenía de un ala moderada del nacionalismo, aunque su familia tenía tradición radical en la provincia de Corrientes, y el ministro de Relaciones Exteriores, Carlos Florit, que constituyó una sorpresa para todo el mundo, empezando por el propio interesado. El candidato prácticamente cantado para dicho ministerio era Luis María de Pablo Pardo, que había estado muy próximo a Frondizi en la campaña. Sin embargo, a último momento fue dejado de lado por motivos que aún hoy son difíciles de desentrañar. Si bien en ese momento algunos pensaron que había sido descartado por influencia de Frigerio, yo no coincido. Florit tenía en ese momento 29 años de edad. Esto apuntó a una línea que iba a tener importancia en el gobierno de Frondizi: el llamado a colaborar de gente muy joven. Por ejemplo: Salonia fue subsecretario de Educación cuando apenas pasaba los 30; Alfredo Allende fue ministro de Trabajo a los 28.

¿Cómo era Frigerio por aquellos años?

Frigerio fue nombrado secretario de Asuntos Económicos de la Presidencia, pero sus competencias iban mucho más allá de lo económico. Casi de inmediato comenzó la realidad de un gobierno donde Frigerio tenía una influencia tan grande como la de todo el gabinete junto. De allí la campaña sobre el "gobierno paralelo". Que Frigerio no hubiera aceptado –o no lo hubieran designado– ser ministro formal en el primer gabinete fue un dato que contribuyó mucho a distorsionar los hechos políticos posteriores.

Frigerio contaba en ese momento con varios elementos que lo hacían una figura única en la política argentina. Uno de ellos era su preparación personal específica, aunque paradójicamente nunca se recibió en la Universidad. Fue un estudiante destacado, pero como era un activista afiliado a Insurrexit en su juventud –lo cual significaba no una formal incorporación al Partido Comunista, pero sí una proximidad íntima a él– y, probablemente, su dedicación a la actividad política, le privaron de recibirse de contador o doctor en Ciencias Económicas. Sin embargo, la solidez de sus conocimientos económicos era oceánica. No tanto por el conocimiento de la literatura académica de los últimos años, sino por su profunda formación clásica. En segundo lugar, Frigerio tenía una enorme experiencia práctica. Era un gran empresario, tenía una significativa fortuna personal. Pero fundamentalmente, sabía ganar dinero, sabía cómo funcionaban las empresas y sabía leer un balance.

Sus amigos próximos, que como él procedían de la izquierda, algunos sí afiliados al Partido Comunista como Narciso Machinandiarena, o como Eduardo Aragón, eran también grandes empresarios.

Por otro lado, estaban los amigos intelectuales: Marcos Merchensky, que era un socialista democrático; Isidro Ódena, que procedía de una izquierda más bien afín a la República Española que a otra cosa; y Juan José Real, que había sido secretario de Organización del Partido Comunista. Mención especial para Ramón Prieto, una figura destacada en la guerra española, que parecía español, hablaba como tal, pero había nacido en el Paraguay. Todos constituían un conjunto de figuras notables: se los llamaba la usina, y eran verdaderamente una usina de pensamiento, todos provenientes de la izquierda de los años treinta.

El otro amigo próximo a Frigerio, aunque no era integrante de la usina, pero que se incorporó rápidamente al gobierno de Frondizi, era Ernesto Sabato, quien le había dedicado a Frigerio su novela *El túnel*. Su hermano Arturo fue un protagonista muy destacado en la "batalla del petróleo".

Fue un equipo desde todo punto de vista notable: por su abnegación personal, por su capacidad, por la universalidad de su análisis, por su honestidad. Fueron figuras realmente austeras de la política argentina, a quienes, por otra parte, no les interesaba ningún tipo de bien material que no fueran los libros: era el único vicio en el que incurrían. No tenían tampoco demasiada dimensión artística, excepto la literaria. Eran en aquel momento una expresión política ubicada en el centro del panorama político, y que en materia económica habían asumido totalmente las ideas de Frigerio.

Frigerio fue, ciertamente, el primer argentino que comprendió las implicaciones del globalismo, con alguna limitación correspondiente a la óptica del tiempo y a la imprevisibilidad de ciertos desenvolvimientos históricos. Vio a dónde iba el mundo, pero no porque pensara que el capitalismo de fines de la década del 50 era distinto del anterior: sólo se potenciaba con los avances tecnológicos. Su pensamiento se basaba en el capitalismo que habían visto Marx, David Ricardo y Stuart Mill, con un sistema de producción que apuntaba hacia el mundo como un solo escenario. Un capitalismo conducido por Inglaterra, particularmente, y Francia.

Por supuesto que Frigerio tenía una clara conciencia de las dos limitaciones fundamentales que en ese momento impedían el funcionamiento de una economía global: una era la división del mundo en socialismo y capitalismo, y la otra era la división del mundo en países industriales y países subdesarrollados. Creía que la dinámica de la historia, impulsada por la dinámica del sistema de producción, llevarían necesariamente a la superación de ambas divisiones. De ahí que fuese un fiel creyente en la coexistencia pacífica, en un mundo bipolarmente montado militarmente, y en la necesidad de impulsar el desarrollo de lo que aún no se llamaba "Tercer Mundo".

Por supuesto que Frigerio no creía que eran solamente mecánicas históricas las que llevaban a esto, sino tendencias que debían ser impulsadas por la política. Como buen analista político, de raigambre hegeliana, creía que a la política la orientan fundamentalmente tendencias, y que el descubrimiento de la tendencia constituye el secreto del análisis político, teórico y práctico.

Desde ese punto de vista, su análisis internacional, que en primera instancia arrancaba de una actitud nacionalista, se encuadraba en un mundo donde la paz estaba necesariamente garantizada como consecuencia del equilibrio bipolar de las potencias, y consiguientemente, de la dinámica de una política de coexistencia entre ambos bloques. Frigerio apreció que su análisis, que ya venía de la revista *Qué* y del libro *Las condiciones de la victoria*, se confirmaba con el discurso de Kruschev en el 20º Congreso del Partido Comunista, de 1956, cuando se produjo la crítica al stalinismo y la declaración de la no inevitabilidad de la guerra y de la coexistencia como política consiguiente. Más aún a partir del primer lanzamiento del proyectil intercontinental soviético en el año 1957, hecho que, a su juicio, abría las perspectivas para políticas nacionales soberanas en cuanto consolidaba la bipolaridad militar. Ese equilibrio de poder era un precondicionante del sistema de relaciones internacionales.

Probablemente la manera en que hago hoy la presentación de las ideas de Frigerio es una síntesis vista a la distancia. Pero, sin duda alguna, ésa era la sustancia de su pensamiento y, sobre todo, de lo que hizo en la práctica. Esa política fue la que asumió Frondizi.

¿O sea que se trataba de un análisis profundo del funcionamiento del capitalismo?

Naturalmente. La idea fundamental que hizo de Frondizi un político tan original, y de Frigerio un pensador tan original, fue su posición respecto del capitalismo. Frigerio procedía del marxismo y tenía una metodología dialéctica, probablemente más hegeliana que marxista.

La conclusión de Frigerio era muy simple: la Argentina vivía en un mundo en el que las reglas de la producción estaban esencialmente marcadas por las directivas de la economía capitalista, siendo la producción la base de la economía. Entendía que la acumulación de capital –así la denominaba, prefiriendo una terminología de tipo clásica a la moderna de inversión–, era la condición del desarrollo económico y del mejoramiento de las condiciones de vida. Esto requería un análisis de la situación argentina y de las tendencias mundiales. Creía que la esencia del subdesarrollo era la imposibilidad de generar con medios propios una acumulación de capital necesaria para los requerimientos de una economía capitalista. De ahí que para Frigerio la apertura al capital extranjero resultara inherente a la naturaleza de las cosas. Por definición, un país subdesarrollado no podía desenvolverse con el ahorro nacional, sin perjuicio de que se debía estimularlo. De manera que en el esquema de Frigerio no cabían distinciones en la política de inversión: había que invertir en el sector público y en el privado, con capital privado nacional, con capital privado extranjero o con capital público extranjero.

Tampoco le cabía duda de que había que recuperar la moneda en la Argentina. En ese sentido, su prédica coincidía con la de Alsogaray –pese a que luego tendrían diferencias profundas en lo que se refiere a política monetaria–, pero Frigerio entendía que la moneda estable sólo era posible dentro de una política de desarrollo.

La estabilidad monetaria fue una bandera importantísima del gobierno de Frondizi. Eso llevó a los acuerdos con el Fondo Monetario Internacional y a las drásticas medidas que a fin del año 58 supusieron la eliminación de los controles de precios, de cambios, y la devaluación del peso, medidas que abrieron las perspectivas a la política que se haría a partir de 1959.

El tema petróleo constituía otro eje de la política de Frigerio. No porque pensara que era la prioridad lógica, sino porque entendía que era la prioridad cronológica en la apertura de las inversiones en la Argentina. La prioridad lógica eran las industrias pesadas, pero la posibilidad de requerir pronto apoyo externo le daba al petróleo una ubicación excepcional. El petróleo era el recurso rápidamente desarrollable de Argentina y donde se podían volcar recursos externos con mayor facilidad. Era, al mismo tiempo, la vaca sagrada del nacionalismo nacional, respecto de la cual Frondizi había escrito un libro que ideológicamente parecía cerrar todos los caminos. Pero Frondizi dejó de lado los conceptos de su libro y lanzó la política que iba a ser el eje de su esquema económico como modelo y también el centro de sus dificultades políticas con sectores muy vastos del escenario nacional.

Lo que Frigerio aportaba como más polémico, y cuya adopción por parte de Frondizi revela consiguientemente su profundidad y su inteligencia política, era la idea de la desregulación y de la privatización de cuantos sectores fueran posibles. En 1958 no había capitales para invertir en las áreas de servicios públicos que en los últimos años han producido inversiones masivas. Por el contrario, la tendencia de los capitales a fines de los años 50 era concluir el ciclo de nacionalización y estatización que se había iniciado después de la guerra. Todavía estábamos en un mundo orientado por las directivas de la socialdemocracia y el laborismo inglés, que llevó a las nacionalizaciones de los años 40. Tampoco Perón tenía pasión por nacionalizar los ferrocarriles argentinos: no tuvo más remedio como consecuencia de la política británica.

Otra de las ideas de Frigerio era que carecía de sentido hacer un planteo de tipo nacionalista tradicional en el sector de las comunicaciones. Recuerdo que yo era subsecretario de Relaciones Exteriores cuando me explicaba que no tenía sentido hablar de la propiedad estatal de las telecomunicaciones, ya que en cualquier momento nos pondrían un satélite sobre la cabeza que iba a mandar los programas de televisión directamente a nuestras pantallas. ¡Esto dicho en 1961!

Ese modo de ver las cosas en la Argentina era muy raro, diría que excepcional. Es una de las explicaciones de por qué Frigerio tuvo tantas dificultades, agregadas a las que ponía su propio temperamento. El hecho de que viera con tanta claridad lo que muy poca gente podía comprender lo irritaba y lo hacía sumamente intransigente.

¿Cuál era la relación intelectual de Frondizi con Frigerio, tomando como eje Las condiciones de la victoria*?*

No cabe duda de que el pensamiento de Frigerio, específicamente el que se empieza a formular a través de *Las condiciones de la victoria*, condicionó tanto el pensamiento como la acción del gobierno de Frondizi; antes de llegar al poder, durante el gobierno, y en las ulterioridades de la vida política que tuvo el partido y el movimiento hasta la muerte de Frondizi.

Por lo pronto, la idea operativa en el campo político que se implementó en el Frente ya había sido plenamente desarrollada por Frigerio antes de las elecciones de 1957, pero particularmente con el resultado de las elecciones de constituyentes. Si se sumaban –que fue lo que hizo Frigerio– las fuerzas políticas que se habían expresado en el voto en blanco y en la UCRI, frente a las que había tenido el oficialismo de la Revolución Libertadora, expresado en la lista Radical del Pueblo, se configuraba un frente político victorioso. En términos teóricos, eso se expresaba en lo que Frigerio llamaba la "alianza de clases".

¿Cuál era el programa político de la "alianza de clases"? Legalidad, desarrollo, política internacional independiente. Ésas eran las patas del trípode sobre el que se fundaba la política a proponer y que Frondizi iba a adoptar.

Es probable que cuando cayó el gobierno de Perón, Frondizi tuviera en mente el Programa de Avellaneda, formulado por el ala intransigente de la Unión Cívica Radical, concretamente, por Moisés Lebensohn, que era la figura política por la que Frondizi tuvo probablemente más admiración. Y así lo expresaba también el equipo del partido radical que lo acompañaba. Frondizi, en definitiva, era de alguna manera la izquierda del radicalismo, que tenía su mejor expresión en el Programa de Avellaneda, y que con el correr del tiempo expresaría las políticas económicas del radicalismo del pueblo. Eso naturalmente no tenía nada que ver con Frigerio.

¿Qué querían decir las tres bases del programa que luego adoptó el gobierno como síntesis de sus aspiraciones?

Legalidad significaba, ante todo, el restablecimiento pleno del estado de derecho, y cuando se pensaba en el estado de derecho el término de referencia que se enfrentaba críticamente era, no ya el obvio déficit institucional que tenía el peronismo, sino el de la Revolución Libertadora. De modo que el primer componente de la legalidad era naturalmente restablecer la normalización política del peronismo. Frondizi tenía cabal conciencia de la legitimidad relativa de su mandato, lo cual no quería decir que no estaba dispuesto a utilizar las ventajas que le daba haber llegado al poder con esa semilegitimidad. Para ello, justamente, el pacto había sido la manera de conseguir la semilegitimidad, que no tuvo, por ejemplo, el gobierno de Illia de 1963. En definitiva, Frondizi había sido votado, aunque como opción. Por supuesto, se sumaba el cumplimiento de los compromisos de legalidad del pacto que se podrían sintetizar en la abolición del decreto 4.161 y en el restablecimiento progresivo de la acción política legal del peronismo.

Desarrollo económico quería decir fundamentalmente la orientación de la política argentina hacia un aumento drástico de la tasa de inversión.

El gobierno de Frondizi se define entonces como un gobierno inversionista, orientado a la modificación de la infraestructura de servicios y a la modificación de la pauta de producción argentina sobre la base de la industrialización. El modelo económico partía de la premisa del agotamiento de la llamada "estructura agroimportadora" –básicamente el modelo de la generación de 1880– afectada por la obvia explicación de la teoría del deterioro de los términos del intercambio, de origen cepaliano. Eso implicaba un cambio en la composición del producto bruto argentino, no tanto en términos de porcentajes industria-servicios-actividades primarias, sino en cuanto a la composición del paquete industrial. Para Frigerio, era muy claro que desarrollo quería decir consolidar una estructura industrial no dependiente de importaciones de materias primas que impusieran, consecuentemente, periódicos estrangulamientos del balance de pagos. Para Frigerio, en la medida que la industria liviana no tuviera una infraestructura adecuada en el sector de los insumos básicos, el país estaba condenado inevitablemente a crisis periódicas del balance de pagos y, por ende, a una especie de recesión estructural insuperable. De ahí la prioridad de las industrias básicas juntamente con la de los servicios de infraestructura. La prioridad de los mismos, a su vez, llevaba a Frigerio a estudiar todo lo que posibilitara la privatización de dichos servicios en la medida que había una insuficiencia *ab initio* estructural de capital, en la medida que se trataba de un país subdesarrollado.

El gobierno de Frondizi, en ese sentido, iba a avanzar posteriormente en la medida en que las condiciones del capitalismo de aquel tiempo lo permitieran. Conviene insistir en que el capitalismo de aquel tiempo no pensaba justamente que las áreas de servicios públicos eran adecuadas para la inversión como se ha pensado en nuestro tiempo. Con todo, Frondizi pudo privatizar los transportes públicos de Buenos Aires, que en ese momento representaban el segundo déficit del país, después de los ferrocarriles. Sin embargo, la hipótesis de privatizar los ferrocarriles no fue ni siquiera analizada, porque no existía capital en el mundo en ese momento para invertir en ese tipo de actividades. Lo que sí intentó Frondizi, en una coordinación de acciones con el Banco Mundial –el llamado Plan Larkin– fue la reducción drástica de lo que entendía era una actividad obsoleta. Éste fue uno de los puntos probablemente más discutibles, con la perspectiva de nuestro tiempo, de las propuestas económicas de Frondizi. De hecho, sólo pudo levantar 4 mil kilómetros de vías, habiéndose propuesto levantar 20 mil. Por otra parte, cuando los ferrocarriles fueron recibidos por Frondizi tenían 280 mil empleados, los que se redujeron en un 40%, sin generar desocupación. Esta idea de privatización de servicios públicos y reducción de la burocracia ineficiente era naturalmente una idea de Frigerio.

La aplicación de pautas de mayor eficiencia en la administración del sector público fue el sucedáneo. Ya que no se podía privatizar, por lo menos había que aumentar la eficiencia. En el caso típico de la política del petróleo, lo que se quiso hacer fue destinar determinados sectores de la producción a la actividad privada que sí tenía capital internacional disponible. Paralelamente, se trataba también de aumentar la eficiencia de YPF. No hubo reducción demasiado drástica del personal de la empresa, pero sí aumentó mucho su productividad. Todo esto era, sin duda, aporte de Frigerio, a través de la eficaz gestión de Arturo Sábato.

Paz social significaba esencialmente la reconciliación con la clase obrera. En 1955 se produjo un distanciamiento fundamental de la clase obrera organizada, que siguió siendo peronista, con el viejo establishment nuevamente restablecido en el poder como consecuencia de la Revolución Libertadora. Paz social quería decir, en términos prácticos, la devolución de los sindicatos –que estaban intervenidos– a sus dueños, recreación de la CGT única, Ley de Convenciones Colectivas de Trabajo y Ley de Asociaciones Profesionales. Es decir, paz social –que luego Frigerio resumiría en la fórmula "alianza de clases"– se implementaba en todos esos temas concretos que, desde luego, en el momento que se propusieron suscitaron adhesiones en algún sector y profundas resistencias en otros. Quiero decir que, en este capítulo, la cosecha política era seguramente más limitada, porque la respuesta negativa estaba garantizada por un vasto sector de la sociedad, que no quería de ninguna manera que se restableciera el poder de los sindicatos. A su vez, los sindicatos iban a recibir con *mixed feelings* las iniciativas del gobierno, porque eran muy pocos los dirigentes obreros que estaban dispuestos a entrar en el esquema político del gobierno. La mayoría estaba dispuesto a resistir. Y desde luego, en Madrid, en esa materia, no se miraba con buenos ojos la posibilidad de que la clase obrera en su conjunto pudiera ser captada por Frondizi. El riesgo potencial que significaba un movimiento que integrara a la clase media argentina, expresada parcialmente en la UCRI, con el sindicalismo no podía ser bien visto por Perón.

De modo que, desde ese punto de vista, la política de paz social, de la manera como lo entendía Frondizi, estaba destinada a tener una cosecha política relativa y limitada. Obviamente, en general, todos estos movimientos no fueron vistos con simpatía por el sector militar, e inclusive por la Iglesia. El cardenal Antonio Caggiano tuvo posiciones bastante públicas contra la Ley de Asociaciones Profesionales.

Todo esto era la sustancia del pensamiento político desarrollista –aunque en ese momento la palabra se empleaba con más cautela– y consistió en la columna vertebral de las decisiones de Frondizi, con el agregado de algunos temas que no estaban en ese momento en el centro de la filosofía, pero que coyunturalmente eran de mucha importancia, como el tema de la enseñanza libre, una bandera que había levantado la revista *Qué*, y que se encontraba en flagrante contradicción con la tradición del Partido Radical, con lo que había mamado Arturo Frondizi y con lo que pensaba el grupo más íntimo de los asesores que lo habían acompañado en esa etapa previa al llegar al gobierno. Es probable que el distanciamiento a fondo con Nicolás Babini y su grupo se haya acentuado, sobre todo, debido al tema de la enseñanza libre. Obviamente, un caso característico fue el de Gabriel del Mazo, aunque no recuerdo que como ministro de Defensa haya tenido una actitud de oposición pública. Pero el hecho de que Gabriel del Mazo fuera uno de los prohombres del radicalismo histórico que había quedado del lado de Frondizi, indicaba que el tema de la enseñanza libre no podía menos que despertar polémica.

En cuanto al tema específico del petróleo, Frigerio tenía razón para considerarlo propio, sin perjuicio de que Álvaro Alsogaray pueda discutir la titularidad intelectual de la idea. En definitiva, la fórmula que establecía que la crisis tenía que ser pagada por el petróleo era de Alsogaray. Pero la manera en que los contratos se implementaron fue obra específica de Frigerio, quien negoció los primeros contratos con las compañías norteamericanas, juntamente con Arturo Sabato. Esto era exactamente lo opuesto a lo que Frondizi había dicho en *Petróleo y política*, donde sostenía la política común latinoamericana.

¿Cómo resumiría la relación intelectual y personal de Frondizi con Frigerio?

No hay duda de que la política que implementó Frondizi en su gobierno fue específicamente la que proponía Frigerio. Tampoco hay duda de que Frigerio tenía mucho celo sobre la propiedad intelectual de la misma, y que durante el gobierno de Frondizi, pero sobre todo después, la posibilidad de que no se le reconocieran sus aportes de manera muy clara constituyó un motivo de preocupación constante. Frigerio tenía una preocupación acendrada tanto por su figura política en ese momento como por la proyección de su figura histórica.

Existía una relación entre ellos que se ha repetido muchas veces en el curso de la historia del mundo, e incluso argentina. Sin perjuicio del mutuo y profundo respeto que Frigerio y Frondizi se tuvieron, no puede ocultarse la tensión derivada de la circunstancia de que Frigerio siempre tuvo la aspiración de que su rol no quedara inadvertido frente al brillo que tenía la figura de Frondizi. En la intimidad, Frigerio a veces se expresaba sobre el particular con bastante franqueza, aunque eso no implicaba que no reconociera los quilates que tenía su compañero.

En términos prácticos, cuando se planteaba alguna discusión, Frondizi terminaba siempre dándole la razón a Frigerio. Sin embargo, creo que en la actitud espontánea ante los problemas y, sobre todo, ante la forma de tratar con la gente, Frondizi y Frigerio eran muy diferentes. Frondizi, de alguna manera, tenía encasillada a la gente, y si sabía que una persona le podía dar solamente un 1% de aporte, la mantenía en ese casillero; de manera análoga, procedía con quienes podían aportar un 99%. Frigerio, por el contrario, era inclinado a requerir el 100% a quien estaba trabajando en el esquema, y los que podían dar solamente el 90% entraban fácilmente en la categoría de herejes.

En síntesis, no cabe la menor duda de que la política que se aplicó en el gobierno desarrollista fue básicamente la que proponía Frigerio, y que eso significó un cambio radical con el enfoque que traía Frondizi, lo que explicó el rompimiento del partido, aunque no el procedimiento empleado en la Convención de Tucumán, según ya dije.

¿Qué aspectos del pensamiento político de Frigerio considera más relevantes?

Frigerio pensaba en términos de movimiento nacional. No pensaba sino secundariamente en términos de política partidaria. Yo creo que uno de los déficit importantes de lo que fue la política de ese momento consistió en que Frigerio miraba con indiferencia la política de partido.

El modelo que establecía las directivas de su esquema político, el modelo que tenía en la cabeza, era un modelo de vanguardia política que consistía en la imagen del *Qué hacer* de Lenin. Es decir, una vanguardia ilustrada que tiene que conducir las cosas: el partido, en última instancia, era la usina como elemento orientador de lo que llamaba movimiento nacional.

Frigerio creía que la respuesta a las paradojas políticas argentinas –como ya expliqué– era la alianza de clases, porque dentro de su esquema convergían perfectamente la conveniencia objetiva de la clase capitalista y la conveniencia objetiva de la clase obrera. Pensaba que el desarrollo industrial era benefactor –como sin duda alguna lo era en aquella época– de los obreros industriales como fuente de trabajo y como fuente de ingresos. De modo que, para él, la alianza del radicalismo con el peronismo era inherente a la naturaleza de las cosas en el estado de la Argentina, país subdesarrollado.

Frigerio tenía probablemente mucha razón en el análisis de la caracterización de la Argentina como país subdesarrollado frente a las pretensiones de quienes creían que éramos una especie de Suecia latinoamericana. En este respecto, no deja de ser cierto que Frigerio formulaba sus análisis en términos bastante crudos.

Por otra parte, creo que había también un descuido significativo, o una subestimación significativa, de otras características de la Argentina. Porque en definitiva habían existido Sarmiento y Alberdi en el siglo pasado y eso había determinado un curso diferente en la evolución de su sociedad.

Frigerio nunca se afilió a la UCRI. Quienes estuvimos próximos a él tampoco nos afiliamos. Esa decisión, y tal enfoque de la política, fueron fuente constante de dificultades con el partido.

¿Por qué los recelos de Frigerio contra el radicalismo en general?

Hay dos aspectos del problema. Primeramente, las discrepancias objetivas que existían en cuanto a la acción política de coyuntura y al programa político a largo plazo. En segundo lugar, la dificultad orgánica de Frigerio para manejarse en una estructura política partidaria. Esta última característica ha sido manifiesta toda su vida y ha llevado como consecuencia la constante división cariocinética de los grupos que se organizaban en torno al desarrollismo. Las primeras razones eran muy obvias en el momento que se produjo la revolución del 55. El Partido Radical se correspondía con el grupo militar que estaba en ese momento en el gobierno. La corriente instintiva del radicalismo era fuertemente antiperonista y ésa no era la actitud de Frigerio.

El otro ámbito era el de la política económica. El radicalismo aferrado al Programa de Avellaneda habría sido continuador de las líneas menos positivas del gobierno de Perón, dejando a la vez de registrar el revisionismo de la última etapa del gobierno peronista, que se expresaba de manera arquetípica en los contratos petroleros con la California.

En otros temas puntuales, pero de gran importancia, como la enseñanza libre, el radicalismo estaba en la vereda opuesta.

También existían discrepancias de fondo con la política de devolución de los sindicatos a sus titulares y con la Ley de Asociaciones Profesionales.

De manera que lo que pensaba Frigerio estaba en las antípodas del pensamiento y la práctica política radicales.

El hombre más completo

¿Cuándo conversó con Frondizi por primera vez? ¿Qué impresión guarda?

Le diría que no tuve una conversación con Frondizi, en el sentido de que significara un cambio de ideas, hasta avanzada su Presidencia.

Frondizi opta por Carlos Florit como ministro de Relaciones Exteriores en lugar del candidato que todos creíamos que iba a ser: el doctor Luis María de Pablo Pardo. En mi opinión, fue una decisión personal de Frondizi y no una imposición de Frigerio, como se dijo. En realidad, Florit estaba en ese momento mucho más próximo a De Pablo Pardo que a Frigerio y yo no lo conocía personalmente a Frigerio. El equipo que Florit iba a llevar a la Cancillería fue presentado a Frondizi, y entonces allí lo volví a encontrar. De modo que en ese momento yo era un miembro del equipo de Florit, quien tenía con Frondizi una relación mediatizada por Frigerio.

En ese entonces, la aproximación a Frondizi no era tan sencilla porque tenía su intimidad repartida en dos grupos: sus amigos tradicionales, cuya figura más importante era Nicolás Babini, y el grupo de Frigerio.

Florit, Musich –que rápidamente se incorporó al esquema inicial de Florit– y yo éramos ajenos y lejanos. No recuerdo ninguna conversación personal con Frondizi, ni creo que la haya tenido, en el momento en que entramos a su gobierno. Además, hay que recordar que la designación de Florit como ministro fue la última adoptada en la integración del gabinete: se resolvió a pocos días de la asunción del mando. Es decir que, al asumir Frondizi, yo simplemente formaba parte del equipo de Florit en la Cancillería. Era un funcionario de alto nivel, porque era jefe de gabinete del canciller, y tenía una alta influencia en las decisiones de la Cancillería, pero no era una persona próxima al presidente.

Cuando yo regreso a la Argentina en 1961, luego del ciclo que tuve como ministro consejero en la embajada en Brasil, Frondizi me ofrece la Subsecretaría de Relaciones Exteriores, y se produjo entonces la primera conversación larga que tuve con él, en Olivos.

Al propio Frigerio, en esos primeros meses del gobierno, no lo conocía mucho. Mantuve muy pocas conversaciones con él. En realidad, la primera conversación a fondo que tuve con Frigerio fue estando en Brasil, cuando en uno de sus múltiples ciclos de desvanecimiento de la escena política que le imponían las presiones al gobierno de Frondizi, hizo un viaje a Río.

Desde luego que las grandes líneas políticas fueron las que me convencieron de que yo había acertado cuando en el año 58 voté a Frondizi, y cuando luego me había aproximado a él, hasta el punto de incorporarme a su gobierno.

Todas las decisiones iniciales en el área económica en el año 58 fueron decisiones que el país necesitaba profundamente. Yo no necesitaba tener una conversación personal con Frondizi para compartir esas iniciativas que eran motorizadas en medida fundamental por Frigerio, pero implementadas muy efectivamente por el equipo económico que encabezaban Donato del Carril y Roberto Alemann.

¿Cómo caracterizaría el pensamiento político de Frondizi hacia fines de los años 50?

Frondizi, a la inversa de Frigerio, sí era un hombre de partido, y aunque ciertamente ya no tenía todas las características del dirigente radical que había sido toda su vida, conservaba todavía muchas.

Era un radical muy peculiar, porque su formación ideológica también tenía un componente hegeliano significativo. Era un discípulo de Benedetto Croce, a través de su familia.

Su padre era un constructor italiano, también cultivado, que pertenecía a la línea de liberales republicanos italianos, que había transferido las ideas a sus hijos. No por casualidad nacieron Risieri, Silvio y Arturo Frondizi en la misma casa, con ese sesgo especial.

Benedetto Croce constituyó el parámetro ideológico con el que se manejó Frondizi. Por lo tanto fue un liberal, lo cual quiere decir que Frondizi no tuvo nunca componentes genuinamente marxistas, sin perjuicio de que haya tenido alguna lectura marxista, como lo demuestra el prólogo de *Petróleo y política*, que por otra parte, probablemente, no es de su puño y letra.

Los conocimientos de Frigerio acerca de Marx eran oceánicos, los de Frondizi, discretos, aunque más profundos que el promedio de la política argentina. Éste era uno de los motivos por los que respetaba tanto a Federico Pinedo, que era el otro político argentino que había leído a Marx y que conocía de veras su pensamiento, y nos recomendaba a los jóvenes de ese momento que si queríamos saber de política monetaria leyéramos a Marx, aunque no *El capital*, sino *La crítica de la economía política.*

No ha completado su comentario sobre Frondizi.

Frondizi fue sin duda el hombre más completo que llegó a la Presidencia argentina en el siglo XX. Como dijo de él un comentarista europeo que sabía de lo que hablaba: "Este hombre sí sabe lo que es el Estado". En ese sentido Frondizi era un estadista, desde luego también era un político ciento por ciento. Vivía sólo para la política las 24 horas del día, ninguna otra cosa le interesaba. Frigerio, por ejemplo, había sido un hombre de negocios, gustaba de la poesía y de la pintura; y tenía a ese respecto sensibilidad y conocimiento. Frondizi, que yo sepa, tenía un solo pasatiempo, la historia, y esto porque en definitiva la historia es política congelada. Las desviaciones que tuvo al final de su vida no tienen nada que ver con el Frondizi histórico, el que llegó a la Presidencia como un hombre de la democracia respetuoso al máximo de la libertad y los derechos. Era también un pacifista convencido. Cuando en la campaña presidencial contra Balbín le preguntaron qué figura de la historia mundial más admiraba respondió que Gandhi, lo que probablemente no compartía ningún argentino y también explica muchas cosas, incluida su política militar. Como Gandhi, era además austero, desprendido de cualquier ambición material y capaz de enfrentar tranquilo y sereno el despotismo y la arbitrariedad. Fue, desde luego, un hombre excepcional que guardaba sus distancias, muy pocos fueron los que llegaron a su intimidad: David Blejer, tal vez Donato del Carril, Aristóbulo Aráoz de Lamadrid y, desde luego, su admirable esposa y su hija.

Dar lo suyo a cada uno

¿Cuál era entonces la herramienta política para llevar adelante el gobierno? ¿Cómo operó la relación con Perón?

Para Frigerio tenía mucha más importancia la acción política con los sectores sociales que podían compaginar la alianza de clases que cualquier actividad de partido a la manera tradicional.

De ahí su preocupación por establecer relaciones con la CGT y por que se cumpliera el compromiso de Frondizi de devolverla a sus titulares, la dirigencia obrera peronista. Esto se acompañaba con su tentativa de penetrar esa directiva obrera con gente que le fuera adicta. Hubo algunos dirigentes importantes de la CGT de origen peronista, como por ejemplo Eleuterio

Cardozo, el dirigente de la carne, que fue sin duda genuino dirigente obrero por una parte, y se mantuvo como muy próximo intérprete del pensamiento de Frigerio.

Para Frigerio, la unidad de la clase obrera constituía un elemento importante en las condiciones de la política argentina. Devolver la CGT significaba devolver una CGT única, con una Ley de Asociaciones Profesionales que propendiera a la unidad sindical y a la unidad de la clase obrera en su conjunto. Esto era además indispensable para el funcionamiento armónico de la economía, ya que entendía que la división de sindicatos y la no sanción de la Ley de Asociaciones Profesionales llevaría no sólo a una atomización del movimiento obrero, sino lo que desde otro punto de vista era peor, a una división competitiva y a una penetración ideológica de los sectores de la izquierda en el sindicalismo, como en efecto ocurrió en la década del 60.

Frigerio entendía que las negociaciones que suponían un proceso de inversión, requerían interlocutores capaces de obligar a comprometer a la clase obrera en su conjunto.

Desde luego, esto no significó que Frondizi reclutara aliados cuando la CGT se constituyó. La CGT se orientó de acuerdo con las pautas que trazaba Perón, que era el otro protagonista que estaba detrás del escenario.

¿Cómo caracterizaría las relaciones de Perón, en el exilio, con Frondizi y Frigerio, en el gobierno?

Mi observación personal es que Frigerio y Perón tenían una relación de respeto mutuo y de amistad. Frigerio le tenía simpatía a Perón, y Perón, si es que podía tenerle simpatía a alguna persona, probablemente se la tenía a Frigerio. Además, sin duda le estaba agradecido por una serie de favores que le había hecho durante los primeros años de su exilio.

En cambio, Perón y Frondizi no se tenían la mínima simpatía. Frondizi había sido en definitiva el jefe de la oposición a Perón, no lejano a los golpes militares contra él. Por otra parte, en la época de Perón, era Frondizi quien había organizado que todos aquellos que tenían dificultades pasaran al exilio y escapasen de la persecución policial.

Eran personalidades muy opuestas. Perón alentó mucho la tesis del maquiavelismo de Frondizi. Y Frondizi tenía de Perón el juicio que tenían todos los radicales del partido. Probablemente, no había cambiado esa primera apreciación a la que me referí con anterioridad: que era un fascista. Pero por supuesto, las circunstancias determinaban que fueran transitoriamente aliados.

En definitiva, ambos entendían la vieja máxima que sostiene que el enemigo de mi enemigo es potencialmente mi amigo. Ciertos hechos posteriores ratificaron que Perón no deseaba que Frondizi dejara el gobierno. Perón quería un Frondizi no consolidado, pero tampoco expulsado del gobierno.

De cualquier forma, la posibilidad de que el gobierno de Frondizi llevara relaciones armónicas con Perón era muy reducida. Esto, habida cuenta de la orientación política que Frondizi estaba tomando, de los compromisos que las circunstancias imponían respecto de los sectores intransigentemente antiperonistas y de los enemigos de la política económica que Frondizi había emprendido, así como también de su política internacional.

¿Cómo se resolvería en definitiva el dilema de gobernar con todos los sectores simultáneamente en alianza y en conflicto con el gobierno?

Es verdad que los frentes que estaba dispuesto a abrir Frondizi en ese momento, presionado por Frigerio, eran muy vastos y planteaban la posibilidad de que se enfrentara con gran parte de la sociedad argentina simultáneamente, aunque por distintas razones.

La Ley de Asociaciones Profesionales lo enfrentaba con toda la clase empresarial argentina y con sectores de la Iglesia. La Ley de Enseñanza Libre lo enfrentaba con toda la izquierda ideológica argentina, empezando por su hermano Risieri, el rector de la Universidad. La negociación con el Fondo Monetario Internacional lo enfrentaba con la entera estructura interesada en que se mantuvieran el populismo y el estatismo en la Argentina, prácticamente con la totalidad de la administración pública y de los gerentes de las empresas del Estado, que en la Argentina eran en ese momento una clase poderosa. Por lo demás, la política de inversiones extranjeras lo ponía en colisión directa con la directiva de los sindicatos petroleros tradicionales y, desde luego, con la izquierda. Su política con Perón, y el pacto, lo enfrentaban con los militares.

Si se entendía con el Fondo Monetario Internacional era inútil que al mismo tiempo diera la Ley de Asociaciones Profesionales porque los dos compromisos eran considerados incompatibles. Si se abría el petróleo, era inútil que al mismo tiempo devolviera la CGT a los peronistas o trazara una política internacional que iba a tener pretensiones de independencia.

De modo que es real que a los cuatro o cinco meses de la gestión de gobierno, Frondizi tenía abiertos frentes de batalla con vastos sectores de la clase política argentina, que en ese momento eran considerados fundamentales por cada uno de los protagonistas.

Cuando Frondizi llevaba a cabo cada una de esas acciones, cada sector consideraba que le estaba dando lo suyo y no veía que eran decisiones políticas extremadamente difíciles y que dar lo suyo a cada uno en política es lo que justifica que los grandes líderes sean apoyados.

Tiene que ver con esto la deformación extraordinaria de ciertas versiones. Cuando yo fui enviado a Río en el año 1959 como ministro de la embajada, en Brasil no se podía creer que hubiera sectores en la Argentina que creyeran que Frondizi era un político inclinado a la izquierda. Para el elenco político de Kubitschek, Frondizi era el prototipo de gobernante capitalista que tenía una orientación amiga hacia Estados Unidos.

Consiguientemente no es de sorprender que Frondizi fuera estrepitosamente derrotado en las elecciones de 1960, y que en la Capital ganara Alfredo Palacios levantando las banderas más crudas del castrismo del momento.

La síntesis que intentaba Frondizi, su lógica interna, recién puede apreciarse a la vuelta de las décadas. La suya fue una visión extraordinariamente premonitoria.

¿Qué modalidades presentaba la relación con las Fuerzas Armadas?

La política militar fue un dato muy central en la Presidencia de Frondizi y ciertamente el punto más vulnerable de ella, porque fue allí donde la inexperiencia radical y la del grupo de Frigerio en el trato con las Fuerzas Armadas determinó el déficit más profundo.

Frondizi tenía conciencia de que los militares en su conjunto no habían digerido el pacto con Perón.

El problema fundamental de Frondizi es que intentó resolver la relación con las Fuerzas Armadas a fuerza de compromisos: cuando debió hacerlo, pero también cuando no debió.

Para mí, desde el primer momento hubo errores decisivos. El primero fue cometido cuando el capitán Francisco Manrique, que era en ese momento director del Liceo Naval, pronunció a los pocos meses del gobierno, un discurso absolutamente inaceptable. Cuando leí el discurso fui a ver a Florit, de quien en ese momento era jefe de gabinete, y le dije que pensaba que el presidente debía darle de baja inmediatamente. Yo provenía del conservadorismo, y no había duda de lo que había que hacer con esas cosas. Para mi sorpresa, Luis María de Pablo Pardo, que era consejero legal de la Cancillería, discrepó totalmente: dijo que no había posibilidades de sancionar a Manrique y que además, no convenía. Frondizi no pensó en sancionar a Manrique en ningún momento y pienso que ése fue un error terrible. Correspondía haber tomado una medida ejemplarizadora.

El momento decisivo del gobierno de Frondizi en su relación con los militares es cuando se produce el golpe de Estado de Carlos Toranzo Montero de setiembre de 1959, que fue una línea divisora de aguas. El análisis que yo podía hacer desde el Ministerio de Relaciones Exteriores era que Frondizi estaba en condiciones de reprimir. Lo nombró a Toranzo Montero con la expectativa de poder negociar con el más intransigente de sus adversarios, y a pesar del origen radical común, no quiso imponer la fuerza cuando pudo hacerlo, y luego de haber aceptado el pedido de retiro de Toranzo Montero lo volvió a designar comandante en jefe.

Me pareció tan terrible que le escribí una carta a Félix Luna, que estaba de consejero en la embajada en Suiza, diciéndole que a mi juicio estaba perdido el gobierno de Frondizi, dado que el manejo oficial de Toranzo Montero había sido una acumulación de errores, y que de esta manera probablemente se había perdido la posibilidad de controlar en adelante la situación militar. Eso era una intuición, porque yo no era un conocedor de la situación militar interna.

No estaba en condiciones de evaluar el efecto devastador que produjo el caso Toranzo Montero en el sector del Ejército que miraba con simpatía a Frondizi, y que era el sector que encarnaban el coronel Guevara, los Lanusse, López Aufranc, Aguirre, Laprida, en fin, quienes serían el corazón de los Azules en el futuro.

Otro tanto ocurrió con el coronel Álzaga y el teniente coronel Holmberg: se habían jugado por Frondizi, por la legalidad, tenían la relación de fuerzas a su favor, habían sido políticamente correctos y militarmente eficientes y fueron dejados de lado por el presidente. Fue interpretado, no sin argumentos, como una traición.

Yo creo que la Argentina ha tenido en todas las Presidencias decisiones que han cambiado el curso de la historia: el fraude contra Alvear, la política de Río de Janeiro de 1942, la decisión de la reelección indefinida de Perón, la anulación de los contratos de petróleo por Illia, etcétera.

En cuanto a Frondizi, su error fundamental ocurrió en setiembre de 1959 con su manejo de la política militar. Si Frondizi reprimía el golpe de Estado de Toranzo Montero, limpiando al sector que era minoritario de las Fuerzas Armadas, hubiera terminado su Presidencia casi con seguridad. Pero a partir de ese momento la bomba de tiempo quedó instalada y era cuestión de que ocurriera un episodio que el gobierno no pudiera absorber.

¿Cómo era la relación de Frondizi y Frigerio con Aramburu?

Era una relación equívoca, no se estimaban, se desconfiaban profundamente, pero en última instancia, se necesitaban. Aramburu quería ser presidente constitucional, para lo cual necesitaba un acuerdo con Frondizi. Probablemente también Frigerio quería ser presidente, pero era un hombre que siempre aceptaba compromisos, por lo que quizá ni Frondizi ni Frigerio descartaban a Aramburu como candidato a la sucesión. Y aunque creo que no lo deseaban como sucesor, consideraban que un compromiso político podía llevarlos a que Aramburu fuera la opción política.

Aramburu tenía a su vez ambivalencias y a medida que el tiempo pasaba iba mirando con simpatía la gestión de Frondizi. Sobre todo, sentía admiración por el equipo de Frigerio, por su análisis de las tendencias que apuntaban al futuro.

Cuando se produjo la famosa mediación al final de la gestión de Frondizi, sus dos líneas de apoyo convergieron violentamente sobre Aramburu. Tanto de los que querían salvarlo a Frondizi como de los que todavía estaban embalados por el rencor gorila. Aramburu optó finalmente por bajar el pulgar. Pero sirve apuntar que cuando Frondizi recurrió a Aramburu lo hizo porque sabía que había alguna posibilidad. Es uno de los capítulos más interesantes de la relación.

El resto es sólo anecdótico. El brigadier Abraim le propuso al presidente bombardear él personalmente a Toranzo Montero, y Frondizi no quiso. Luego lo justificó históricamente. Recuerdo que en una comida con Frondizi, ya derrocado, en casa de Jorge Bullrich, con el teniente coronel Enrique Holmberg, que fue unos de los que perdió la carrera en esa oportunidad, Holmberg le preguntó por qué había optado por el compromiso en aquel momento con Toranzo Montero. Frondizi le respondió muy seriamente: "¿Usted cree que las Fuerzas Armadas iban a defender un presidente peronista, comunista y ladrón?". Ésta fue su curiosa reacción... Era la demostración de que no estaba seguro de haber tenido razón. Por supuesto que la acción psicológica de aquella época presentaba al presidente como peronista, comunista y ladrón. Pero no hay duda de que fue un razonamiento demasiado inteligente el pensar en la posibilidad de encontrar un compromiso con las Fuerzas Armadas, que de todos modos lo iban a seguir considerando, con más razón, un político maquiavélico. Pocas veces en política la línea recta es la distancia más corta, pero algunas veces sí lo es, sobre todo con la política militar.

Esa decisión, ¿Frondizi la tomó en forma absolutamente solitaria o en consulta con alguien?

Yo creo que en consulta con Frigerio, por supuesto. Habrán chequeado cuál era el estado de ánimo de las Fuerzas Armadas, pero en ese momento hicieron un análisis estático de la situación. La relación de fuerzas a lo mejor era desfavorable, pero podía cambiar con la decisión del presidente, porque el ejercicio del comando cambia cualitativamente las situaciones. Así que yo creo que ahí la tendencia a hacer el análisis de relación de fuerzas en abstracto, que era inevitable en la metodología de Frigerio, llevaba a un error de perspectiva. Fundamentalmente sobre la forma como se ejerce el mando en una estructura como la militar, tema que fue siempre para ellos de muy difícil penetración.

Así como los militares no podían entender una personalidad que pensaba en términos dialécticos como Frondizi, él no podía entender que la verticalidad era la distancia más corta. La tesis de Frigerio es que la relación de fuerzas era desfavorable y es un punto en que yo creo que no han sido capaces de formular una autocrítica. La noción de que el ejercicio del mando militar cambia la relación de fuerzas no creo que formara parte de la captación de la realidad por parte de ninguno de los dos.

Algo más o menos semejante ocurrió con la anulación de las elecciones, en lo que yo creo que hicieron lo correcto, ya que no tenían más remedio. Otros podrían haber dicho que ya que los iban a sacar, podrían haber caído con la bandera. Yo creo que era distinto, ya que Frondizi tenía que hacer el último esfuerzo para defender el orden constitucional.

¿En qué aspectos concretos influyó la política militar en la marcha del gobierno?

El tema de la política militar tiene que ver con todos los otros aspectos de la política de Frondizi.

La primera renovación importante de gabinete, con la incorporación de Álvaro Alsogaray al mismo, acarrea el cambio de ministro de Relaciones Exteriores: el doctor Diógenes Taboada en lugar de Florit. A esto se le puede llamar la primera operación de desfrigerización del gobierno de Frondizi, porque en la medida en que Frigerio se aleja formalmente del gobierno y entra Alsogaray, ocupando ostensiblemente todo el espacio económico, en la política exterior sale una figura que estaba próxima a Frigerio, como era el caso de Florit.

Ésta fue una medida de Frondizi para prevenir un golpe militar. La designación de Alsogaray fue esencialmente una medida de política interior dirigida hacia los cuarteles y no hacia la conducción de la economía. Todas las medidas fundamentales habían sido ya adoptadas, incluso las políticamente más costosas: la eliminación de los controles de precios, los controles de cambio, el acuerdo con el Fondo Monetario Internacional y la devaluación. Habían significado un tremendo impacto sobre el costo de vida y una disminución de los salarios reales a despecho del aumento inicial famoso del 60% que se había adoptado como colchón. Ese aumento se había hecho a los efectos de tomar todas las medidas que significaron absorber en mucho aquel incremento. Alsogaray ingresó al gobierno, desde luego, con el compromiso de mantener la política de estabilidad.

La presión militar por el nombramiento de Alsogaray incluyó la designación de Taboada, dicho esto sin perjuicio de sus indiscutibles antecedentes personales, que lo hicieron un excelente canciller y un hombre de gran lealtad al gobierno de Frondizi.

Una forma de nacionalismo totalmente heterodoxa

¿Qué lineamientos habían distinguido hasta ese momento la política exterior de Frondizi?

La política exterior del gobierno de Frondizi fue definida desde el primer momento y no tuvo variaciones hasta el fin. Política internacional independiente, juntamente con desarrollo económico y democracia política eran los tres elementos que pretendían definir al gobierno de Frondizi.

En cuanto a política internacional independiente, lo que Frondizi intentó hacer desde el primer momento fue replantear la relación con Estados Unidos, sin perjuicio de que tuviese frecuentes enfrentamientos con Washington.

Ésta fue la primera política de acercamiento orgánico que se intentó en el país buscando acuerdos de fondo, tanto con la administración de Eisenhower como con la de Kennedy. El elemento de acuerdo básico era el desarrollo capitalista. Además, la Argentina, con Frondizi, abandonaba de manera consciente los resabios pro británicos que habían definido su acción exterior en todos los tiempos, incluido el gobierno de Perón.

El reconocimiento de la supremacía de Estados Unidos en el mundo económico y la apertura hacia el capital extranjero y hacia la cooperación económica con el extranjero, que definían teóricamente al desarrollismo, impulsaban esos acercamientos a Estados Unidos.

El desarrollismo partía de la premisa de que un país no era desarrollado en la medida que no tuviera capital propio para fundamentar su desarrollo económico. Y esto obligaba a que las antenas de la administración de Frondizi se coordinaran con las ondas que emitía la estación de Washington. Pero, desde luego, sobre la base de que esto significara cooperación con el desarrollo nacional y no simple apertura de un ámbito de negocios para los centros financieros o para las corporaciones industriales. Como por otra parte el gobierno estaba convencido de que era menester obtener una masiva radicación de capitales, tanto provenientes de fuentes públicas como privadas, el acercamiento con Estados Unidos resultaba una necesaria consecuencia. Una política que significara la adopción de pautas estrictas de una economía capitalista con visión de una globalización como hemos hablado antes, implicaba también este acercamiento que se hizo con toda conciencia.

La administración de Eisenhower y el propio Departamento de Estado recibieron con gran simpatía esas orientaciones iniciales que se pusieron bien en claro cuando el presidente Kubitschek lanzó la Operación Panamericana. El gobierno argentino definió su interés por todo lo que fuera cooperación económica procedente del sector público, pero al mismo tiempo definió con toda claridad que confiaba también en el privado para la incorporación de capitales que sirvieran tanto para la inversión directa como para el financiamiento de los programas de todo tipo, incluso los financieros.

A partir del acuerdo con el FMI empezó a tener muy buenos términos con el sector bancario norteamericano, y a partir de los contratos petroleros comenzó a ser mirado con gran simpatía por los centros internacionales de inversión.

Al mismo tiempo, otros aspectos de la política exterior de Frondizi representaron desde el comienzo dificultades significativas con todo el espectro de la opinión de Estados Unidos. Las mismas estaban ínsitas en la expresión política internacional independiente, que Frondizi defendía con todo rigor, hasta el punto que constituyó uno de los aspectos más caros de toda su gestión y que él entendía en términos de estricta defensa de los intereses nacionales como Estado soberano.

Es decir, Frondizi y Frigerio partían de una política nacionalista, y lo que hizo la política de Frondizi en este siglo fue una forma de nacionalismo que era sin embargo totalmente heterodoxa desde el punto de vista de las tradiciones argentinas.

El nacionalismo había estado asociado permanentemente con un esquema autárquico del desarrollo económico y de la política de inversión. En la época de Frondizi significó lo contrario, sin perjuicio de que la Argentina no estuviera dispuesta en ese momento para una apertura incondicional como la que se produjo en otras etapas del avance de la globalización.

Por otra parte, política internacional independiente quería significar también defender principios que eran tradicionales de la política argentina, como el de la no intervención. Frondizi creía en este principio en términos absolutamente incondicionales. La no intervención para él era condición *sine qua non* de todo esquema de política exterior; y era capaz de defenderla en términos extremadamente intransigentes dentro de su concepción general de no intervención con el límite de la necesidad de mantener la paz mundial.

En el esquema de política exterior de la época, la necesidad de preservar la paz era la condición de subsistencia de la humanidad en épocas de armamentos nucleares equilibrados. De modo que paz mundial y coexistencia pacífica implicaban el marco dentro del cual la soberanía podía crecer con los límites que podían significar la autodeterminación en un caso como el pueblo alemán.

¿Cómo funcionaron estos postulados en la práctica, particularmente en situaciones de crisis, como la que surgió como consecuencia de la victoria de la Revolución Cubana?

La Revolución Cubana produjo una novedad y se convirtió en uno de los datos que condicionaron la evolución de la política externa e interna de la Argentina. Cuando se aproximaba la victoria de la Revolución Cubana, el gobierno argentino contemplaba los hechos con interés y preocupación. Nunca se confundió respecto del color del movimiento de Fidel Castro como sí lo hicieron Estados Unidos.

Yo personalmente conversé con el embajador Beaulac, representante norteamericano en Buenos Aires, y le pregunté si realmente Estados Unidos estaba dispuesto a permitir el acceso de Castro al poder. Dado que ellos siempre habían manejado como propia esa área que consideraban de su estricta influencia, la pregunta no significaba una indiscreción. Me sorprendía que consideraran un dato relativamente indiferente el acceso de Castro al poder. Muy por el contrario, el gobierno argentino estaba persuadido de que Castro iba a significar un activo agente nuevo en la política internacional.

La embajada argentina en Cuba había estado informando con bastante eficacia, en el tiempo que la conducía Julio Amoedo, sobre todo el proceso que llevaba a los hechos que se desarrollaron a comienzos de 1959.

Las primeras decisiones del gobierno de Castro provocaron singular consternación en Buenos Aires, particularmente los masivos fusilamientos. Éstos fueron recibidos por Frondizi con enorme alarma, también por Frigerio, pero me parece que la sensibilidad de Frondizi fue en ese punto particularmente tocada. Creo que los fantasmas de 1956 se evocaron. También todos los que en 1956 habíamos considerado que los fusilamientos habían sido no sólo un crimen detestable sino un terrible error histórico, vimos con gran preocupación la situación.

Frondizi viajó a Estados Unidos en visita oficial, pero no de Estado. Destaco de esa visita el diálogo con Eisenhower sobre el tema Castro, según me lo relató Frondizi mucho después –yo no lo acompañé en esa visita, pero sí Florit–. En síntesis, Frondizi le significó su preocupación por la evolución de los hechos cubanos, por los fusilamientos, así como su convicción de que, para decirlo en la fórmula que nosotros utilizábamos en ese momento, "Castro no era un Betancourt con barba", y que significaba ciertamente una revolución de tipo nacional y social. Frondizi se encontró con una gran indiferencia. Eisenhower respondió casi con la frase de Jefferson de que el árbol de la libertad hay que regarlo a veces con sangre, y que la dictadura de Batista había sido tan violenta y corrompida que era comprensible que se hubiera producido una reacción de este tipo.

Castro llegó a ser recibido en Nueva York como una figura que encarnaba los mejores ideales de la libertad y la democracia en América Latina.

Frondizi no tenía por supuesto ningún ánimo de alentar intervenciones norteamericanas contra Castro, sino de manejarse con una cautela especial, porque pensaba que los hechos no iban a marchar de la manera como la opinión pública creía, empezando por la opinión pública argentina, que se encargó de poner en evidencia su incomprensión de los procesos al poco tiempo.

Cuando Castro visitó Buenos Aires en abril de 1959 se había puesto en marcha el Comité de los 21, que era la implementación a nivel regional de la Operación Panamericana. Es decir, la iniciativa del presidente Kubitschek, que Frondizi había apoyado de inmediato, y que consistía en el primer intento orgánico de América Latina de conseguir con cierto apoyo inicial norteamericano una ayuda significativa para el desarrollo económico. Es decir, la puesta en el tapete de la diplomacia continental del desarrollo económico como gran tema de la política regional.

Esto era una novedad si recordamos que el acta de Chapultepec, que se negocia cuando todavía no había terminado la Guerra Mundial, incorpora como única preocupación económica de todos los países del continente la libertad de comercio y la necesidad de abrir al comercio internacional todos los mercados del mundo. Era un mensaje de Estados Unidos contra los países europeos que conservaban sus imperios coloniales.

En 1958 eso cambia. Se lanza la Operación Panamericana con procesos como el cubano en el horizonte, ya que la aprobación de un programa de desarrollo económico tuvo lugar semanas antes de que se produjera la victoria de Castro. Los problemas económicos estaban en el horizonte. Lo que no estaba previsto era que se iban a plantear de manera tan intensa e inesperada como los presentó Castro en Buenos Aires cuando cuantificó algo que parecía en ese momento una exorbitancia: la suma de 10.000 millones de dólares como financiamiento adicional nuevo que tenían que poner Estados Unidos a disposición de América Latina.

La visita de Castro a Buenos Aires puso en evidencia que la relación de Frondizi con la Revolución Cubana iba a ser realmente difícil. Castro fue recibido con mucha precaución por el gobierno, que intentó imponer un cordón sanitario sobre sus desplazamientos, porque tenía la preocupación de que fuera utilizado como un factor de agitación por la oposición conspirativa, que en efecto dio a Castro una brillante recepción.

Correo de la Tarde, el diario de Francisco Manrique, se convirtió en el portavoz de la presencia de Castro en Buenos Aires: la imagen del fusilador se asociaba naturalmente a muy malos recuerdos por parte del peronismo y buenos recuerdos por parte de los más duros de la Revolución Libertadora. El diario *La Prensa* también dedicó editoriales muy laudatorios a Castro e incluso criticó violentamente esa política de cordón sanitario que había hecho el gobierno y las dificultades que había puesto para que se pusiera en contacto con el pueblo.

Sin embargo, se lo llevó a Castro a que viera algo más del público que lo esperaba en el Hotel Alvear y que estaba fundamentalmente constituido por sectores enemigos del gobierno de Frondizi: la clase alta, la clase media alta, o la clase media media de Buenos Aires.

Ocurrió un episodio muy curioso durante el recorrido de Castro por lugares del Gran Buenos Aires, adonde lo condujo el canciller Florit. Cuando en un momento bajó del auto y se acercó a un grupo de gente, uno de los del público se le acercó y lo saludó en estos términos: "¡Andá a fusilar lombrices, barbudo!". De modo que Florit le hizo ver a Castro que en los sectores populares del Gran Buenos Aires no era tan bienvenido como en el Barrio Norte.

Éstas eran la imágenes distorsionadas del año 58, que además ponían en evidencia cuáles habían sido las afinidades ideológicas de los años 55 al 58.

De cualquier forma, frente a Castro, el presidente Frondizi se trazó una directiva muy clara: había que observar la Revolución Cubana con mucha atención, ya que podía convertirse en el motor de importación de problemas para América Latina, por una parte. Por otro lado, había que evitar cualquier violación del principio de no intervención que afectara la autodeterminación del pueblo cubano o que pusiera de nuevo en marcha una política como la que durante tanto tiempo había soportado América Latina en las décadas anteriores.

Es decir, la política de no intervención había sido una tradición en la Argentina, y no se necesitaba ser radical para defenderla, porque los conservadores habían sido en esa materia incluso más intransigentes. No hubo, por ejemplo, un vocero más conspicuo de esa política que Carlos Saavedra Lamas. Pero, desde luego, los radicales eran también firmes partidarios de la no intervención. Esa política habría sido para la Argentina un ejercicio básicamente diplomático, de no haberse convertido en un difícil problema de política interna, porque sería una de las líneas divisorias de aguas en los sentimientos nacionales.

Era difícil defender una política de no intervención al mismo tiempo que la Argentina durante el gobierno de Frondizi no compartía una política de no alineamiento. La Argentina, en ese gobierno defendió siempre su condición de país occidental y su filosofía afín con Estados Unidos y los países occidentales. Pero por otra parte defendía el principio de la no intervención, expresión externa del hecho de la soberanía de los Estados.

No intervención en 1959 no era todavía un concepto demasiado complicado. Pero a partir del momento en que, por una parte, Castro empieza en efecto a exportar actividades subversivas a varios países de América Latina, y, por otra, adopta decisiones que suscitan el cambio total de la política de Eisenhower —fundamentalmente la confiscación de propiedades norteamericanas—, la defensa del principio de no intervención resultaba un tema realmente complejo.

Cuando tiene lugar la reunión del Comité de los 21, Castro define una nueva opción en la política internacional latinoamericana, todavía teñida de populismo tradicional. Yo personalmente recuerdo el discurso de Castro en la reunión del Comité de los 21 como un discurso muy similar a los de Perón. Tenía una primera parte crítica que, como todos los discursos que pronunciaba Perón cuando hacía el análisis de la política argentina, uno que era opositor tenía que ponerse las manos en el bolsillo para no aplaudirlo. Y después, una segunda parte programática que era un desastre. Un conjunto de afirmaciones que no tenían ninguna posibilidad de ser llevadas a cabo, que fue lo que Castro intentó hacer en las décadas siguientes aunque todavía sin retórica marxista.

Eran propuestas que no tenían posibilidad de empalmar con la forma como veíamos la realidad en ese momento. Las metas que sugería Castro, todavía muy lejos del socialismo, como condición del desarrollo social, nosotros considerábamos que pasaban prioritariamente por la construcción de la sociedad industrial. El populismo castrista se enfrentaba claramente con las directivas de la política de Frondizi, y Frigerio lo sistematizó muy bien en un folleto que ponía la experiencia argentina como contrapartida de la cubana para la solución de los problemas de América Latina.

¿Qué cambio significativo produjo el reemplazo de Florit por Taboada?

La renuncia de Florit no significó ningún cambio en la política exterior de Frondizi porque el canciller Taboada era totalmente solidario con el presidente. Hubo un período de predominio de la orientación que podía asociarse al nombre de Luis María de Pablo Pardo, que continuó como consejero legal.

Al salir Florit, yo dejé la Dirección de Personal, pero quedé en la jefatura de gabinete de Taboada, con poca influencia sobre el canciller pero con un diálogo fluido con él. El hecho internacional más importante que me tocó presenciar mientras me desempeñé como jefe de gabinete de Taboada fue la V Reunión de Consulta de Ministros de Relaciones Exteriores, que tuvo lugar en Santiago de Chile. Fue la precursora de los acontecimientos que se producirían a partir del año siguiente en el sistema continental y que iban a llevar a las dramáticas conclusiones de las reuniones de Punta del Este.

La Reunión de Consulta fue mirada con preocupación por nosotros en Buenos Aires. No me gustaba, desde el gabinete, una reunión que tenía como objetivo declarado la ratificación del sistema democrático en América Latina. Percibimos que Estados Unidos empezaba a preparar objetivos de largo plazo y básicamente nos llevaba a tomar posiciones en función de conflictos centroamericanos que estaba más allá de nuestro interés inmediato, y que iban, por el contrario, a repercutir negativamente en el ámbito interno. Pero, naturalmente, había que ir a la reunión. Hicimos antes alguna conversación, aunque no demasiado orgánica, con los brasileños para prepararla. En ese momento ya la relación excelente con el gobierno de Kubitschek estaba en marcha.

En la reunión de Santiago de Chile, la Argentina no tomó ningún papel protagónico. Sí fue importante el papel de Brasil, cuyo jefe de delegación, Francisco de San Tiago Dantas, redactó el texto de la llamada Declaración de Santiago.

Lo interesante de esa reunión fue que en ella se produjo el primer choque violento entre el canciller cubano Roa y algunos cancilleres latinoamericanos. Pero el que estaba sentado en el banquillo de los acusados no era

Castro sino Trujillo. Esa reunión era como un golpe de uno-dos de la diplomacia norteamericana. En realidad, el primer golpe era para Trujillo, como lo demostraron los acontecimientos inmediatos, pero el segundo era un golpe preventivo contra Castro, una advertencia.

La ratificación del sistema democrático representativo como condición para la pertenencia al sistema latinoamericano fue el objetivo de esa reunión meramente declarativa, pero muy relacionada con lo que ocurrió después. Roa firmó con las dos manos el documento sobre la ratificación de la democracia y desde luego intentó que todo el contexto de la reunión se proyectara sobre la figura de Trujillo. Los cancilleres de Cuba y la República Dominicana tuvieron inclusive un intercambio de palabrotas en el curso del diálogo. Pero todos los buenos observadores se dieron cuenta de que si bien era cierto que se preparaban pasos contra Trujillo, el destinatario final era Castro.

Frondizi observó todo esto con gran preocupación porque estaba convencido de que se empezaban a planear nuevos mecanismos de puesta en marcha del sistema de intervención a través de organismos regionales.

Y así ocurrió, en efecto, cuando en el año 1960, en la VI Reunión de Costa Rica se decretaron las sanciones colectivas contra Trujillo, que fueron resueltas durante el gobierno de Eisenhower, inspiradas por una diplomacia del Departamento de Estado que no apuntaba sólo a Trujillo. Éste fue luego asesinado en una conspiración en la que todos los elementos de juicio hacen pensar que tuvo una participación activa algún órgano del gobierno norteamericano.

Era obvio para nosotros que el blanco era Castro, porque ya en 1960 empezaba a quedar claro que su eventual afiliación al bloque socialista era una posibilidad y, por lo tanto, que la penetración de la Guerra Fría en el ámbito latinoamericano era un riesgo. La Guerra Fría había sido, y en definitiva lo fue hasta la caída del muro de Berlín, un fenómeno esencialmente europeo. Fue la consecuencia de la decisión de la Unión Soviética de adoptar como política de seguridad la ocupación política de una amplia zona de Europa oriental, y la respuesta de los países occidentales de no aceptar esa decisión soviética. Pero luego empezaron a producirse proyecciones internacionales a todos los puntos del planeta, y Castro representaba el riesgo de la penetración de la Guerra Fría en Latinoamérica.

La percepción más importante de política exterior del gobierno de Frondizi fue tratar de evitar que Castro optase por entrar en la órbita soviética, y para eso comprometió importantes esfuerzos negociadores. Pero en 1960 yo me encontraba en Brasil.

Durante el gobierno de Kubitschek, Cuba no fue de ninguna manera materia de discrepancia con la Argentina. Los dos países estaban alarmados con la evolución que tomaban los acontecimientos. El gobierno de Kubitschek, aunque de tono nacionalista, no tenía ningún tipo de vocación no alineada: era decididamente hostil a las iniciativas de exportación de la revolución de Castro. Cuando se realizó la reunión de Costa Rica, de 1960, Brasil tomó una posición de total alineamiento con Estados Unidos, y la Argentina no tuvo inconveniente en hacerlo puesto que no hubo ninguna resolución de tipo polémico. Se miraba sí con inquietud que la reunión fuera preparación de proyectos futuros de intervención en la isla, porque desde ese punto de vista, por supuesto, Brasil estaba en ese momento en una línea no intervencionista. Sin ser radical como era la Argentina, era su posición inclinada al no intervencionismo en el sentido tradicional de la palabra en América Latina.

El vecino de mi vecino es mi amigo

¿Qué funciones cumplió usted en Brasil durante el gobierno de Frondizi?

En 1959, cuando el gobierno había designado al embajador Carlos Muñiz como nuevo representante argentino ante Río de Janeiro, él me propuso que lo acompañara en condición de segundo de la misión. Así me orienté hacia lo que iba a ser el definitivo centro de gravedad de mi vida: la actividad en la política exterior.

¿De dónde proviene su actitud de apertura hacia las relaciones internacionales?

Diría que yo era como un romano de provincia bastante culto, con muchas lecturas clásicas, que ya entonces no eran demasiado frecuentes, con conocimiento de teoría política, profesor en la Facultad de Derecho. El interés en la política internacional era casi doméstico, era ínsito en mi propia educación familiar.

El grado de información que tenía de la política internacional era alto, porque había más tiempo para leer y básicamente porque toda mi generación había vivido pormenorizadamente la política mundial: durante nueve años las noticias más resonantes en la Argentina se referían a la guerra de España y posteriormente a la Guerra Mundial. Las opciones iniciales de Perón en materia de política internacional también nos habían dividido profundamente.

O sea que la preocupación por lo internacional fue para mi generación tal vez más acentuada y profunda que para las siguientes, a pesar de la inexistencia de la televisión y la precariedad de la radio.

¿Qué experiencias había tenido por el mundo?

Hasta el año 58 yo no había viajado a Estados Unidos, y a Europa la conocería más tarde aún.

Retomemos sus funciones en Brasil en 1959.

Fui designado como ministro consejero. Era un ministro político, inicialmente con mucho más contenido político que profesional.

La designación de Muñiz significó la puesta en marcha del más importante de los operativos de política exterior a largo plazo del gobierno de Frondizi, que fue el acercamiento con Brasil, que si bien no produjo resultados obvios inmediatos, fue el punto de inflexión del enfoque argentino hacia Brasil.

El reemplazo del embajador Felipe Espil, un diplomático tradicional argentino, que se correspondía con la política tradicional brasileña que se daba en ese momento en el gobierno de Kubitschek, encarnada en el canciller Neves de Fontoura, indicó que Buenos Aires empezaba a darse cuenta de las cosas antes que Río de Janeiro. El embajador Muñiz llevó una instrucción muy clara y ésta era que había que aproximarse a Brasil.

Éste es un dato que conviene señalar: todo lo que ha ocurrido desde entonces entre la Argentina y Brasil fue siempre anticipado por la Argentina, mirado con cierta renuencia por Brasil, y aceptado finalmente por Brasil, hasta convertirlo luego en un instrumento eficaz de la diplomacia brasileña.

Todavía, y eso lo han confirmado documentos publicados posteriormente en Brasil, en 1958 el canciller Neves de Fontoura daba instrucciones a su embajador en Buenos Aires sobre la base de que la principal amenaza a la seguridad brasileña era la Argentina. No hay la más mínima duda de que también tenía una apreciación similar el Ejército Argentino respecto de Brasil.

Quizás convenga recordar algunos datos que ahora resultan casi increíbles. Por ejemplo: cuando llegamos a Brasil, los volúmenes de las economías brasileña y argentina eran prácticamente iguales. La relación de producto bruto Brasil-la Argentina era 1,2 a 1; por lo tanto, el producto per cápita argentino era casi cuatro veces mayor que el brasileño, porque la relación de población ya estaba al borde de 1 a 4. Brasil era un país rural subdesarrollado, el 70% de la población vivía en el campo, los niveles de analfabetismo eran altísimos. Casi el 100% de las exportaciones eran materias primas.

Brasil tenía desarrollado un aspecto de su base industrial y llevaba considerable ventaja en la siderurgia, por la visionaria decisión de Getúlio Vargas de requerir la cooperación de Estados Unidos, del Eximbank, para la planta de Volta Redonda, como resultado de la decisión brasileña de aliarse con Estados Unidos en la Guerra Mundial.

La composición de las exportaciones brasileñas era similar a la que podría haber tenido, o tiene ahora, un país de América Central. No solamente desconocía la petroquímica, sino que la palabra no integraba el repertorio de sus temas políticos. Por supuesto que en la Argentina, hasta Frigerio, tampoco había figurado como tema político.

De manera que podríamos decir que las relaciones de fuerzas eran muy parejas. Las causas de conflicto eran las tradicionales: la disputa de zonas de influencia sobre Paraguay, Bolivia y Uruguay, país éste que resultaba una prioridad importante para las Fuerzas Armadas brasileñas, ya que el 25% de los generales brasileños de entonces, y hasta hace poco tiempo, provenían del Estado de Río Grande del Sur.

Insisto en que no hay duda de que Brasil no tenía hasta entonces, en sus hipótesis de trabajo político, un acercamiento con la Argentina de carácter nuevo. Desde luego, no quería tener malas relaciones, pero se podía tener disputas por las zonas de influencia. Su posición era aproximación or gánica con Estados Unidos, y Chile eventualmente podría ser un aliado. Debían ver para dónde se orientaba un gobierno como el de Frondizi, que en definitiva para ellos no era claramente pro occidental, aunque no había ninguna duda respecto de la orientación capitalista.

El punto fundamental de la convergencia creciente entre Brasil y la Argentina es que los programas económicos de Kubitschek y Frondizi primeramente se parecían. Se trataba del desarrollo económico dentro de un gran espacio territorial. Esta problemática creaba para quienes lo habían encarado como problema y creían fuertemente en ese momento en los impulsos industriales, una comunidad de intereses y consecuentemente, si no de cooperación abierta, al menos de no conflicto. Hay que tener en cuenta que en ese momento la Argentina y Brasil eran todavía magnitudes económicas muy parecidas, como ya comentamos anteriormente.

A todo esto se le agregaba la idea de que era menester la cooperación exterior para el desarrollo económico. Éste era otro punto en que convergían los pensamientos de Frondizi y Kubitschek. El brillante discurso que

Frondizi pronunció en Río de Janeiro, en visita realizada todavía como presidente electo, acerca del replanteo de las relaciones económicas continentales sobre la base de la cooperación económica no pasó inadvertido para Kubitschek. Este último se adelantó a lo que podría haber sido una iniciativa de Frondizi: la Operación Panamericana.

Esta Operación fue la primera propuesta de un programa global de desarrollo económico que planteaba las necesidades de inversión en el continente, ponía el acento en la industrialización de América Latina como condición indispensable para su crecimiento sostenido. Proponía una fijación de metas cuantificables y cuantificadas, lo cual provocó sorpresa, y alguna reacción moderadamente negativa, en el gobierno de Eisenhower.

En lo que el gobierno de Estados Unidos quería particularmente insistir, y en eso coincidía con el argentino, era en asignarle a la actividad privada un rol más protagónico en el proceso de inversión. Pero que el sector público tenía un papel a desempeñar lo admitió Eisenhower y el propio Foster Dulles, su secretario de Estado, puesto que de la Operación Panamericana surgieron las bases del Banco Interamericano de Desarrollo.

Brasil, en muy pocos años, se desarrolló sobre la base de la obra hecha por Kubitschek, que lanzó el Plan de Metas, y puso las bases de la industrialización, que permitió después el gran salto en el gobierno de Castello Blanco. La Argentina bajo Frondizi perseguía lo mismo, pero la diferencia que hubo entre los procesos argentino y brasileño fue que la interrupción del proceso constitucional argentino fue acompañado por una política económica totalmente opuesta a la que había seguido Frondizi. En cambio, el proceso económico brasileño fue sucedido por un gobierno que profundizó de manera muy agresiva la política de Kubitschek.

¿Cuál fue la clave estratégica del acercamiento a Brasil?

El punto de partida que escogió el gobierno de Frondizi para avanzar en su política con Brasil, donde el papel de Florit en la gestión concreta fue muy importante, era el sistema de consulta.

Éste fue por primera vez pergeñado en el primero de los documentos que se suscribieron bajo la gestión conjunta de Frondizi y Kubitschek, que es el acuerdo que firma el canciller Taboada con su colega brasileño Horacio Lafer, que se repite el año siguiente, con el siguiente canciller brasileño, Negrão da Lima. Tenían muy modestas pretensiones y probablemente las dos partes sabían que de todo lo firmado no se cumpliría demasiado, pero marcaban una línea.

¿Fue por entonces, y en Río, que usted anudó y consolidó su relación con Frigerio?

Exactamente. Fue a partir de un almuerzo que organicé en mi casa en Río, diría que hacia comienzos del año 60, del cual participaron Helio Jaguaribe, quien tres años antes había publicado *El nacionalismo en la actualidad brasileña*; el entonces teniente coronel Carlos de Meira Matos, luego sumamente conocido como el planificador de la estrategia brasileña contemporánea, y un médico, Juracy Magalhaes, gran conocedor de temas políticos. Fue una reunión de análisis en la que se discutieron temas que anticipaban muchas tendencias futuras: los dos protagonistas principales de la conversación eran firmes partidarios del entendimiento argentino-brasileño. Fue por entonces que Frigerio conoció a Schmidt, llegando a convertirse en grandes amigos.

Augusto Frederico Schmidt fue un personaje clave en la relación de Brasil con la Argentina, ¿no es cierto?

Por cierto, la Argentina tomó la iniciativa de decirle a Brasil que quería consultar. Y en Brasil encontró eco decisivo en Schmidt, una personalidad notable de la política y la sociedad brasileñas, el gran colaborador e inspirador de buena parte del gobierno de Kubitschek. Era un talento económico, un hombre de gran fortuna y un político totalmente heterodoxo, decisivo fundamentalmente en la conducción de la política exterior de Kubitschek. Además, fue uno de los grandes poetas contemporáneos de la lengua portuguesa. El rol de Schmidt en Brasil era similar al de Frigerio: hacía la diplomacia paralela. No era bien visto naturalmente por sectores de Itamaraty por ese motivo, pero otros importantes diplomáticos le respondían, tanto por su gran acceso a Kubitschek, cuanto por su gran talento.

En el Brasil de Kubitschek, cuando se daban pasos realmente audaces, como fue por ejemplo la Operación Panamericana, el formulador era Schmidt y la gente en torno de él, entre los que se destacaban diplomáticos muy importantes, como el ministro de la Corte Internacional de Justicia durante muchos años, José de Sette Camera. También, Celso de Souza e Silva, que fue no solamente un brillante embajador sino también durante un tiempo bastante largo jefe de redacción de *Jornal do Brasil*.

Ese equipo representó la modernización del pensamiento político diplomático brasileño, que hasta ese momento no había hecho cuestionamientos de lo que podríamos denominar el "satelismo privilegiado de Brasil". Brasil vivía cómodamente ubicado a la sombra de Estados Unidos luego de la larga apuesta de Vargas durante la Guerra. Se trataba de una adhesión acrítica a la política norteamericana, y por otra parte, como un reflejo de esa adhesión acrítica, de una política que todavía no había avanzado seriamente en el proceso de la construcción de Brasil como una gran potencia industrial.

No es de ninguna manera sorprendente que Brasil haya lanzado al mismo tiempo un gran programa de industrialización en el gobierno de Kubitschek, que ese programa haya sido en buena medida inspirado por la acción de Schmidt juntamente con otros hombres brillantes, y que también simultáneamente se hayan insinuado líneas de acción diplomáticas nuevas. Y una de las novedades era la aproximación a la Argentina. Eso todavía era resistido por algunos sectores de Itamaraty que consideraban aún a la Argentina una amenaza para la seguridad territorial de Brasil. Habían entendido siempre que había dos amenazas fundamentales contra la seguridad de Brasil en el continente, Estados Unidos y la Argentina. Por lo tanto su diplomacia se había orientado muy pragmáticamente a acercarse a Estados Unidos, y desde luego era un objetivo implícito evitar cualquier acercamiento de la Argentina con Estados Unidos.

De modo que, al mismo tiempo que en la Argentina se elaboraban estas ideas, Schmidt desarrollaba la necesidad del acercamiento argentino-brasileño como condición de la independencia de la política exterior de Brasil frente a Estados Unidos.

También para Jaguaribe, autor del famoso libro *El nacionalismo en la actualidad brasileña*, el acercamiento a la Argentina era una precondición para una política exterior independiente, que Brasil necesitaba y que tenía como término de referencia a Estados Unidos, frente al cual tenía que adquirir independencia.

De modo que en dos importantes expresiones del pensamiento brasileño, Schmidt y Jaguaribe, estas iniciativas argentinas tuvieron simpatía, cayeron en terreno fértil.

A la misma línea se iba a sumar luego San Tiago Dantas, ya en el gobierno de Jango Goulart. Para entonces, estaba maduro el ambiente para la firma del acuerdo de Uruguayana, pero hay que recordar que este acuerdo de Frondizi con Quadros tiene sus raíces en la gestión de Muñiz.

Desde luego que existía desconfianza y que en la Argentina había una cantidad de gente que no estaba en absoluto de acuerdo, incluida la Cancillería. Más aún, es interesante recordar que el propio Frondizi tenía algunos interrogantes, no respecto de Brasil, sino del impacto sobre Chile, debido a que estaba persuadido cuando ya se iba a firmar el acuerdo de Uruguayana, que su prioridad era en esos momentos concluir los problemas con Chile. Había firmado en 1960 los tres tratados sobre problemas de límites y el protocolo de navegación por los canales fueguinos que dependían de la autorización del Congreso, de modo que se preguntaba sobre el efecto que produciría en Chile un acuerdo como el de Uruguayana.

Personalmente recuerdo haberle dicho a Frondizi que el camino a Santiago pasaba por Río de Janeiro. Había que desmontar por la vía del acercamiento al vecino, la teoría de las fronteras mediatas, que seguía siendo el denominador común de las diplomacias latinoamericanas. El vecino de mi vecino es mi amigo.

En el gobierno de Kubitschek hubo otro factor muy favorable para este acercamiento inicial que fue el propio presidente Kubitschek, quien tenía gran simpatía a Frondizi. Y viceversa, pese a que no tuvieron nunca contactos mayores. Se veían como representantes del mismo enfoque, creían en la industrialización, creían en las prioridades, en la política de inversión, en el desarrollo nacional, en la integración social y geográfica de su países.

A Kubitschek le cayó con mucha simpatía el canciller Florit. A mí también me tomó simpatía, sobre todo a partir de la que me tenía Schmidt, con quien llegué a tener una amistad personal grande. Las circunstancias de que Schmidt fuera un paralelo le daba una afinidad natural con todo lo que se vinculaba a Frigerio. El presidente tenía además un particular afecto por Carlos Muñiz, el brillo de cuya Embajada no tenía rivales en Río de Janeiro.

Por otra parte, Kubitschek veía en algunos sectores del gobierno de Frondizi una capacidad intelectual que lo atraía. Por ejemplo, el delegado argentino ante el Consejo Interamericano Económico y Social, Cecilio Morales, una de las figuras de mayor talento que ha tenido en cualquier tiempo el pensamiento económico argentino. Era un hombre sobre el que Schmidt tenía la mayor admiración y tanta confianza que Morales elaboró un discurso de Kubitschek, a pedido de Schmidt.

Quiero remarcar que Schmidt comprendió que la relación con la Argentina tenía que ser una alianza de interés recíproco, sin que tuviera además una connotación antinorteamericana.

Los personajes sobre los cuales va a girar el acuerdo inicial de consulta en el campo de la relación formal son: en primer término, por supuesto, los dos presidentes. El canciller Taboada, que responde al presidente, y el canciller Negrao de Lima, que era un político totalmente afín a Kubitschek, aunque no se tomaba demasiado a pecho las cosas de política exterior. El embajador Muñiz, que era un convencido de la política de acercamiento a Brasil. Schmidt, Florit, y Frigerio, aunque en esta materia delegando prácticamente todo el trabajo a Florit; Cecilio Morales y Arnaldo Musich, que para entonces era una figura clave en la política argentina, interna y externa.

La construcción de represas hidroeléctricas por Brasil, ¿no era apreciada por entonces como hipótesis de conflicto?

Se empezaban a dibujar muy en el horizonte los problemas del río Paraná, pero en ese momento ni siquiera las dos grandes represas de Jupiá e Ilha Solteira, y mucho menos Itaipú estaban en proceso de análisis.

Esto es interesante señalarlo porque revela cómo los tiempos históricos suelen acelerarse enormemente y cómo aun buenos observadores pueden verse superados por el desarrollo de los acontecimientos.

Recuerdo que, desde luego, los proyectos sobre el río Paraná me interesaban, pero que en ese momento no le importaban a nadie como tema diplomático, ni siquiera a la gente de Itamaraty. Me parecía que la puesta en marcha de capacidades en el orden de los 10 millones de kilovatios instalados, como se decía que iba a tener Sete Quedas, o los 5 millones y medio de las dos represas de Urubupunga, parecían obras más allá de la dimensión continental.

Sin embargo, en el curso de la década estaban en marcha, y cinco o seis años después ocurriría el primer gran incidente diplomático por motivo de Jupiá, la primera solución a la que se llegó con el gobierno de Castello Branco, con Mario Amadeo de negociador de la llamada "práctica de Jupiá".

Es manifiesto que en ese momento, la Argentina –lanzada a un proyecto económico ambicioso como el de Frondizi, que no le tenía miedo a las inversiones y que tenía en Brasil a un observador totalmente integrado con esas ideas–, no era sin embargo capaz de prever los acontecimientos con el ritmo que iban a adquirir al poco tiempo.

¿Afectó la relación bilateral la transición de Kubitschek a Quadros?

En 1960, el proceso electoral brasileño marchaba con tranquilidad. La proyección de Janio Quadros se hacía evidente para mí. Representaba el prototipo del conservadorismo popular, a escala latinoamericana, y en ese sentido parecía tranquilizador. La gente que lo rodeaba era de suma competencia, un equipo de muy alto nivel. Janio hacía sus prácticas electorales de manera muy demagógica y primaria, alarmando a la gente del entorno de Kubitschek. Así, por ejemplo, Schmidt criticaba de manera reiterada la simpatía con que nosotros veíamos a la candidatura de Quadros. Me decía que Brasil iba a cometer un gran error si lo elegía.

Más aún, voy a contar una anécdota de Schmidt: el día en que Janio fue elegido fui a visitarlo cuando ya los resultados de las elecciones estaban predeterminados con las tendencias. Me dijo que yo debía estar contento. Le respondí que así era. Entonces me dijo que estaba equivocado y que era un observador irresponsable, porque no me daba cuenta de que Brasil había cometido un verdadero atentado contra la democracia universal y que eso lo iba a pagar amargamente. Como solía ser algo exagerado, terminé bromeando con él.

La verdad es que me retiré de la casa de Schmidt convencido de que se iniciaba con Janio una época de racionalización del proceso del desarrollo dinámico que había iniciado Kubitschek, muy logrado en cuanto a las prioridades y muy exitoso en sectores estructurales. Había transformado la realidad brasileña, pero al mismo tiempo había desatado fuerzas peligrosamente inflacionarias que amenazaban el futuro social de Brasil y Janio garantizaba que las iba a corregir.

Janio era una figura muy paradójica, porque siendo el más descarnado populista que haya engendrado la política brasileña, era en materia de ideas monetarias de una solidez germánica: creía de la manera más firme en los presupuestos equilibrados, era incapaz de la menor concesión en materia de administración que atentara contra la seriedad de la gestión pública. Había sido un brillante gobernador de San Pablo y prometía lo mismo para con la república. Se rodeó de la gente más ortodoxa y capacitada. Pero Janio tenía una veta que no era normal. Creo que el comentario de Schmidt, con todo lo caricaturesco que tenía, en última instancia es la explicación más sencilla: Janio no era un tipo normal, tenía una fuerte veta paranoica.

¿En qué consistía la locura de Quadros?

Janio hizo una apuesta política destinada a consolidar su poder, y lo hizo desprendido de la realidad. Vio la realidad de una manera distinta de como era, no quiso aceptar los compromisos que la política normalmente impone en las sociedades democráticas. Quiso hacer un golpe de Estado contra el Congreso y, en última instancia, dejarlo descolocado para que lo volvieran a llamar otorgándole una especie de suma del poder público, y simplemente Brasil no estaba preparado para eso. Había una cantidad de intereses desencadenados que no miraban con ninguna simpatía algunas de las ideas del pensamiento económico de Janio, y a ello se suma el hecho de sus heterodoxias internacionales.

De modo que la locura de Janio se manifestó concretamente en haber renunciado sobre la base de que su renuncia iba a ser rechazada. El motivo por el que se pone nervioso y da este paso es que tenía que negociar con un Congreso que no le respondía incondicionalmente. Brasil nunca ha tenido un partido oficialista en condiciones de manejar el Legislativo, nunca ha tenido un peronismo. Vargas era el único que manejaba con las dos riendas (el PSD, un partido conservador, y el PTB, un partido laborista) el Congreso brasileño, pero el suyo fue un gobierno prácticamente dictatorial. El segundo gobierno de Vargas terminó con su suicidio, de modo que quedaba muy en evidencia que no había posibilidad de manejar al Brasil así nomás.

Lo que pretendía Quadros era tener un Congreso que le fuera totalmente aquiescente, y el Congreso no estaba dispuesto a hacerlo. Entre otras razones, porque el presidente no tenía mayoría partidaria propia. Era un cuadro parecido al que tiene hoy Fernando Henrique Cardoso: la diferencia es que Cardoso negocia todos los días. Quadros, ante las primeras dificultades parlamentarias, decidió dar una especie de golpe de Estado, sorprenderlos con la renuncia para, a partir de ese momento, negociar sobre una base nueva fundada en la supremacía del Poder Ejecutivo, que él consideraba como la reforma institucional necesaria para el país.

Y se encontró con que aceptaron su renuncia quienes constituían en ese momento la estructura tradicional del varguismo. Quadros había llegado al poder sobre la base de una bandera antivarguista: fue el candidato de la Unión Democrática Nacional. Era por lo tanto, un aliado de las oligarquías liberales que se expresaban característicamente en su canciller, Afonso de Melo Franco, aristócrata brasileño por excelencia. O en Carlos Lacerda, también otro adalid de la Unión Democrática Nacional, que había sido el hombre que desde la prensa había llevado a Vargas al suicidio. En cambio, el presidente del Congreso, y quien asumirá luego de la caída, era Ranieri Mazzilli, del PSD, el partido de Kubitschek, que tenía enorme peso en el Senado y en la Cámara de Diputados.

El vicepresidente João Goulart, *Jango*, estaba en China al ocurrir la crisis de Quadros. Lo hicieron regresar a toda velocidad. Goulart suscitaba la mayor desconfianza, y en ese momento, el año 62, había coqueteado con Kruschev, quien –según me lo contó Celso Furtado– le respondió que ya tenían suficiente con Cuba y que se entendiera con su burguesía nacional.

Goulart no participó en absoluto en una actividad conspirativa contra Quadros, y probablemente no hubo ninguna actividad conspirativa. Lo que pasó fue que cuando la gente comprendió que Quadros tenía realmente actitudes estrafalarias, se empezaron a preparar para el cambio. Desde luego que hubo consenso militar. Y diría que Estados Unidos no vio con desagrado la salida de Quadros, porque realmente no les inspiraba confianza. Eso hay que analizarlo en torno a la Conferencia de Uruguayana, a cómo fue vista desde Estados Unidos.

Por otra parte, corresponde agregar que Janio era un pensador político primario. Su experiencia internacional era muy limitada. No había tenido contacto con el mundo central porque San Pablo era paradójicamente la única provincia autónoma de Brasil, porque todos los otros estados dependen en definitiva del Estado central. Janio estaba alejado de los problemas mundiales, sin perjuicio de que San Pablo tuviera su propia dimensión mundial en economía.

Esto se vio muy claramente en la Conferencia de Uruguayana, donde Frondizi y Janio adoptaron una relación de maestro-discípulo. Janio, en ese momento tenía una idea totalmente demagógica del tercermundismo, que Frondizi desalentó de todas maneras. Lo que le propuso Frondizi era hacer una definición independiente y occidental de la política, donde la condición occidental y la sudamericana se reafirmaran, y desde luego que no tuviera nada que ver con neutralismo tercermundista.

Quadros fue un hombre de tremenda responsabilidad en todo lo que ocurrió en América Latina. Lo que pasaría luego en la Argentina, la caída de Frondizi, no deja de tener conexión con la crisis desatada en Brasil por Janio Quadros.

¿En qué consistió el diálogo de Frondizi con Paz Estenssoro?

Yo creo que el diálogo con Paz Estenssoro, visto desde la perspectiva histórica, fue en el único que lo vi a Frondizi enfrentarse con un individuo de su mismo nivel. Frondizi en aquel momento era muy impresionante y muy apto para la presentación de problemas. Paz Estenssoro tenía el mismo nivel, era un intelectual probablemente más sólido que Frondizi. Así que el diálogo fue extremadamente vivo, con acuerdos básicos sobre los problemas.

Paz Estenssoro fue titular de una revolución que restableció la realidad en Bolivia. Es decir, Bolivia era un país en que no podía mantenerse en la situación de que una pequeñísima oligarquía blanca controlara un país básicamente indígena, en el que el pueblo estaba políticamente proscripto en su inmensa mayoría en función de su condición indígena. Paz Estenssoro pensaba que en Bolivia había que restablecer la democracia, y la democracia en un país donde hay una mayoría de población analfabeta e indígena, significa que a esa población le corresponde gobernar.

Es decir que la suya fue una revolución democrática radical, en la que el dato étnico y el dato cultural fueron asumidos como factor que no tenía que ser eludido. Porque la alternativa era una oligarquía reaccionaria, que había impuesto al pueblo boliviano una dominación realmente intolerable durante demasiado tiempo.

Así que el Movimiento Nacionalista Revolucionario fue esencialmente una revolución democrática, aceptando la realidad boliviana tal como ella era. Y eso es lo que define a Paz Estenssoro, y lo siguió definiendo a través de toda su gestión. Pero no podía ser considerado como un modelo de demócrata liberal porque nunca lo fue. Era un populista autoritario. Su democracia populista se basaba en el ejercicio estricto del poder, por lo que tenía una cantidad de semejanzas con Perón.

Frondizi simpatizaba mucho, no ya con la personalidad política de Paz, sino con las líneas generales de su gobierno, y entendía muy a fondo el sistema de presiones que operaba sobre él: una izquierda radicalizada y radicalizable y una derecha ultrarreaccionaria que era la enemiga natural de Paz Estenssoro. De manera que las presiones que operaban sobre Bolivia eran muy semejantes a las que operaban sobre la Argentina.

Cuando Frondizi describía la situación potencial de América Latina y sus enviados se la presentábamos a los de Washington en la hipótesis de la exportación revolucionaria por parte de Cuba, el ejemplo más importante que poníamos era el de Bolivia. Yo personalmente les argumentaba sistemáticamente a los americanos que la Argentina tenía un interés específico en que no se produjera una crisis en Bolivia, que una votación arbitrariamente adversa contra Castro desencadenaría vía izquierda y reacción de la derecha. Eso era lo que el gobierno de Frondizi veía en Paz.

¿Cómo vivió la realidad cultural brasileña de aquellos años?

Brasil me fascinó por sus semejanzas y sus diferencias con nosotros, hasta el punto que puede decirse que en Brasil aprendí a conocer la Argentina y sus problemas ya que en definitiva las semejanzas eran mayores que las diferencias. La Argentina disimulaba mejor el subdesarrollo que el Brasil pero lo que allí era patente hacía también patente la realidad de nuestro país. La embajada tenía el poderoso impulso hacia la cultura que le daba Carlos Muñiz, frecuentador de pintores, escultores y poetas. Tuve la oportunidad de tratar intensamente a Celso Furtado y a Gilberto Freyre, de contar con la amistad personal de Augusto Frederico Schmidt, de San Tiago Dantas, de Helio Jaguaribe, de Roberto Campos, todos ellos hombre notables.
El Brasil de 1959 estaba todavía relativamente cerca del mundo de "Os Sertões" de Euclides da Cunha y viajando a las costas del río San Francisco se respiraba todavía el ambiente que habían transitado el Lampião y María Bonita. No cualquiera ha podido oir al propio Dorival Caimmi cantar bajo la luna "Lagoa de Itapoa" al lado de la laguna. Tuve además la impensada suerte de que uno de mis primeros amigos en Brasil, Nelson Mota, padre de uno de los promotores jóvenes de la Bossa Nova que acababa de surgir un año atrás con el célebre film "Orfeo Negro" me introdujera en ese mun-

do nuevo. A casa venían esos amigos y el joven João Gilberto o Roberto Menescal y sobre todo Vinicius de Moraes que se sentaba, comenzaba a tocar la guitarra cantando despacito luego de haber pedido una botella de Ye Monks, la que liquidaba cumplidamente, también despacito, antes de irse cuatro o cinco horas después. Nelsinho Mota cuenta algún episodio de esas noches en su hermoso libro sobre la bossa nova. Todos esos gratos momentos eran en gran parte obra de Susana, que en todas las muy diversas tareas que debió cumplir en largos años dejó recuerdos inolvidables en las incontables personas que la conocieron.

¿Qué representaba Goulart en el esquema de la política brasileña?

Goulart era el vicepresidente de Quadros y representaba dos cosas básicas en Brasil: por un lado el varguismo tradicional de los estancieros de Río Grande, al cual él pertenecía; por el otro, el nacionalismo en la versión menos ilustrada que tenía el varguismo. Roberto Campos decía de Goulart que su ignorancia dolía. Era un político comparativamente vivo, que siempre aspiró a la sucesión de Kubitschek. Sin embargo, no apoyó su propia candidatura presidencial, sino que apoyó a su ministro de Guerra: el general Lot, pues el sistema político brasileño no elegía fórmulas, elegía por separado a presidente y vicepresidente.

Goulart era un gaúcho, un estanciero simpático, astuto. La ignorancia a la que se refería Campos no era falta de experiencia, pero evidentemente no estaba preparado para la Presidencia de Brasil en un momento de transición tan difícil ante la sorpresa del vacío político que dejó Quadros. El gobierno Goulart era mucho más débil que el de Quadros y la circunstancia de que en un país tan fuerte como Brasil se hubiera podido producir un vacío de poder tan súbito tuvo bastante que ver con lo que pasó después en los otros países.

¿En qué afectó la crisis de Quadros la estabilidad del gobierno de Frondizi?

Hay que recordar que tras la Conferencia en Punta del Este (VIII Reunión de Consulta, febrero 1962), de los seis países que votaron en contra de Estados Unidos, a los pocos años en cinco habían caído sus presidentes.

La salida de Quadros, anterior desde luego, fue sin duda un contratiempo. Pocas veces lo vi a Frondizi más alarmado. Creo que ese caso fue un extraordinario proceso de crisis autoinducida, en el que si no hubiera existido el factor personal de Quadros jamás se hubiera producido un golpe.

No había ningún componente de golpe de Estado en marcha en Brasil. Tampoco le hicieron pisar el palito a Quadros. Son cosas que las razonó en la propia soledad de Brasilia. Era un hombre muy personal en las decisiones. Además, se había instalado en Brasilia de manera permanente: no tenía contacto con su base paulista y estoy persuadido de que sus colaboradores más íntimos se encontraron con la sorpresa de la decisión sin haber tenido ningún aviso.

El ascenso de Janio Quadros al gobierno en Brasil coincidió prácticamente con el de John Kennedy en Estados Unidos. En cuestión de días encontramos un panorama nuevo en la región con dos presidentes que prometían cosas no radicalmente distintas de las anteriores, pero que sin duda le imprimían un aire renovado a la política continental.

Kennedy fue recibido con expectativa por el gobierno argentino, que se había llevado bien con el gobierno de Eisenhower, pero había razones para pensar que las relaciones iban a ser todavía más armoniosas con la nueva administración demócrata. Janio Quadros también fue bien recibido, a pesar de que Frondizi no podía razonablemente esperar que las relaciones con Quadros iban a ser mejores que las que habían sido con Kubitschek. Se vio que con Kennedy se iba a poder trabajar de manera muy concreta y que con Quadros había que tomar sus precauciones.

Quadros apareció en el orden interno como lo que prometía ser en su campaña electoral y de acuerdo con sus antecedentes, es decir, como un reordenador del impulso violento hacia el desarrollo que había dado Kubitschek. Parecía que iba a ser el hombre que pondría en el pentagrama lo que todavía se había tocado de oído en buena parte de la administración de Kubitschek.

Pero en materia de política exterior, Quadros dio de inmediato indicios de comportamientos erráticos. En 1961 las líneas estaban ya bien trazadas en América en torno del problema cubano: las reuniones de consulta de 1960 en San José de Costa Rica habían puesto de manifiesto varias temas. En principio, que Estados Unidos podía forzar el camino para conseguir sanciones colectivas contra un país de la región: era manifiesto que la República Dominicana creaba el precedente para Cuba. La otra reunión inmediata que se hizo en la misma ciudad de San José de Costa Rica, la VII Reunión de Consulta, había condenado la expansión regional del imperialismo chino-soviético, como se lo llamaba todavía entonces, porque se creía que el bloque de los países comunistas era indestructible. De manera que las líneas estaban bien montadas.

La aparición de Quadros introdujo un elemento de preocupación, porque lo que el nuevo presidente de Brasil puso en evidencia no fue una política naturalmente pro cubana, impensable con el canciller que había designado, Afonso Arinos. Pero sí una tendencia manifiesta hacia lo que entonces se llamaba neutralismo, es decir, lo que a poco andar se llamaría no alineamiento. El neutralismo *avant la lettre* que propició Quadros, y sorpresivamente su propio canciller, tenía básicamente como elemento una actitud fría respecto de Estados Unidos, que contrastaba con la que había sido la tradicional diplomática brasileña. A eso se agregaba una tendencia a tender lazos cordiales fuera de la región con regímenes como el de Nasser en Egipto, o como el de Tito en Yugoslavia, o Nehru en la India. Quadros tenía visibles simpatías por esos regímenes, incluso por sus estilos de vida.

Estados Unidos comenzaron a preocuparse sobre el tema, y la Argentina también, porque no apreciaba favorablemente la orientación neutralista de su principal vecino, dado que podía crearle serias complicaciones internas. Y podía desorientar la política que se seguía respecto de Cuba: una política que implicaba tener a Cuba bajo control, controlar la exportación de subversión por vía de Cuba. Esto requería, en consecuencia, mantener fluidos contactos con Estados Unidos para prevenir las posibilidades de intervención directa.

Cuando Quadros arribó al poder, Frondizi ya sabía que Estados Unidos tenía preparada una operación militar contra Cuba, porque se lo había mandado a decir Eisenhower, que había informado a cuatro o cinco países de la región. Esto le causaba una gran preocupación al gobierno de Frondizi, porque estaba convencido de que una operación de ese tipo iba a ser o bien una masacre sangrienta o un fracaso, o sea que, en cualquiera de las circunstancias, traería consecuencias muy negativas para la región.

De manera que la diplomacia argentina empezó a orientarse a procurar un nuevo acercamiento con Brasil sobre nuevas bases y con una meta muy clara: desneutralizar a Quadros. Es decir, reafirmar una política independiente, bilateral, una especie de insinuación de eje Brasil-Argentina, pero sobre la base de la reafirmación de la condición occidental de los países. El artificialismo de confundir a la Argentina y Brasil con Oriente Medio o con el mundo afroasiático parecía la orientación fundamental de la política de Frondizi respecto de Brasil.

Política exterior, el centro de gravedad

Fue así que se llegó a la Conferencia de Uruguayana...

En efecto. Se tendieron las líneas y los brasileños respondieron de manera rápida y adecuada tomando la iniciativa de la invitación a la reunión en un punto de la frontera. Fueron en definitiva anfitriones, porque la reunión se realizó en Uruguayana, y esa reunión presenció uno de los más importantes diálogos que hasta entonces habían tenido lugar en la cumbre de los países hispanoamericanos. Dudo que haya habido otra reunión de nivel presidencial con el alcance, el temario y la universalidad que tuvo este encuentro entre Frondizi y Quadros.

El encuentro tuvo como resultado la Declaración de Uruguayana, un documento histórico en la diplomacia latinoamericana. Fue preparado por la Argentina. Los brasileños corrigieron puntos y comas, pero el texto que salió de allí –como siempre ocurre en las reuniones diplomáticas en que sale el que alguien lleva– lo llevamos nosotros.

El texto lo escribí yo personalmente. En las ideas del mismo y en toda la dinámica de la política tuvo una participación fundamental Florit. Obviamente, Muñiz fue un implementador clave de esta política. Del lado brasileño, la actitud fue totalmente positiva a pesar de la relativa actitud cautelosa que tenía el canciller, quien provenía de una de las familias más tradicionales de Brasil; es decir que era un hombre que se había educado en la desconfianza respecto de la Argentina como problema de seguridad. Quadros no creía en absoluto que la Argentina fuese un problema de seguridad para Brasil; su actitud hacia la Argentina era totalmente positiva, como había sido la de Kubitschek. Pero Janio creía que realmente había que orientar la diplomacia de la región hacia una actitud mucho más semejante a la de los países afroasiáticos que lo que pensaba Frondizi.

En la Conferencia de Uruguayana, Frondizi lo persuadió a Quadros de que eso era realmente una desubicación geográfica y cultural. Lo que Frondizi sí quería –y en esto su *partner* intelectual era Florit– era reafirmar la condición sudamericana de su política. Florit era un gran admirador de la generación del 80 en materia de política exterior, de sus componentes sudamericanistas. Pero la idea de que se hiciera de Sudamérica un protagonista con personalidad propia en la política exterior no estaba destinada a tener éxito por una serie de razones: había quien se iba a oponer firmemente a esa orientación, empezando por Estados Unidos. Pero sin duda el acuerdo de Uruguayana contribuyó a disipar enormemente las diferencias entre los dos países, apuntó exitosamente al objetivo de mínima que tenía la Argentina. Esto es, atraer el peso de la política de la región, que Estados Unidos impulsaban hacia el Caribe, hacia un polo de poder en el sur del hemisferio.

La experiencia había demostrado que Estados Unidos, desde la época de Roosevelt, había conseguido atraer a la región a la codefensa de sus intereses en el Caribe, sin que hubiera ninguna posibilidad de contrarrestarlo o de defenderse con acuerdos subregionales. Lo que la Conferencia de Uruguayana quiso fue establecer una nueva forma de equilibrio continental, lo que llevó además a una discusión muy vasta sobre temas de estrategia, de acción militar conjunta. También de inteligencia contra las actividades subversivas, curiosamente, contra lo que pensaban los militares ultrarreaccionarios que en ese momento operaban tanto en la Argentina como en Brasil. Lo que Frondizi se proponía con Quadros era poner un control a la subversión y no un estímulo a la misma. Los correspondientes al área de inteligencia fueron capítulos reservados de esta conferencia.

También los presidentes discutieron ampliamente los aspectos económicos de la relación bilateral. En un momento de la conversación, Quadros sugirió con cierta ingenuidad que tenía la expectativa de que Brasil consumiera el trigo de la Argentina así como la Argentina consumiría el acero de Brasil. Frondizi fue muy categórico al responderle que esa relación ya la habíamos mantenido durante cien años con Inglaterra, y no teníamos ningún interés en reactualizarla con Brasil. Frondizi puso énfasis en que era menester hacer un esfuerzo de industrialización conjunta, ya que la Argentina y Brasil no eran competidores sino complementarios en el esfuerzo de industrialización. Y que, por otra parte, sin industrialización no había ninguna posibilidad de encarar los objetivos sociales que en ese momento ya estaban precisados en los primeros pasos que estaba dando el gobierno de Kennedy en la Alianza para el Progreso.

La Conferencia de Uruguayana, señaló una verdadera divisoria de aguas en la relación bilateral argentino-brasileña, y a pesar de los problemas que hubo luego a propósito de la consulta en la utilización de los ríos, reafirmó una base de diálogo con Brasil. Sectores de los dos países estaban convencidos de que la prioridad era la amistad recíproca.

Esa reunión tuvo un inesperado telón de fondo que fue la operación de Bahía de Cochinos, que se produjo cuando estaban reunidos los dos presidentes. Esto explica la violentísima oposición que tuvo en algunos sectores militares argentinos. El secretario de Marina, el almirante Clement, advirtió por escrito a Frondizi que no se podía hacer responsable de lo que ocurriría si tenía lugar la reunión con el presidente brasileño. Fue un documento que me tocó contestar personalmente: una respuesta sumamente dura que dio el canciller Taboada al secretario de la Armada, frente a un hecho que nos parecía inexplicable, ya que no tenía sentido la agresividad de la prevención de Clement. El sentido apareció posteriormente cuando se produjo, en el momento que se reunieron los dos presidentes, la operación de Cochinos. Evidentemente un sector del Pentágono, que ya tenía previsto el día de la operación, no podía contemplar con buenos ojos que justamente estuvieran en ese momento reunidos dos presidentes sobre los que había cierta nube de desconfianza. Es muy probable que se pensara que habría una declaración potencial argentino-brasileña que condenara la iniciativa. No fue ajeno a todo esto la violentísima campaña que llevó a cabo el diario *La Prensa*, antes, durante y después de la reunión. Atacó a Frondizi por este asunto, publicando unos editoriales que redactaban Alfonso de Laferrère y Adolfo Lanús, que eran anticipatorios de la condena definitiva que para un sector importante de la opinión argentina tenía la política de Frondizi.

Es decir, un Frondizi aliado a Brasil con un presidente como Janio Quadros representaba un plato demasiado fuerte. Esto a pesar de que algún sector del establishment de la prensa internacional –como la revista *Time*– reaccionó favorablemente ante la sorpresa de que durante y después del episodio de Bahía de Cochinos, estos dos presidentes se comportaran tan bien lanzando una declaración que confirmaba la condición occidental de los dos países, y no poniendo en tela de juicio la operación norteamericana en Cuba.

Por supuesto que la operación de Cochinos fue considerada tanto por Quadros como por Frondizi una verdadera locura. Más aún cuando se fundaba en la expectativa de que se produjera una sublevación espontánea en la isla por el solo hecho de colocar un grupo de hombres en la costa del país. Ni Frondizi ni ninguno de nosotros jamás tuvo dudas sobre el resultado de la operación. Yo personalmente lo discutí con los agregados militares de la embajada argentina que tenían alguna información previa del tipo de operación que podía eventualmente producirse. Recuerdo todavía hoy la indignación con que uno de ellos rechazó mis argumentos de que una operación de ese tipo estaba condenada indefectiblemente al fracaso.

A partir de la reunión de Uruguayana, que en sustancia fue un éxito argentino en tanto consiguió el objetivo de acercar con toda franqueza las dos diplomacias y prevenir un rapto de izquierdismo infantil por parte de Brasil, las relaciones bilaterales se orientaron sumamente bien. Tanto que cuando se produjo el inmediato paso importante en la política regional, que fue el lanzamiento de la Alianza para el Progreso y la convocatoria de la primera de las reuniones de Punta del Este, es decir la del Consejo Interamericano Económico y Social a nivel de ministros de Economía –que fue la formalidad bajo la que se convocó esa conferencia–, la relación argentino-brasileña se ordenó sobre la base de instrucciones muy estrictas del presidente Quadros en el sentido de que se coordinaran las políticas entre los dos países.

El jefe de la delegación argentina era Roberto Alemann; el de la brasileña, el ministro de Economía, Clemente Mariani, y los operadores que eran los dos subjefes de la delegación fuimos yo, por parte argentina, y Roberto Campos, por la de Brasil. Campos era, y es, una persona brillante. Cuando nos encontramos en Punta del Este, con mucho sentido del humor, me dijo de manera muy clara que las instrucciones de Quadros de que se coordinara la acción con la Argentina eran muy precisas y terminantes: "Vocé e o chefe da delegação brasileira". Y en efecto así ocurrió en todo el transcurso de la reunión, incluso en puntos en los que la delegación brasileña tenía discrepancias con la posición argentina. Por ejemplo, cuando Estados Unidos propuso la creación de una especie de control de los programas de desarrollo económico, apodado el Comité de los Siete Sabios, que la Argentina no quiso de ninguna manera acordar y que Brasil en el nivel de Campos no miraba con malos ojos. Campos me dijo en alguna oportunidad que era un instrumento ideal para combatir las pretensiones "de gobernadores irresponsables como el caso de Leonel Brizzola, que pide cosas que no se deben aceptar y que así se le echaría la culpa a los Siete Sabios".

Después de la Conferencia de Uruguayana, Frondizi decidió hacer un cambio en su esquema de gobierno. La designación de Adolfo Mujica, (padre del sacerdote Mujica con quien fuimos muy amigos) como ministro de Relaciones Exteriores, fue consecuencia de la reestructuración de gabinete cuyo dato principal fue la salida del gobierno de Álvaro Alsogaray. Esto significaba, desde luego, que Frondizi se sentía más fuerte y que la influencia de Frigerio, mediatizada un largo período por Alsogaray, reaparecía a la luz del día. Alsogaray había sido, sin duda un eficaz colaborador de Frondizi ante todo en el área político militar y también había contribuido a preservar la estabilidad monetaria y a consolidar la imagen internacional argentina. Al mismo tiempo los planes de inversión habían perdido ritmo pero sobre todo muy poco se había hecho en el tema central de la reducción del aparato burocrático que Frigerio consideraba condición *sine qua non* de una estabilidad monetaria real. Alsogaray siempre se preguntó y le preguntó muchas veces a Frondizi porque le había pedido la renuncia y la respuesta la dan dos números: cuando se hizo cargo del ministerio los ferrocarriles tenían 214.000 empleados, cifra que se mantuvo practicamente idéntica durante su gestión. Los sucesores que fueron Roberto Alemann en Economía y Arturo Acevedo en Obras y Servicios Públicos redujeron esa cifra en 70.000 puestos. La otra cara de la moneda fue la pérdida de un importante mediador con las Fuerzas Armadas y la huelga prácticamente revolucionaria que los obreros ferroviarios desataron unos meses después, que fue una verdadera sangría política para un gobierno debilitado en muchos frentes.

El presidente me ofreció la Subsecretaría de Relaciones Exteriores luego de la reunión de Uruguayana. Frondizi quedó muy satisfecho con la acción de la diplomacia argentina allí. Ese cargo implicaba ser el número dos del ministerio con la peculiaridad de que tenía un acceso al presidente muy directo, hecho que el canciller Mujica de ninguna manera desalentó.

Siempre tuvimos una excelente relación con Mujica, un hombre muy adicto a Frondizi. Era del grupo de conservadores que se daban cuenta de la política que estaba llevando Frondizi. Con toda lealtad condujo su ministerio hasta que lo arrastró la crisis provocada por la visita de Guevara. Y también por otros episodios que particularmente tenían que ver con la campaña que en el orden interno se lanzaba contra las supuestas tendencias pro cubanas del gobierno de Frondizi.

De modo que usted participó activamente en la preparación de la Conferencia de Punta del Este.

Esa conferencia aparecía como filosóficamente importante, y luego resultó también políticamente importante. Era filosóficamente importante en la medida en que, con la propuesta de la Alianza para el Progreso, las diplomacias argentino-brasileña habían cosechado buena parte de los frutos sembrados en la Operación Panamericana. Como dije anteriormente, fue una iniciativa de Kubitschek, pero fue estimulada por Frondizi.

La Alianza para el Progreso se parecía en un aspecto a la OPA y en otro no. Se parecía en cuanto aceptaba la necesidad de aportes externos para el desarrollo económico regional; también, en que Estados Unidos tenía que asumir un compromiso de colaboración financiera para con la región. La idea de que había que cuantificar los aportes económicos para el desarrollo –que había provocado un escándalo ante la cifra que lanzó Castro, según también dije anteriormente– era sin duda extremadamente positiva y novedosa. Eran cambios fundamentales en la política exterior de Estados Unidos para la región. Por otra parte, el compromiso de cuantificación y de financiamiento se fijó en 20.000 millones de dólares, que era una suma inmensa para ese tiempo: el doble de lo pedido por Castro.

Se diferenciaba de la OPA en cuanto pasaba de la orientación desarrollista a la orientación asistencialista. La OPA apostaba a la transformación económica, a la modernización e industrialización de las economías latinoamericanas, a lo que entonces se llamaba el desarrollo económico. Los argentinos les dijimos a los norteamericanos que toda la plata que se invirtiera en los programas priorizados por la APP, sin perjuicio de que fueran útiles, si no se cambiaba el mecanismo de producción iban a ser totalmente insuficientes ya que se abrirían necesidades nuevas. Ciertamente que algunos sectores, con mucha razón, nos preguntaban si no creíamos que la atención de áreas como la salud, la educación, la distribución de la tierra, eran componentes indispensables en el desarrollo económico. Ésta era la objeción que nos planteaban a nuestro enfoque tildado de demasiado industrialista sectores de Brasil como el que expresaba Jacy Magalhaes, aquel médico que había participado en las conversaciones con Frigerio y Jaguaribe. Es decir, la visión de la educación como un componente fundamental en el desarrollo económico era muy lúcida en ese momento y no todos la teníamos, ciertamente. De cualquier forma, la Alianza para el Progreso representó un gran paso adelante, y cuando se realizó la reunión en Punta del Este aparecieron los aspectos políticos que había detrás de esto.

La presencia de Cuba en la reunión de Punta del Este fue extremadamente importante y traumática. El enfrentamiento que planteó el jefe de la delegación cubana, Ernesto Guevara, desde el primer momento, fue indisimulado. Cuba había llegado con la decisión muy clara de separarse de América Latina y de señalar que tenía su propio camino hacia el desarrollo económico, que no se confundía con el camino latinoamericano. El famoso discurso de Guevara criticando a la Alianza con la imagen de las letrinas fue un momento muy dramático en la política continental, uno de los más emotivos que el sistema interamericano tuvo en el curso de su historia. Fue una brillante pieza de retórica la que pronunció Guevara, aunque a nuestro juicio totalmente alejada de la realidad y de los intereses verdaderos del pueblo cubano, como lo ha demostrado la historia.

Pero el balance fundamental fue que Estados Unidos fue acompañado por la región en su conjunto, y que la llamada Carta de Punta del Este resultó un compromiso más o menos aceptable para todos los países. Brasil se sintió totalmente satisfecho. La Argentina, un poco menos. El gobierno de Kennedy pudo decir al final de la reunión que había conseguido por una parte aislar a Cuba, ya que había decidido tomar su propio camino, y por otra que los acuerdos básicos alcanzados con Brasil, la Argentina, Chile, México, abrían una expectativa de cooperación promisoria.

Entretanto, la diplomacia en el campo estrictamente político y de la seguridad tuvo en Punta del Este un capítulo importante, que fue la tentativa de que se produjera un contacto entre el representante de Kennedy en la reunión, Richard Goodwin, y Guevara. Se amagó para la concreción de esa reunión y se consiguió finalmente concretarla luego de varias tentativas en las que actuaron como mediadores diplomáticos argentinos y brasileños.

Conviene recordar brevemente el origen de la gestión porque fue muy curioso: la vía originaria que escogieron los americanos y los cubanos para establecer el primer contacto no fue mediante un diplomático sino un periodista: Jacobo Timermann. Fue él quien llevó, por iniciativa de Guevara, un obsequio personal a Goodwin, una caja de cigarros. Y Goodwin consultó a Kennedy acerca de si lo podía aceptar o no. Ante la autorización de Kennedy, aceptó el regalo. La caja iba acompañada con una tarjeta personal de Guevara, que decía aproximadamente: "Aunque no seamos amigos, quizás usted me pueda aceptar esta mano que le extiendo". Y el norteamericano le respondió más o menos así: "Aunque no somos amigos puedo aceptarle la mano".

La reunión se realizó finalmente en Montevideo. Los cubanos habían propuesto como intermediarios de la reunión a los brasileños, y dentro de ellos, como operador, al más elegante personaje que tenía Itamaraty, que era el jefe del Departamento Económico: el embajador Edmundo Barbosa da Silva, que estaba en la línea del diálogo con Cuba. A su vez, los norteamericanos dijeron que se necesitaba balancear un poco la intermediación y pidieron que hubiera un argentino presente: ése fue el rol que asumió Horacio Rodríguez Larreta. Fue el argentino que se encargó de tratar de concertar el encuentro entre Goodwin y Guevara.

Dicho encuentro fracasó en dos oportunidades. En una de ellas, yo estaba presente, esperando que se presentaran los dos personajes. Pero ésa no era mi tarea. Mi tarea fundamental era la elaboración del documento de Punta del Este, ya que formaba parte de la comisión redactora, compuesta por cinco miembros: el representante de Estados Unidos, que era el embajador Lincoln Gordon; Roberto Campos; el subsecretario de la cancillería chilena, que era el embajador Valenzuela; un mexicano, cuyo nombre no recuerdo, y yo.

Entretanto, otros intermediarios gestionaban algo que no estaba en los papeles de ninguno de los que participábamos en la reunión: el viaje de Guevara a Buenos Aires, que hasta hoy para mí tiene aspectos misteriosos y desconocidos. Por lo pronto me pareció un error y se lo dije al presidente cuando me enteré por el canciller Mujica. Yo acababa de llegar de Punta del Este. Mujica me llamó y me dijo: "Usted seguramente no sabe quién está aterrizando en el aeropuerto de Ezeiza: Ernesto Guevara". Siempre me recordaría Mujica, a lo largo de los años, que yo me agarré la cabeza y exclamé: "¡La que se va a armar!". No tenía ninguna información. Esa gestión no fue hecha por Rodríguez Larreta sino por otras personas. Si Frigerio participó en la iniciativa lo ignoro; más aún, lo dudo. Creo que fue una gestión directa de Frondizi, al margen totalmente de la Cancillería. Me pareció que la iniciativa no tenía ningún sentido, porque el costo interno era incomparablemente superior a cualquier tipo de beneficio internacional que la Argentina pudiera recoger. Hasta el día de hoy no logro comprender por qué Frondizi dio ese paso, que fue muy mal visto por las Fuerzas Armadas y contribuyó a acrecentar la tremenda desconfianza que existía. Desconfianza que era infundada pero que era un dato de la realidad. Si Frondizi entendió que se abría la posibilidad de una mediación o de un acercamiento entre Estados Unidos y Cuba jugó una carta que tenía demasiado riesgo y que no tendría que haber afrontado personalmente.

Por lo que usted está diciendo, pareciera que no comentó nunca el tema con Frondizi.

Sí, lo comenté en el momento inmediato en que se produjo. Fui a verlo a la Casa de Gobierno, ya que tenía que informarle sobre lo ocurrido en Punta del Este. Esto ocurrió poco después de la partida de Guevara. Mi diálogo con él fue bastante tenso, porque de entrada le dije que teníamos un presidente muy valiente. Muy secamente, Frondizi me preguntó por qué, a lo que contesté: porque había recibido a Guevara. Entonces me dijo lo siguiente: "Si el presidente de la República Argentina no puede recibir normalmente al ministro de un país con el que mantiene relaciones diplomáticas, más vale que no sea presidente". Ante esa respuesta me limité a decirle: "Usted sabrá las presiones que enfrenta". Inmediatamente la conversación se orientó al relato de lo que había ocurrido en Punta del Este. De modo que nunca podremos realmente tener un panorama claro de cuáles fueron las motivaciones, y si Frondizi tuvo algún tipo de indicación por parte de Estados Unidos.

El resultado fue una violentísima reacción militar, por lo que Frondizi pidió a cada uno de sus colaboradores que le presentaran una nota diciendo la participación que habían tenido en la concertación de la visita, con las que convocó a una reunión a los doce principales representantes de las Fuerzas Armadas. Fue una reunión con doce altos oficiales que se realizó en Olivos y que tuvo un grado de tensión muy alto, pero en el que Frondizi los enfrentó con dureza. Les explicó el sentido de la visita y el de su decisión, y defendió su derecho de ver a quien quisiera de un país con el que se tenían relaciones diplomáticas formales. Evidentemente, era un enfoque formal de la cuestión, puesto que las relaciones diplomáticas con Cuba no impedían que un diálogo con Guevara en las condiciones que tenía la Argentina en ese momento dejara de ser un paso particularmente riesgoso. Y para los militares, adicionalmente ofensivo, puesto que Guevara, además de ser un líder guerrillero, era un desertor del servicio militar.

No conozco en detalle la conversación que Frondizi mantuvo con Guevara. Yo creo que no tuvo ninguna sustancia específica. Frondizi me comentó alguna vez que había llegado a la conclusión de que Guevara no sabía nada de marxismo. Yo no sé francamente qué discutieron con Guevara. Creo que fue una reunión que apenas puede haber sido considerada como una exploración de actitudes. Y si Frondizi esperaba que Guevara le aportara alguna iniciativa, resultó una espera prematura. A la vez, si Guevara esperaba que Frondizi le transmitiera un mensaje, Frondizi no lo tenía. De modo que yo creo que fue una iniciativa amateur. Más aún si se tiene en cuenta que, una cuestión diplomática tan seria, si bien todos la evaluábamos en la que creíamos su verdadera dimensión, ninguno de los protagonistas de entonces sospechábamos que en el curso de un año Cuba iba a poner al mundo al borde del conflicto mundial. Aunque esto sí, sospecho, estaba en los cálculos de Frondizi.

El canciller Mujica, en un gesto sumamente encomiable, asumió el costo del deterioro interno provocado por la visita de Guevara y presentó su renuncia. Asumió una responsabilidad que realmente no le incumbía, pero pertenecía a una generación que tenía iniciativas propias. Lo reemplazó Miguel Angel Cárcano. Fue una designación brillante. Era un hombre de las mismas características personales de lealtad y hombría que Mujica, pero con una competencia profesional superior, con una vasta experiencia internacional. Además, con una vinculación específica personal muy íntima y de larga data con Kennedy, quien había tenido incluso una relación sentimental con una de las hijas de Cárcano. Si bien la designación de Cárcano también apuntaba a tranquilizar al establishment golpista, en ese punto la designación no resultó exitosa, toda vez que lo que se logró fue que los sectores golpistas se enfurecieran con Cárcano por participar en un gobierno tan notoriamente hostigado por imputaciones de corrupción, de comunismo y de pro peronismo.

Lo cierto es que a partir de la visita de Guevara los hechos más importantes de la política externa estuvieron atados íntimamente a la política interna. Hasta 1961, la política exterior sólo esporádicamente contribuyó al progresivo cercamiento de Frondizi por parte de sus enemigos internos. Hasta entonces, las críticas contumaces giraban en torno del pacto con el peronismo, la relación con los sindicatos, la agitación de la campaña por la corrupción, los intereses económicos afectados. Pero a partir de 1961, y sobre todo a partir de Uruguayana, la política exterior pasó al centro de gravedad de la política argentina. Esto, por otra parte, se vinculaba a la circunstancia de que después del fracaso de Cochinos, la acción respecto de Cuba se orientó al campo diplomático. Fracasada la acción militar, era la opción diplomática la que hacía falta, y para eso era menester convencer a todos los países de que el tema cubano era de urgente tratamiento. Luego de la reunión de Punta del Este, con la espectacular actuación de Guevara y de su visita a Buenos Aires, este tema pasó a tener una relevancia decisiva. Los servicios de información agitaban a la opinión pública de todas maneras. No hay duda de que en la instigación contra Frondizi había una activa participación de la CIA y también de sectores del Pentágono a través de sus contactos militares argentinos, particularmente en la Armada: el almirante Jorge Palma se jactaba de tener comunicación directa con el Pentágono.

El rol de los diarios también era sumamente negativo: *La Prensa*, todavía importante, no renunciaba a su campaña frontal, golpista; *Correo de la Tarde*, que también era influyente, llevaba otra campaña frontal, golpista; *La Razón* era tal vez el más golpista de todos; y *La Nación* jugaba tal vez el rol más eficaz, de la mano de los comentarios de Mariano Grondona, cual era el de erosionar progresivamente la confianza de los que no dejaban de simpatizar con la política desarrollista e integracionista del gobierno de Frondizi.

Jugar a la historia y no a la política cotidiana

¿Cuál fue su participación en el caso de las llamadas cartas cubanas?

El tema de los documentos cubanos es un capítulo olvidado de la política argentina, pero uno de los más sabrosos, porque mostró a qué extremo podía llegar en el país la acción de los servicios de información internos e internacionales.

La campaña fue preparada por un grupo de exiliados cubanos, por la CIA, y por los servicios de informaciones de los países que apuntaban al rompimiento unilateral de las relaciones con Cuba.

Poco tiempo después de la visita de Guevara, llegó a Buenos Aires un exiliado cubano que provenía de Perú, quien requirió una entrevista con el canciller Cárcano. Ya traía antecedentes de haber operado en otros países.

El primer logro de esta campaña fue, precisamente, con el gobierno de Perú. En Lima, el susodicho exiliado le mostró al presidente Prado fotocopias de supuestos documentos que indicaban un esquema discutible de instrucciones por parte de la Cancillería cubana a sus representantes en Lima y posteriormente en Buenos Aires. Dado que el presidente Prado quería liberarse del problema con Cuba aprovechó la oportunidad para tomar los documentos por ciertos, rompió relaciones con La Habana sobre la base de estas fotocopias, y con ese éxito en sus manos el exiliado bajó a Buenos Aires.

La entrevista con Cárcano la realizó tras haber difundido los documentos a través de la prensa. *La Nación* publicó una de las supuestas cartas en primera plana. En sustancia, el firmante, que era el subsecretario de Relaciones Exteriores Olivares Sánchez, recomendaba al encargado de negocios de Cuba hacer todo lo posible por deteriorar la imagen del embajador Luis María de Pablo Pardo y todo lo posible para tomar los contactos más importantes con el hombre más influyente de la política exterior argentina que era el subsecretario de Relaciones Exteriores Oscar Camilión. Es decir, era un documento dirigido personalmente a mi liquidación. Repito que *La Nación* lo publicó en primera página.

Durante dos meses el país vivió enloquecido con este tema de las supuestas cartas que recomendaban también el deterioro de Aramburu. A mí me mencionaban dos veces. Eran documentos groseramente falsificados, según lo comprobó un tribunal de peritos de la Policía Federal, de la Gendarmería, de las Fuerzas Armadas, del Poder Judicial, del Colegio de Calígrafos, etcétera, etcétera. Pero durante dos meses el país vivió agitado en torno a la cuestión, de resultas de lo cual, un gobierno ya tan fuertemente herido como el de Frondizi, había perdido mucha sangre con esto, porque cuando se demostró finalmente la verdad, la prensa se desentendió totalmente del asunto. Peor aún: seguía insistiendo sobre los documentos cubanos en términos de que "según el gobierno son falsos". La maniobra tenía como epicentro el Servicio de Informaciones Navales.

La actitud de Cárcano merece destacarse. Cuando el exiliado cubano le presentó los documentos, Cárcano ya me había llamado anteriormente, en un gesto de solidaridad, para que analizáramos el caso, puesto que *La Nación* había publicado de qué se trataba. Ante el cubano, Cárcano, con su seriedad y gran cortesía, le expresaba cuán grave sería el caso si fuese cierto. El otro le insistía, hasta que el canciller argentino le dijo que lo que se le presentaba como pruebas eran fotocopias, y que las fotocopias pueden ser materia de manipulación, ante lo cual le solicitó que le alcanzara los originales de esa documentación. El cubano le dice entonces que el gobierno peruano había roto relaciones sobre la base de esas fotocopias y terminó el problema. Cárcano se puso de pie y le dijo: "la Argentina no es Perú, tráigame los documentos y seguimos conversando". Nunca más apareció aquel exiliado cubano por Cancillería.

Hay un libro de Gregorio Selser sobre las cartas cubanas que describe muy verazmente ciertos aspectos de aquel manipulado escándalo.

El protagonista del lado argentino era una de las figuras menos elogiables que tenían en ese momento las Fuerzas Armadas. Se trata del jefe del Servicio de Informaciones Navales: capitán de navío Revuelto, que era al mismo tiempo el principal autor de publicaciones como *El libro negro del frigerismo*, con todos los supuestos cómplices de negociados de Frigerio, y *El libro rojo del frigerismo*, con todos sus cómplices en las actividades pro comunistas. Por ejemplo, en *El libro negro* se me mencionaba como habiendo recibido de regalo una quinta por parte de Frigerio, siendo subsecretario de Relaciones Exteriores. Por supuesto, también lo incluyeron a Roberto Alemann, a Coll Benegas y hasta a Ángel Centeno, quien –según me lo contó– después de un tiempo le preguntó a Revuelto, cuando ya había caído Frondizi, por qué había escrito todo eso falso, a lo que Revuelto le respondió: "Para joderlo".

Ése era el tipo de acción psicológica que llevaba a cabo la mayor parte de los sectores de peso de las Fuerzas Armadas. Los dos principales sectores de presión contra Frondizi eran los servicios de Información del Ejército y de la Armada. La Secretaría de Informaciones del Estado jugaba un rol equívoco.

El Servicio de la Armada tenía una participación muy protagónica y sus contactos con la CIA en el caso de las cartas cubanas quedaron en evidencia de la manera más grosera. Recuerdo hasta el día de hoy la verdadera comedia que representó la traída de los documentos cubanos originales. Desde Miami se hizo una escalada de tensión que preparaba *Correo de la Tarde*. Cuando finalmente llegaron los famosos documentos originales, resultó que los únicos originales eran documentos de mero trámite. Tengo grabada la cara de odio del capitán Revuelto, porque naturalmente llevaba a la comprobación de la falsedad del supuesto original. Que a mí me haya tocado en un momento dado ser considerado como un agente castrista en Buenos Aires es algo que debe realmente llamar la atención.

Pero así estaban dadas las cosas, con una relación de fuerzas desfavorable, y ante un cóctel de poder explosivo irresistible: con las Fuerzas Armadas ya lanzadas al operativo de derrocamiento, con las elecciones en la provincia de Buenos Aires sobre el horizonte, con la aceleración del proceso de liquidación de Cuba vía diplomática a la que se había lanzado muy contradictoriamente el gobierno de Estados Unidos. Digo contradictoriamente, porque existía mucha duda con respecto a lo que había que hacer. Pero la dinámica llevaba a que algo se hiciera.

¿Qué recuerdos particulares guarda de las conversaciones de Frondizi con Kennedy?

Kennedy se entrevistó con Frondizi en dos oportunidades. La primera, en el viaje oficial hecho por Frondizi a Estados Unidos, visita que alcanzó niveles muy importantes en todos los niveles del gobierno norteamericano. Asimismo, se produjeron diálogos bien interesantes sobre temas económicos, regionales y bilaterales.

Para dar una idea de cuál era la agudeza del gobierno de Frondizi, y en ese sentido el pensamiento de Frigerio era clave, recuerdo cuatro temas económicos sobre los que Frondizi quiso interesar a Kennedy: la financiación del segundo alto horno de SOMISA, de la represa del Chocón, de un plan de aeropuertos y de un plan de hoteles. O sea, el desarrollo de una industria básica, de la energía, del turismo como multiplicador de empleo y expansión de la red de aeropuertos como palanca del turismo y las comunicaciones. Eso era ver las cosas con una extraordinaria agudeza. Frondizi y Frigerio se dieron cuenta de lo que venía, la globalización, y de cómo había que prepararse. La Argentina llegó finalmente a la globalización enormemente deteriorada; lo que el gobierno de Frondizi buscaba era justamente preparar el país en los términos más favorables.

El segundo encuentro de Frondizi con Kennedy fue en Miami, al regreso de su viaje al Japón. En esa conversación ocurrieron cosas sumamente interesantes. Por ejemplo: cuando llegó el momento del diálogo privado, Kennedy le preguntó a Frondizi si tenía un intérprete de confianza y Frondizi respondió que sí, por lo que Kennedy dijo que trabajarían con su intérprete cuando estuvieran a solas. En realidad, no era un intérprete sino Carlos Ortiz de Rosas, que habla muy bien inglés. El intérprete que tenía Kennedy era una máquina de traducir, por lo que Frondizi se quedó estupefacto con dicha pregunta. Su interpretación fue que Kennedy tenía una tremenda desconfianza en la estructura del Departamento de Estado y de la CIA.

¿Por qué se llegó a la ruptura de relaciones diplomáticas con Cuba?

Desde el punto de vista de la Cancillería, después que el tema de los documentos se disipó, y todavía vigente la agitación que había producido, el tema principal fue la preparación de la reunión de consulta que había sido requerida por el gobierno colombiano, por iniciativa del presidente Lleras Camargo, apoyado en su canciller, Turbay Ayala, futuro presidente de Colombia. La estrategia apuntaba, por una vía indirecta, a un enfrentamiento en torno del tema cubano, sobre la base de una nueva definición del concepto de agresión. En realidad no era un definición nueva, sino que retomaba las viejas ideas de la Conferencia Interamericana de Caracas de 1954, que ya había caracterizado la agresión en términos de preparar la operación contra Guatemala, alegando que la penetración comunista en un país de la región debe considerarse como una amenaza para todo el hemisferio. La doctrina de Lleras Camargo la actualizaba de forma más sistemática y la definía como un dato suficiente como para desencadenar el sistema de sanciones interamericanas. Es decir, precisaba como forma de agresión la amenaza de la penetración marxista-leninista o chino-soviética, como se la quisiera denominar en ese momento. Desde luego, eso serviría para poner en marcha los mecanismos de prevención de agresión que había instalado el Tratado Interamericano de Asistencia Recíproca, y específicamente la aplicación de sanciones, previa convocatoria del órgano de consulta, sobre la base del tratado.

La diplomacia continental empezó a girar entonces en torno de esta iniciativa de Lleras Camargo, quien halló pronto un aliado en Rómulo Betancourt, en el sentido de que había que acabar con el tema cubano sobre la base del rompimiento de las relaciones, que ésa era la única forma de liberarnos diplomáticamente del problema y dejar de sufrir la presión de Estados Unidos. Nos parecía claro que los colombianos y los venezolanos buscaban, teniendo en cuenta sus propias dificultades internas, resolver el problema de las relaciones con Cuba vía rompimiento, pero a través de una decisión mandatoria, adoptada por el Consejo de la OEA. Hay que recordar que todavía a fines de 1961 Cuba tenía relaciones con todos los países latinoamericanos de mayor peso. El único que había acabado con el tema era Perú a través del ya apuntado mecanismo del expediente de los documentos fraguados.

Fue entonces cuando comenzó a funcionar el mecanismo de consulta activa con Brasil. La Declaración de Uruguayana se puso en marcha. Yo personalmente viajé a Río de Janeiro (donde todavía funcionaba Itamaraty), donde mantuve una larga reunión con San Tiago Dantas, con quien coordinamos la línea de acción para la conferencia.

De Río pasé a Washington, donde tuve una larga conversación con el secretario de Estado, Dean Rusk. Me acompañaba el director general de Política, Carlos Ortiz de Rosas. Básicamente, en esa conversación se trazó a grandes rasgos la estrategia de lo que podía ser una solución de compromiso en Punta del Este. Rusk defendió tibiamente la idea de las sanciones, es decir, la aplicación del mecanismo del artículo 8º del Tratado de Río de Janeiro y el rompimiento colectivo de relaciones económicas y diplomáticas con Cuba. Yo le dije que no estaba de acuerdo con ese planteo, que no nos convenía. Que en cuanto a la ruptura de las relaciones diplomáticas era una solución que a Estados Unidos le podía resultar cómoda, pero que Estados Unidos no nos ofrecía ninguna garantía de lo que podía ocurrir en Latinoamérica como represalia por parte de Cuba. También que Estados Unidos era inmune a la represalia cubana en términos de importación de subversión, pero nosotros no, y que en América Latina había agitación, por lo que los sectores de izquierda tenían que ser tenidos en cuenta, siendo que en algunos países podían producir impactos muy graves. El ejemplo era Bolivia, donde el gobierno de Paz Estenssoro no estaba en condiciones de enfrentar la crisis interna que se podía producir como consecuencia de un rompimiento de relaciones con Cuba. Por otra parte, el caso Cuba agitaba a la extrema derecha, que ya era un problema creciente. En la Argentina, la extrema derecha estaba enquistada y activa en el sector militar.

Yo tenía la idea de que el bloqueo a Cuba no iba a tener ningún impacto en el régimen, por lo que si la idea era derrocar el gobierno de Cuba a través de sanciones económicas era absolutamente seguro que iba a ser totalmente inocuo. Era un punto de vista sobre el cual en los sectores razonables de América Latina no había duda. Rusk, en última instancia, adoptó una posición de defensa tibia de la idea de las sanciones. Pero me dijo: "Usted comprende que no es posible que Cuba participe en organismos como la Junta Interamericana de Defensa y tampoco que esté integrando el sistema continental en estas condiciones. Hay que tomar, por lo menos, algunas precauciones".

Sobre la base de evitar las sanciones, mantener las relaciones bilaterales con Cuba y buscar un mecanismo que acomodara la realidad de que Cuba en su actual estado no podía ser un miembro normal del sistema interamericano, nosotros estábamos dispuestos a conversar, y apreciábamos que la misma idea existía en Brasil. Ahí surgió una solución de compromiso que se intentó poner en marcha en Punta del Este y que por diversos motivos fracasó. Pero quedó una vez más reafirmado que las relaciones entre Estados Unidos y la Argentina se mantenían sobre bases de confianza.

Goodwin bajó a Buenos Aires antes de la Conferencia de Punta del Este para conversar con el gobierno argentino. Venía a traer las inquietudes del gobierno norteamericano: no querían que acordáramos con Brasil algo que les creara problemas. Goodwin era considerado por los sectores de la extrema derecha del gobierno norteamericano como un hombre poco confiable, y así lo demostró el episodio que paso a relatar. Cuando salimos del aeropuerto, yo era el subsecretario de Relaciones Exteriores y me pegué a Goodwin, naturalmente, porque venía a negociar conmigo. Nos comenzó a seguir un coche. Goodwin, más experto que yo en esta materia, se dio cuenta inmediatamente. Yo le dije que debía ser un auto de la custodia. Pero no lo era. Un auto de los servicios nos siguió sistemáticamente a donde fuéramos. Más aún, la tarde que yo tenía que organizar un encuentro entre Goodwin y Frigerio. Encuentro que, dicho sea de paso, resultó un fracaso porque el enfoque dialéctico de Frigerio en el análisis de los problemas le resultó totalmente incomprensible a Goodwin; no tuvieron la posibilidad de entablar ningún diálogo: era la lógica de Hegel frente a la de Dewey, dos enfoques incompatibles. Siempre seguidos por estos coches, en un momento los interpelé, pero no me respondieron nada. Así fue como, durante dos días, el subsecretario de Relaciones Exteriores fue escoltado por coches, presumiblemente de un servicio militar o de la Secretaría de Informaciones del Estado, con el agente personal de Kennedy y ante la gran preocupación de la propia embajada. Quien en esa oportunidad dijo que los coches eran de los servicios fue el encargado de negocios de Estados Unidos. Goodwin consideró la cosa realmente tremenda y el seguimiento duró hasta que tomó el avión. Dos hombres lo siguieron hasta el embarque, ostensiblemente.

La acción de los servicios en esa época es difícil de concebir hoy en día. Quienes hemos sido protagonistas de la política en la época de Frondizi nos acostumbramos a no hablar por teléfono. Frigerio afirmaba que cuando uno escuchaba una cosa comprometida de un interlocutor imprudente había que responder con ruidos diversos.

Retomando el tema central, en principio se buscaba no resistir la convocatoria a la reunión de consulta, pero sí montarla sobre la base de la Carta de Bogotá y no sobre la base del Tratado Interamericano de Asistencia Recíproca, ya que había dos mecanismos posibles para convocar el sistema de consulta. La convocatoria a través de la Carta de Bogotá excluía la posibilidad de sanciones, la otra, por el contrario, llevaba a ellas. Lo que quería Estados Unidos era el rompimiento de relaciones diplomáticas y comerciales sobre la base del modelo que se había aplicado a la República Dominicana el año anterior. La Argentina no quería ese rompimiento. A pesar de lo malas que eran las relaciones bilaterales con Cuba, consideraba que era un gran error. Brasil pensaba lo mismo. México y Chile, también. Es decir, los mayores países latinoamericanos pensaban que una iniciativa de este tipo nos llevaba inexorablemente a recibir agresiones adicionales por parte de Cuba, vía exportación subversiva, lo cual provocaría en América del Sur una radicalización de los sectores de izquierda y de derecha. Ésa era la filosofía de los gobiernos de Frondizi, de Goulart, y también del presidente de Chile, Arturo Alessandri. Es decir, presidentes de ideas muy diferentes, pero que tenían el mismo diagnóstico compartido por Paz Estenssoro en Bolivia y Velasco Ibarra en Ecuador.

Nos parecía evidente que Cuba no tenía posibilidad de agredir militarmente a Estados Unidos, aunque ya Frondizi había entrevisto el desenvolvimiento nuclear de Cuba, y así se lo dijo oportunamente a Adlai Stevenson, enviado por Kennedy para un encuentro con él antes de su viaje a Japón: Frondizi le formuló a Stevenson la profética afirmación de que, con el enfoque americano, terminarían convirtiendo a Cuba en un portaaviones atómico. Lo que también se veía con toda claridad era que nosotros íbamos a recibir una amenaza no convencional de Cuba si es que se la excluía del sistema interamericano.

En eso estaba la diplomacia en esa última fase del gobierno de Frondizi. Se orientó en el campo interamericano a favorecer la convocatoria vía Carta de Bogotá, en un activo mecanismo de consultas con Brasil y con Chile. En síntesis, lo que ocurrió fue que el Consejo de la OEA fue convocado a los efectos de resolver qué mecanismo se aplicaría. Finalmente, en la decisión adoptada por la OEA jugaron de manera muy clara las características idiosincrásicas de los personajes. El día previo a la reunión del Consejo que tenía que adoptar una resolución sobre los términos de la convocatoria a la reunión de consulta, Castro proclamó a Cuba como país socialista. Sin duda, se trató de una provocación dirigida a conseguir que la convocatoria fuera sobre la base más agresiva posible, ya que Castro jugaba a la confrontación. La Unión Soviética se enfureció con la audacia de Castro, en el sentido de que él mismo se arrogaba el derecho de definir a su país como socialista, lo que era monopolio de Moscú.

A pesar de la actitud de Castro, la Argentina votó en minoría (al igual que Brasil, Chile, México y otros países) en contra de la moción de la convocatoria por la vía del Tratado de Río. De modo que quedaba abierto el camino a las sanciones, aunque luego las cosas se orientaron de manera diversa. Por supuesto que todo esto fue un capítulo adicional en el desgaste con las Fuerzas Armadas, que no entendían la dialéctica que pretendíamos presentarles nosotros. Ésta consistía en que la mejor manera de tratar el tema potencial de la subversión, que entonces era solamente una especulación de gabinete, era evitar que Cuba se entregara totalmente en brazos del sistema soviético, y dejar abierto un mínimo de relación que previniera el ataque al flanco débil de las democracias latinoamericanas que era el que abría la exportación subversiva.

Ante la proximidad de la VIII Reunión de Consulta de Ministros de Relaciones Exteriores de la OEA, realizada en enero de 1962 en Punta del Este, empezamos a pensar con los brasileños qué se podía hacer. Y ahí es dónde se jugó la suerte del gobierno de Frondizi. No voy a relatar los detalles de lo que se negoció en ese momento con la famosa resolución que decidió la expulsión del gobierno de Cuba de la OEA. Hubo un desesperado esfuerzo por la búsqueda de una solución de compromiso, que cayó de manera total sobre la Argentina y específicamente sobre mi persona, dado que fui el encargado de negociarla.

El único país que quería una solución de compromiso realmente era la Argentina y algo Estados Unidos. Los brasileños querían en rigor que no se llegara a ningún acuerdo, porque se habían orientado a una línea dura en el sentido del enfrentamiento con Estados Unidos. México también prefería que no hubiera acuerdo, pero también estaba dispuesto en última instancia a llegar a una solución, aunque no en el sentido de la armonía ya montada entre las diplomacias argentina y brasileña. Chile apoyaba totalmente a la Argentina, como Bolivia, que tenía un especial interés de llegar a un acuerdo de compromiso porque no quería enemistarse con Estados Unidos ni provocar un rompimiento con Cuba, porque sabía que la estabilidad del gobierno estaba en juego como en efecto lo demostraron los hechos después. Lo mismo pensaba la delegación ecuatoriana, cuyo gobierno (Velasco Ibarra) fue el primero que cayó.

Los cubanos, desde luego, querían el rompimiento. Adoptaron la posición más provocativa del mundo, aunque en ese momento el jefe que habían enviado era una figura opaca, pero convencido comunista, el presidente Dorticós.

La delegación norteamericana estaba dividida entre los que querían un compromiso, que era la gente de Kennedy, fundamentalmente W. W. Rostow, el famoso economista que fue enviado por el presidente específicamente a esa conferencia y que entendía muy bien lo que pasaba en la Argentina y tenía mucha simpatía por el proceso económico nuestro. También integraban la delegación norteamericana dos delegados del Congreso, que eran de línea extremadamente dura contra Castro: querían el rompimiento a toda costa. En la línea dura también se ubicaba el embajador De Lesseps Morrison, un ex intendente de Nueva Orleáns, un hombre con sospechosas vinculaciones y que era el más extremista de los miembros de la delegación, en cuanto a la actitud a adoptar. Desde luego, también quería la ruptura el elenco del Departamento de Estado, que estaba en una posición de enfrentamiento con Kennedy.

En los papeles de Miguel Ángel Cárcano se conserva el memorándum según el cual los americanos llegaron a convencerse de las ventajas de una solución de compromiso, de que había que renunciar a las sanciones colectivas. Y que en la fórmula de reacondicionamiento de la posición del gobierno de Cuba en la OEA había que encontrar un mecanismo que no estableciera una decisión adoptada de una sola vez. Ocurrió algo semejante a la reunión de Consulta de Río de Janeiro de 1941 cuando los norteamericanos quisieron imponer el rompimiento de las relaciones con el Eje como decisión de la Reunión de Consulta, y la Argentina quería buscar una solución de compromiso que no la atara inmediatamente, quería ganar tiempo. La idea aquí era conseguir una fórmula que permitiera un plazo para negociar, que finalmente acordamos con los brasileños y con los norteamericanos.

Rusk me llamó para decirme que estaba totalmente de acuerdo con la fórmula, y que era yo quien tenía que convencer al canciller colombiano, y además, al peruano; que con el venezolano no habría problemas. Salí de la conversación con Rusk bastante preocupado. Le dije a Goodwin: "Es extraordinario. ¿Qué clase de potencia son ustedes que me piden a mí que convenza al colombiano?". El canciller Caicedo Castilla, de Colombia, no quiso saber nada de buscar una fórmula de compromiso. El canciller peruano, Alvarado, que era decisivo porque había seis votos y un séptimo voto era lo que hacía falta, tampoco aceptó. Esto a pesar de todos los esfuerzos que hizo el embajador peruano en Buenos Aires, Guillermo Hoyos Ozores, una eminente figura de la diplomacia peruana, para que encontráramos una fórmula de conciliación. Tengo un pobre recuerdo del canciller Alvarado: se exhibía en las reuniones del Consejo con una mujer que no era la propia. Tal vez, en definitiva, lo que ocurrió es que el canciller había llegado a la misma conclusión que el presidente Prado: que lo mejor para ellos era cortar con los problemas, ya que con Castro las cartas estaban definitivamente jugadas.

Cuando se llegó a la decisión final, tras el fracaso de la negociación, hubo que definir el voto argentino. Frondizi había enviado instrucciones muy claras a Cárcano traídas por el futuro embajador Hugo Gobbi, quien por otro lado tenía una convicción muy clara también. El canciller nos llamó a José María Ruda y a mí para pedirnos que preparáramos el discurso del voto que iba a fundamentar la abstención argentina. Entonces simultáneamente, en dos máquinas de escribir, hicimos el discurso: yo redacté la parte política, y Ruda, la jurídica, de lo que quedó como una pieza importante en la historia de la diplomacia argentina.

Se produjo la votación, fue aprobada la resolución famosa de Punta del Este, se produjo la expulsión del gobierno de Cuba de la OEA en ese momento, y con ello una derrota diplomática de la Argentina en el sentido que había jugado la posición que perdió, que estaba fundada en la proyección histórica de lo que se venía, y que en efecto vino, tanto en la radicalización de las actitudes de la subversión de izquierda, como en la radicalización de la extrema derecha.

La Argentina quedó aparentemente en una posición ambigua, puesto que la derecha argentina consideró que en última instancia habíamos jugado con Cuba, y la izquierda argentina sabía perfectamente a qué jugaba Frondizi. De manera que ahí coincidieron la pinza de la izquierda y la derecha sobre Frondizi, que fue la primera de las víctimas de la nueva situación. Frondizi no cayó por Punta del Este, pero probablemente no hubiera caído sin Punta del Este.

Cuando después de la conferencia hablaron Rusk y Cárcano, el primero le dijo que creía que íbamos a proponer otra fórmula, en cuyo caso Estados Unidos nos hubiese apoyado. De manera que se sorprendió que de la Argentina no jugara sobre la mesa una fórmula de compromiso. Y yo siempre me pregunté si no fue la fatiga tremenda de esa negociación, destructora, que probablemente inhibió lo que hubiera sido una carta extremadamente audaz, aunque no sé si en el estilo de Cárcano hubiera cabido.

Desde luego que la expulsión de Cuba de la OEA, en la manera como se hizo, terminó de arrojar a Cuba en los brazos de la Unión Soviética. Yo tenía una fórmula que decía, en ese momento en que la imagen de extrema izquierda en el mundo era China: tenemos que tratar de conseguir que Cuba se parezca más a Egipto, si no, a Yugoslavia, si no a Rusia, pero no a China. Todas esas cosas provocaban indignación feroz en los sectores militares que querían un actitud clara y firme, que significara lo que por otra parte era la regla de juego ya dictada en la medida que se había aceptado que la Guerra Fría se iba a librar en el hemisferio. Tenía que ser entonces en las condiciones en que se planteó luego en las décadas de los 60 y 70. Lamentablemente las dos partes querían eso y los que estábamos en una posición de compromiso y moderación éramos naturalmente vilipendiados por unos y por otros.

Yo creo que Castro tuvo inmensa responsabilidad en lo que ocurrió después. Personalmente creo que la victoria de Castro fue la mayor desgracia que le ocurrió a América Latina en el curso de su historia. Había razones nacionales en Cuba, que era una letrina de Estados Unidos. Todos los agravios posibles quc se pueden cometer contra una nacionalidad habían sido cometidos por los norteamericanos respecto de Cuba. En definitiva, se había convertido finalmente en un refugio de gángsters de Nueva Orleáns y Miami. Pero el aventurerismo de los dirigentes de la Revolución, la dimensión demencial que se puso en evidencia luego en la crisis de cohetes del 62, cuando Castro estuvo dispuesto a sacrificar, como lo demuestran sus cartas a Kruschev, la geografía y la población de la isla al enfrentamiento nuclear entre la Unión Soviética y Estados Unidos, demuestran realmente que él tiene una responsabilidad individual sumamente grande. Hay que sumar toda la responsabilidad de la izquierda latinoamericana, y correlativamente de la extrema derecha, que había aceptado en los términos del Pentágono que la guerra era la guerra y que consiguientemente en la guerra no había neutralidad. Las figuras que tomaban posiciones que respondían a la realidad, que naturalmente como siempre era gris, como el caso de Frondizi, se convertían automáticamente en enemigos. Castro tenía de Frondizi la misma idea que expresó el canciller Roa en aquel famoso exabrupto en que lo calificó de excremento. También los militares pensaban lo mismo, y sus jefes del Pentágono tenían la misma idea. Era una cuestión de lógica: ellos habían aceptado la realidad de la guerra, y el gobierno de Frondizi creía que era posible evitarla, como también lo creían Brasil, Chile y otros países de América Latina.

Hay derecho a hacer un análisis retrospectivo sobre si la relación de fuerzas permitía en ese momento jugar a la historia y no a la política cotidiana. La tradición jurídica argentina impulsaba a eso sin la menor duda. El país que tenía una tradición más clara en una orientación semejante a la del voto en Punta del Este, era la Argentina. Era un país que había planteado en la última instancia importante que había sido la Conferencia Interamericana de Caracas del 54, una posición coherente con esa línea tradicional. México y Brasil habían acompañado siempre a Estados Unidos. Esto era lo coherente. La pregunta era si realmente convenía o no hacerlo. Así como yo creo que la visita de Guevara fue un error, porque ninguna línea diplomática argentina lo aconsejaba, lo que se defendió en Punta del Este era correcto desde el punto de vista teórico. Ahora, si la corrección desde del punto de vista teórico coincidía con el interés concreto de la colectividad en aquel momento, lo dejo abierto como un interrogante. Es decir, si no hubiera sido en última instancia mejor decir que no se podía y que había que adoptar otra dirección, a saber, la línea que impulsaba Washington.

El regreso de Punta del Este fue desde luego acompañado por la más violenta acción de la prensa contra la diplomacia argentina, la tensión ubicó a Frondizi bajo una luz extremadamente sospechosa, la oposición militar se profundizó. Yo renuncié a la Subsecretaría de Relaciones Exteriores, y quedamos a la expectativa hasta que se produjeran los comicios de marzo.

San Tiago Dantas me mandó una carta muy halagadora, y en los libros de memorias de mucha gente, incluidas las del embajador Gibson Barbosa, hay párrafos de San Tiago Dantas en los que afirma: "Oscar Camilión (…) ha sido el mejor y más competente diplomático de la conferencia".

¿A qué se refiere particularmente con la repercusión en el ámbito militar de los resultados de la Conferencia de Punta del Este?

El impacto principal que tuvo la Conferencia de Punta del Este fue la reacción que produjo en los medios militares moderados. Le perdieron definitivamente la confianza a Frondizi muchos oficiales que hasta entonces se habían mantenido en duda, o que directamente eran partidarios del sostenimiento a ultranza del orden constitucional. Pertenecían a sectores del Ejército distintos del extremismo gorila, que era el que llevaba la vanguardia de la oposición militar. Eran los oficiales que después formarían el grupo azul: Lanusse, López Aufranc, Alsogaray, Laprida.

¿Onganía?

Onganía no era una figura importante en ese momento. La historia le hará jugar un papel muy decisivo en la crisis de marzo del 62, puesto que en ese momento era el jefe de Campo de Mayo y, además, el oficial más antiguo de la Caballería. Yo nunca oí hablar de Onganía cuando fui subsecretario de Relaciones Exteriores. En cambio sí todos sabíamos quién era el coronel Lanusse, el coronel Aguirre, y desde luego quiénes eran los que se enfrentaban abiertamente contra el gobierno. No tanto el general Poggi, que era un hombre de poca relevancia, pero sí el general Labayru y, en fin, el conjunto de oficiales que iban a tener tanto peso en los acontecimientos del derrocamiento de Frondizi.

Alargar el plazo del golpe

¿Cómo se preparaba, entretanto, el gobierno de Frondizi ante las elecciones de marzo de 1962?

Con perspectivas promisorias. En el curso del año 61 había habido varios anticipos electorales: en las cinco elecciones que se convocaron ganó la UCRI, incluso en un distrito tan importante como Santa Fe. También se ganó en La Pampa, Formosa, Catamarca y San Luis.

Además, el gobierno llegaba a las elecciones de marzo con una situación económica en pleno mejoramiento, ya que, luego de la recesión de los años 59 y 60, la economía estaba en plena recuperación: el producto bruto en gran crecimiento, la tasa de inversión muy alta, históricamente la más alta.

Pero al mismo tiempo, la oposición se manifestaba violentísimamente en todos los sectores, tanto los de las áreas políticas como económicas y militares, e incluso en algunos aspectos de la internacional.

Frondizi se enfrentaba en ese momento con una prensa implacablemente opositora, encabezada por *La Prensa* a la mañana, *La Razón* y *Correo de la Tarde*, a la tarde, y con el papel particularmente importante de *La Nación*, que, como señalé anteriormente, contribuyó enormemente a cultivar las dudas del sector militar.

El grueso del empresariado estaba en enfrentamiento activo con el gobierno y en algunos casos en posición golpista: así, la Cámara Argentina de Comercio, la Unión Industrial y la Sociedad Rural.

A pesar de que el gobierno de Frondizi fue sin duda el que más había hecho por el campo argentino desde Roca, facilitando toda clase de reprogramación e inversión en el sector agropecuario, la Sociedad Rural era violentamente opositora. Fundamentalmente, por cuestiones ideológicas, por la desconfianza antiperonista. El antiperonismo era todavía una fuerza muy importante en la Argentina y el pacto nunca había sido comprendido ni asimilado.

Por otra parte, los intereses económicos de buena parte del sector de la derecha tradicional argentina eran intereses de un capitalismo comercial que Frondizi quería justamente superar.

La Unión Industrial estaba controlada básicamente por grupos de importación y exportación. Bunge y Born era una fuerza hostil contra el gobierno.

Era una cuestión que algunos, entre ellos Federico Pinedo, presentaban como de predominio de clase. Frondizi representaba una amenaza muy profunda al dominio de clase, aunque en realidad lo que hacía era defender los intereses productivos reales, inclusive los de la derecha argentina. "No puedo tolerar que este *bersagliero* se permita hablar como Carlos Pellegrini", dijo un crítico elegante.

Frondizi fundamentalmente había humillado a las armas que lo podían defender con su mal manejo de la cuestión militar. Ya fue un error el manejo de la crisis del 59, y desde luego episodios como el del Che Guevara contribuyeron a consolidar la desconfianza en el sector militar.

¿Cómo habían evolucionado las relaciones de Frondizi con Perón?

Las elecciones de marzo del 62 le planteaban no solamente un problema serio a Frondizi sino también a Perón, que tenía sus dudas respecto de lo que le convenía hacer. Reconstruyendo lo que uno supo en ese momento y lo que posteriormente se pudo conocer con más detalle, puede decirse casi con certeza que Perón no deseaba la caída de Frondizi. Prefería un Frondizi débil, pero subsistente. No estaba en condiciones de prever lo que podía ocurrir en una hipotética caída de Frondizi, y a pesar de que las relaciones entre los dos eran realmente malas, jugar al derrocamiento no era lo característico de un hombre del estilo político de Perón.

¿Y las relaciones de Frigerio con Perón?

Seguían siendo muy buenas. Frigerio y Perón tuvieron siempre buenas relaciones. En cambio, Perón siempre tuvo una profunda desconfianza hacia Frondizi.

Hay una famosa anécdota de Perón respecto de Frondizi. Un día le pre-

ENTREVISTA FRONDIZI-KENNEDY.

Un momento de aire libre entre los presidentes Kennedy y Frondizi. El canciller Cárcano conversa con el embajador Donato del Carril. Junto a Frondizi, el embajador Woodward, a cargo de los Asuntos Latinoamericanos en el Departamento de Estado. A mi lado, Carlos Ortiz de Rozas.

DESPEDIDA DE *CLARÍN*.

Ofrecida por los redactarores y el personal. Habla Justo Piernes, mientras Carlos Gelmi, por entonces secretario de redacción, fuma.

Embajador en Brasilia.

Conversando con el canciller Saraiva Guerreiro.

Embajador en Brasilia.

Con el presidente general Figuereido, con quien sería presidente constitucional, José Sarney, y con el gran periodista Carlos Castelo Branco.

Embajador en Brasilia.

Despidiendo, en uno de nuestros tantos encuentros, al canciller Antonio Azeredo de Silveira.

Ministro de Relaciones Exteriores (1981).

Suscribiendo un documento bilateral, en Buenos Aires, con el entonces canciller de Egipto, Boutros Ghali.

Ministro de Relaciones Exteriores (1981).

En Lima, al término de un almuerzo con Fernando Belaúnde Terry, presidente del Perú.

Ministro de Relaciones Exteriores (1981).

Al término de una visita a la represa de Itaipú, con el canciller del Paraguay, Alberto Nougués.

Elecciones Nacionales de 1983.

Habla el candidato a presidente del MID, Rogelio Frigerio; a su lado, Antonio Salonia, candidato a vicepresidente. Arturo Frondizi nos acompañaba activamente.

Reanudacion de las negociaciones intercomunitarias en Chipre.

Con Georges Vassiliou y Rauf Denktash.

Ministro de Relaciones Exteriores (1981).

Con el negociador de Itaipú, embajador João Hermes Pereira de Araujo.

Con parte del equipo de la Cancillería.

Arnoldo Listre, Ema Ríos, Mariano Montemayor,
Federico Erhart del Campo y Héctor Tejerina.

Con el secretario de Estado Alexander Haig.

Washington, 1981.

guntaron qué opinaba de él y respondió que Frondizi provenía de Gubbio, y Gubbio era un pueblo tan malo que cuando llegó San Francisco con el único con que pudo hablar fue con el lobo.

Recíprocamente, Frondizi le tenía la mayor desconfianza a Perón. No creía en absoluto en él. Tenía pobre impresión de Perón como figura ética.

A pesar de todo, yo creo que Perón no quería voltearlo a Frondizi, y la jugada que escogió fue una táctica extremadamente inteligente, que fue la integración de la fórmula Framini-Perón, para la elección clave, la de la provincia de Buenos Aires.

Una victoria justicialista era considerada como la posibilidad de la creación de condiciones de ingobernabilidad. El gobierno de Frondizi la encaró con la promoción de la candidatura de Guillermo Acuña Anzorena. Los radicales presentaban la candidatura de Crisólogo Larralde, que era un hombre que tenía buenas relaciones con Frondizi.

El peronismo concurría a las elecciones porque Frondizi iba cumpliendo poco a poco las promesas del pacto. Es absolutamente cierto que los compromisos que Frondizi asumió con Perón fueron cumplidos en la medida de las posibilidades, casi de manera plena. Por ejemplo: la devolución de la CGT, la sanción de la Ley de Asociaciones Profesionales, el restablecimiento de la simbología peronista, la eliminación del decreto 4.161, y, finalmente, la legitimación del partido peronista, aunque fuera bajo chapas que excluían la mención personal del nombre de Perón. El peronismo recuperó su posibilidad electoral para la elección del 62.

Como ya dije, la decisión de Perón fue de gran astucia: integrar la fórmula con Framini era legalmente inviable en las condiciones de la época: Perón estaba proscripto, de manera que su integración en la fórmula significaba el veto del peronismo, de la fórmula. Y a partir de eso el pretexto para la autoproscripción, que era lo que casi con seguridad Perón había pretendido hacer. Y lo que no habían negociado, ciertamente, con Frondizi. El conflicto estalló, a pesar de los contactos que tenían en ese momento. Ramón Prieto –figura notable de la política argentina y muy poco conocida– era el enlace permanente entre ambos.

Pero si, como yo creo, ésa era la estrategia de Perón, fue frustrada por Vandor, el gran enemigo de Perón dentro de su partido. El primer dirigente importante que intentó hacer un peronismo sin Perón fue Augusto Vandor, y eso no es ajeno a lo que le ocurrió varios años más tarde.

Yo creo que Vandor, cuyos manejos personales fueron siempre muy complejos, estaba en un esquema de enfrentamiento con Perón a largo plazo. Buscaba la constitución del neoperonismo sobre la base del gran poder que tenía como un dirigente particularmente talentoso de la Unión Obrera

Metalúrgica. Ha sido en la historia del sindicalismo argentino una figura significativa, compleja.

La proscripción de Perón no fue respondida con la autoproscripción del peronismo, con la abstención del peronismo como propiciaron muchos, sino con la consagración de la fórmula Framini-Anglada, y eso respaldado fundamentalmente por la estructura sindical en la que Vandor era la figura decisiva.

Fue en los tramos decisivos de la campaña electoral que finalmente se produce la ruptura de relaciones con Cuba.

Así fue. Era muy comprensible en las mentalidades de Frigerio y Frondizi la lógica dialéctica de oponerse a una sanción colectiva y, como país, hacer otra cosa: justamente se trataba de evitar que el sistema fuera utilizado como un mecanismo de intervención. Frondizi rompió relaciones con Cuba como una medida estrictamente interna, de descompresión.

Fueron los días del famoso discurso de Paraná –que redactó Isidro Odena–, un desafiante testamento político en el que prenuncia lo que va a ocurrir. Frondizi tenía absoluta conciencia de dos cosas. Una: que no podía ganarle a Perón en una elección de contexto nacional donde la gobernación de la provincia de Buenos Aires estaba en juego. Pudo ganar algunas elecciones provinciales porque ahí no estaba en juego la conducción suprema de los votos del país. Segunda: que la derrota de marzo del 62 iba a significar su derrocamiento.

Frondizi estaba quizá espiritualmente resignado desde muchos meses antes. Realizó su viaje a Oriente, que en buena medida había sido una cierta huida de la realidad, porque necesitaba un paréntesis después de tantas presiones. Personalmente le dije antes del viaje, cuando se había declarado una huelga ferroviaria, que era una instancia extremadamente peligrosa, y que las visitas podían cancelarse. Me contestó que viajaría de todas maneras. Yo creo que para entonces ya tenía la convicción de que su mandato estaba afectado de un mal terminal.

El cuadro final de las elecciones de marzo del 62 no fue desastroso para el gobierno: el peronismo ganó en varios distritos y, desde luego, en la provincia de Buenos Aires, pero a su vez el frondizismo se impuso en varias provincias, y el radicalismo en Córdoba. De modo que podríamos decir que la situación política del país estaba en un momento normal; era absolutamente claro que en esas condiciones el partido en el gobierno iba en ascenso. Pero el país había entrado en una situación de virtual locura y las condiciones de gobernabilidad estaban perdidas. Y a eso contribuía la propia actitud personal de Frondizi.

El día de las elecciones, con un pequeño grupo fuimos a acompañarlo a Frondizi a la residencia de Olivos. A las seis de la tarde pusimos la radio para escuchar los resultados del escrutinio. Al rato, pasó Frondizi preguntando qué estábamos haciendo. Dijimos que esperando los resultados, a lo que contestó que no valía la pena que hiciéramos ese esfuerzo. Tenía la absoluta certeza de los resultados en el distrito decisivo que era Buenos Aires, certeza que no compartían ni Vítolo ni Frigerio, dos personas extremadamente optimistas, que no se querían entre ellos, y que estaban convencidos de que la elección se iba a ganar.

¿Cuál era la postura de Oscar Alende?

En ese momento, de total adhesión al gobierno de Frondizi. Yo creo que esperaba ganar, igual que Vítolo y Frigerio.

El único que sabía que iba a perder era Frondizi. Los militares también sabían que iba a ganar Framini, y la Policía tenía una opinión más clara todavía. Quizás el margen de la victoria sorprendió un poco: el peronismo consiguió reunir 1.300.000 votos, contra 800.000 de la UCRI, y 700.000 de los Radicales del Pueblo. Pero se trataba de un problema cualitativo.

Cuando ya estaba decidida la elección, Frondizi me pidió que le preparara un decreto de intervención de la provincia de Buenos Aires. Fui a una habitación de Olivos, traté de escribirlo y no me salía. Al rato se lo dije a Frondizi. Me contestó que era indispensable, porque tenía que dar todos los pasos necesarios para defender el orden constitucional.

Ahí surgieron actitudes diferentes. Vítolo presentó la renuncia porque estaba convencido de que, aun con decreto de intervención, se venía el golpe militar; que intervenir la provincia era ir contra los principios, que era mejor caer airosamente.

Frondizi jugó, convencido como estaba de su derrocamiento, a alargar el plazo del golpe y tratar de conseguir una solución, que fue en definitiva la que salió: Guido.

En aquel desenlace un papel importante fue el de Julio Oyhanarte, que fue quien redactó los decretos de intervención, y tuvo un papel central en la organización del gobierno de Guido.

¿Cuáles fueron los datos más relevantes del colapso final del gobierno de Frondizi?

Las decisiones más importantes que Frondizi tomó tras conocerse el resultado de las elecciones en la provincia de Buenos Aires fueron: una, que Frigerio se vaya del país; otra, que aceptó la dimisión de Alfredo Vítolo; además, recompuso el gabinete, *in articulo mortis*, y peleó con un objetivo de mínima, yo creo: demorar la crisis militar. No podría decir con certeza que Frondizi había perdido la totalidad de las esperanzas. Me consta que hizo sondeos en las Fuerzas Armadas y, probablemente, su análisis debía ser tremendamente pesimista.

El día previo a la caída, Frondizi le requirió a Tito González que consultara al jefe del acantonamiento de Campo de Mayo, general Onganía, cuál era su posición. Se hizo la consulta y Onganía respondió que obedecía a sus mandos naturales, es decir, que no se oponía al golpe de Estado.

La famosa intervención de Aramburu no fue para evitar el golpe. Aramburu, que tenía una posición muy dubitativa y tenía dos influencias muy encontradas que trabajaban sobre él, terminó laudando el consejo de renuncia de Frondizi.

Frondizi movió todas sus cartas. Yo no creo que a esa altura le interesara demasiado continuar en el poder, estaba muy desgastado, muy herido espiritualmente, pero sabía que su primera obligación era defender la legalidad, y tenía cabal noción sobre lo que significaba para la Argentina la pérdida de esa legalidad. Terminar el mandato, aunque fuera en condiciones limitadas de poder, era para Frondizi preferible que la interrupción constitucional. Por eso digo yo que, en todo caso, el objetivo de mínima era demorar las cosas, porque así evitaba la configuración de un golpe de Estado absoluto.

Se configuró en definitiva una solución semiconstitucional. No tengo la menor duda de que Frondizi intervino en la operación que llevó a la asunción del gobierno por parte de Guido. No hay la menor duda de que Frondizi con eso evitó algo de la que tenía clara conciencia que se pudiera producir: un *putsch* sangriento, limitado, dada la carga de odio que tenía un sector de las Fuerzas Armadas.

Además, en todo caso, libró al país de la humillación adicional desde el punto de vista histórico, sumando todas las que hubo antes y después, de que el general Poggi asumiera la Presidencia de la República.

¿Quiénes eran los interlocutores de Frondizi en ese momento?

Al producirse la desconexión virtual con Frigerio, que en ese momento realmente había perdido funcionalidad, porque estábamos en una situación política pura, y al producirse el alejamiento de Vítolo, Frondizi habló básicamente con Julio Oyhanarte, quien tuvo mucho que ver en esos días.

Frondizi comenzó dialogando con Rodolfo Martínez, al que llamó a la cartera del Interior, porque tenía una idea bastante clara de lo que había que hacer.

Frondizi había perdido contacto con los principales dirigentes del grupo económico. La renuncia de Arturo Acevedo, mucho antes –hay que recordar que Frondizi venía arrastrando crisis violentas en esta última etapa de su gobierno desde varios meses atrás–, causó un alto impacto en el gobierno.

El gobierno tenía todavía, en ese momento crítico, diálogo suficiente con los sectores tradicionales, como para conseguir que Carlos Coll Benegas fuera ministro de Economía, pero el impacto que produjo la renuncia de Roberto Alemann, quien adujo cansancio moral, fue sin duda muy fuerte.

De manera que Frondizi, en ese momento, estaba bastante aislado.

No tenía diálogo con nadie en las Fuerzas Armadas. En ese sentido, creo que el resultado de errores tan serios como la no represión de Toranzo Montero en 1959, y de jugadas mal calculadas, como la visita de Guevara, impusieron su tributo.

Con esos movimientos de piezas, el golpe que se podría haber producido al día siguiente de las elecciones terminó generándose el 29 de marzo. Por supuesto que esos días le produjeron a Frondizi un desgaste moral y personal adicional muy grande, que incidió largamente en su proyección posterior.

Frondizi salió del gobierno sin duda deteriorado políticamente con todos los sectores. Muchos años después recuperó su dimensión histórica. Pero nunca recuperó su dimensión política.

Pero al mismo tiempo, evidentemente, también desgastó a los militares y sembró todas las semillas de lo que luego iba a ser el conflicto de Azules y Colorados.

¿Qué habría pasado si Frondizi le hubiera entregado la gobernación de Buenos Aires a Framini?

Yo creo, sin la menor duda, que los militares habrían producido un golpe de Estado. La tensión política hubiera sido insostenible y hubiera podido desencadenarse un proceso muy violento. Me parece que era totalmente imposible la entrega del gobierno a Framini.

Era el gesto político que Vítolo creía que había que hacer en salvaguardia de las expectativas políticas futuras, y es probable que si Frondizi hubiera caído con la bandera de la legalidad, no hubiera quedado tan herido, o políticamente muerto, como en efecto quedó.

No tengo la más mínima duda de que el golpe militar se hubiera producido en condiciones ciertamente peores y probablemente con violencia en la calle.

¿Cuál era la opinión de Frigerio?

Creo que Frigerio no tuvo contacto con Frondizi a partir de las elecciones. Frondizi me ha dicho posteriormente que estaba convencido de que a Frigerio lo iban a asesinar, por lo que le sugirió irse del país. De manera que no me consta lo que pensaba en ese momento Frigerio, pero conociéndolo, desde luego que en ese momento lo hubiera apoyado y sé que a posteriori no tuvo ninguna duda sobre lo correcto de la actitud de Frondizi.

¿Cuál era el fundamento del odio militar a Frigerio?

El pacto. Es más importante el pacto que el pasado marxista de Frigerio. Ese pasado empezó a aparecer en un momento dado como un dato importante a medida que la crisis cubana se profundizaba, pero el verdadero cargo era el pacto.

En torno del pacto se crearon las imputaciones de corrupción. Las Fuerzas Armadas entonces eran netamente antiperonistas, ésa era su dinámica. Hay que recordar que en el proceso final del gobierno de Aramburu, la SIDE del general Quaranta alentaba los golpes contra el general Stroessner por su supuesta amistad con Perón y con el apoyo de la izquierda paraguaya.

La dimensión del antiperonismo en las Fuerzas Armadas en ese momento ha quedado un tanto desdibujada por la historia. Toranzo Montero, que fue el militar que más deterioró la estructura de las Fuerzas Armadas, era fundamentalmente antiperonista. El tema del comunismo le interesaba relativamente poco. Los generales más destacados, duros, consideraban que Frondizi, en la medida que pactó con un sujeto al que calificaban ellos esencialmente como inmoral como Perón, era también esencialmente un inmoral. La idea de la inmoralidad política de Frondizi y de su maquiavelismo era generalizada por las Fuerzas Armadas. Recuerdo una caricatura del *Correo de la Tarde* titulada "Maquiavelo" en la cual aparecía un señor vestido con ropa del Renacimiento, supuestamente Maquiavelo, que leía atentamente un libro que decía "Frondizi". Éste fue también un componente *sine qua non* para explicarse la caída, pero sin el componente antiperonista nunca hubiera podido funcionar.

Las Fuerzas Armadas del año 1958 todavía no estaban afectadas por el virus anticomunista, que viene luego de que los americanos adoptan la política de Seguridad Nacional, tras el éxito de Castro. Eran esencialmente antiperonistas. No hay que olvidar, por otra parte, que la izquierda había sido aliada de los militares antiperonistas duros en la revolución del 55. Así que

Frondizi, en esas visiones, representaba el pacto con Perón y la resurrección de Perón.

Esta opinión no fue solamente compartida por las Fuerzas Armadas. Recuerdo que en una comida a la que asistí en los años del gobierno de Onganía, Antonio Cafiero hizo un comentario que me pareció muy violento. Dijo: "Perón estaba muerto y vino el estúpido de Frigerio y lo resucitó con el pacto".

Ésa era la actitud de muchos... De manera que el antifrigerismo contumaz tenía su base en el pacto.

Por supuesto, el elemento de la lucha continental contra la penetración soviética es un dato de gran importancia, porque sin una decisión estratégica global de Estados Unidos de aprobar los gobiernos militares en América Latina esto no se hubiera generado. Estados Unidos pasó de su entusiasmo por el retorno de la democracia en la década del 50 a la decisión de que había que instalar gobiernos anticomunistas. Hay que recordar que cuando Frondizi está en el gobierno la democracia en América Latina había tenido un espectacular renacimiento; el único gobierno militar era el de Stroessner. Es decir, obviamente tenía que haber, y en efecto la hubo, una decisión estratégica norteamericana que fue adoptada en el gobierno de Kennedy, al adoptar la doctrina de la Seguridad Nacional, y no es que Kennedy prefiriera tener un interlocutor militar, sino que no los alcanzó a tener porque murió antes.

Su reencuentro con Frondizi después del derrocamiento, ¿cuándo y cómo se produjo?

Frondizi fue primero a Martín García donde yo no lo visité. Luego lo trasladaron al Mesidor. Cuando se dispuso su libertad, Jorge Baeza lo trasladó primeramente a la estancia en Córdoba de Roberto Noble, quien pensaba que era bueno para Frondizi hacer un breve paréntesis allí unos días para respirar el aire de la plena libertad antes de llegar a Buenos Aires. Luego volvió a Buenos Aires. El grueso de los colaboradores desarrollistas –empezando por Frigerio– estaba en el exilio.

Una vez allí se instaló en el departamento que le facilitó Tito González, su fiel colaborador de toda la vida. Me presenté, poniéndome a su disposición, y durante dos meses fui una especie de secretario privado de Frondizi. Pasaba muchas horas con él, analizábamos capítulos del gobierno, la coyuntura política, Frondizi empezó a hacer política de nuevo, hizo giras en el interior, a algunas de las cuales yo lo acompañé.

Recuerdo vivamente una que hizo a Posadas donde fue recibido por una verdadera multitud, ya que en ese momento el MID era allí muy fuerte conducido por el ex gobernador Ayraullt. Yo estaba en el mismo auto que él cuando vino desde el aeropuerto a la ciudad y había mucha gente en el camino, miles de personas. Obviamente Frondizi era una potencia política muy importante en ese momento.

Me llamó la atención su cortedad respecto de la gente que se acercaba, lo quería tocar, y Frondizi lo aceptaba con mucha renuencia. Era el polo opuesto de Menem, por ejemplo, y parecido a Perón, que era lejano en el contacto físico con la gente. A mí me daba verdadera sorpresa y lástima que no aprovechara en términos más cordiales el especial carisma que tenía, que se reflejaba cuando abría la boca como orador. Frondizi fue el mejor orador político que he visto en toda mi vida. Tenía una capacidad de comunicación muy grande con la gente dentro de una retórica muy elegante y seria que podía ser también combativa.

De las conversaciones de Frondizi salían anticipos muy importantes. Inmediatamente restableció contactos internacionales –buena parte de ellos implementados por Arnaldo Musich, el principal nexo entre Frondizi y Frigerio durante la última parte del gobierno–, entre ellos con la Santa Sede. Musich también fue uno de los principales consejeros de Frondizi y uno de los principales implementadores de las decisiones más difíciles de política económica e institucional de la última etapa del gobierno.

Cuando cayó el gobierno de Frondizi, Musich fue incluido junto con Marcos Merekensky en la absurda lista de los "marxistas de formación latinoamericana" que el ministro del Interior, general Rauch, hizo detener. En ese momento yo fui su abogado, y cuando salió, muy afectado por la ordalía absurda que le había tocado vivir, se orientó hacia actividades privadas con el apoyo de Frondizi dentro del Grupo Techint. Frondizi tenía una amistad muy grande con Agostino Roca y una gran admiración –que por otra parte era mutua– ya que era el hombre de la siderurgia, que para Frondizi representaba una indiscutible prioridad. En ese punto Frondizi y Frigerio habían coincidido toda la vida.

La relación con la Santa Sede se restableció de inmediato. Frondizi había sido y era un gran admirador de las encíclicas de Juan XXIII y tenía muy buenos amigos en el Vaticano. Por otra parte, el componente italiano de la personalidad de Frondizi era un dato que también jugaba en su relación con la Curia. No obstante la condición eminentemente laica de Frondizi, fue considerado por la Curia como un hombre de total confianza en cuanto a ideas y modo de ver el mundo; el pensamiento de Frondizi estaba muy bien interpretado en las encíclicas *Pacem in Terris* y *Mater et Magistra.*

Por otra parte durante el gobierno de Frondizi, también se habían dado pasos importantes en la interpretación práctica de las cláusulas de la Constitución que vinculaban Estado e Iglesia. Es decir, las formas de ejercicio del patronato habían sido reinterpretadas en un acuerdo que negoció Ángel Centeno con la Santa Sede para que se eliminaran dificultades en la designación de obispos. De modo que la relación con la Santa Sede era muy buena, y Frondizi tuvo oportunidad de organizar inmediatamente algunos viajes a Europa que lo pusieron en contacto con el Papa Paulo VI y con las figuras principales de la Curia.

Desde el Vaticano, Frondizi tuvo oportunidad probablemente de tener algunos indicios de cómo se producía la evolución de determinados hechos religiosos en América del Sur, aparte de los que él percibió. Uno de ellos fue la preocupación por los "curas del Tercer Mundo". Frondizi me manifestó poco después de salir de Martín García –para mi sorpresa, porque no tenía idea del movimiento– que una de las fuerzas políticas potencialmente más peligrosas en la Argentina eran los curas del Tercer Mundo, que sin duda alguna iban a dar lugar a muchos problemas, y por ello era menester prestar gran atención a su prédica.

Frondizi fue extremadamente conciente en su Presidencia del riesgo potencial de los movimientos subversivos. De suerte que cuando percibió los primeros síntomas de eventuales agitaciones inspiradas por algún sector de la Iglesia prestó atención. Él sabía, desde luego, que interpretaciones heterodoxas de líneas abiertas por el Concilio Vaticano Segundo –al que por otra parte adhería en su condición de hombre laico pero de cultura cristiana occidental– podían inspirar movimientos sociales con un componente de violencia. Es decir, que estos movimientos se definían en última instancia en un signo religioso milenarista, como tantas veces ocurrió en el curso de la historia.

Ganar un gran premio

Fuera de la política ¿qué otro aspecto de la actividad de Cancillería de aquellos años considera importante destacar?

Un aspecto interesante de la tarea diplomática que se realizó en el gobierno de Frondizi fue la atención a frentes que no habían sido nunca materia de atención prioritaria por el Ministerio de Relaciones Exteriores antes.

Uno de ellos era la proyección cultural de la imagen argentina a través, por ejemplo, de sus artistas. El movimiento plástico argentino era de gran significación y de gran tradición pero de presencia internacional limitada. Las grandes exposiciones mundiales, particularmente las bienales de San Pablo y de Venecia, que eran la expresión culminante de la plástica contemporánea, habían sido en general atendidas por la Dirección de Relaciones Culturales del Ministerio de Relaciones Exteriores con "políticas contemporizadoras", con el ambiente artístico local. Se mandaba la mayor cantidad posible de pintores en la representación de manera que todos estuvieran contentos sin ningún tipo de planificación orientada a obtener alguna de las grandes recompensas.

Rafael Squirru tomó una participación significativa en la programación de la política cultural, primero en su posición de director del Museo de Arte Moderno, luego en la de director del Departamento de Relaciones Culturales del Ministerio de Relaciones Exteriores. Los dos ejemplos interesantes que vale la pena recordar son las políticas que se siguieron en la Bienal de San Pablo en 1960 y en la Bienal de Venecia de 1961. Squirru se propuso ganar un gran premio en cada una de esas exposiciones, lo que supuso coordinar una actividad muy planificada con todos los que tenían que ver en el asunto.

En el caso de la Bienal de San Pablo, con el embajador argentino Carlos Muñiz, una persona particularmente indicada para este tipo de tareas por su enorme conocimiento del arte en general y del arte plástico argentino en particular, se concibió una estrategia totalmente distinta de la que se había ideado en el pasado: se pensó en mandar una exposición de pintura centrada en torno de una muestra de Raquel Forner rodeada de un grupo de pintores entonces jóvenes como Miguel Ocampo, Sakay, Clorindo Testa, Mc Entyre y Vidal. Eso conformaba una exposición de pintura sumamente atractiva, pero el objetivo no era llamar la atención hacia la pintura, sino que la buena muestra de pintura fuera el entorno de la artista que se pretendía podría ser candidata a un gran premio, que era una escultora: Alicia Penalba, que estaba radicada en París. Esto suponía conversaciones con los jurados, atender cuáles eran las preferencias estéticas y políticas de los mismos. Carlos Muñiz hizo en ese sentido una tarea de aproximación sumamente fina y el resultado fue que Alicia Penalba obtuvo el gran premio de escultura. Obviamente se necesitaba un artista de mucho mérito para conseguir el gran premio, pero sólo los méritos no dan la posibilidad de ganar una bienal.

Se repitió al año siguiente en Venecia con Berni. En esta oportunidad la idea fue diferente: primeramente elegir un solo artista que tuviera la posibilidad de estar presente al mismo tiempo en todos los aspectos fundamentales de la muestra: que fuera un gran pintor, un gran escultor y un grabador. El objetivo en esta ocasión era obtener el gran premio de grabado porque se consideraba que era difícil que un artista argentino pudiera tener el de pintura o el de escultura. Por otra parte había que tener en cuenta inclusive cuáles eran las ideas políticas del jurado, que fue motivo de un trabajo de investigación previo que Rafael Squirru ejecutó con toda precisión y haciendo todos los contactos del caso.

Fue Berni obviamente un artista de significación internacional muy grande pero que necesitaba este tipo de programación para obtener la consagración y obtuvo en efecto el gran premio de grabado.

Fueron dos expresiones interesantes de cómo se puede orientar una gestión con criterio estrictamente práctico y a partir, desde luego, del conocimiento singular que tenía Rafael Squirru de cómo funcionaban estas cosas en el mundo internacional de la cultura.

Esto requería, por otra parte, apoyo político. Cuando yo fui subsecretario y respaldaba la gestión de Squirru para la misión de Berni, me tocó resistir muy fuertes presiones de artistas que consideraban que la elección exclusiva de un solo representante argentino era una muestra de arbitrariedad y de discrecionalidad, y que el arte argentino no estaba adecuadamente representado por un solo artista, lo cual era de alguna manera cierto. Pero lo que nosotros razonábamos en ese momento era que todo el arte argentino se beneficiaba si se obtenía un gran premio. Esto fue lo que se consiguió, aunque en su oportunidad dio incluso lugar a ataques en la prensa.

El retorno a las ideas prefrondizistas

¿Qué actitud tomaron ustedes, los del grupo más cercano a Frondizi y Frigerio, ante el gobierno de Guido?

El gobierno de Guido jamás fue considerado como una solución constitucional de la crisis, pese a que técnicamente lo era. Fue considerado, como en efecto lo fue, el resultado de un golpe militar.

A partir de ese momento se empezaron a perfilar figuras nuevas y, lo más importante de todo, fue la recomposición del cuadro interno de las Fuerzas Armadas. Naturalmente que eso no significaba que no hubiera importantes definiciones en el campo económico. La designación de Federico Pinedo como ministro de Economía, y los resultados de su breve paso por el ministerio, seguido de la asunción por parte de Alsogaray, fueron capítulos importantes de lo que iba a ser el proceso posterior. Pinedo dejó flotar el peso, lo cual, en las condiciones de la Argentina de ese momento, produjo la fenomenal devaluación del mes de abril, que realmente tomó al país de sorpresa. También generó un impacto irreparable en la mayoría de los programas de industrialización que se estaban llevando adelante.

El gobierno de Guido fue la otra cara de una política de supuesta ortodoxia monetaria encarnada por el ingeniero Alsogaray, que implementó todos los elementos de una política antiindustrial, en la que Alsogaray creía.

Relato un diálogo que tuve con Alsogaray, porque reiteradamente se intentaba hacer procesos de reaproximación de Alsogaray y Frondizi, y a veces a mí me tocaba cumplir la función de intermediario, porque tenía diálogo con el ingeniero.

Discutiendo el tema petroquímica, me dijo si no me parecía que, mejor que hacer una industria petroquímica, era importar el equivalente de ese valor en fertilizantes y echarlo sobre la pampa húmeda. Ésa es una frase que me quedó sumamente grabada, porque realmente describía, no ya una discusión de métodos sobre el proceso de industrialización, o sea, tener o no una política industrial, sino sobre resultados finales, sobre objetivos. Alsogaray creía que la Argentina no debía tener petroquímica, no que el proceso de inducción vía política industrial del Estado debía llevar a la petroquímica. No quería que hubiera una distracción de recursos de esa naturaleza.

No hay la menor duda de que Federico Pinedo compartía esa opinión: tenía la imagen de la Argentina en la que esencialmente él y su grupo habían sido clase dominante. Era la idea que poco después iba a tener, para decirlo desde otro ángulo, el estratega de la aproximación indirecta al desarrollo económico: Guido Di Tella, con quien también recuerdo un diálogo. Me dijo que había discutido con Frondizi la conveniencia de desechar la siderurgia para la Argentina. Le pregunté a Frondizi si era condición indispensable, para el frente que se estaba gestando, que apoyáramos la siderurgia. Frondizi me dijo que era una condición "indispensable". De modo que Di Tella creía que la Argentina no tenía que tener siderurgia. No el hecho de que hubiera una política industrial que llevara a la siderurgia, que era una cuestión evidentemente discutible en materia de método, sino simplemente que el país no estaba para ese tipo de cosas.

Ésa era obviamente la discusión central que separaba a Frondizi y Frigerio de sus adversarios, y que la historia laudó evidentemente a favor de Frondizi, porque se demostró con el correr de los años que era la base incluso de sus posibilidades de exportación. Hoy, si hay algo que la Argentina puede exportar, es acero.

De modo que, en el campo económico, el balance del gobierno de Guido fue que representó el primer paso en el retorno a las ideas prefrondizistas. Ratificado luego con un enfoque mucho más primario, por lo que la devaluación Pinedo, la política económica de Alsogaray y la anulación por Illia de los contratos de petróleo fueron tres pasos que tuvieron coherencia en el sentido de negar todo lo que el gobierno de Frondizi había aportado en el campo de la economía.

La discusión económica, si bien la dejamos de telón de fondo, va tener mucho que ver con lo que pasó después. Me parece a mí que el resultado del cambio de política económica incidió en todo el futuro argentino. Si bien es cierto que algunos éxitos industriales el país pudo conseguir, no hay duda de que si Frondizi hubiera podido imponer su política, cuando llegara el momento de la globalización de la economía, la Argentina iba a tener una mejor posición que la que tiene hoy.

¿Y en el campo político?

Los datos fundamentales a analizar son: cómo se orientan las fuerzas militares, por una parte, la lucha interna de los militares, por otra, y las fuerzas políticas para la salida electoral, que desde el comienzo quedaba, una vez que se había optado por la solución Guido, trazada para un plazo relativamente corto.

La solución Guido y la política que trazó Rodolfo Martínez garantizaron que no podía girar la aguja del reloj en el sentido de transformar el gobierno de Guido en uno militar. Guido fue el que inició, en realidad, lo que luego se llamará bordaberrización.

Rodolfo Martínez –que, por supuesto, consideraba una barbaridad el golpe de Estado que había derrocado a Frondizi–, tenía un plan muy claro: llevarlo a Onganía a la Presidencia de la República.

Continuó sus gestiones en el Ministerio del Interior de acuerdo con Frondizi, a quien le consultó sobre si tenía que seguir o no con el gobierno de Guido, convencido de que podía recomponer un poco ese cuadro tan deteriorado. Él tenía una idea muy clara en la cabeza: el presidente de la República tiene que ser el general Onganía. Comparaba la situación de la Argentina de 1962, luego de la derrota de los Colorados, con la Argentina luego de Pavón. En Pavón ganó Mitre, y lo normal es que Mitre asuma la Presidencia de la República. Es decir, que Onganía debía candidatearse para la Presidencia de la República, y Martínez de entrada comenzó a trabajar en esa orientación.

¿Cómo vivió usted el capítulo de la crisis cubana que transcurrió bajo el gobierno de Guido?

Obviamente, el gobierno argentino después de la caída de Frondizi asumió una posición ultraoccidentalista, encarnada por el canciller Bonifacio del Carril, al que Marcelo Sánchez Sorondo en *Azul y Blanco* se refería bautizándolo el "canciller de Occidente". Trazó una política de adhesión primaria a Estados Unidos, bastante más drástica todavía que la de las relaciones carnales. No duró mucho, y no tardó en ser reemplazado por Carlos Muñiz.

Carlos Muñiz introdujo en el gabinete, acompañado de gente como Alberto Rodríguez Galán, una dosis de moderación y sensatez, que le valió el inmenso desagrado de un sector importante de las Fuerzas Armadas.

La crisis de 1962 no tuvo a la Argentina como protagonista relevante, como había ocurrido al comienzo de ese año en Punta del Este. No porque hubiera disminuido la aptitud o la capacidad operativa de los hombres que manejaban la diplomacia argentina, sino porque la crisis de octubre del 62 se expresó en niveles mucho más altos.

Cuando estalló, tomando evidentemente por sorpresa a todos los países de América Latina, la reacción argentina, probablemente la única factible en ese momento, fue apoyar el bloqueo cubano en términos claros: ofreció unidades navales para el apoyo. Se trataba de una medida simbólica pero inevitable.

Eran momentos de opción, la Argentina fue la primera que lógicamente apoyó a Kennedy a la hora de la crisis. Así que no era cuestión de tratar de jugar al no alineamiento, porque la crisis del 62 casi llevó a la guerra mundial y fue la única vez que fue amenazada la supremacía estratégica de Estados Unidos. De Gaulle hizo lo mismo. Más aún: fue el primero en apoyar a Washington.

Estados Unidos pudo tolerar durante un tiempo la paridad estratégica, pero no que se generara un desequilibrio estratégico. Era y es el único país capaz de hacer la guerra mundial nuclear, lo demostró cuando tiró la bomba en Japón, y lo hubiera demostrado de nuevo si Kruschev no hubiera advertido que su audacia había llegado a un límite que no podía continuarse.

El problema de la instalación de los misiles cubanos, el desafío de Kennedy para el retiro, la pulseada con la Unión Soviética, la presión de Castro para que la Unión Soviética avanzara en la pulseada, la posterior decisión de Castro de sacrificar la población de la isla a la causa global del socialismo, y finalmente la transacción a la que se llegó –que fue el retiro de los cohetes por parte de Cuba y la renuncia de Estados Unidos a producir hechos militares en la isla– tuvo inmensa trascendencia respecto del proceso histórico posterior.

La crisis cubana resolvió en el sentido de los norteamericanos lo que políticas como la argentina habían tratado de evitar. Los norteamericanos resolvieron su problema militar y eliminaron a Cuba como amenaza militar. Pero al transar con la subsistencia de Castro, y al garantizarle que no procederían a intervenir la isla, dejaron las puertas abiertas para todo el proceso de exportación subversiva que se produjo posteriormente en el continente.

La conclusión de la crisis de cohetes fue la OLAS, la Organización Latinoamericana de Solidaridad, y el intento de implementar la tesis de que la Cordillera de los Andes tenía que ser la Sierra Maestra de América Latina. Toda la subversión posterior que se registró en los países del continente, toda la guerra sucia de los años siguientes que arrancó con Venezuela, y continuó con Brasil, la Argentina, Chile, etcétera, fue el resultado de aquello.

Es decir, la crisis de Cuba del 62 demostró la corrección de los análisis de Punta del Este 62 unos meses antes, del diálogo de Frondizi con Stevenson en la isla de Trinidad y Tobago del año 61. La resolución de la crisis de los cohetes consagró la derrota del esfuerzo diplomático de la Argentina y otros países para llegar a un *modus vivendi* que previniera no sólo el ataque militar a Estados Unidos, sino la exportación de la subversión.

En ese momento, nosotros interpretamos que los rusos habían obtenido una gran victoria estratégica, puesto que habían retirado cohetes en Cuba que habían puesto para sacarlos. La Unión Soviética no aspiraba a obtener supremacía estratégica sobre Estados Unidos, aspiraba a consolidar la cabeza de puente operativa en que se había convertido Cuba. No hay duda de que Kruschev, a pesar de su tesis, consideraba la coexistencia pacífica como instrumento adecuado para continuar la ofensiva soviética para el control de la situación mundial.

¿No cree que el objetivo soviético, en realidad, no estaba centrado en Cuba sino en Berlín?

Por supuesto, no tengo duda. La Unión Soviética en ese momento entendía que la prenda que poseía para evitar una intervención militar en Cuba era la posibilidad de hacer una intervención militar en Berlín. Pero eso era jugar realmente a la guerra mundial. Berlín era un *casus belli*. Los rusos nunca tuvieron duda de esto; una vez que se hizo el operativo del puente aéreo supieron que Estados Unidos estaban dispuestos a llegar a cualquier extremo para defender Berlín.

Yo creo que los rusos habían comprendido en la época de Kruschev que podían seguir hostigando al gobierno norteamericano a través de la exportación subversiva. Apostaron a ella vía Cuba una vez que se dieron cuenta de que Cuba era una carta política importante, lo que no habían asimilado desde el primer momento.

Kruschev declaró en 1960, después de la reunión de Costa Rica, cuando le preguntaron si Castro era comunista, que no lo era, pero que los americanos iban a hacer de él uno muy bueno; y en el 62 estaban convencidos de eso.

Pero de allí a que Castro justificara un ataque atómico a la Unión Soviética, era algo que Kruschev evidentemente no iba a jugar.

En síntesis, lo que importa es el resultado, la actitud argentina en ese momento, que fue la única posible, pero no tuvo relevancia interna, el envío de unidades navales argentinas al bloqueo de Cuba, no fue una cuestión discutida. Ya para entonces se había producido el primero de los episodios entre Azules y Colorados.

¿Qué análisis traza de aquella crisis militar?

La crisis entre Azules y Colorados quedó abierta a partir de la caída de Frondizi, pero en realidad venía de antes. El Ejército estaba profundamente dividido, las Fuerzas Armadas también en lo que se podría llamar los matices de su posición antiperonista. Había un antiperonismo radicalizado fuertemente apoyado en el partido radical, y uno muy profundo también, pero más propicio a soluciones de compromiso, menos indiferente a que en el país se produjera una especie de división estamental de gente que no iba a tener nunca más el derecho de voto y gente que lo iba a tener. Es decir, quienes estaban dispuestos a la proscripción eterna del peronismo y quienes estaban dispuestos a encontrar alguna forma de transacción. Esos matices eran comparativamente limitados, se podría tratar de afinidades temperamentales.

El grupo azul, con generales como Laprida, Aguirre, era moderado por naturaleza; otros azules, como Lanusse, López Aufranc, eran temperalmente mucho menos moderados, eran gente civilizada, pero eventualmente más dispuestos a actitudes más radicales. Además, la caballería en su conjunto no simpatizaba con los métodos de la infantería.

Valdría la pena hacer un análisis más profundo de por qué razón hubo Azules y Colorados, pero históricamente no tuvo mayor importancia. Creo que en última instancia la cuestión era temperamental, había una tendencia a la moderación en un sector y a la radicalización en otro.

Si uno hubiera tomado un examen de las ideas políticas del coronel Lanusse, entonces, y del almirante Palma, no sé si hubieran encontrado demasiadas diferencias, pero ciertamente sí diferencias en la actitud. Esa moderación frente a la radicalización llevaba por ejemplo a Palma a estar convencido de que Frondizi era comunista, y a Lanusse a estar convencido de que no lo era. Más que ideas políticas diferentes, la radicalización impedía ver la realidad, la moderación permitía verla.

De hecho, se produjo un enfrentamiento inevitable entre estos sectores, que fue, dicho sea por otra parte, el primer enfrentamiento dentro del Ejército que abrió el camino al segundo, que era la solución de la lucha de poder entre la Armada y el Ejército.

La caída de Frondizi dio la primera oportunidad a la Armada de tener un peso casi tan importante como el Ejército, peso que intentaron preservar. La crisis estalló cuando en el año 63 se resolvió transitoriamente la lucha de influencias dentro de las Fuerzas Armadas, a favor del Ejército y de una manera sangrienta. La Armada consiguió resucitar más tarde en función de la asunción política de Massera.

Así que había dos aspectos en la crisis militar: el más importante era el interno del Ejército; el segundo, que estaba a la sombra y que sin embargo no podía tener sino el desenlace que tuvo, era la lucha interarmas. La Armada estaba más influenciada todavía por el factor externo que el Ejército. El almirante Palma se jactaba de tener una línea directa con el Pentágono, y el Servicio de Informaciones Navales, que era un elemento extremadamente importante en ese momento, tenía una identificación operativa total con la CIA. Pero cuando llegó la hora de la verdad se impuso la relación de fuerzas.

Esa lucha interna lleva a la victoria de la caballería, y a la consagración de Onganía como el hombre más importante del país.

Usted nunca habla de Balbín.

Yo nunca tuve relación con Balbín, lo conocía, pero muy poco. En mi opinión, en primer lugar, nunca pudo superar la derrota en la Convención Constituyente. Menos aún el hecho de que Frondizi llegara a ser presidente de la República. Balbín consideró que Frondizi lo había defraudado, que a él le correspondía la Presidencia; y, consiguientemente, trabajó de manera sistemática para el golpe de Estado. Balbín era el que más insistía en la necesidad de que Frondizi renunciara.

¿Balbín tenía más amigos entre los Azules o entre los Colorados?

Entre los Colorados, sin duda, pese a que los Azules no tenían mala relación con la Unión Cívica Radical del Pueblo en su conjunto. Durante el gobierno de Frondizi, y cuando se produce la crisis de Azules y Colorados, sin duda Balbín tiene más amigos entre los Colorados porque le garantizaban la proscripción del peronismo, que garantizaban su victoria. Los Azules no lo garantizaban, como en efecto ocurrió después.

En definitiva, Balbín no fue presidente en el año 63 porque ante la gran probabilidad de que iba a ser autorizado a concurrir el Frente, entonces salió Illia como candidato para perder. Es la única explicación de la candidatura de Illia, y eso responde a su pregunta, los Azules no le ofrecían garantía. Tampoco le tenían antipatía.

En realidad no le tenía antipatía nadie. De mi generación, todos teníamos un recuerdo del Balbín de la época de Perón: era un hombre respetable, no se lo tomaba en serio como estadista, y evidentemente su contribución durante el gobierno de Frondizi no fue la mejor. Pero se puede decir que Balbín no llegó a tener nunca en ese momento la función de gran interlocutor de la política argentina que tuvo después, en el segundo gobierno de Perón, cuando creció su personalidad de manera muy grande.

Balbín pierde su oportunidad histórica cuando no es candidato a la Presidencia y ahí se desvanece durante un tiempo largo. Posiblemente la historia argentina hubiera sido diferente, tanto si Balbín hubiera sido presidente en el 58, como si lo hubiera sido en el 63, porque probablemente a él no lo hubieran volteado los militares.

Pero analizado desde una perspectiva de largo plazo, quienes estábamos cerca de los acontecimientos como es mi caso, miramos para atrás y no vemos en Balbín una figura significativa. No era una persona con la cual hubiera que llegar a un compromiso político. Los militares ocupaban demasiado la escena, Perón había vuelto a ser demasiado importante, estaba en debate la posible concertación de un frente.

Un examen de tendencias

¿Cómo se fue configurando el Frente?

Haciendo líneas muy rápidas, cuando el capítulo militar se resuelve queda abierto el camino para las elecciones. De tal forma, deja a Onganía en el centro del poder y con la posibilidad de ser el presidente de la República. Onganía empieza a trabajar en ese sentido por vía electoral. La victoria de los Azules sobre los Colorados resolvió el tema electoral: iba a haber elecciones. La convocatoria a las elecciones abría el capítulo de si se iba a permitir o no la reiteración del año 58. Sin duda había una división muy grande en las Fuerzas Armadas: un sector que estaba dispuesto a autorizar el Frente y otro que no.

No había ningún sector que estuviera dispuesto a negociar con Perón, pero sí uno que estaba dispuesto a negociar con los que negociaban con Perón. ¿Quién negociaba con Perón en ese momento? Frondizi tenía obviamente sus contactos con el exterior totalmente interrumpidos, primero en Martín García, luego en Neuquén, no tenía posibilidades de contacto. Frigerio estaba en Montevideo y sí tenía posibilidad de contacto.

La conducción peronista en ese momento estaba fundamentalmente en manos del ingeniero Alberto Iturbe, que era muy amigo de Frigerio, que era uno de los peronistas que tenía buena relación con Frondizi y el frondizismo, y que era apreciado por Perón. Pero el poder real en la Argentina estaba en manos de Vandor. Las negociaciones para la constitución del Frente tuvieron además una participación importante de Frigerio y de Vicente Solano Lima.

Yo viajaba con frecuencia a Montevideo porque era el único contacto que tenía Frigerio con la Argentina. Tenía bastante libertad de acción salvo el breve ciclo del Ministerio del Interior del general Rauch, cuyo subsecretario era Guillermo O'Donell. En un capítulo de su vida que tal vez prefiere no recordar, pero que a mí me fue útil, le debo a Guillermo O'Donell que no me incluyera Rauch en la lista de los que catalogó como "marxistas-leninistas de formación latinoamericana", que le valió la prisión a Arnaldo Musich. Esto revela el nivel de grotesco al que se podía llegar. La renuncia de Rauch había suprimido esa amenaza, de manera que yo tenía bastante libertad de acción.

Viajaba a Montevideo y con Frigerio y sus amigos analizábamos la situación política. Por supuesto, Frigerio trabajaba para el Frente y estaba convencido de que era inexorable el retorno de la coalición política con el peronismo al gobierno. Estaba en contacto con Perón y consideraba, a mi modo de ver erróneamente, y en ese momento yo se lo decía, que la recomposición política del Frente era inevitable y se hacía con cualquier candidato. No le importaba el tema de la candidatura, hasta el punto que fue candidato Carlos Pérez Companc. Evidentemente Perón lo sugirió para sacarse el problema de encima, y yo le argumentaba a Frigerio que había que tener mucho cuidado con la candidatura porque había que conseguir la aprobación de los militares.

¿Quién era el candidato de Frigerio?

Frigerio mismo, tal vez, porque creo que no tenía entusiasmo por nadie. Probablemente, a medida que el proceso avanzó, el que más le satisfacía era Solano Lima; al menos, más que cualquiera de la UCRI, que estaba dividida pero no oficialmente.

El sector leal a Frondizi que encabezaba Vítolo, con quien yo trabajaba, políticamente no le tenía simpatía a Frigerio. Vítolo creía que Frigerio era un incapaz absoluto en materia política, y Frigerio pensaba que Vítolo era un incapaz en términos generales.

Creo que en definitiva Frigerio lo consideró a Lima una opción aceptable. En realidad, Frigerio tal vez compartía la opinión de Rodolfo Martínez que la lógica era que fuera un candidato militar consagrado por el voto popular; que ésa era la única forma de conseguir en ese momento alguna forma de estabilidad. Por supuesto, Frigerio no lo conocía a Onganía y probablemente debía tener la información de que Onganía le tenía la mayor de las desconfianzas, fundamentalmente por el pacto.

A pesar de que Onganía se lanzó a buscar todo tipo de pactos a su manera, lo que quería era, en síntesis: elecciones, su candidatura y la consagración de su candidatura por todo el mundo. Es decir, quería ser respaldado por el Frente, y además por el radicalismo, él quería ser presidente por el procedimiento de la inmaculada concepción. Nosotros creíamos que Onganía era una opción para el Frente, pero no una que incluyera a los radicales, porque éstos no iban a aceptar.

Yo nunca hablé con el general Onganía, pero hubo mucha gente que lo hizo. Uno de ellos creo que fue Vandor, pienso que negociaron, y creo que en un momento dado Onganía había entrado en la idea de la posibilidad de su candidatura para el Frente, pero ya era tarde. Perón había resuelto la fórmula Lima-Begnis.

Esta fórmula, que era teóricamente un compromiso muy aceptable para todo el mundo, la traje yo a Buenos Aires. Frigerio e Iturbe tuvieron la señal de cuál era la opción de Perón en Montevideo, y yo la traje a Buenos Aires para entregársela a Delia Parodi, que integraba el comando del peronismo en ese momento. Fue quien se encargó de notificar la fórmula a los partidos, al peronismo en primer lugar, y luego a lo que sería el MID.

Yo traje el mensaje con la instrucción de Frigerio y de Iturbe de regresar a Montevideo, lo que hice. En la segunda oportunidad, traje un mensaje de Iturbe y Frigerio para Solano Lima. Ellos comprendieron de inmediato que era indispensable que Solano Lima adoptara un perfil extremadamente moderado.

Como la aceptación de la candidatura por Lima debía ser hecha a través de un discurso por televisión, me pidieron que hiciera el texto del discurso para proponerle a Lima, que redacté en Montevideo. Me salieron cuatro carillas extremadamente conciliatorias y me dieron instrucción de que viajara de vuelta a Buenos Aires.

Con mucha precaución, al entregarle el texto, le dije a Solano Lima que los amigos de Montevideo tenían unas sugestiones para que las analizara. A la noche Lima pronunció un discurso incendiario y se equivocó de medio a medio: dirigió su discurso no a quienes tenían que posibilitarle la candidatura sino a quienes lo tenían que votar y lo iban a votar igual.

Sin duda era una buena elección, aunque Solano Lima no era el mismo de antes: a pesar de su deterioro, era un hombre importante, de gobierno, una personalidad llena de atractivo. Ofrecía una buena solución, pero esto requería que se presentara en un contexto de candidaturas peronistas, sobre todo en la provincia de Buenos Aires, muy potable para las Fuerzas Armadas.

Hay que recordar que el Frente no fue vetado de inmediato, hubo un lapso en el que debían presentarse las candidaturas de todo tipo. Creo que el rol de saboteador, en esa oportunidad, lo jugó Vandor.

El secretario general del Justicialismo era en ese momento mi suegro, Carlos María Lascano. Recuerdo que yo le preguntaba sistemáticamente qué pasaba con las candidaturas que se demoraban tanto, y le decía que Vandor estaba saboteando. Él jamás compartió mi opinión, era un hombre extraordinariamente limpio, de gran personalidad, que había vuelto a ser peronista después de la caída de Perón, y que tenía también una alta cuota de buena fe. Y yo dudo mucho de que Vandor la tuviera: encarnaba verdaderamente el peronismo sin Perón; y esto era incompatible con que ganara un candidato impuesto por Perón.

Creo que las demoras en la oficialización de las candidaturas fueron la razón por la que el Frente fue vetado, por lo que los militares resolvieron en última instancia. No hubo posibilidad de sorprenderlos con un panorama de soluciones políticas aceptables para todos, y eso autorizó a quienes no querían que se diera una solución política lo más democrática posible en las condiciones de la Argentina de 1963.

Y eran muchos los que no querían: los radicales, Alende, Aramburu, y lo más grave, a la larga, Onganía tampoco quiso –en medio de la confusión, no sé en qué medida el propio Vandor haya trabajado sobre él– y fue quien vetó al Frente a través del general Villegas, que era el prototipo del azul, un hombre de un antiperonismo claro pero moderado, de un anticomunismo profundamente convencido, pero también racional. Recordemos su actuación posterior como secretario del Consejo Nacional de Seguridad, donde sugiere una forma de solución del tema Beagle que coincidiría con la primera propuesta papal.

¿En definitiva, Perón mismo quería el Frente?

En realidad, hay que partir de la base de que a Perón no le entusiasmaba la idea del Frente, prefería seguir estando claramente en la oposición, y además presentía que iba a tener un gobierno débil. Sabía que el Frente iba a ser un gobierno débil aunque supuestamente amigo, de modo que no se iba a jugar la vida por el Frente.

Vandor no tenía ningún interés en que se consolidara, porque prefería tener un gobierno débil al cual se lo pudiera enfrentar con la claridad con que lo pudo enfrentar a quien después ganó. La verdad es que el Frente era una buena idea pero, probablemente, inviable; en última instancia, era lo más democrático. Por otra parte, teníamos la esperanza de retomar a la política económica de Frondizi, aunque Lima hubiera hecho probablemente un populismo conservador y no otra cosa.

¿Cuál fue la actitud de ustedes tras la proscripción?

Cuando se presentaron las elecciones, proscripto el Frente, se decidió el voto en blanco; es decir, se repitió la estrategia de Perón del año 1957 en la Constituyente, con la diferencia de que en esta oportunidad la estrategia estaba acompañada por el desarrollismo, ya definido como tal.

Para entonces el rompimiento con Oscar Alende se había hecho definitivo: la UCRI había quedado partida en dos mitades, por lo que estaban dadas las condiciones para la creación del MID. El movimiento se definía ya en todos sus matices, que eran muy grandes porque todavía seguían detrás de Frondizi hombres del radicalismo.

Toda esa fuerza política acompañó la decisión del voto en blanco, posicionándose en la oposición al futuro gobierno, cualquiera fuera el vencedor de las elecciones. Cualquiera de las opciones era mala para nosotros, y la peor era probablemente Alende.

¿Por qué se produjo la ruptura de Frondizi con Oscar Alende?

Es interesante definir cómo juega Alende. Inicialmente, había sido un amigo personal muy grande de Frondizi, muy próximo, incluso familiarmente. Ante el enfrentamiento en la provincia de Buenos Aires entre las listas internas "celeste" y "roja", Frondizi estaba más cerca de Alende que de Noblia, quien en realidad no se tenía mucha simpatía con Frondizi, pero que después demostró una gran lealtad, que no tuvo Alende.

La votación de Alende de 1963, que fue importante, estuvo integrada por los radicales que consideraban que era una línea aceptable dentro del frondizismo.

Alende fue un gobernador exitoso en la provincia de Buenos Aires, como casi todos los gobernadores de Frondizi, porque la política económica nacional era exitosa. Una política que les garantizaba recursos estables, permitió y explicó que se convirtieran en caudillos políticos futuros, nacionales o provinciales. Ningún gobierno nunca, con la excepción del gobierno actual de Menem, y por las mismas razones, generó liderazgos provinciales de semejante envergadura en sus gobernadores. Basta una lista somera: Alende en Buenos Aires; Sylvestre en Santa Fe; Uranga en Entre Ríos; Amit en La Pampa; Gelsi en Tucumán; Guzmán en Jujuy; Ayrault en Misiones; Piragine en Corrientes; y otros. En cambio, el gobierno de Illia no dejó continuidad en liderazgos provinciales.

Ciertamente, en el espectro ideológico del frondizismo, Alende representaba más bien el centro derecha: era un fuerte opositor de la política internacional de Frondizi, por lo menos en la última etapa. Doy el testimonio personal de haber discutido con él el tema de Punta del Este y de su posición adversa, y a lo mejor tenía razón.

Recuerdo el momento en que yo estaba próximo y dialogaba con él: Alende, en el origen del Frente, expresaba la derecha, y Noblia, la izquierda.

Alende tenía una buena línea de amigos militares en el grupo azul, particularmente Lanusse. Una vez fracasada la hipótesis frentista, que muchos militares del grupo azul habían analizado con simpatía, es probable que la mayoría lo haya votado a Alende porque era una cruza con los aspectos que les habían interesado del frondizismo, y Alende en ese momento era cualquier cosa menos de izquierda.

¿Cómo fueron las relaciones del general Aramburu con Frondizi?

Aramburu tenía una relación extremadamente ambivalente con Frondizi y con el frondizismo: era una relación de amor-odio. Era un hombre mucho más inteligente de lo que la gente creía, percibió muchas cosas, pero tenía una personalidad dividida. Tenía un componente gorila indominable, pero por otra parte era un hombre moderado, sensato; no me expliqué nunca cómo aceptó los fusilamientos del 56, que hicieron además de él una figura políticamente inviable para el peronismo.

Respecto del movimiento frondizista, él tenía un enorme respeto por el equipo de Frondizi. A Aramburu le hubiera gustado contar con el equipo de Frondizi. En alguna oportunidad dijo a alguien que Frondizi tenía en torno un conjunto de gente que anticipaba o "adivinaba" el futuro. Él había visto que una cantidad de predicciones se cumplían, lo cual correspondía simplemente al hecho de que nuestra metodología política era el análisis de tendencias. Siempre pensamos que el análisis político era un examen de tendencias, y las tendencias se encuentran en la realidad. Si uno las ve, muchas veces puede anticipar el futuro; otras veces es posible equivocarse porque otras tendencias no percibidas son las que se imponen.

A partir del momento de su derrota electoral, Aramburu quedó convertido en una opción política futura importante, porque era más o menos evidente que el gobierno de Illia no tenía mucha viabilidad. El día que Illia se consagró en el gobierno escuché a un señor francés opinar diciendo: "*il va tomber tout seul*".

Por otra parte, en ese momento, y hay que hacer una autocrítica histórica, nadie estaba dispuesto a hacer concesiones. Además, evidentemente, el gobierno no tenía legitimidad democrática. En el 58 Frondizi había adquirido una semilegitimidad vía el voto opcional, pero no era posible aceptar que en 1962-63 hubiera que votar en blanco en razón de la proscripción.

De manera que el gobierno de Illia nació viciado en su legitimidad, hecho que en general un sector del radicalismo, la izquierda argentina, la prensa argentina y la historia convencional argentina han ocultado sistemáticamente. No quiere decir que no hubiera sido mejor que terminara su mandato, pero esto se vio a posteriori.

El vicio de origen del gobierno de Illia le da fuerza a Aramburu, lo cual, desde luego, anticipaba lo que iba a ser un enfrentamiento con Onganía.

¿Cómo siguieron las relaciones del frondizismo con Alende, luego de las elecciones?

Alende hizo una muy buena elección, tuvo un porcentaje de votos muy alto, y quedó desde entonces convertido en un hombre expectante; aunque luego optó por la variante de la izquierda, que no tenía nada que ver con su campaña del 63, cuando la izquierda no lo votó, definitivamente. En su campaña política se apoyó en el éxito de su gobernación en la provincia de Buenos Aires y se presentaba para el votante común como la continuación de la parte de obra pública del gobierno de Frondizi.

¿Qué significó para el frondizismo el restablecimiento del sistema constitucional?

Algo muy importante: la perspectiva de la libertad de Frondizi, que en efecto se concretó, así como la posibilidad del retorno de Frigerio a la Argentina. De modo que la reconstitución en el país de una fuerza política que en ese momento tenía aparentemente un futuro promisorio, en función de lo que había demostrado en el gobierno que era capaz de hacer, se abría como una posibilidad atractiva e insinuaba una nueva posibilidad de hacer política.

Dos líderes sospechosos

¿Qué reacción les produjo el asesinato del presidente Kennedy?

La violenta animadversión que profesaba la derecha norteamericana al presidente Kennedy estaba en buena parte explicada por la reacción de miedo que provocó en amplios sectores de Estados Unidos el inesperado éxito espacial soviético. Dicho éxito había confirmado la experimentación en 1957 del primer proyectil intercontinental que probaron los soviéticos, que había pasado primeramente inadvertido ante la opinión pública. En cambio, Gagarin no pasó inadvertido. Y cuando se produjo la reunión de Punta del Este, los soviéticos quisieron subrayar el dato político de la ventaja espacial que llevaban lanzando a Titov, que daba vueltas en torno del planeta mientras la reunión tenía lugar.

Lo de Kennedy fue un proceso acumulativo. Tuve la oportunidad de viajar a Estados Unidos algunas veces durante su mandato, y el odio contra Kennedy en función de su sospechada eventual inclinación a buscar una fórmula de coexistencia pacífica con la Unión Soviética, era un dato visible. Cualquiera haya sido el proceso que llevó a su asesinato, fuera la acción de un asesino individual o el resultado de una conspiración, el problema era el mismo: el clima estaba creado. Un país que estaba presidido por un señor que lo llevaba a su destrucción, lógicamente tenía que suscitar una autodefensa que implicaba la eliminación del presidente.

Frondizi me dijo en dos oportunidades que a Kennedy lo iban a matar. Fue él quien me dio la noticia, al llegar yo en tren a San Miguel, donde se encontraba residiendo transitoriamente en la casa de un amigo. Yo quedé estupefacto y le recordé que él me lo había anticipado ya en dos oportunidades, a lo que me respondió: "Claro, se había creado un clima de tal odio que hacía previsible ese desenlace". Agregó que en Estados Unidos naturalmente no había posibilidad de hacer golpes de Estado, y agregó que ese clima de odio contra Kennedy había sido bastante semejante al creado acá, pero como aquí existe la posibilidad del derrocamiento, el atentado individual no fue nunca analizado, probablemente.

Tuve la oportunidad que pocos argentinos vivos hoy han tenido, de compartir un almuerzo muy reducido –de ocho personas– con Kennedy en ocasión del encuentro en la casa familiar de Kennedy en West Palm Beach.

Quiero agregar a lo dicho anteriormente la impresión personal que me causaba Kennedy: desde todo punto de vista era una impresión muy grande, empezando por la física. A diferencia de lo que ocurría con su mujer –que no estaba presente en la comida pero la vimos cuando bajaba a la playa–, que era mejor en las fotos que en la realidad, Kennedy era mucho mejor en la realidad que en las fotos. Por lo pronto era muy alto, sumamente apuesto y con una mirada –que era su rasgo característico– sumamente fría que trasuntaba toda su personalidad, frialdad y decisión.

Era realmente un animal político puro. Me dio la impresión de ser muy inteligente y de estar curiosamente informado de lo que se estaba tratando, siendo un tema un tanto lejano a sus prioridades, por más importante que fuera el asunto de Cuba que lo había sacudido tan profundamente luego de la Bahía de Cochinos. Los papeles posteriores históricos han demostrado que, para Kennedy, la Bahía de Cochinos fue un golpe del que le costó mucho reponerse, incluso últimamente la divulgación de los *tapes* de la crisis de 1962 pone de manifiesto cómo Cuba estaba en un primer plano. Kennedy tenía una información bastante detallada de lo que iba a ocurrir luego en las reuniones de Punta del Este.

Me llamó la atención cómo prestó atento oído a la posibilidad de encontrar fórmulas de compromiso. Evidentemente veía el riesgo de la confrontación que se venía en la Conferencia de Punta del Este con preocupación. En la reunión de Punta del Este de la Alianza para el Progreso que había tenido lugar un tiempo antes, él había autorizado el famoso contacto de Goodwin con Guevara, cuando el primero pidió autorización para recibir la caja de cigarros. Kennedy había seguido atentamente la posibilidad de contactos con el gobierno de Cuba, al que no tenía naturalmente ningún tipo de simpatía.

Me parece importante destacar que Kennedy realmente era un hombre de primer nivel. Recuerdo que en un momento dado yo había insinuado una idea de cuál era el mecanismo posible para encontrar una salida a la crisis que se venía en Punta del Este. No había avanzado mucho en el tema porque me parecía demasiado técnico, y alguien interrumpió. Kennedy dijo entonces: "quiero oír lo que dice *that fellow*". Esto me pareció curioso porque estaba realmente en el detalle; quizás lo que ocurría era que evaluaba realmente la seriedad del caso cubano con elementos de información de los que nosotros no disponíamos.

Esto explica además la "buena onda" que hubo entre Frondizi y Kennedy y la estima y el elemento de admiración que llegó a tener Frondizi en su relación con Kennedy, a pesar de que Frondizi en el momento de diálogo con Kennedy tenía una formación global mayor que la del presidente norteamericano.

En el mes de marzo de 1961, meses antes de este almuerzo en West Palm Beach, el gobierno argentino tomó una iniciativa en la que Florit tuvo mucho que ver, siendo todavía canciller Diógenes Taboada. El canciller Roa envió una carta a los cancilleres de los 14 países latinoamericanos que todavía mantenían relaciones con Cuba. Esa carta era un análisis de la relación cubano-norteamericana que planteaba fundamentalmente las relaciones como una disidencia bilateral entre Cuba y Estados Unidos, aunque por supuesto Estados Unidos consideraba que el problema era entre Cuba y el hemisferio. Un párrafo de esa carta fue interpretado muy extensiva y generosamente en Buenos Aires como que abría la posibilidad para una gestión de buenos oficios.

La decisión de Frondizi fue la siguiente: ofrecer la función de buenos oficios previa consulta y con el apoyo de tres países latinoamericanos: México, Brasil y Chile. Se despacharon cartas a los cancilleres de los tres países, y desde luego al Canciller cubano y al Secretario de Estado. El movimiento se hizo sin consulta de Estados Unidos ni de Cuba. Éste fue un paso diplomático heterodoxo que tomó por sorpresa a Estados Unidos, a Cuba y a Brasil, y que solamente se puede comprender en función de que Frondizi había sido notificado previamente por Eisenhower que se planeaba la Operación de Cochinos.

Frondizi consideraba que una operación de ese tipo era un disparate total. El objetivo de Frondizi, que naturalmente tenía bastante pocas expectativas de que la acción de buenos oficios prosperara, era poner una advertencia sobre la inconveniencia de una operación militar. Y en el caso de que no se consiguiera disuadirla, dejar una especie de posición tomada de antemano en contra del paso. Obviamente, si se había hecho una aproximación de este tipo, es porque se discrepaba con la eventualidad de lo que se podía producir.

Los amigos de Kennedy recibieron muy mal en esta oportunidad la tentativa de buenos oficios.

En ese momento creo que nadie del gobierno tenía una información clara sobre lo que se proponía hacer el gobierno de Kennedy, lo que estaba a su vez en pleno debate. Que esto era una materia de dudas quedó demostrado con todo lo que ocurrió después hasta el momento en que finalmente se resuelve la invasión a la isla.

Florit fue a Brasil para explicar la iniciativa, habló con Carlos Muñiz y con Quadros. Luego Muñiz me envió a Buenos Aires para que me informara más de la situación. En Buenos Aires a su vez el gobierno me encomendó que fuera a explicar en diversos foros, particularmente los servicios de informaciones, la razón de la iniciativa –que había caído muy mal en los medios militares–. En el Servicio de Informaciones del Ejército tuve una conversación difícil en la que expliqué las razones por las cuales considerábamos que el tema con Cuba debía manejarse de manera diplomática. Recuerdo que un oficial planteó que era como proponer una gestión de buenos oficios entre un caballero que está en un camino y un asaltante que viene a robarle. Ése era el clima que había en las Fuerzas Armadas.

De modo que la iniciativa causó verdadera indignación. Fue uno de los capítulos importantes poco conocidos que va a iniciar la escalada de enfrentamiento de las Fuerzas Armadas con Frondizi en ese año.

En Estados Unidos la idea cayó muy mal, y Goodwin más adelante me manifestó que nuestra iniciativa los había tomado por sorpresa y que deberíamos haberles consultado antes.

La consecuencia más importante que tuvo esta iniciativa fue Uruguayana, porque en el momento en que Quadros recibió la sugestión reaccionó proponiendo un encuentro bilateral. Como la iniciativa surgió de Quadros, el encuentro binacional se hizo en Uruguayana. Ese encuentro, como dije antes, provocó una inesperada carta del almirante Clement, secretario de Marina, requiriendo por escrito la cancelación de la entrevista y no responsabilizándose por las consecuencias que podía tener su realización. La única explicación es que cuando trascendió la fecha, los marinos debían de haber tenido información por parte de sectores militares de Estados Unidos de que no convenía que estuvieran reunidos dos líderes sospechosos en el momento en que se iba a producir la invasión de Cochinos, como en efecto ocurrió.

Posibilidades reducidas

¿Cuál fue el efecto de las posiciones desarrollistas sobre la política hemisférica?

El conflicto Estados Unidos-Unión Soviética es el dato del clima general que va a infiltrarse en las relaciones políticas, sociales y económicas interamericanas, así como en la situación interna de cada país. Las décadas de los 60 y 70 están esencialmente configuradas en América Latina por el impacto producido por la Revolución Cubana y por el ingreso de la Guerra Fría al continente. El proceso cubano está en relación con las condiciones del desarrollo económico-social en América Latina en un momento en que dicho desarrollo, y el subdesarrollo como estado indeseable, pasan a constituirse en un tema central. Esto fue un producto específico de los últimos años de la década del 50, antes de que se produjera la revolución en Cuba, y luego, naturalmente, de la década del 60.

Fue el resultado de una evolución en el pensamiento económico-social de una serie de pensadores que influyeron enormemente, por ejemplo Myrdal o Rostow. También de la circunstancia de que la Unión Soviética desde 1956 se había lanzado a una muy competitiva política frente a Estados Unidos, profesando la titularidad de un modelo de desarrollo económico que podía ser exportado y que eventualmente estaba dispuesta a respaldar con apoyo económico, como lo había demostrado en el caso de Assuán.

Durante el tiempo de Stalin, esos problemas no se discutían, no había teoría del desarrollo económico porque no había políticas de las superpotencias orientadas a atender la posibilidad de exportar masivamente recursos al mundo subdesarrollado. En la década del 60 esto cambió, así como también la actitud de penetración activa que se dirigía a la explotación de las tensiones económico-sociales vía agitación subversiva.

Así que la violencia que en Estados Unidos lleva a la muerte de Kennedy es en alguna medida la otra cara de la violencia que contemporáneamente va a escalar en América Latina. Esa misma violencia va a llegar al otro extremo del mundo cuando lleva a Estados Unidos a intervenir en Vietnam. La intervención en Vietnam es un ensayo de la doctrina de la contención aplicada al expansionismo de lo que todavía se seguía contemplando como bloque chino-soviético, pese a todas las evidencias en contrario.

En América Latina la doctrina de la seguridad nacional significaba también una aplicación de la doctrina de la contención frente al progreso de la subversión exportada por Cuba. Que Cuba adoptó un papel activo en ese momento, creo que no ofrece la menor duda: una vez que comprobó que su papel de portaaviones atómico había sido rechazado por la Unión Soviética, se dedicó a promover, en la medida de lo posible, la subversión continental.

¿Cómo apreciaron ustedes la instalación del gobierno de Illia? En particular, su decisión de anular los contratos con las compañías petroleras.

En la República Argentina el gobierno de Illia se había instalado con posibilidades reducidas desde el comienzo.

La proscripción del Frente fue básicamente el resultado de un defasaje en el proceso de decisión personal del general Onganía. Es decir, Onganía no se decidió a ser candidato del Frente porque quería ser candidato único de un acuerdo de todos los partidos que incluyera al radicalismo, lo cual no era políticamente posible ni pensable. Y cuando se decidió, ya Perón había decidido apostar a la fórmula Solano Lima-Begnis, aunque sin demasiado entusiasmo. Evidentemente, preveía que ése hubiera sido un gobierno débil, y probablemente lo que prefería era que se produjera la proscripción del Frente como resultado de la situación a la que me referí. Es decir, el ineficaz manejo de Solano Lima, la dudosa conducta de Vandor, y desde luego, la poca disposición que había en un sector de las Fuerzas Armadas de devolverle el poder al esquema político que habían derrocado un año antes. Y así sucedió.

Cuando la proscripción del Frente se resolvió, quedaron las fuerzas políticas ordenadas sobre la base de la candidatura de Illia en el partido radical, de Alende, y de Aramburu. La victoria de Illia, con un porcentaje muy pequeño, sentó desde el comienzo un serio interrogante sobre el futuro de su gobierno. Era una época en que había una inestabilidad orgánica en América Latina y una dinámica que promovía los gobiernos militares. Pocos meses después que Illia asumiera el poder, el gobierno brasileño fue derrocado por el golpe de marzo de 1964. Ya las sombras se hacían más densas. También ocurre un golpe militar en Bolivia en 1964. De suerte que el restablecimiento de la militarización de los gobiernos de América Latina se había puesto en plena marcha, y un gobierno cuya legitimidad política podía cuestionarse porque el grupo más numeroso de la población había votado en blanco subrayando su proscripción, enfrentaba consecuencias que se podían prever.

A ello contribuyó el gobierno de Illia con sus errores, particularmente los económicos. Yo creo que el hecho que cambia definitivamente la historia en contra del presidente fue la decisión de anular los contratos de petróleo, porque le quitó la única posibilidad de apoyo real que podía tener en circunstancias adversas. El hecho no era simplemente que se anularan los contratos de petróleo y se retrocediera en ese sector puntual de la economía argentina, sino la decisión de condenar la política de inversión.

El gobierno de Illia fue desinversor, luego de las tasas alcanzadas en el gobierno de Frondizi que por inercia, en el año 62, fueron las más altas en la historia argentina, ya que se llegó a invertir más del 24% del PBI. La tasa de inversión cayó drásticamente en el gobierno de Illia y se desataron las presiones inflacionarias tradicionales, por lo que cualquier ensayo de plan de estabilidad fue abandonado y la mala voluntad en el campo empresario empezó a hacerse efectiva a pesar del apoyo muy sistemático de Estados Unidos.

El embajador que Estados Unidos envió en el gobierno de Illia, Edwin Martin, con quien yo había tenido oportunidad de hablar en la visita que hice a Washington en el año 62-63, era un paladín en el apoyo de Illia. Más aún, cuando tuve oportunidad de hablar con él, me dijo con todas las letras que los militares se arrepentirían profundamente y serían víctimas de un escarmiento en la hipótesis de que se decidieran a avanzar en un golpe de Estado. Yo le decía que la situación no era buena y que la estabilidad del gobierno de Illia corría peligro, pero él consideraba que era totalmente infundado ese análisis. Por otra parte entendía que lo ideal desde el punto de vista político era un sistema en el que el radicalismo y el peronismo, entendido como neoperonismo, tuvieran la posibilidad de alternarse en el poder. Una fórmula a la que el Departamento de Estado es afecta hasta hoy y que se impuso en efecto.

El neoperonismo estaba representado en ese momento por Romero en Salta, Sapag en Neuquén, Bittel en Chaco, que eran las provincias que la embajada de Estados Unidos visitaba. No había ninguna duda de que Estados Unidos propiciaba una fórmula en la que el componente peronista reapareciera en escena a través de una versión presentable y para ellos más confiable, como era la de estos dirigentes. Desde luego que Estados Unidos no estaba dispuesto a aceptar a Perón en persona, y cuando la dirección del peronismo se orientó a traer a Perón de vuelta al país esto quedó en absoluta evidencia.

¿Qué análisis hicieron en el frondizismo sobre el frustrado regreso de Perón en 1964?

Acerca de este tema tengo algunos recuerdos específicos. Cuando se planeaba la primera operación retorno, mi suegro, Lascano, era el secretario general del movimiento. En agosto del año 64 nació un hijo mío, del cual fue padrino Arturo Frondizi. Estaba Frondizi visitando a mi mujer en el sanatorio, cuando apareció mi suegro. Comenzaron a conversar de política, y mi suegro, que no era justamente simpatizante del gobierno de Illia, le dijo a Frondizi: "Probablemente de aquí a unos pocos días le daremos una sorpresa". Frondizi se dio cuenta inmediatamente de lo que se trataba, y respondió a Lascano: "¿Usted cree que Perón es un turista que puede volar libremente en el hemisferio occidental sin que Estados Unidos tenga nada que decir? Me parece que usted se equivoca". Ahí finalizó la conversación.

Por supuesto, Frondizi estaba totalmente convencido de que a Perón no lo iban a dejar regresar al país. También, siendo que no le tenía ninguna simpatía a Perón, como ya lo he dicho, creía lo que Lanusse años más tarde popularizó con una célebre expresión: "no le va a dar el cuero". Estaba convencido de que Perón no tenía el coraje necesario para volver a la Argentina, que se prestaba al juego porque sabía que en última instancia se lo iban a impedir.

En el retorno físico de Perón no creyeron nunca, ni siquiera en el segundo, ni Frigerio, ni Frondizi, ni tampoco Ramón Prieto, que era el hombre del grupo que más conocía a Perón. En el año 64, manifiestamente Perón no podía regresar a la Argentina sin que se produjeran consecuencias sumamente violentas. Por otra parte, el Ejército había sido categórico y, en el caso de que llegara Perón, lo aprehendería y fusilaría.

De manera que para el gobierno fue una tarea relativamente sencilla detener en Brasil el regreso de Perón, gestión que se encargó de hacer el doctor Zavala Ortiz, un canciller importante que reubicó en algunos aspectos a la Argentina en una política que era grata a Estados Unidos.

¿En qué sentido?

En realidad, el gobierno de Illia pagaba costos y cedía beneficios, en el sentido de que, como económicamente era una política antiinversionista, no podía recoger ningún tipo de compensación económica como resultado de la adhesión incondicional que el gobierno de Illia prestó a la diplomacia norteamericana en todos los aspectos decisivos. Tanto apoyándola en las reuniones de consulta que llevaron al rompimiento de relaciones colectivas con Cuba, como en la novena reunión de consulta en Caracas, y también en la aprobación en la reunión en 1965 que homologó a posteriori la intervención de Santo Domingo.

El radicalismo siempre ha dicho que la Argentina mantuvo una posición independiente, puesto que se negó a formar parte de la Fuerza Interamericana de Paz que se envió en esa oportunidad conducida por un oficial brasileño, el general Carlos de Meira Matos –aquel interlocutor en una reunión en Río de Janeiro con Frigerio y Jaguaribe que comenté anteriormente–. Pero lo que le importaba a Estados Unidos era que se aprobara la fuerza de paz y no que se construyera necesariamente con elementos argentinos. Y la Argentina votó a favor de la creación de esta fuerza.

La política radical justificó la confianza que Estados Unidos le tenía a la Presidencia de Illia a través de la activa gestión del embajador Martin. Se hizo expresiva inclusive en una visita que hizo el canciller Zavala Ortiz a Vietnam, que representaba un apoyo moral de la Argentina en un momento en que se producía la escalada de 1965. Fue cuando Estados Unidos decide apostar –con toda la renuencia que ahora los *tapes* están poniendo en evidencia por parte de Lyndon Johnson– a lo que aconsejaban "the best and the brightest", como alguien denominó al equipo que estaba en torno de Johnson, quien lo había heredado de Kennedy.

Los compromisos asumidos

¿Cuál es el origen del MID?

El grupo frondizista pasaba por una situación de transición. El partido estaba dividido, ya que la justicia federal le había reconocido, de una manera totalmente arbitraria, la totalidad de la sigla de la UCRI a Oscar Alende. Esto fue de la misma manera que en su oportunidad la justicia electoral había reconocido la división de la sigla Unión Cívica Radical en 1957, cuando se produjo la división del partido. Lo lógico era que la titularidad de la sigla le correspondiera a Frondizi, que representaba la mayoría del partido en el 57 y había sido el titular del partido cuando se produjo la escisión. También en 1964 la justicia electoral le dio la titularidad del partido a Alende, lo cual incidió mucho en su propia suerte posterior y la de su movimiento.

Esto llevó a Frondizi a la necesidad de crear el nuevo partido: el Movimiento de Integración y Desarrollo, en el que militaron todos los sectores que no habían sido arrastrados por Alende. Sumaba un grupo de gente importante, que era prácticamente la mayoría del partido: Mendoza, bajo la dirección de Vítolo; Santa Fe con Silvestre Begnis y, sobre todo, con la importante dirigencia local de Rosario, de Carballo; Entre Ríos, con Uranga; Corrientes, con Piragine Niveyro; Misiones con Ayraullt. Es decir, era una organización partidaria fuerte, que tenía expresión en el Congreso, donde se había producido la división del bloque de la UCRI, entre esa sigla y el MID.

Comenzaron entonces a producirse tensiones internas debido a la disputa sobre la persona de Frigerio y sobre la conducción del partido entre Frigerio y la tradición radical. En realidad no había diferencias ideológicas, pero influyeron mucho las tensiones de personalidad. No hay duda de que Frigerio se manejó en ese momento con una inflexibilidad que no era compatible con el funcionamiento del sistema de partidos.

En última instancia, Frigerio tenía una concepción elitista de los partidos políticos. Creía que era menester mantener una doctrina que no tuviera ningún tipo de fisuras, pensaba que su doctrina era la única solución que tenía el país, sin perjuicio de que en la política se realizaran hacia afuera los entendimientos y acuerdos que fueran del caso. De manera que, en ese sentido, le importaba poco que se desgajara la fuerza política. Yo diría que la concepción de Frigerio era incompatible con un partido político significativo. Él siempre se consideró, en todo caso, vanguardia: pensaba en términos de movimiento nacional. Era una concepción muy semejante, como ya dije, a la propuesta en *Qué hacer* de Lenin, que era su imagen en última instancia del trabajo político. Esto llevó a desencuentros, alejamientos progresivos y fraccionamientos en las etapas que vendrían posteriormente.

Entretanto, Frondizi, aunque de ninguna manera se le reconocía el volumen político que merecía por su Presidencia y capacidad de visión histórica, era una figura significativa. Todavía estaba sano, aunque con esa fractura moral que le produjeron los desgastes de la Presidencia a los que me referí anteriormente. Arturo Frondizi en 1963, 64, 65, no era el de 1956, 57, 58. Algunos años más tarde, ya Frondizi empezaba a apuntar los síntomas de lo que iba a ser un largo proceso de deterioro. Pero en ese momento estaba todavía muy bien, era sin duda alguna el líder del movimiento, y con instrumentos de acción en la mano, a algunos de los cuales nos vamos a referir.

¿Cómo sobrellevaron las denuncias contra lo actuado en materia petrolera?

Frondizi y sus aliados soportaron una gran ofensiva por parte del radicalismo, que se expresó de manera fundamental en el tratamiento parlamentario de los contratos de petróleo. La campaña que se lanzó contra Frigerio y su gente por los contratos de petróleo y los supuestos negociados en torno de esos contratos, fue magnificada por el establishment liberal del país y por los sectores de pseudoizquierda argentinos, desde luego, con el aliento del radicalismo.

Fue una campaña calumniosa protagonizada por algunos sectores verdaderamente poco representativos. El principal vocero del radicalismo en el Congreso era Maglietti, hoy senador por Formosa, que era un hombre de dimensión mental discreta. Por supuesto que quienes tenían la responsabilidad de la conducción sabían lo que estaban haciendo y en algunos aspectos lo lamentaban: Facundo Suárez conversaba con alguna frecuencia con Arturo Frondizi y se agarraba la cabeza, ya que tenía cabal noción de lo que ocurría en el área de YPF que estaba entonces bajo su responsabilidad.

Pero tales eran los compromisos asumidos. Y en ese sentido también funcionaba un grupo de intereses importantes que estaban detrás del partido radical. Bunge y Born nunca había sido simpatizante de la política de Frondizi y era un sustentador sistemático de la política de Illia. Pedro Duhalde, que era el principal financista del radicalismo en la provincia, era el gran hombre de la intermediación agropecuaria, íntimo amigo de Mario Hirsch, quien manifestó en una oportunidad a sus amigos que cuando murió Duhalde él estaba en su lecho de muerte tomándole las manos.

Las claves de las relaciones económicas del partido radical es un dato poco explorado en la política argentina. Así como en qué medida el radicalismo había jugado en ese momento al conjunto de intereses que, de una manera más o menos imprecisa, Frigerio denominaba "los intereses agroimportadores", y cuánto habían tenido que ver dichos intereses en la estructura de poder que se montó detrás del gobierno de Illia. De cualquier manera, esa estructura de poder, aunque fuerte, no podía confrontar los datos crecientemente adversos que se le iban sumando.

¿Cómo organizaron la contraofensiva contra el gobierno de Illia?

Perón fue naturalmente más enemigo de Illia que de Frondizi. A Frondizi lo había hostigado, pero yo siempre he estado convencido de que no lo quería voltear, aunque sí dejarlo agotado. En ese sentido, coincidía con Aramburu, puesto que ambos preferían tener a Frondizi vivo pero debilitado, de suerte que pudiera negociar con ellos en el momento de la sucesión.

En cuanto a Illia, yo creo que Perón quería sacarlo del medio lo antes posible, o no se opondría a quienes lo querían hacer. Significaba en ese sentido un componente letal para el gobierno de Illia porque unificaba al movimiento peronista. También que sin perjuicio de que tuviera gente que en ese momento estuviera dispuesta a pactar con los radicales sobre la base de una progresiva ampliación de la democracia, el llamado neoperonismo, el peronismo sindical, en cuanto al enfrentamiento de Illia coincidía plenamente con Perón. Es decir, Vandor también quería sacar a Illia. De manera que la conspiración contra Illia contaba con un aval en el movimiento peronista generalizado.

Frondizi y el frondizismo contaban en ese momento con un instrumento de valor político inapreciable: el diario *Clarín*. No porque el diario *Clarín* fuera incondicional a Frondizi, que no lo era, ni porque tuviera algún interés económico en el diario, ya que era ciento por ciento propiedad de Roberto Noble, como sigue siéndolo hoy de su viuda. Noble tenía obsesión porque la propiedad fuera absolutamente unipersonal. La condición de su testamento fue dejarle todo lo demás a su hija menos el diario, que era lo esencial que dejó a su mujer, a quien había escogido como sucesora; quería que la propiedad de *Clarín* fuera unipersonal. Cuando en esa época se hablaba de que había algún interés de Frigerio en el diario era absolutamente falso. Noble era el único dueño.

La decisión de Noble de que *Clarín* quedara en una sola mano fue crucial para el futuro del diario como empresa, pero fundamentalmente como institución. Como es sabido, Noble tenía dos herederos posibles: su esposa y su hija. La disposición testamentaria fue que la viuda Ernestina Laura Herrera de Noble lo sucediera en el diario y quedara con la titularidad del paquete accionario de la empresa titular propietaria del diario. El resto del patrimonio quedaba para la hija, lo que dio lugar a complicados trámites en la sucesión para determinar si se había complementado o no con esas disposiciones testamentarias la legítima de Lupita Noble. Ese tema suscitó situaciones jurídicas complejas que fueron resueltas básicamente a través de acuerdos extrajudiciales. A mí me tocó tener alguna participación marginal, no en la arquitectura jurídica de los mismos pero sí en el proceso de tramitación que hizo posible que las partes establecieran los contactos que finalmente llevaron a los acuerdos que se concretaron.

El abogado fue Bernardo Sofovich, una vez que la señora de Noble consiguió desprenderse de la trama del equipo inmediato de su marido, que incluía también al abogado tradicional de la familia.

Para que todo lo que ocurrió luego fuera posible era menester que una fuerte personalidad se pusiera al frente de la empresa. Hubo tentativas muy orgánicas de convencer a la señora de Noble de que lo mejor era desprenderse del paquete accionario, recibir una importante compensación y retirarse a pasar una vida buena y tranquila. Hubo grupos nacionales y extranjeros que estuvieron interesados en una operación de ese tipo y las ofertas que le llegaron fueron realmente significativas. Pero la viuda de Noble consideró que su deber personal y de alguna manera histórico era continuar con la obra de su marido y mantener el diario en una sola mano. La viuda de Noble es una mujer de singular inteligencia, no es una persona de formación académica o universitaria pero tiene un fuerte carácter, y una decisión muy grande de llevar adelante la empresa que había heredado de su marido, por el que tenía una gran admiración.

Hasta ese entonces no había tenido ninguna participación en el diario, ¿no?

No, ninguna participación. Las circunstancias casuales que rodearon la enfermedad de Roberto Noble –el derrame que lo afectó inicialmente– requerían la presencia en la estancia de Noble en Córdoba de Ernestina Herrera, quien no había tenido nunca nada que ver con el diario. En toda esa tarea inicial en la que tuvo que avanzar poco a poco en el control de una empresa compleja de la que nada conocía, la colaboración y apoyo de Frigerio fueron muy importantes. Frigerio era, como ya lo hemos dicho, un hombre que tenía la gran confianza y el gran afecto de Noble, y prestó a la viuda un apoyo de asesoramiento bastante global que hizo factible lo que de otra manera hubiera sido extremadamente difícil.

Pero no cabe duda de que sin determinadas características especiales de la personalidad de la viuda de Noble, la conservación de la empresa en una sola mano y el mantenimiento de lo que se entendía era la línea fundamental de *Clarín* no habría sido posible. Los pasos posteriores de la empresa cuando se fue convirtiendo progresivamente en un multimedio ya no son materia de mi conocimiento, pero en la etapa inicial no puede dudarse de que solamente en aquellas condiciones se podría haber consolidado la base de lo que iba a ser luego el más importante grupo periodístico argentino.

Hay que tener en cuenta que en el momento en que ella recibe el diario y dos años después cuando yo lo dejo, *Clarín* ya se había convertido en uno de los principales diarios del mundo. Para dar una idea, era el noveno diario en el mundo en materia de consumo de papel en el año 1971; considerando que la medida de consumo de papel es probablemente la más objetiva para medir la importancia de una publicación periodística ya que el número de ejemplares no responde necesariamente a la dimensión y a la densidad.

El gobierno de Illia no fue tan amigo de la libertad de prensa, contra todo lo que dicen los historiadores complacientes. Neustadt y los periodistas que el secretario de Comunicaciones prepoteaba sistemáticamente son un claro ejemplo. Desde ese punto de vista, *Clarín* representaba una opinión distinta de lo que era un mundo de prensa dominado por radios en manos del Estado y los diarios del establishment. Todavía salía *Correo de la Tarde*, que se va orientando progresivamente hacia el enfrentamiento con Illia en la medida en que los militares van al choque. Sin embargo, Manrique tuvo inicialmente posiciones ambivalentes. Dudo que desde el comienzo hubiera estado en una posición golpista.

Por otra parte, hay que recordar que no tenían importancia los otros medios. La influencia de la televisión en la política era muy reducida. El único periodista importante de la televisión era Neustadt, que estaba en la lista negra del gobierno de Illia, pero fundamentalmente no porque Neustadt fuera un tipo agresivo contra Illia, sino porque, insisto, el gobierno radical no era muy tolerante con las opiniones adversas.

¿Cuál fue el origen de la relación de Roberto Noble con Frondizi?

Eso lo conozco poco. Conozco la relación posterior de Noble con Frondizi. Durante los años del gobierno, el de Noble era el único diario que apoyaba a Frondizi, quien le había respondido con un apoyo económico: las maquinarias que permitieron la expansión de *Clarín* fueron adquiridas con un crédito del Banco Nación, totalmente legítimo, ya que *Clarín* era solvente.

Lo que ocurría era que en ese momento *Clarín* no era un diario mayormente influyente. En los años de la administración Frondizi, los diarios con impacto político en la Argentina eran, por orden de importancia, *La Prensa*, *La Razón* y *La Nación*. *Clarín* era un lejano cuarto, tal vez quinto, ya que probablemente tenía más importancia *Correo de la Tarde*, que era un equivalente de *Página/12* en tiraje, pero con la diferencia de que se proyectaba sobre un sector que estaba en condiciones de hacer un golpe de Estado.

Yo creo que de los mil personajes influyentes de la Argentina, no creo que hubiera cien ni siquiera que tuvieran a *Clarín* como segundo diario. Por lo tanto, lo de Noble sirvió para el proceso posterior y para la defensa de determinado esquema de ideas económicas, pero no para un apoyo político. Ni *Clarín* ni Noble incidían en absoluto en la balanza de poder de ese momento.

En ese momento, si hubiese podido elegir un diario para tener, habría dicho *La Razón*, ya que era el diario que más calentaba la cabeza de la gente. Ya se había demostrado como el más hábil conspirador periodístico contra Frondizi, aparte de Mariano Grondona desde *La Nación*.

¿Cuál fue el rol de Noble y de Clarín *en el frondizismo?*

Noble creía en la bondad de la orientación en política económica de Frondizi y Frigerio. Era un industrialista; pertenecía a esa generación de Arturo Acevedo, Herminio Arrieta, Fortabat, es decir, el grupo de argentinos industrialistas. Noble no había tenido una industria, pero en el momento que decidió fundar su diario, lo puso al servicio de la industria nacional.

Comenzó con De Tomaso como socialista independiente, igual que su hermano Julio, y que Pinedo, a comienzos de los años 30. Luego, pasó a la gobernación de la provincia de Buenos Aires: fue secretario de gobierno de Fresco. Cuando se decidió a fundar *Clarín*, en el año 1945, vendió un campo que tenía en la provincia, y con el dinero, que en ese momento era un equivalente a doscientos mil dólares, puso en marcha el diario.

Y la verdad sea dicha, *Clarín* se consolidó con la confiscación de *La Prensa*, porque los avisos clasificados empezaron a orientarse hacia *Clarín*. En el peronismo pasó todos los cerrojos que tenía que pasar una prensa que no era propiedad del gobierno, como le pasó a *La Nación*, pero llegó ostentando un mínimo de independencia, que le permitió luego su escalada a partir de la revolución del 55.

Clarín defendió incondicionalmente al Frondizi depuesto, así como su política de petróleo; criticó fuertemente la política de anulación de los contratos de petróleo y, desde luego, las actuaciones seguidas en el Congreso, fundamentalmente por la comisión investigadora contra Frigerio.

Noble tenía con Frigerio una verdadera relación de amistad fraternal. Con Frondizi, una de respeto distante. Evidentemente, Noble era frigerista en el sentido de su simpatía personal.

En alguna oportunidad, cuando yo ya había entrado en el diario, me expresó su admiración por Frigerio en estos términos: "Dios querrá permitirme que pueda ver a este muchacho en el lugar que le corresponde: la Presidencia de la República". Me lo dijo en la intimidad de las conversaciones que Noble tenía a veces con sus colaboradores, a los que separadamente invitaba a sus prolongadas cenas.

Hay que señalar, sin embargo, que la adhesión que tenía Noble a la línea económica de Frondizi y Frigerio no significaba necesariamente, primero, que estuviera dispuesto a criticar incondicionalmente la política económica del gobierno de turno, y segundo, mucho menos, que estuviera dispuesto a acompañar su política institucional. En esa materia se manejaba con total independencia.

Cómo Clarín, *en ese momento, suscitaba expectativas muy grandes*

¿Cómo llegó usted a Clarín*?*

En un momento dado del año 65, Noble me manda llamar a través de Frondizi, quien me hace decir por su secretaria que el doctor Noble me esperaba en su oficina a la tarde. Yo pensé que me llamaba para decirme que hiciera un artículo de política internacional, puesto que yo ya estaba profesionalmente dedicado a la política internacional y era considerado un buen especialista luego de mi paso por Brasil y por la Subsecretaría de Relaciones Exteriores. Noble llamó a su secretario, que era Jorge Baeza, y le pidió que me mostrara el edificio del diario mientras él recibía gente. Yo no había estado en un diario en mi vida. Al regreso de la visita ya se había ido el visitante de Noble.

Empezamos a conversar y a los pocos minutos interrumpió la conversación para decirme que me había llamado para ofrecerme la jefatura de redacción del diario. Quedé estupefacto. Le dije: "Mire, nunca en mi vida estuve en un diario, realmente no es mi oficio". A lo que respondió: "Por eso quiero que sea jefe de redacción. Quiero que este diario funcione como *La Prensa* y *La Nación*, que tenga capacidad de influir en el país y tener unidad doctrinaria, que no tiene hoy". Es decir, me encomendó la tarea de una jefatura de redacción orientada a hacer un diario orgánico sustentador de la línea de pensamiento del desarrollo industrialista que él sostenía. De vez en cuando él mismo escribía editoriales, que preparaba cuando le interesaba un tema.

Entré entonces a *Clarín* como jefe de redacción, pero fundamentalmente como editorialista. Me hice cargo de los editoriales del diario, tarea que duró los siete años siguientes, del 65 al 72 (Noble muere durante esos años), donde habré escrito unos mil quinientos editoriales. Sin perjuicio de todas las tareas que tuve luego que asumir, el editorial no dejaba de hacerlo.

Frondizi me dijo con mucha inteligencia en una oportunidad cuál era el rol de Noble para su movimiento político: "El papel fundamental de *Clarín* es que nos ilumina; proyecta un poco de luz sobre nosotros; si no, estaríamos totalmente ignorados por la prensa oficial. No nos interesa que Noble haga lo que nosotros decimos sino que registre nuestra existencia. Por esa razón, usted tiene una función fundamental al asumir la jefatura de redacción en ese diario".

De modo que el diario de Noble, para Frondizi, significaba evitar el silencio de prensa que, tanto en la época de Illia como en las épocas posteriores, se había caracterizado por una marcada simpatía por el radicalismo, cuya tendencia era la monopolización de los medios de prensa y la ignorancia de la oposición que consideraba peligrosa.

Noble, desde luego, no estaba en una posición golpista, pero estaba muy informado de lo que pasaba en las Fuerzas Armadas. Sus periodistas tenían contactos sistemáticos con el grupo de oficiales más importantes, empezando por Lanusse, que en ese momento ya era una figura decisiva en el proceso militar que avanzaba hacia la conspiración. También Pistarini, López Aufranc, Aguirre, eran gente a la que los periodistas de *Clarín* frecuentaban mucho. Por ejemplo, Lanusse tenía una amistad casi íntima con el famoso corresponsal de *Clarín* en Córdoba, Kaplan, quien –junto con su colega Rubino– era su principal consejero político. Sumado a todo esto la acción política del Cholo Peco, que tenía una relación íntima con Noble y con muchos periodistas del diario, y que desde luego pertenecía a algo más que el círculo áulico del general Lanusse.

Al diario me incorporo sólo yo en ese momento. Mi función era ir con mucha diplomacia unificando el tono del diario. Noble utilizó una imagen muy interesante, me dijo: "En *La Prensa*, si llega a filtrarse en información general una noticia que no corresponde a la línea del diario, y se pasa a través de todos los periodistas, jefes de páginas y correctores, cuando se va a imprimir la rotativa se para automáticamente. Nosotros queremos hacer con *Clarín* algo semejante".

Creo que es algo objetivo decir que el *Clarín* del que me alejé en 1972 era una institución nacional, y que no lo era en el 65, cuando era un diario de gran tirada pero que no influía en la política argentina, según ya he explicado. La influencia que empieza a tener a partir de un momento dado no correspondía en absoluto con el *Clarín* anterior que, por lo pronto, no era un diario coherente, no tenía pensamiento propio, ni capacidad de influenciar.

¿Cuáles fueron las orientaciones más significativas de su jefatura de redacción en Clarín*?*

Ante todo, era una época en que los periodistas todavía teníamos en la Argentina la actitud de Walter Lipman: no nos gustaba "palmearnos con los políticos". No nos acercábamos a los políticos y mucho menos a la gente del gobierno. Yo jamás hablé con alguien del gobierno de Illia o del de Onganía como jefe de redacción de *Clarín*. Manteníamos una gran lejanía. Tal vez sea incorrecto pero, en última instancia, el periodismo tipo Walter Lipman es mejor que otro tipo de periodismo. Lipman durante toda su vida no habló jamás con alguien del gobierno de turno.

Cuando uno ve el tipo de periodismo que se hace actualmente, de intimidad permanente con el que esté de turno, sea militar o sea civil, no era el enfoque de *Clarín* durante aquellos años. Teníamos cronistas en contacto con sus respectivos sectores, pues para eso se tienen los cronistas y los corresponsales; había cronistas en el área militar, en el área partidaria, sindical, de gobierno. El caso del famoso Disandro, que cumplió 51 años de profesión ahora, mi gran amigo, por otra parte, es el caso típico de un señor que podía llegar de una u otra manera a la intimidad. Y la conducción del diario podía hacerlo en una ocasión de tipo social, pero nada más. No se acostumbraba a franeleos como los actuales. Eso también tenía sus inconvenientes, porque hay una cantidad de hechos que le quedan a uno como borrosos, porque todo lo veía desde el prisma de la institución que tenía entre manos.

La jefatura de la redacción de un diario es de tal manera absorbente que el tiempo que podía quedar disponible adicional yo lo utilizaba para contactos de tipo social, para la información del mundo de los negocios, del mundo de la cultura. Eso quiere decir concurrir a almuerzos o, eventualmente, a algunas reuniones nocturnas. No me quedaba necesariamente al cierre del diario, hasta que progresivamente llegó el momento en que sí debía quedarme al cierre del diario, y entonces sí era una función absolutamente absorbente y completa.

¿Cuál era el estilo de trabajo de Noble?

Mantenía diariamente largas conversaciones con la gente del diario, fundamentalmente con el subdirector, que era Roberto Caminos –un periodista de la guardia vieja, venía de la mejor época de la *Crítica* de Botana–, y con el administrador del diario, Héctor Cabezas.

Noble se quedaba en el diario hasta las 9, 10 de la noche. Se iba a su casa y ahí invitaba a alguien a comer. Siempre. Todas las noches. Una persona o varias, pero, en general sólo a una persona. Citaba para las 11, invitaba a unos tragos mientras conversaba, y a las 12 servía la cena. De modo que era *cena* en el sentido específico de la palabra: empezaba a media noche. Esperaba la salida del diario, lo leía, y si tenía alguna observación la transmitía inmediatamente, y luego seguía conversando hasta las 6 o 7 de la mañana. Dormía hasta después de mediodía.

Al llegar a su despacho, se dedicaba a la parte económica del negocio. Era un empresario realmente genial, con una visión extraordinaria de los negocios y una comprensión del negocio periodístico que resultaba en algunos aspectos verdaderamente sorprendente. Convirtió a *Clarín* en una verdadera mina de oro. No sé si hubiera acompañado este proceso de expansión en otros medios. Probablemente, sí. Uno lo imagina a Noble vivo y es el prototipo del capitán de una multimedia.

También hay que recordar que Noble tomaba largas vacaciones en Europa. Se iba los tres meses del verano europeo, de manera que no estaba en el país durante la época más importante de la política argentina.

En su conformación político-intelectual, Noble era un hombre de la vieja Argentina. Tenía una determinada imagen de la política nacional. Es probable que haya tenido en su tiempo aspiraciones políticas, pero cuando yo estaba en el diario, y Noble era un hombre de más de sesenta años, creo que ya había renunciado a cualquier tipo de aspiración política, y cuando digo aspiraciones políticas me refiero al nivel presidencial. Pero, ciertamente, quería jugar un papel político importante en la Argentina y ese papel lo jugó a través de su diario. Quería ser el inspirador de la nueva tribuna de doctrina, el equivalente de *La Nación* de la época de Mitre.

Fue precisamente el construir una coherente línea de pensamiento, no sé si desarrollista pero sí industrialista y modernizadora, es decir, expresiva de la versión moderna del pensamiento del capitalismo industrial argentino, lo que convirtió a *Clarín* en una presencia política influyente, en un medio sólido y macizo, en un equivalente de lo que fue *La Nación* como representante de los intereses tradicionales de la vieja Argentina rural.

¿Cómo explica que ese diario de opinión que usted describe fuese a la vez un fenómeno de masas?

Porque *Clarín* era un diario global, que pretendía ser el mejor en todas las secciones: el mejor en información general, en deportes, en espectáculos... Y consiguió prácticamente copar todos los mercados, menos el mercado específico de los mercados financieros, que nunca llegó a alcanzar, espacio que después cubriría *Ámbito Financiero*; tampoco se consiguió sacarle a *La Nación* el mercado de los remates rurales y el de los avisos fúnebres. En todo lo demás, *Clarín* copó económica e intelectualmente las cosas.

Así fue cómo, a fines de los años 60, comienzos de los 70, más o menos hacia la muerte de Noble, *Clarín* se había convertido en un diario joven. *La Nación* de Valmaggia y *La Razón* de Laíño eran enfrentados por un diario que manejaba gente de la generación siguiente. Yo creo que el aspecto generacional fue muy importante, en ese momento yo tenía 40 años, Valmaggia y Laíño, que eran las dos grandes figuras del periodismo argentino, eran hombres de la generación de mi padre, prácticamente. Además había una gran capacidad técnica en el diario.

Entre las ventajas operativas de *Clarín* debe computarse la capacidad de interlocución internacional.

Por ejemplo, a mí me invitó Gabriel Valdés a una visita a Chile en la que tuve la posibilidad de tener una conversación de dos horas y media con Frei a solas, tomando el té en Viña del Mar.

Frei me dijo las cosas más interesantes que se puedan pensar, imposibles de poner en un reportaje, como por ejemplo la total irresponsabilidad de la izquierda del Partido Socialista, su juicio totalmente negativo sobre Salvador Allende, el juicio más bien positivo del Partido Comunista chileno: “si yo estuviera en otra situación geopolítica, me podría entender con los comunistas, naturalmente que en América no puedo hacerlo”.

También Frei me planteó su preocupación por la radicalización de la derecha chilena. Decía que lo más grave que le había ocurrido a Chile era que la derecha, que había siempre sido moderada, se había radicalizado y que esto ponía en peligro la estabilidad futura del país. Sin embargo, no creía en un golpe militar porque decía que la derecha le tenía más miedo a los militares que a ellos, los demócratas cristianos.

Le pregunté en esa oportunidad por qué razón estaban lanzados al Pacto Andino, qué sentido tenía un mecanismo económico que era manifiestamente contrario a los intereses de Chile. Y me contestó: “No tengo más remedio, porque ustedes nos dan la espalda, no miran a Chile. Es la única forma de llegar a Buenos Aires, a través de esta vía indirecta”. Porque su objetivo era realmente de integración argentino-chileno-uruguaya, como contrapeso con Brasil. Frei tenía una curiosa desconfianza por Brasil, lo consideraba un país ajeno, distinto, y entendía, por el contrario, que la verdadera afinidad estaba en el paralelo que unía Santiago de Chile con Buenos Aires y Montevideo.

Estaba convencido de que había que superar totalmente las antinomias de tipo limítrofe. Decía que no correspondían más a la realidad política chilena. Me explicaba que cada vez que viajaba al interior de Chile, lo que le pedían eran caminos hacia la Argentina.

Por otra parte, se había producido en Chile un cambio cualitativo y cuantitativo en la política chilena. Todavía en la época de Alessandri, no tenía Chile sufragio universal: recién lo alcanza con la Presidencia de Frei, lo cual barrió a los pequeños sectores de tipo ultrarradical, antiargentino, que se basaban en distritos electorales muy chicos, como los del senador Hugo Cepeda o el senador González Madariaga.

Este tipo de diálogo no lo podía tener gente de ningún otro diario.

¿Quiénes fueron los colaboradores más destacados que usted tuvo en esa transformación?

Los más destacados fueron los periodistas profesionales propiamente dichos. Por ejemplo, en la estructura del diario, todo lo que fuera la modernización de su diagramación, de su tipografía, Gelmi y Andrich, que eran el secretario y el subsecretario general de redacción.

Los prosecretarios de redacción eran Arata, en la parte cultural; Cytrimblum, en interior; Bayer, en información general; Cayo, en información política; Bandini, en la parte económica; De Biase, en deportes.

Aparte, un grupo de redactores polivalentes, que iban desde Diego Lucero, capaz de hacer una crónica de fútbol o una de la Bienal de San Pablo, e inclusive salir, si era necesario, a cubrir una reunión del Fondo Monetario.

Justo Piernes, Ricardo Marchetti, Jerónimo Jutronich, que eran un poco el periodismo viejo estilo, bohemio, pero extremadamente honesto, incorruptibles. Jutronich debía de tener un pantalón de verano, uno de invierno, y un saco sport para las dos estaciones.

Cuando nosotros veíamos algún periodista en dificultades, por ejemplo los periodistas de carreras, que vivían en un mundo de tentaciones, lo llamábamos, le preguntábamos cuál era la situación y le hacíamos financiamientos. El chivo estaba prácticamente desterrado de *Clarín*. Ésa fue una depuración bastante estricta.

Realmente, todas estas figuras que le mencioné, las grandes figuras de *Clarín*, eran realmente apóstoles de su profesión. Estaban muy bien pagados en términos de la prensa de entonces, pero era gente austera, dedicada a la noticia y a la información.

Se podía contar realmente con un elenco que no necesariamente coincidía con la posición del diario. Victorio Sánchez, por ejemplo, que era un periodista de origen nacionalista, al que yo llevé como columnista político, tenía una discrepancia fundamental con nosotros sobre lo que iba a pasar en el campo político. Sostenía con razón, contra lo que nosotros creímos, que el peronismo tenía un acuerdo fundamental con los radicales, que Perón se iba a entender con la UCR, y que jamás se iba a poder entender con el desarrollismo, simplemente porque pensábamos distinto. Esto lo sostenía Sánchez en las columnas del diario. Nosotros no poníamos el diario a disposición de una determinada táctica política de coyuntura. En ese sentido, a Frigerio le enfurecían los artículos de Victorio Sánchez.

Jorge Baeza era el secretario privado de Noble. Fue la primera persona de *Clarín* que conocí. Cuando se produjo la crisis financiera de *Clarín*, que cayó inesperadamente en mis manos para resolverla, para lo cual tomé la administración del diario, lo designé gerente de publicidad. Baeza era uno de los colaboradores más íntimos de Noble, era su ahijado. Pero además, tenía acceso a sectores de información como, por ejemplo, las Fuerzas Armadas. Tenía buenos contactos con los jefes militares y acceso muy franco a Campo de Mayo, y lo hacía desde la época de Noble, quien lo utilizaba para chequear si las informaciones que le traían otros colaboradores del diario eran producto de su fantasía o eran realmente genuinas.

¿Cómo operó usted la crisis financiera de Clarín*?*

Ocurrió en el año 1971, dos años después de la muerte de Noble. La crisis financiera se produjo como resultado de los manejos del equipo del propio fundador, destinados, en última instancia, a quitarle la conducción del diario a la viuda de Noble.

El diario había sido fuertemente endeudado a corto plazo con un banco de plaza, que estaba en un operativo de copamiento vía estrangulamiento financiero. Estando el nuevo gerente del diario ausente del país, el subgerente financiero bajó a la redacción un buen día y me dijo: "Estamos en situación preconcurso". Una noticia que me dejó estupefacto. Y agregó: "Debemos tener en este momento unos 14 cheques sin cobertura, circulando por la plaza. Si el Banco Central nos quiere liquidar, basta que se nos presenten tres cheques sin cobertura y nos cierran las cuentas".

Eso era en época de Lanusse, que por otra parte tenía en algún sector, particularmente el de Bruno Quijano, el ministro de Justicia, expectativas muy grandes de apoderarse del control de *Clarín*.

La razón por la cual me vino a consultar era primeramente porque tenía buena confianza personal conmigo, y segundo, porque yo era el único abogado al que se podía en ese momento recurrir. Entonces la fui a ver a la directora del diario para decirle que no tenía más remedio que asumir la administración, que no había otra variante que ésa, cosa que se hizo.

Así fue cómo durante un año se hizo una violenta política de austeridad. Hubo una moratoria unilateral de pagos a proveedores. También, una reorganización drástica del diario, que incluyó desde medidas obvias, como suprimir el envío de la sección de avisos clasificados para el interior, lo cual por si sólo representaba cambiar el balance de negativo a positivo, ya que era dejar de tirar un diario de 40 páginas de promedio de 80 mil ejemplares, que se mandaban gratis inútilmente a un público al que no interesaba.

También se hizo una reducción muy drástica del personal, muy dolorosa pero indispensable. Y una política de refinanciamiento de todas las operaciones del diario, desde la compra de papel, de tinta, la eliminación de todos los kioscos. En general, en las empresas privadas se puede hacer exactamente lo mismo que en las empresas públicas: pueden dejar una diferencia a favor del gerente que la maneja, una licitación en una empresa pública, un porcentaje en la publicidad, un porcentaje en la venta de papel.

Actué ciertamente apoyado por alguna gente de la vieja guardia de *Clarín*, que me alentaba diciendo que era una mina de oro, que era un problema financiero, que *Clarín* iba a salir del paso.

En efecto, salió al poco tiempo del paso. Con la ayuda de algún crédito. El Banco Municipal nos dio una ayuda. Saturnino Montero Ruiz le dio un crédito de cantidad relativamente pequeña, pero que era indispensable para quebrar la tendencia negativa. Mientras, los bancos tradicionales de *Clarín* le negaron todo apoyo, porque estaban interesados en el copamiento.

También se recibió un crédito de una entidad privada, no financiera. La directora de *Clarín* empeñó su fortuna personal para conseguir un crédito muy importante.

Lo cierto es que la situación se superó. Pero yo me tuve que quedar con la administración del diario mientras mantenía la jefatura de redacción, lo cual tuvo un alto costo físico.

Fue muy interesante ver cómo *Clarín*, en ese momento, suscitaba expectativas muy grandes. Se sabía que controlarlo iba a tener una gran incidencia en el futuro del país. Hoy yo creo que la cosa se puede ver mejor que nunca.

¿Cómo apreciaron el golpe que llevó a Onganía a la Presidencia?

La caída del gobierno de Illia y la Presidencia de Onganía las presencié desde la plataforma particularmente importante que era *Clarín*.

Noble era uno de los hombres mejor informados del país. Sobre él convergían toda clase de elementos y datos, de todas las fuentes, incluidas naturalmente las militares. Como ya dije antes, Noble no adoptó ninguna actitud conspirativa en una época en que todo el mundo conspiraba contra el gobierno constitucional. Noble no tenía una buena idea del gobierno de Illia: era muy crítico de su política económica, particularmente después de la anulación de los contratos de petróleo. Sin perjuicio de eso, tenía sus buenas relaciones personales con los ministros políticos del equipo de Illia, particularmente con el ministro de Defensa, Leopoldo Suárez, que era un hombre por el que tenía especial consideración. Noble no simpatizaba para nada con la idea de que pudiera haber una nueva irrupción de las Fuerzas Armadas en la vida política del país. No tenía la mejor idea de Onganía, por otra parte, aunque los contactos personales que mantenía, y sobre todo los que hacía operar por interpósita persona con los militares principales del momento, eran muy intensos. Lanusse, Julio Alsogaray, eran nombres muy frecuentados por la gente de mayor confianza de Noble.

En cambio, Frigerio no tenía ningún tipo de contacto con las Fuerzas Armadas. Nunca había podido trabarlo, ni sus hombres tampoco lo tenían. Yo en ese momento estaba en *Clarín*. El grupo dominante en ese momento en las Fuerzas Armadas no tenía ninguna simpatía por Frigerio.

Las desconfianzas que tenían hacia Frondizi las descargaban en Frigerio. Preferían respetarlo a Frondizi, tenían ya un claro remordimiento de conciencia, y una convicción de haber cometido un grave error al no impedir la caída de Frondizi en 1962. Entonces preferían justificarse a sí mismos sobre la base de tener en el entorno de Frondizi un responsable, un chivo expiatorio que era Frigerio, al cual le imputaban todos los déficit que según el bien pensantismo había tenido la administración de Frondizi.

Una relación cautelosa

¿Cómo se construyó la figura política de Onganía?

Yo creo que la razón por la que se construye una figura importante en torno de Onganía es porque, como comandante en jefe de coyuntura, fue eficaz. Es decir, el Ejército tenía que ser reorganizado, reunificado; era un caos de facciones, y con la conducción de Onganía se restablece la verticalidad, y se readquiere prestigio.

Ante un gobierno débil, jaqueado desde distintos sectores, como era el de Illia, la perspectiva de una gestión ordenada tomó inmediatamente como término de referencia a Onganía, a pesar de que él no tenía otro título en ese momento para presentarse frente a la sociedad argentina que la condición de reunificador del Ejército. Esto desde luego era importante, porque no podemos olvidar que la anarquía interna del Ejército había llevado a episodios muy sangrientos en los años 62 y 63. Y la posibilidad de que esos episodios se multiplicaran de nuevo, y en condiciones mayores, había que tenerla en cuenta.

Desde luego, si uno contempla a posteriori el cuadro de 1966 en la Argentina y se plantea si era inmanejable o no, evidentemente no lo era. El elemento más débil que creó la situación que llevó al derrocamiento de Illia era el propio presidente. Si hubiera sido presidente Balbín, creo que las cosas habrían sido distintas. Illia era un hombre empecinado, más bien desinformado y no estaba a la altura de la situación, siendo que los problemas de la Argentina no eran tan profundos en ese momento. Hubiera podido aguantar un tiempo más, ciertamente, o terminar su mandato, probablemente. Pero él se negó a reconocer la inminencia del golpe de Estado cuando se aproximó. Las informaciones que nosotros teníamos a partir de un momento dado era que las Fuerzas Armadas indiscutiblemente avanzaban al poder y, a su vez, el panorama que nos llegaba del gobierno era de total confianza sobre el control de la situación militar, aunque Leopoldo Suárez tenía, tal vez, alguna preocupación.

Onganía, en un momento en que el país no le tenía miedo a un hombre fuerte, se presentaba entonces con el atractivo de haber restablecido la unidad en el Ejército. Por otro lado, no presentaba ninguna imagen de indebido autoritarismo. Su ideología política trascendió relativamente al poco tiempo, pero nunca se la tomó demasiado en serio.

Curiosamente, si uno trata de replantearse la situación que había en la Argentina en ese momento, es difícil ubicarse en ella, puesto que la sensación de desorden que había en el año 1966, comparada con expectativas anteriores del país, era grande. Pero esa sensación, comparada con lo que ocurrió luego de 1973, hace incluir al gobierno de Illia "en los tiempos de la República". Inclusive, hay que recordar, que a diferencia del gobierno de Frondizi, no había tenido conspiraciones militares, no había estado perturbado por el ataque de nervios constantes que representaban los planteos militares en el gobierno de Frondizi.

Cuando uno reconstruye el gobierno de Illia con la perspectiva posterior no puede menos que lamentar lo que fue una oportunidad perdida. Sin embargo, es imposible aislarlo del contexto internacional en que operaba. Es decir, la Argentina en 1966 tenía escasas posibilidades de conservar "la pequeña plataforma de legalidad", como decía Frigerio. Pero, derrocado el gobierno brasileño, lanzado Brasil a la agresiva política de crecimiento económico que impuso el gobierno de Castello Branco, y la incondicional alineación con Estados Unidos, que puso en evidencia en 1965 cuando encabezó la fuerza interamericana de paz enviada a Santo Domingo, sumado al gobierno de Bolivia en manos de militares, está claro que en la Argentina, aunque tal vez se hubiera podido tal vez evitar el golpe de Estado, las probabilidades a su favor no eran muchas.

¿Cuál era la influencia de Jacobo Timermann en la política de esos años?

Primera Plana, y posteriormente *Confirmado*, fueron dos revistas sumamente importantes. Timermann crea un nuevo tipo de periodismo, hace de *Primera Plana* un medio muy comprometido, y ciertamente no era defensor de la estabilidad. Tenía buenos contactos con las Fuerzas Armadas, y estaba convencido de que el gobierno de Illia era ineficaz. Políticamente hablando seguía siendo en algunos aspectos el anarquista de su juventud, pero si había tenido alguna simpatía relativa por algún gobierno, había sido por el de Frondizi. El de Illia no le simpatizaba, y no puede discutirse que *Primera Plana* y *Confirmado* fueron órganos adversos al gobierno de Illia. Timermann fue probablemente el periodista que más activamente actuó en la conspiración contra Illia, en la medida en que sus órganos de prensa fueron los receptáculos más abiertos a las posiciones más golpistas de algunos sectores de las Fuerzas Armadas. *Confirmado* sacó un artículo tremendo, escrito por Mariano Montemayor, que era realmente un llamado al golpe de Estado contra Illia. La imagen de la tortuga influyó enormemente, y *Primera Plana* fue la que más la impuso. Evidentemente los órganos de prensa más enfrentados con el gobierno eran sin duda las revistas que sucesivamente inspiró Timermann.

Frondizi colaboró en *Confirmado* con el seudónimo de Dorrego, y algunos artículos fueron bastante importantes, aunque los tengo muy borrados actualmente. Yo estaba muy absorbido por el trabajo de *Clarín*. Así fue durante siete años. Llegué a estar absorbido de tal forma que los hechos externos los veía a través del lente del diario, como pasa siempre cuando uno entra en el periodismo *full time*.

Las opiniones de *Clarín* empezaron a ser muy creadoras de opinión en la calle, en lo cual un papel muy importante lo desempeñaban los editoriales. Hubo una época en que los editoriales de *Clarín* tuvieron realmente influencia. Timermann llegó a decirme en una oportunidad que los hechos más importantes del periodismo argentino eran sus revistas y los editoriales de *Clarín*.

En los tiempos de *La Opinión*, Timermann también tuvo íntimos contactos con los militares, y desde luego, sabía lo que estaban haciendo. Creo que ése es un típico caso de *miscalculation*. Para entonces tenía muchos amigos militares, pero también enemigos militares. Así como en el año 66 su imagen dentro de las Fuerzas Armadas, en la medida en que podía tener algún aspecto negativo, estaba totalmente compensada por la buena amistad que tenía con la mayoría, ya en el año 76 las cosas eran distintas, porque su diario era ambivalente. Si bien es cierto que golpeaba a Isabel, lo hacía desde varios ángulos, y la manifiesta simpatía con algún sector de la izquierda subversiva que había en el diario le creaba enemigos muy grandes en unas Fuerzas Armadas que no se distinguían exactamente por la sutileza de análisis.

La prueba es lo que le pasó a Timermann luego en su cautiverio y en su absurdo proceso. A Timermann lo salvó el hecho de que realmente había gente en las Fuerzas Armadas que lo querían salvar, así como otros lo querían matar. En última instancia, no le tenía miedo al gobierno militar en el 76, como no le había tenido miedo en el 66. Probablemente, creía que la caída de Isabel era inevitable. Hay que recordar las condiciones ciertamente anárquicas que vivía la Argentina en ese momento. El *New York Times* publicó un artículo, que no les gusta recordar a la gente de ese diario, poco antes de la caída de Isabel, en el que se preguntaba qué esperaban los militares para sacarla. Ésa era la sustancia del artículo.

Así que yo creo que Timermann jugaba a la inexorabilidad de la avalancha militar que se venía, y no le tenía miedo. Yo creo que para Timermann fue una gran sorpresa que se desencadenara contra él la persecución que se desencadenó. Dudo que la valoración de Timermann, como la de la inmensa mayoría de los políticos y periodistas argentinos, fuera en ese momento incondicionalmente democrática. Aunque, en última instancia, la inmensa mayoría deseara un régimen democrático en la Argentina, en las condiciones de los años 70 existía en un sector extenso e importante la tentación socialista. Hay que creer que para ese sector la democracia era la democracia burguesa. El otro sector, que estaba enfrentado con la izquierda subversiva, consideraba que probablemente la Guerra Fría tenía prioridad sobre la coyuntura política nacional. Así que yo creo que cuando se juzgan los hechos de los años 70 y las posiciones de mucha gente en esos años, con la perspectiva de diez años más tarde, se incurre en un anacronismo.

Estoy absolutamente seguro de que Timermann se sentiría extremadamente incómodo si se pudieran reproducir las conversaciones de su tiempo de él con muchísima gente. Y estoy también seguro de que mucha gente se sentiría incómoda si se reprodujeran las conversaciones hacia atrás.

Creo que si se pudiera ver un testimonio de lo que hizo Raúl Alfonsín el 29 de marzo de 1962 cuando cayó Frondizi, evidentemente no querría que se pasara por televisión.

Miguel Ángel Zavala Ortiz confesó posteriormente, a quien se lo quisiera oír, su profundo arrepentimiento por haber sido un partícipe activo del golpe contra Frondizi.

La actitud de Frondizi frente a Illia, ¿era que terminara el período de cualquier manera o estaba por la interrupción?

Tengo mis dudas sobre el particular. Creo que a Frondizi el instinto le decía que era mejor que se mantuviera el orden constitucional, y la razón también se lo decía, pero en el fondo tenía una cuenta a saldar con los radicales. Los radicales habían sido responsables muy protagónicos de su caída, y dudo que Frondizi considerara que era una condición *sine qua non* de la subsistencia de las instituciones de la República la permanencia del gobierno de Illia. Hay que recordar que siempre la relación con Perón existía, por poco cordial que fuera, y Perón realmente no tenía ningún interés en la continuidad del gobierno de Illia.

¿Qué significó la etapa de Onganía para ustedes?

La irrupción de las Fuerzas Armadas significó un impacto para quienes en ese momento estábamos haciendo periodismo, aunque hay que tener en cuenta que el gobierno de 1966 adoptó una actitud muy cauta respecto de la prensa. La verdad es que problemas entre el gobierno y la prensa no los hubo, ni con Clarín ni con ninguno de los otros diarios grandes de Buenos Aires.

En cuanto al juicio y relación personal con el gobierno, era una relación cautelosa. El juicio de Noble respecto del general Onganía era muy categórico: "ladrillo con pelo" era su categorización. Tenía muy mala idea de lo que era Onganía. Sin embargo, desde luego, no tenía filosóficamente motivos como para un enfrentamiento demasiado directo. No porque las ideas políticas de Onganía fueran consideradas aceptables, sino porque Noble jamás pensó que Onganía tuviera posibilidad de establecer una especie de gobierno autoritario de plazo permanente.

Tampoco lo creíamos ninguno de nosotros. Creíamos que Onganía era una transición y que inexorablemente se vería obligado a llamar a elecciones tarde o temprano; lo cual, como de costumbre, demostró que el don de profecía no estaba al alcance de todo el mundo.

Respecto de la política económica, sí conviene señalar una serie de matices. Onganía comenzó con la política económica de su primer ministro: Salimei, que no era del agrado de Noble. Cuando se produjo la sustitución de Salimei por Krieger Vasena, se detectó una discrepancia significativa entre la apreciación de Noble y la de Frigerio y Frondizi, quienes estaban convencidos desde el comienzo, y así lo definieron, de que la política de Krieger llevaba inexorablemente a un fracaso. Frigerio, el mismo día que fuera anunciada la política hizo una definición sumamente crítica. Frondizi también estuvo crítico; hecho que no agradó a Noble, quien en realidad prefería darle un tiempo importante al programa de Krieger. La diferencia es explicable: el programa de Krieger sonaba bien a los oídos del público convencional, del liberalismo convencional del tipo conservador, que en última instancia era una de las dimensiones del pensamiento de Noble sin perjuicio de que fuera un industrialista.

Frigerio percibía en Krieger lo que poca gente podía percibir: la apertura hacia el globalismo. Era un globalismo *avant la lettre*, pero perfilado con mucha claridad. Ya la última parte de los años 60, la globalización de las corporaciones era previsible. Más aún, Frigerio, en una oportunidad, definió su pensamiento de una manera sumamente luminosa diciendo que el problema no era si las corporaciones iban a penetrar o no en un país como la Argentina, o si iban a imponer su sistema de producción o no. La cuestión era si la Argentina tendría alguna capacidad soberana para negociar con las corporaciones o si sería una mera plataforma geográfica para que en ella se instalaran doscientas empresas.

Sin perjuicio de que al insinuarse los primeros indicios de desnacionalización de empresas argentinas, de toma de control de empresas argentinas por grupos internacionales, alguna gente empezó a poner objeciones, frente a esto había una realidad importante: Krieger Vasena había hecho una administración bastante seria y había conseguido restablecer algunas condiciones de estabilidad, sin perjuicio de que su política resultara vulnerable en el campo del gasto público.

La parte que a mí me correspondía manejar en *Clarín*, como jefe de redacción, incluía las columnas económicas, que redactaba Reynaldo Bandini, un hombre muy vinculado a Frigerio. Yo muchas veces también completaba artículos o los hacía en lugar de él. Con Krieger no teníamos prácticamente contacto, ni prácticamente con nadie del equipo económico.

Nos parecía que la política de estabilidad de Krieger no conseguía la reducción del gasto público. Por lo tanto, era una falsa política de estabilidad, dado que consistía en equilibrar el gasto público sobre la vía del incremento de presiones tributarias al sector privado. Sacar recursos del sector privado para mantener un sector público exorbitantemente grande era una falsa política de estabilidad. El balance que hacíamos permanentemente de la situación de la Tesorería resultaba bastante poco del agrado de la gente del Ministerio de Economía, porque allí tomábamos el termómetro en el punto en que más les podía molestar.

Como de costumbre, nosotros manteníamos una posición de cierta lejanía respecto del gobierno. No dialogábamos con sus sectores políticos. La actitud general del diario *Clarín* de Roberto Noble era que "las principales espadas", como él llamaba a los colaboradores principales, sólo en situaciones muy excepcionales se ponían en contacto con gente del gobierno. En el caso de Onganía, por ejemplo, a pesar de que el doctor Borda, en el Ministerio del Interior, era amigo personal mío y amigo personal de Noble, las distancias eran grandes. Manteníamos una cautelosa relación. No nos gustaban las iniciativas de Borda, sin perjuicio de que entendíamos que eran básicamente las de un jurista, y que era un hombre que desde el punto de vista de las libertades personales constituía una verdadera garantía. Es decir, el gobierno de Onganía fue autoritario, pero no se produjo ningún tipo de abuso, de atentado contra la seguridad personal de la gente.

¿No los afectó la veda política?

La desaparición formal de los partidos no impidió que siguieran actuando orgánicamente. Es decir, no hubo ningún óbice para la acción partidaria propiamente dicha, sin perjuicio de que en la medida en que no había expectativas electorales, no había elecciones previstas a la vista, naturalmente no había la actividad preelectoral preparatoria. Pero para un partido como el frondizista lo importante era la acción permanente de la propaganda, la discusión de ideas y la preparación doctrinaria. De modo que la situación no era demasiado dificultosa.

Frigerio seguía haciendo lo mismo que había hecho antes. Naturalmente que no había que hacer desafíos ostensibles y abiertos, no había que violar las normas formales, pero se podía viajar por todo el país, hablar con gente de todo el país sin inconvenientes mayores. Y eso lo hacían todos los partidos políticos.

¿Cómo eran sus relaciones con las Fuerzas Armadas?

También eran manejadas con mucha cautela. Yo personalmente tenía de vez en cuando algunos contactos con algunos coroneles y generales jóvenes del grupo azul. Los conocía desde luego a todos ellos, pero solamente empezamos a frecuentar la relación con más asiduidad cuando se acercaron los episodios del año 1969.

Con el general Juan Enrique Guglialmelli teníamos una amistad personal e ideológica. Cuando fundó la revista *Estrategia,* yo estaba en *Clarín* y escribí en el primer número un artículo que todavía puede leerse. Está presente la visión del globalismo, las razones económicas del globalismo y sus implicaciones políticas.

Con Levingston no teníamos relación. Era un enemigo acérrimo del frondizismo. Lo conocía personalmente: él estaba totalmente convencido de que Frigerio y Frondizi eran comunistas. Teníamos una buena relación sí con López Aufranc; muy cordial con Laprida, también con Aguirre. Con Lanusse, que estaba en Córdoba, menos, pero él tenía una relación muy próxima con el corresponsal cordobés de *Clarín*, Kaplan, que era un hombre enormemente informado y que ejerció sobre Lanusse una gran influencia a través de todo este período en que Lanusse fue importante en la política argentina.

¿Cómo era por entonces su relación con Solano Lima?

La de siempre. Yo tenía esa relación vieja con él, que arrancaba de mi padre, a la que mantenía con relativa fluidez. Era amigo de él y de la gente de su partido, y periódicamente nos veíamos.

Lima y Noble tenían una relación un tanto distante, porque Lima había sido ministro de Rodolfo Moreno, y Noble, ministro de Fresco, y esto no era necesariamente una carta de presentación amistosa para las dos partes. De manera que yo no recuerdo haberlo visto a Lima en el diario entre las muchas personas que iban a visitar a Noble o que iban a su casa.

¿Y con el peronismo?

Con el peronismo el diario mantenía, desde luego, contactos orgánicos. Vandor, por ejemplo, era un hombre que mantenía una relación muy fluida, por lo pronto con la sección gremiales y, a través de ella, eventualmente conmigo. Yo tuve entrevistas con Vandor sobre temas estrictamente gremiales en las oportunidades en que el diario adoptaba actitudes que le preocupaban a Vandor. Recuerdo una conversación en una lechería cerca de *Clarín*, donde estuvimos tomando café y conversando largas horas sobre algunos temas estrictamente gremiales y en los que la línea del diario lo preocupó. Era un hombre muy razonador, negociador; y propuso, y desde luego yo acepté, tener una corriente fluida de información a través de un periodista determinado, porque sostenía que algunas de las informaciones que nosotros teníamos eran equivocadas y él quería hacernos llegar lo que realmente pensaba. Su actitud respecto del diario era más que positiva.

Una dimensión mítica de la violencia

Usted marcó un hito en el año 1969.

La escalada subversiva fue el tema central de esos años, aunque inicialmente no se la percibía como tal. Lo que ciertamente se percibía era una creciente inquietud de tipo social que no pasó inadvertida en el diario. Desde el momento en que se produjeron los incidentes en Corrientes que costaron la vida de un estudiante, al Rosariazo de la semana siguiente, que también costó la vida a otro estudiante, parecía muy claro que comenzaban a juntarse en el horizonte nubarrones de violencia. El clima que preparó el Cordobazo estaba en la calle, como para que lo detectara quienquiera que tuviera ojos para ver las cosas. El gobierno no los tenía necesariamente, ni tampoco las Fuerzas Armadas en sus Estados Mayores. Cuando se aproximó lo que sería el Cordobazo, para nosotros era evidente que habría episodios mayores, tanto es así que mandamos un equipo completo con los mejores periodistas que teníamos en el diario para cubrir lo que se preveía iba a venir.

Eso no era necesariamente visto en el Estado Mayor del Ejército. El coronel Aguirre, que era uno de los hombres clave de la conducción militar y uno de los consejeros políticos más importantes de Julio Alsogaray, entonces comandante en jefe del Ejército, me pidió que lo fuera a ver para que le llevara una apreciación de cómo veíamos las cosas en el diario, antes de que se produjera el Cordobazo. Yo le dije que lo veíamos muy mal y que teníamos la seguridad de que en Córdoba ocurrirían episodios de violencia mayor, y que había que prevenirlos. Entonces estuvimos discutiendo sobre las causas de los episodios de violencia. Aguirre me decía que él creía que el centro del problema estaba en el sistema de educación y que había que sacarlo al secretario de Educación, Mariano Astigueta. Es cierto que representaba una línea bastante anacrónica del nacionalismo, y yo le dije a Aguirre que a Astigueta podían sacarlo o no, pero que era totalmente ilusorio creer que el tema pasaba por Astigueta o por el ministro del Interior, Borda. A mí me parecía que la situación era realmente grave y que la crisis, si no se la contemplaba o prevenía, lo que iba a producir iba a ser la salida del ministro de Economía y un debilitamiento significativo del gobierno. El gobernador de Córdoba era también muy cuestionado, tenía una pésima relación con los partidos políticos, tenía incluso algunas frases famosas que lo habían hecho un blanco fácil de la prensa que se expresaba con bastante libertad. Y además Lanusse tenía su propio juego.

En la primera parte de Mi testimonio, *Lanusse se hace cargo de las declaraciones públicas que hizo Onganía después de su derrocamiento, en el sentido de que lo ocurrido en Córdoba fue una maniobra preparada por Lanusse.*

Yo creo que probablemente no fue así. No recuerdo lo que dijo Lanusse ni leí el libro, pero podríamos decir que, en todo caso, Lanusse no se comportó como alguien informado. El Tercer Ejército demostró falta de información. Las cosas que se produjeron podrían haberse prevenido. Y dudo de que Lanusse tuviera falta de información porque nosotros la teníamos, y el más informado de los periodistas de *Clarín* era Kaplan, que estaba sobre el terreno, en Córdoba.

De Buenos Aires nosotros veíamos lo que se venía. Vuelvo a repetir: mandamos un equipo completo, encabezado por Justo Piernes, con varios días de anticipación, porque veíamos la dimensión política de la cosa.

Uno puede por supuesto analizar con la perspectiva de hoy si el Cordobazo tenía justificación, si la tenía en una provincia que tenía los niveles de ingreso y salario de Córdoba, si se consideraba agredida por la política económica que seguía el gobierno argentino en ese momento. Probablemente la respuesta sería, al menos, un cuestionamiento. Creo que si se pudieran trasladar las condiciones relativas de 1967-69 a 1998, no tengo duda de que los cordobeses optarían por trasladar esas condiciones relativas. Pero en fin, estábamos en otro momento, la gente aspiraba probablemente a más, y además había corrientes que se movían debajo de la superficie que eran muy intensas. Estaban las corrientes sindicales de izquierda que luego iban a tener su protagonismo importante: SITRAC, el sindicato de Fiat, que había sido promovido por la propia empresa, con la idea de que era posible manipular a un sindicato de fábrica mucho más fácilmente que a un sindicato nacional. Más tarde pagaron gravemente las consecuencias de ese error. SITRAC fue considerado funesto por el desarrollismo porque consideraba que la unidad sindical era la que brindaba la posibilidad de que la negociación fuera aceptable. Aunque la filosofía del desarrollismo en materia de sindicalismo, vista desde la perspectiva histórica, no es necesariamente la que entonces era justificada para las conveniencias económicas del país.

¿Quiénes fueron los interlocutores sindicales de Frondizi y Frigerio?

No hay duda de que el desarrollismo tenía acceso a la totalidad de la dirigencia, lo cual no quiere decir que se llevaran muy bien. Al contrario, se llevaban muy mal con algunos. En ese sentido con razón, ya que Perón había percibido en Frondizi la amenaza de la creación de un movimiento civil que lo desplazara, aunque esa amenaza nunca llegó al nivel de desafío que luego resultó Vandor. Los sindicalistas percibían ciertamente en Frigerio la iniciativa de un movimiento político que apuntaba a disputarles el control de la estructura sindical. Porque Frigerio les devolvía la CGT, pero en la CGT les metía en el paquete a algunos dirigentes que eran de su confianza y no necesariamente de la de Vandor. Es decir, era una disputa por el control del movimiento sindical.

De modo que la relación de Frondizi y Frigerio con Vandor era pésima. Además, Frondizi nunca se engañó respecto del rol protagónico que tuvo Vandor en su golpe de Estado. Con Framini tenían la relación que se podía tener. Pero había una cantidad de dirigentes sindicales de mucha importancia que eran muy amigos de Frigerio, algunos de los cuales se habían jugado abiertamente, como Cardozo, el dirigente de la carne, o los dirigentes de la construcción.

El sindicalismo, por otra parte, tenía excelentes relaciones con las Fuerzas Armadas, y mejoró su posición relativa durante el gobierno militar. Fue recuperando la fuerza que había perdido en el 55, que de alguna manera había restaurado precariamente en el gobierno de Frondizi, que volvió a perder en el gobierno de Illia, y volvió a recuperar a partir del gobierno de Onganía. Desde 1966 en adelante, el sindicalismo de nuevo hizo una apuesta ascendente en la vida nacional, que se va a consolidar con la Presidencia de Lanusse.

¿Qué diagnóstico de la situación trazaron luego del Cordobazo?

Para nosotros, el balance del Cordobazo fue muy claro, el gobierno estaba muerto, aunque todavía pudiera seguir caminando. Para nosotros, el diagnóstico fue no ya que se producía una crisis en el equipo político del gobierno, como en efecto se produjo, sino que era inevitable la salida del ministro de Economía, y que también el proyecto político de Onganía estaba terminado. Pero tenía que ocurrir antes un episodio de envergadura mayor, que fue la presentación social de la guerrilla argentina, es decir, la aparición de la guerrilla como una organización nueva, distinta. Las circunstancias determinaron que yo pudiera presenciar la fecha del nacimiento.

Primero ocurrió el asesinato de Vandor. En el momento, no se sabía quién lo había cometido, no fue imputado a nadie en especial. Podía todavía referirse a las internas de los movimientos sindicales que, a pesar de que no habían tenido hasta entonces manifestaciones tan violentas, podían potencialmente llegar a esa violencia. De modo que la violencia inherente a la disputa del poder sindical no era una cosa que pudiera considerarse escandalosamente novedosa. El asesinato de Vandor fue sin embargo, por las características con que se perpetró, una gran sorpresa, ya que la Unión Obrera Metalúrgica era un verdadero búnker. De manera que el ingreso, las condiciones en que se hizo, la precisión con que el atentado se perpetró, llamó profundamente la atención, pero en vez de analizarse la condición militar en el sentido operacional del episodio, más bien se pensó que solamente podría haber sido por una cuestión interna, porque si no, no se podía entrar en el búnker. Así que el balance que hicieron fue interno, a pesar de que el destino de Vandor estaba en ese momento ciertamente amenazado.

Un mes antes del crimen, sin embargo, se publicó en *Clarín* una solicitada que transcribía una carta de Perón a un destinatario que no recuerdo. Cuando vimos su texto, en el diario, comentamos con Juan Antonio García Córdoba, que éste era muy sugestivo. Tal vez, valdría la pena releerlo hoy, si se quiere desentrañar el misterio de la muerte de Vandor.

¿Y ante el caso Aramburu?

Cuando se produjo el secuestro de Aramburu, la cosa fue distinta. Fue tal el desconcierto que provocó el secuestro que durante las primeras 48 horas, la hipótesis más generalizada fue que se trataba de un autosecuestro, preparatorio de un golpe de Estado. Un sector del gobierno lo interpretó como la preparación para un golpe de Estado contra Onganía. Que se estaba preparando la sucesión de Onganía era claro, como también que se estaba hablando de lo que se había definido como "el tiempo político".

Después de 48 horas, quedó claro que no era un autosecuestro, que no se trataba de una tentativa para un golpe de Estado. En consecuencia, las desconfianzas comenzaron a proyectarse en otra dirección. Hubo una versión de que el secuestro había sido manipulado por el Ministerio del Interior, por el general Imaz, pero esas sospechas obviamente no se publicaban en los diarios. Las cosas siguieron con la policía y los servicios de informaciones totalmente desconcertados, el gobierno con una preocupación creciente, el tema inflándose, hasta que unos días después del secuestro, no recuerdo cuántos, yo recibo una comunicación en la que se me sugiere que envíe un mensajero a buscar en un bar de la calle tal número tal, en el baño detrás del depósito de agua, una información que me interesaría. Yo mandé un motociclista, quien regresó con una carta cerrada dirigida al jefe de redacción de *Clarín*, en un papel muy prolijo que decía *Montoneros*. La organización se presentaba en sociedad. Decían que lo habían detenido a Aramburu y que lo iban a juzgar por los crímenes cometidos contra la patria. La carta nos causó una gran sorpresa.

De modo que yo fui el primero que supo de la existencia pública de la organización Montoneros, simplemente porque *Clarín* era el diario que en ese momento podía ser considerado como el que iba a producir más impacto. Esa misma comunicación no la hicieron con otras redacciones, sólo al día siguiente recibió algo semejante *La Razón*. Desde entonces, se manejaron con *Clarín* y con *La Razón* cada vez que querían publicar algo. Por supuesto que hicimos una edición especial. Llamamos a la policía, a la que dimos una fotocopia de la carta, porque ni nosotros creíamos demasiado en su contenido, ni tampoco la policía a la que también le causó una desconfianza muy grande, hasta el punto de que no nos requirió el original. Después, por supuesto, cuando se hizo evidente que era cierto, lo entregamos.

Ahí aparece la organización Montoneros en el escenario político nacional, con esa presentación en sociedad. Y a partir de ese momento aparece la tensión de las informaciones que periódicamente anunciaban sobre el supuesto juicio que iba a llevar a la supuesta ejecución, es decir, el asesinato de Aramburu, cuyo anuncio lo recibí también yo. La información de que se habría procedido al juicio y a la "ejecución", como ellos decían, de Aramburu, vino también en otro documento de las mismas características, obtenido por el mismo mecanismo. Aunque ya, desde luego, con toda la policía detrás. Era un documento que terminaba con la extraordinaria frase escrita en mayúsculas "*DIOS SE APIADE DE SU ALMA*", lo que terminó de sumirme en el desconcierto, porque en el mundo, en ese momento, se podía pensar en todo clase de organizaciones marxistas, en América Latina ya había muchas, y en la Argentina podían aparecer, pero a una organización marxista nunca se le podría haber ocurrido concluir un documento apelando a Dios. Así que esto a mí me causó un asombro que hasta el día de hoy me sigue perturbando. Porque la mentalidad de la gente que podía todavía compaginar un hecho de ese tipo, con todas las consecuencias que luego iba a tener, con la mentalidad religiosa que implica rematarlo de esa forma define desde su comienzo al proceso subversivo argentino con características realmente insólitas.

Hablando una vez en Brasilia, hacia el año 77 o 78, con el nuncio apostólico, monseñor Rocco, me dice: "Estos guerrilleros de la Argentina, ¿quién los entiende? Matan sin motivo, porque si uno tiene un motivo, por ejemplo, una *vendetta*, se comprende…".

No hay duda de que la muerte de Aramburu representa el punto de partida de una etapa trágica de la vida nacional.

¿Le asigna alguna responsabilidad a Perón en este tema?

Yo tengo poca duda de que las llamadas "organizaciones especiales" tenían respaldo y aliento de Perón, quien se ha jactado en más de una oportunidad de que las organizaciones militares tenían que tener un profesor militar como era él. Sin embargo, no creo de ninguna manera que Perón hubiera podido impulsar el asesinato de Aramburu. Me parece que no pega dentro de su temperamento. Aramburu no representaba para él una prioridad, una amenaza.

Vandor, en cambio, era realmente la amenaza orgánica a la jefatura del movimiento con una alianza con los militares. Vandor tenía una simpatía extendida con las Fuerzas Armadas en ese momento, estaba en el país, era un amenaza. Aramburu no le representaba ninguna amenaza a Perón en lo que para él era prioritario: la reconstrucción del movimiento. En todo caso, Frondizi había sido más peligroso potencialmente.

Los fusilamientos del año 56 no eran una cuenta personal de Perón. Habían sido un trágico error y una barbaridad de las Fuerzas Armadas. La dirección de Montoneros era independiente, se había emancipado totalmente de Perón, y lo hicieron como un símbolo. Era la encarnación de elementos tan confusos, que en última instancia era soreliana: tenían una dimensión mítica de la violencia, el mito de la violencia engendrando en sí misma una forma revolucionaria pura, lo cual es un componente que sirve tanto para los extremismos de izquierda como de derecha.

¿Cuál fue la reacción que usted percibió en las Fuerzas Armadas?

La aparición de FAL, FAP, ERP, FAR, como organizaciones importantes dentro del mundo general de la actividad subversiva produjo enorme desconcierto en las Fuerzas Armadas. Tanto la policía como los organismos de inteligencia tenían fichados a todos los que en la Argentina, de una manera u otra, en el pasado habían tenido simpatías por la izquierda, y a los que no las habían tenido pero ellos habían decidido considerar como tales. Así fue como empezaron a detener comunistas, pero al poco tiempo se dieron cuenta de que iban por un rumbo sin salida. Recuerdo que el general Villegas, que era el secretario del Consejo Nacional de Seguridad, me dijo: "No tenemos la menor noción de lo que pasa. Estamos totalmente perdidos, porque ni los comunistas ni los socialistas tienen nada que ver con esto; los anarquistas, tampoco. Esto es gente totalmente nueva, diferente". La Policía Federal decía lo mismo. De manera que tardaron mucho tiempo realmente en poder crear los mecanismos que llevan a la identificación de este tipo de organizaciones, los cuales no son otros que la penetración. Y eso, ante una novedad tan absoluta como eran estas organizaciones subversivas, llevó mucho tiempo, lo que les permitió crecer de la manera en que lo hicieron desde el final del gobierno de Onganía en adelante.

No cae hasta que no lo empujan

¿Cómo vivió usted el final de Onganía?

En la etapa final del gobierno de Onganía se produjeron los cambios de gabinete que llevaron al Ministerio de Relaciones Exteriores a Juan B. Martín, quien me ofreció la embajada en Brasil o en Chile, a mi opción.

Los problemas con Brasil se habían planteado de manera ya aguda en la época radical, y continuaban en la época de Onganía, con la cuestión del llenado de la represa de Jupiá. El tema se proyectaba en dos frentes simultáneamente: el bilateral, en las negociaciones en torno de las obras del río, los acuerdos sobre qué tipo de modificaciones se podían hacer en su cauce, aguas abajo, a medida que se construyeran represas. Y en lo multilateral, por la discusión en los organismos internacionales sobre las obras a construir en cuencas, particularmente en aquellas que tuvieran impacto en ríos plurinacionales.

El incidente bilateral con Brasil, que había estremecido bastante la relación en el tiempo de Zavala Ortiz, y naturalmente en la primera etapa del gobierno de Onganía, durante la gestión del embajador Mario Amadeo, se atenuó con la concertación de la llamada "práctica de Jupiá", que fue un acuerdo obtenido entre las dos cancillerías sobre la cantidad de agua que la represa, que durante la construcción no cerraba totalmente el río, garantizaba aguas abajo. Era un problema de principios: Brasil entendía que una obra realizada en su territorio nacional, como era Jupiá, no era una obra binacional, y en consecuencia, no tenía por qué tener ningún tipo de interferencia de un país extranjero. La Argentina sostenía que en la medida en que se afectara el cauce de su principal río, tenía derecho a opinar.

Con la práctica de Jupiá se llegó a una solución pragmática que permitió superar la primera etapa del problema. Pero el complejo de Urubupunga tenía una segunda represa, Ilha Solteira, que era mayor que Jupiá. Cuando los brasileños comenzaron a construir Ilha Solteira, la situación volvió a calentarse progresivamente. De modo que en el año 1969-70, la Argentina tenía dos frentes diplomáticos complicados, el brasileño y el chileno.

Con Chile, las cosas andaban mal y bien, porque la decisión del Consejo Nacional de Seguridad se había inclinado a buscar una solución en el problema chileno. El Consejo Nacional de Seguridad, bajo la conducción de Osiris Villegas, había definido la estrategia con Chile, en el sentido de buscar una solución al problema Beagle. La solución al tema Beagle había sido muy bien pensada por Villegas y, en síntesis, se fundaba en lo siguiente: la prioridad estratégica argentina era garantizar el acceso de la flota a Ushuaia por aguas propias, o sea, el desistimiento de la tesis de la costa seca, que era la pretensión de máxima de los chilenos, y el acceso al Pacífico a través de los canales fueguinos. El segundo argumento de la tesis de Villegas era que las islas en disputa, las Picton, Lenox y Nueva, carecían de importancia económica y estratégica. Pero que sí era importante la proyección chilena en el Atlántico, por eso decía que lo esencial en una negociación era garantizar la soberanía sobre los islotes Evout y Barnevelt. Esto es muy interesante porque esto iba a ser contemplado años después, en la primera de las dos propuestas del Papa, es decir, en una de las dos propuestas alternativas que hizo el Papa.

Luego que Villegas dejó el Consejo Nacional de Seguridad y lo sustituyó el almirante Boffi, todavía en tiempo de Onganía, en febrero o marzo del año 70, hubo una segunda posición del Consejo Nacional de Seguridad que fue todavía más compromisoria, ya definido totalmente el entendimiento con Chile como línea de acción estratégica, en el sentido de superar el conflicto, y donde ya ni siquiera se hacía mención a la necesidad de que hubiera un apoyo en tierra.

El frente chileno se había agravado con motivo de los malos entendidos permanentes entre el canciller Costa Méndez y el canciller Gabriel Valdés. El canciller Costa Méndez se comportó en el caso de la relación con Chile de la misma forma en que luego se comportó en el tema Malvinas. En alguna oportunidad, Gabriel Valdés me relató con bastante detalle las dificultades que habían tenido con Costa Méndez, las que habían llevado finalmente a los chilenos a reclamar la solución arbitral al caso del Beagle, es decir, a imponer las fórmulas previstas en los tratados vigentes. Costa Méndez se portó de manera poco previsora.

Cuando Onganía reemplazó a Costa Méndez por Martín, y ante dos objetivos simultáneos de alta prioridad, la relación con Brasil y la relación con Chile, que se habían agravado progresivamente, es que me ofreció el nuevo canciller una de las embajadas.

Ya había muerto Noble, y yo estaba en ese momento totalmente tapado de trabajo en *Clarín*, porque además de ser el jefe de redacción, colaboraba en la compleja sucesión de Roberto Noble. Como dije antes, también recayó sobre mí la administración de *Clarín*.

De modo que le dije que no a Martín. Me había hecho el ofrecimiento justamente en una recepción que tuvo lugar en la casa de la viuda de Noble con motivo de un aniversario del diario. Era la primera actividad que hizo ella luego de la muerte de su marido. Fue una actividad social-política, puesto que estaba fundamentalmente invitada gente del poder gubernamental.

Probablemente fue un error que no aceptara en ese momento. Pero, por otra parte, seguramente no me hubiera quedado con el canciller de Levingston, De Pablo Pardo.

¿Qué consecuencias trajo para el desarrollismo la designación de Levingston?

Como siempre ocurre con los gobiernos, éstos pueden estar muertos pero no son reemplazados hasta que no los empujan. La capacidad de duración de un gobierno es mayor de la que a primera vista sospechan los analistas. Pierde capacidad operativa, pero no cae hasta que no lo empujan, y para que lo empujen pueden ocurrir distintas cosas, por ejemplo que el gobierno todavía en el poder se equivoque respecto del manejo de ciertos mecanismos.

Un típico error en este caso fue el cometido por Onganía cuando resolvió el reemplazo de Julio Alsogaray. Onganía tenía un grupo muy brillante de oficiales en actividad. Entre ellos estaban el general Iavícoli, el general Guglialmelli, el general Villegas, y el que estaba en cuarto término era el general Lanusse. Recuerdo una vez que la esposa del general Guglialmelli me decía: "Yo les dije, cuando los ascendieron a generales a Villegas, a Lanusse y a Guglialmelli, que el país debería estar muy mal para que hubieran podido llegar a generales". Eran los últimos de la promoción. Sin embargo, no hay duda de que eran generales de una gran personalidad.

Onganía optó por Lanusse con la seguridad de que con eso garantizaba su estabilidad, pese al consejo de muchos amigos. Evidentemente, Lanusse, a pesar de que los otros eran oficiales brillantes, era, militarmente hablando, el caudillo por excelencia. Si no hubiera sido nombrado comandante en jefe, tal vez le habría hecho la vida difícil a su superior. Pero era además amigo personal tanto de Villegas como de Guglialmelli, particularmente de este último, un general de comunicaciones, que decía que era en el Ejército Argentino como el general negro en Estados Unidos. Había que tener un general negro y un general de comunicaciones. Era difícil que fuese nombrado. Villegas estaba muy politizado tal vez, un poco fuera de la estructura del Ejército en la medida en que era el secretario general del Consejo Nacional de Seguridad. Además, Lanusse era de caballería y Onganía jamás pensó que Lanusse le iba a ser desleal.

La designación de Lanusse aceleró el proceso, aunque Lanusse incurrió cuando llegó el momento, en el mismo error en que incurrió Onganía cuando en su oportunidad no aceptó la candidatura del Frente. Lanusse quería ser presidente constitucional y no de facto. Por eso, cuando llegó el momento y todo el mundo estaba convencido de que Lanusse iba a ser el presidente de la República una vez que se había resuelto la caída de Onganía, se produjo el debate entre la Junta y la opción fue por otro lado, como se sabe.

Nosotros seguimos muy de cerca, con muy buena información, la discusión dentro de la Junta, porque teníamos información de las tres fuerzas. Fue una jugada hábil la de la Marina, del almirante Pedro Gnavi. La Marina estaba de acuerdo con la destitución de Onganía, pero no quería hacerle la vida fácil a Lanusse, cuyo candidato era López Aufranc. Pero la Marina lo vetó por el recuerdo del "zorro de Magdalena", por los episodios del año 63. Y sacó de la manga un general que tenía las mismas características: azul, de caballería, indiscutible. Así fue como salió la candidatura de Levingston, que no era ciertamente un hombre de la simpatía de Lanusse. Pero Lanusse lo tuvo que aceptar. Levingston fue el resultado de la expectativa personal de Lanusse y de su mal cálculo. Hizo perder al país un año por eso, y probablemente, al instaurar un gobierno débil como fue el de Levingston, se complicó la situación en el enfrentamiento de lo que era este nuevo problema de la subversión.

Levingston era un general con el que nosotros habíamos establecido mejores contactos, antes de su partida a Washington como agregado militar. Había empezado a sospechar que en realidad, en definitiva, Frondizi no era comunista.

¿Qué significó para ustedes la reanudación de la actividad política bajo Lanusse?

Durante la Presidencia de Lanusse la acción política tenía, en mi caso particular, el canal partidario del que estaba formalmente apartado, desde luego, porque cuando entré a *Clarín* tuve que declarar públicamente, a requerimiento de Noble, que me desvinculaba de las actividades del Movimiento de Integración y Desarrollo. Pero eso no determinó que no mantuviera contactos permanentes con Frondizi y con Frigerio.

Por otro lado, desplegaba las actividades que suponía la propia jefatura de redacción del diario, que en la última etapa del proceso militar estaba enlazado a ayudar al restablecimiento del orden constitucional.

Clarín, como diario, tuvo una posición muy crítica respecto de la política económica que siguieron las administraciones posteriores a Krieger Vasena, empezando por la de Moyano Llerena, y siguiendo con la de Aldo Ferrer.

La salida constitucional se vislumbraba, y el interrogante sobre cómo se tenía que dar esa salida constitucional, es decir, qué participación tendrían los militares, específicamente Lanusse, tenía incidencia en los hechos del diario. Lanusse contaba con apoyos específicos en *Clarín*. Había gente importante en el diario que era muy amiga de Lanusse. También Lanusse contaba con amistades en sectores influyentes en la prensa, por ejemplo, en la Sociedad Distribuidora de Diarios y Revistas; concretamente, el Cholo Peco era un hombre que tenía una vinculación personal y política con Lanusse. Además, el secretario de prensa de Lanusse, que era Sajón, tenía una gravitación significativa en muchos medios de prensa.

Yo no era una figura grata para el gobierno de Lanusse, incluso me intentaron remover a través de una maniobra bastante singular que fue intentar vincularme con una conspiración militar que estalló en Azul. Aparecí sorpresivamente en un título del diario *Crónica*, inspirado desde luego por el gobierno, en el que se me involucraba como miembro de la conspiración con gente de la que yo no tenía conocimiento ni siquiera de los nombres. Era manifiesto que no teníamos nada que ver con eso, pero tuve que concebir un mecanismo rápido para limitar problemas. Y ese mecanismo consistió en mandar una carta abierta muy violenta a Sajón, al que elegí como blanco. La técnica de escoger salir en público ante una amenaza ya la había empleado en otras oportunidades. Una de ellas, cuando el general Rauch me tenía en una lista para detenidos. En esta oportunidad lo ataqué violentamente a Sajón, al que le imputé con razón o sin ella, la denuncia falsa contra mi persona y desaparecí. Me escondí durante dos días hasta que pasó el chubasco.

Al reaparecer, lo fui a ver al subjefe del Estado Mayor, el general Herrera, que era el segundo de Lanusse, a ver realmente qué era lo que pasaba. Y Herrera me confirmó que, en efecto, Lanusse había dado órdenes de detención contra mí desde Jujuy. Esto se debía a que Lanusse quería contar con *Clarín* como un mecanismo de respaldo a su expectativa presidencial. Yo creo que *Clarín* ya a fines del año 1970 era de lejos el órgano de prensa más influyente en la Argentina. Era realmente una fuente de opinión.

¿Por qué se fue de Clarín*?*

En un momento dado, yo tenía demasiadas funciones en *Clarín:* la jefatura de redacción, la columna editorial, la administración. Había manejado una crisis financiera muy difícil, con éxito.

El argumento formal que di fue que deseaba regresar a la política, cosa que, por otra parte, iba a ocurrir en la medida en que me fuera de *Clarín*.

Regresé en efecto a la actividad política, es decir, orgánicamente regresé al MID y empezamos a prepararnos para las opciones que se avecinaban.

Todos los inconvenientes y ninguna ventaja

¿Cuáles fueron los ensayos más importantes se hicieron desde el frondizismo-frigerismo para que sus políticas influyeran en el poder militar?

Por lo pronto, el grueso del esfuerzo se puso en *Clarín*. La forma más importante que tenía de influir el desarrollismo como prédica, lo cual requería un esfuerzo muy grande de tiempo y dedicación, era mediante el diario.

En lo demás, Frigerio tenía una sola receta política que era recomponer el Frente. Creo que Frigerio no descartó participar en un gobierno militar, en absoluto, lo que pasa es que nunca se dio ni remotamente la posibilidad. Frigerio jamás consiguió superar la desconfianza que la Fuerzas Armadas tenían respecto de su persona. Onganía, Levingston, le tenían una particular antipatía, aunque este último en un momento dado empezó a reconocer que algunas de las cosas que decía Frigerio eran interesantes. También Lanusse no lo apreciaba en lo más mínimo.

Frigerio y Frondizi no tenían necesariamente impaciencia por el restablecimiento del orden constitucional. Le relato una conversación que presencié ocasionalmente, entre Frondizi y Lanusse, siendo éste presidente, en ocasión del casamiento de una hija del comodoro Güiraldes. Lanusse le comentó cuáles eran sus conversaciones con Perón en ese momento para conseguir el restablecimiento del orden constitucional. Entonces Frondizi le dice francamente: "Usted quiere ser presidente con el apoyo de Perón. Pero si ya es presidente... Gobierne, y a lo mejor entonces podrá cumplir con su objetivo de ser presidente electo".

En ese momento, para Frondizi la necesidad era afrontar problemas económicos y sociales que eran perceptiblemente serios, apurarse en la carrera del desarrollo económico. Desde ese punto de vista, sin la mínima duda, Frigerio y Frondizi hubieran apoyado una política económica de acuerdo con sus expectativas promovida por un gobierno militar. Particularmente, cuando los brasileños ya lo estaban haciendo como lo estaban haciendo. Si se hubiera dado la oportunidad de ser el Roberto Campos, o el Delfín Neto de un gobierno argentino, Frigerio no hubiera vacilado en serlo.

Por otra parte para Frigerio había una doble incentivación. Primeramente, seguía convencido de que el desarrollo económico sobre la base de la industrialización, estaba atado a su ritmo. En segundo lugar, en la medida en que percibía con una claridad única en la Argentina, el avance del proceso de globalización, entendía que la Argentina tenía que tener sus bases preparadas antes de que la globalización fuera inevitable. Y así, poder estar sentado en la mesa de los que iban a tomar decisiones y no, para utilizar una de sus tantas imágenes, "recibir migajas".

Es decir, a Frigerio le obsesionaba la necesidad de que no se perdieran esos años preciosos, porque ante la inevitabilidad de un mundo globalizado, el país que no tuviera en su territorio instaladas las bases de un crecimiento económico realmente sostenido sería inevitablemente objeto de las decisiones políticas de otros.

De suerte que, por no estar dadas las condiciones políticas para el restablecimiento democrático, no había que perder el tiempo. Y desde luego, cuando Frigerio contabilizaba los avances en el proceso de industrialización de Brasil, a lo que llegaba era a percibir una situación como la que se está dando hoy. Es decir, una situación potencial de dependencia respecto de Brasil; sin perjuicio de que para Frigerio la idea de la integración regional era una mala idea porque partía de la premisa de que la integración de economías subdesarrolladas era de élites, y no de pueblos o naciones. La idea de la integración en Europa era el resultado del poder nacional en términos de saturación, en cambio la idea de integración en América Latina requería previamente la integración nacional. Lo fundamental era comprender que había oportunidades que no se tenían que perder, porque después iba a ser muy difícil recuperarlas.

La fórmula política de Frondizi y Frigerio era la de siempre: el Frente. Estaba convencido de que la lógica llevaba a lo que él entendía como "alianza de clases", lo cual era realmente una ideología mitológica, y a un entendimiento con Perón, que le diera la posibilidad de acceder al poder por esa vía.

¿Qué actitud tomaron en el frondizismo ante las negociaciones de Lanusse con Perón?

Las negociaciones con Perón que realizaba fundamentalmente un militar próximo a Lanusse, el coronel Cornicelli, eran contempladas con gran escepticismo por el grupo político más allegado a mi persona, es decir, por Frondizi, Frigerio y también por Ramón Prieto, que era de todos los integrantes de la llamada usina frigerista el que más conocía a Perón. Había sido un íntimo colaborador de Evita, había presenciado los días finales de su vida, y sabía lo que pensaba Evita de Perón, que muy poca gente había podido llegar a conocer, en los últimos días de la vida.

¿Qué pensaba?

Yo nunca hablé con Evita.

Entonces sigamos con lo que se puede contar...

Cuando empezó a plantearse la "operación retorno", la idea, desde el punto de vista de Lanusse, era utilizar la negociación con Perón como un instrumento para su consagración política. Así fue como, para conseguir el apoyo del ex caudillo militar, el que se presentaba en ese momento como el nuevo caudillo militar le proponía devolverle a Perón las cosas que Perón consideraba que le eran debidas. De modo que a nosotros nos parecía que Perón iba a jugar con Lanusse como el gato con el ratón.

Yo tenía la imagen siguiente, que les presentaba a algunos colaboradores de Lanusse: "Ustedes están jugando al póker con Perón, y como el interés de ustedes es jugar, empiezan y ponen la luz para abrir el juego, es decir, el grado. Entonces Perón lo que hace es tomar la luz, ponerla en el bolsillo y dice, esto es mío. Después le van a dar los bienes, y Perón va a tomar la luz, la va a poner en el bolsillo, y va a decir, esto es mío. Después le van a dar los restos de Evita, y también va decir que son de él. Es decir, que están negociando con Perón sobre la base de devolverle lo que es de él, lo cual es absolutamente insensato. Perón va a conseguir todo y a partir de ese momento va a decir: bueno ahora empecemos a conversar, inclusive el tema de mi retorno".

Era muy evidente que la estrategia de Lanusse llevaba a cualquier desenlace menos a la consagración de su propia candidatura y a la posibilidad del apoyo de bases peronistas. Sin perjuicio de que en ellas tuviera o hubiera tenido Lanusse algunos contactos. Los gobiernos militares, de Onganía en adelante, tuvieron buenos contactos con sectores importantes del peronismo, pero no como para movilizarlos políticamente. Una cosa era el contacto con el peronismo en términos sociales, económicos, otra, el compromiso electoral una vez que la propia figura de Perón estuviera en el centro de la negociación.

En realidad, el mecanismo de obras sociales más importantes que consiguieron los dirigentes peronistas se los dio el gobierno del general Lanusse. Pero una cosa diferente eran los votos; porque el que realmente controlaba los votos era Perón.

Esto se vinculaba con muchas cosas. En primer lugar, con el tema de la violencia y con el tema del retorno. El tema de la violencia tuvo en la época de Lanusse una evolución realmente favorable. Los militares habían conseguido lo que anteriormente no tenían, es decir, mecanismos de información. Después de dos años empezaron a penetrar a las organizaciones terroristas. Quedó en evidencia cuál era el nuevo esquema del terrorismo y el éxito de la acción militar fue tal que prácticamente la totalidad de los dirigentes principales de la guerrilla fueron detenidos por el gobierno de Lanusse. Éste los sometió al mejor mecanismo posible que se hubiera podido inventar, a saber, la justicia especial.

Era manifiesto que hacía falta una justicia especial, y era manifiesto que era mejor que se juzgara a través de la justicia especial y no a través de otros mecanismos. De suerte que, en un momento dado, la dirigencia principal de las principales organizaciones estaba entre rejas, con algunas excepciones como el caso de Firmenich, que por razones distintas nunca pudo ser aprehendido. A mí me dijo una vez Jorge Vázquez, que fue subsecretario de Relaciones Exteriores con Cámpora, que durante la Presidencia de Perón, Firmenich fue detenido por error en la calle en un procedimiento policial, y que después fue puesto en libertad por disposición del general Iñíguez no bien se enteró.

Mi suegro estaba todavía activo, era secretario del Movimiento cuando se produjo el segundo retorno de Perón. Fue la única persona que acompañó a Perón en sus dos retornos. En el caso del segundo retorno de Perón, mi suegro me decía que se iba a producir, y la verdad es que yo estaba convencido de que iba a regresar Perón.

Yo ya había salido del diario; y teníamos una discusión sobre ese tema. Frondizi estaba convencido de que Perón no iba a volver. Frigerio también consideraba que era enormemente inconveniente que regresara; incluso sacó una nota en la revista *Confirmado*, muy valiente, desaconsejando el regreso de Perón cuando estaba por producirse. Ramón Prieto, desde luego, también, porque en su caso estaba convencido de que Perón no tenía coraje físico; cosa que también pensaba Frondizi.

Con algunos amigos, por ejemplo Mariano Montemayor, pensábamos que, en efecto, Perón estaba embretado y que no tenía otra posibilidad que regresar y que iba a regresar. Un día tuvimos una larga conversación con Frigerio y Montemayor, quien en un momento dado se impacienta cuando Frigerio le dice: "¿Por qué razón cree usted realmente que Perón va a venir?". Entonces Montemayor le contesta: "Porque salió en el diario".

¿Usted compartía las ideas frentistas de Frondizi y Frigerio?

Las tomaba con gran desconfianza. No veía otra posibilidad política que el acuerdo con el peronismo, inclusive cuando se fue perfilando la solución del año 73, pero personalmente nunca le tuve confianza a Perón. Siempre consideré que había sido un factor equívoco, ambivalente en la política argentina, y que un acuerdo con él no era creíble. Aunque, desde luego, sabía que Perón tenía por Frigerio una importante consideración personal, lo apreciaba, y en la medida en que podía tenerle agradecimiento a alguien, le tenía agradecimiento a Frigerio. Eso no impedía que Perón considerara que las ideas políticas de Frigerio no eran realizables. Le tenía respeto como analista, pensador, incluso como estratega, pero no como un táctico político, y Perón era esencialmente táctico.

Frondizi y Frigerio jamás creyeron que Lanusse tuviese un proyecto político viable, menos aún que Perón fuera a apostar a la carta de Lanusse. Y empezaron a ver para qué lado iba a tender Perón, cuál sería el candidato que surgiera. En ese sentido también Frigerio tenía una apreciación, con la que yo siempre discrepé, y que la había formulado en el año 62: dado el Frente, cualquier candidato era bueno; no importaba el nombre del candidato sino el respaldo político detrás.

Partiendo de la premisa de que Lanusse no iba a ser apoyado y que Perón no iba a regresar, el tema de la candidatura presidencial resultaba poco importante. Lo más relevante era saber quién iba a ser el encargado de la conducción de la economía. Frigerio lo visitó a Perón en ese momento con alguna asiduidad, y cuando se perfiló el nombre de Cámpora, a mí pareció un horror. Su consagración como candidato era la demostración de lo que pensaba Perón de la República Argentina. Aunque daba para pensar, naturalmente, que era un candidato de corto plazo. Pero el problema era quién iba a acompañar a Cámpora. Y ahí el único tema importante era el de la cartera de Economía.

Yo había tenido una conversación muy interesante con Jorge Vázquez en la embajada argentina en Chile, en oportunidad de una visita a Santiago para comprar papel para *Clarín*. Ya estaba fuera del diario, pero de vez en cuando hacía una gestión de ese tipo. Todavía no se había producido el golpe de Pinochet, y Cámpora ya era presidente electo. Vázquez, que era un importante dirigente, aunque como diplomático era segundo o tercer secretario en la embajada, y él se presentaba básicamente como miembro de la JP, y sin mayor disimulo como próximo a los Montoneros, me dijo que iban a ocupar el Ministerio del Interior y el de Relaciones Exteriores, porque era lo que realmente contaba. Entonces yo le pregunté acerca del Ministerio de Economía, a lo que respondió que no importaba: que el ministro iba a ser Gelbard. Yo le digo que estaba haciendo una transposición de Rumania o Checoslovaquia, pero que la Argentina no era lo mismo. La clave es el Ministerio de Economía.

¿Cómo les cayó entonces la designación de Gelbard?

Cuando Perón apostó por Gelbard, Frigerio tuvo una de las más grandes desilusiones de su vida, porque estaba convencido de la intrínseca perversidad de Gelbard como programador de la economía nacional. El documento "La única verdad es la realidad" fue lo que realmente hizo concebir a Frigerio fundadas esperanzas de que la cosa iba a poder caminar por un camino más afín a sus ideas. Perón probablemente creía en eso, pero no demasiado. Le pareció que en ese momento era tácticamente oportuno designar a Gelbard.

Frigerio conocía íntimamente a Gelbard y no ignoraba sus orígenes en el Partido Comunista. Esto yo se lo pregunté a Frigerio más de una vez, pero nunca me dio una respuesta precisa. Siempre insinuaba cosas, pero no las confirmaba, tanto de él como de Sivak y de la otra gente que conformaba el equipo originario de la CGE.

Cuando se consagra la fórmula con Cámpora, la interpretación inicial que se tuvo fue semejante a la de la propia candidatura de Perón en el año 1962: que era una fórmula destinada a arruinar el proceso electoral. Es decir, uno puede dudar realmente de si Perón tenía interés en las elecciones de 1973, porque no podría haber elegido un candidato más provocativo para las Fuerzas Armadas y para la opinión común argentina, porque Cámpora era manifiestamente inepto para ser presidente de la República. Y eso que en ese momento no se podía conocer cuál era su verdadero entorno.

Cámpora, en última instancia, representaba, si queremos utilizar las expresiones derecha e izquierda, el prototipo de la derecha peronista; o en todo caso, de la moderación peronista. Era un hombre de poca relevancia. Expresaba la autenticidad, pero en un nivel menor, porque, por ejemplo, no hay la menor duda de que Borlenghi fue un hombre realmente leal a Perón, pero era de nivel alto. Había mucha gente leal a Perón de niveles altos. En última instancia, mi suegro.

Lo que no se sabía era a qué carta iba a jugar. Yo creo que lo que definió la línea de izquierda que adopta Cámpora es la elección de Gelbard, porque se ubica en un determinado sector del espectro mundial. Sobre todo, cuando uno después conoce las serias vinculaciones de Gelbard con la Unión Soviética, cuando estábamos en plena Guerra Fría. Si bien a Gelbard lo eligió Perón, a partir de ese momento se determinó la orientación.

Yo tengo una anécdota personal. En el transcurso de una larga conversación sobre política internacional con Mario Cámpora, quien me visitó en mi casa, me dice que la candidatura de su tío se iba a anunciar al día siguiente. Mario Cámpora se presentaba, en consecuencia, como un hombre que iba a ser decisivo en la política internacional, lo cual era perfectamente comprensible: era un profesional competente. La ubicación, en ese momento, de Mario Cámpora era la que sigue teniendo hasta hoy: la de un nacionalista al que difícilmente se podía considerar entonces como un hombre de izquierda. De manera que yo interpreté la entrevista con Cámpora como un anticipo de que realmente la línea política iba a ser semejante a la que sosteníamos nosotros, que era bien conocida. Quedamos en vernos. Tras la consagración de Cámpora como presidente, nunca más lo vi.

Más allá del Frente, ¿cómo votaron ustedes en el 73?

Yo nunca tuve la más mínima duda de que Cámpora ganaba en la primera vuelta y que sacaba la mitad de los votos del país. Nosotros integramos el Frente y apostamos a Cámpora, naturalmente. Lo votamos. Yo, muy renuentemente. Se sabía hacia dónde se iba a orientar, se podía presumir que la cosa iba a andar mal, pero el desarrollismo lo votó.

En los procesos posteriores hubo disidencias. Por ejemplo, en la elección a senador de Sánchez Sorondo, yo lo voté, pero Frigerio y todo el grupo frondizista, no.

Aunque apoyamos formalmente la fórmula Perón-Perón, todos votamos en blanco. Es decir, no nos alejamos del Frente, pero votamos en blanco.

Por otra parte, el MID tenía en ese momento un grupo importante de diputados. El Frente, desde el punto de vista de su representación parlamentaria, se había constituido y los de nuestro movimiento eran diputados de peso.

En el gabinete de Cámpora no teníamos ninguna participación, incluso estábamos en una actitud de enfrentamiento total con el equipo económico. *Clarín* estaba en una línea de enfrentamiento con el gobierno y de esto resultó la tentativa de incendio, que fue la última vez que yo estuve en *Clarín*. El ataque, en realidad, fue de la pesada de la Unión Obrera Metalúrgica. Cuando se produce el ataque, desde fuera del diario, intervine en la redacción. Me senté a escribir el editorial: un fulminante contraataque. Fue mi última presencia en el diario.

El ciclo Cámpora estaba destinado a durar muy poco. Era muy previsible que Cámpora terminaba pronto. El problema era qué iba a venir después. Y ahí es cuando se produce el regreso de Perón.

¿Cómo lo recibieron a Perón?

Perón vuelve el 20 de junio de 1973, un mes después de la asunción de Cámpora. Es interesante ver en qué medida la conducción desarrollista estuvo desconectada de la realidad. Frigerio no creía, ni deseaba, que Perón volviera; creía que era un error y que tendría un costo muy grande para la Argentina. Probablemente, Frigerio conocía mucho más que cualquiera de nosotros lo que representaba López Rega y lo que representaba el entorno de Isabel; y en qué medida Perón estaba mediatizado por ese entorno, lo que se llamó el grupo de Madrid.

Frondizi tenía respecto de Perón su habitual opinión: mala. Yo diría que la idea de que Perón pudiera efectivamente regresar, Frigerio y Frondizi la descartaron hasta días antes, hasta el punto de que Frigerio escribió, como ya dije, un artículo en la revista *Confirmado*, desalentando y rogando a Perón que no viniera y diciendo el error que representaba. Creo que fue un gesto muy valiente de Frigerio. Claro está que cuando Perón optó por volver le costó bastantes disgustos.

¿Cómo eran para entonces sus relaciones con Solano Lima?

Eran amistosas, pero se habían diluido. Mi último contacto de "trabajo" con él fue cuando le llevé ese proyecto de discurso que me habían encargado Frigerio e Iturbe. En aquella oportunidad, Solano no estuvo a la altura de la situación, a mi modo de ver. Era una persona honorable, pero desde entonces políticamente no tuvimos más afinidad, ni ningún tipo de contacto que no fuera el social amistoso. Eventualmente alguna conversación política, pero ninguna actividad política en común.

¿Cuál fue la actitud de ustedes ante el gobierno de Cámpora?

Desde el punto de vista del MID, quedó muy claro a partir de la opción por Gelbard hecha por Perón, y desde luego aceptada por Cámpora, que no había posibilidad de acuerdo mientras no se modificara la política económica. Perón había lanzado el documento "La única verdad es la realidad", en el que se manifestaba una cantidad de ideas que eran gratas al desarrollismo, y particularmente a Frigerio. Pero después, Perón tomó por otro camino. Obviamente, no había ninguna duda, a partir del momento en que Cámpora asumió la Presidencia, que su período sería breve.

Vuelvo a repetir, sin embargo, que Frondizi y Frigerio no creían en el regreso de Perón, ni tampoco lo deseaban, porque estaban convencidos de que tenía todos los inconvenientes y ninguna ventaja. Veían que Perón estaba rodeado de quien lo estaba. Lo conocían naturalmente bien a López Rega, principalmente Frigerio, y en alguna medida a Isabel Perón. Estaba claro que Perón perdía su condición de reserva de la política argentina, poniéndose en un primer plano, en el cual difícilmente se iba a poder manejar.

A partir del regreso de Perón, naturalmente, era una cuestión de tiempos ver cuánto iba a durar el gobierno de Cámpora. Que Cámpora intentó de alguna manera en la Presidencia consolidar alguna suerte de poder, nos parecía evidente, así como que no tenía ninguna posibilidad de tener éxito.

Pasó lo que tenía que pasar: vino la elección de Perón, y en dicha elección, aunque el desarrollismo adoptó también una actitud frentista, la verdad es que –que nosotros sepamos– la dirigencia en su conjunto votó en blanco, empezando por Frigerio. Es decir que, desde el punto de vista personal, no aprobaron el operativo Perón.

Ya era muy evidente, además, que el dueño de la situación era López Rega, y por otra parte, que quien controlaba el resto del paquete era José Gelbard. De manera que el panorama no podía ser más negativo. López Rega, por un lado, y Gelbard, por el otro. La posibilidad de un acceso a Perón que lo orientara de manera diversa quedaba vedada.

La Presidencia de Perón tuvo las características que eran de esperar. Desde el punto de vista de la política era evidentemente un Perón más moderado. No se propuso instalar de ninguna manera algo semejante al autoritarismo del primer gobierno, ya que no tenía las mismas bases de poder.

Las balas empezaban a sonar por todos lados

¿Cuáles fueron sus actividades entre los años 73 y 76?

Yo estaba haciendo política, y realizaba también actividad profesional. Para decir la verdad, a partir de un momento dado le dedicaba una hora al mercado financiero, puesto que había aprendido con cierta rapidez el mecanismo de los títulos, y así vivía mejor que lo que circunstancias anteriores o posteriores me hubieran garantizado. Se vivía muy fácilmente. Se había instalado en el país la mentalidad de que a menor riesgo, mayor ganancia. Era el anticapitalismo por excelencia. Cuando se lanzó el programa de los valores nacionales ajustables, hasta un tonto podía participar en el mercado y vivir cómodamente con una hora diaria de atención, lo que yo procuraba hacer.

El resto del día, hacía política en el sentido de que yo era presidente de la Convención Nacional del MID. Por eso, recorría mucho el interior, viajaba para conocer la dirigencia del interior del país, y tenía con Frigerio un contacto diario.

¿Qué hechos rescata de la tercera Presidencia de Perón?

En el gobierno de Perón hubo solamente un episodio desagradable que fue el atentado contra *Clarín*, al que ya me referí. Éste me acercó por veinticuatro horas nuevamente al diario, estrictamente a los efectos de expresar mi solidaridad ante un episodio de esa naturaleza, donde empezaban a dibujarse ciertas formas de acción política y de violencia en la Argentina que no eran conocidas. Es decir, la respuesta terrorista de la extrema derecha al terrorismo de la izquierda, y la violencia en las disputas internas del peronismo que, para quien no estaba con conocimiento de las cosas, resultaban realmente misteriosas. La aparición de la Triple A, por ejemplo, fue un episodio que para quienes estaban fuera del secreto resultaba enteramente novedosa y casi incomprensible.

En la Presidencia de Perón había distintos aspectos a destacar. Perón tenía todavía una serie de células absolutamente vitales, operativas, particularmente las que se referían a la política exterior. Aunque decía muchas tonterías en esta materia, en realidad dio algunos pasos sumamente eficaces. Incluso, resolvió conflictos que eran la cuadratura de círculo, como el problema del Río de la Plata. Por solamente el acuerdo de delimitación de jurisdicciones en el Río de la Plata debería ser destacada la Presidencia de Perón, porque en definitiva ésa es una frontera de capital importancia para el país.

La negociación del acuerdo de Yaciretá fue otro paso extremadamente importante. Con él, Perón señaló con su capacidad operativa cuál era la línea de acción que daba algún contenido a las anteriores disputas sobre la explotación del Río Paraná, que habían comenzado en la época radical y continuado en la de Onganía. Es decir, enfrentar al tratado de Itaipú con un equivalente, el tratado de Yaciretá –se suscribieron con algunos meses de diferencia–, ponía a la Argentina en una posición negociadora importante para el futuro, ya que el interlocutor, en definitiva, no era la comunidad internacional o las reuniones en Estocolmo, sino el Paraguay. Al suscitársele a Paraguay un interés específico con la posibilidad concreta de realizar otra gran obra hidroeléctrica, la Argentina, por de pronto, además de asegurar para el futuro una contribución energética muy importante, evitaba la total caída de Paraguay bajo la influencia brasileña.

En ese sentido, Perón funcionaba bien, sin que, por supuesto, tuviera un componente antibrasileño en su política. Perón miraba a Brasil como un país con el que había que mantener una relación de equilibrio, pero no lo consideraba de ninguna manera una amenaza a la seguridad nacional en tanto y en cuanto la Argentina diera pasos adecuados al respecto.

Perón tomaba a los no alineados con soda, ya que, por lo pronto, consideraba que habían seguido su política, la de la tercera posición. La incorporación al Movimiento de los No Alineados se produce durante la Presidencia de Perón, no lo hizo Cámpora sino Perón, específicamente el canciller Vignes. Yo diría que dicha incorporación era natural en su política. Por otra parte, a esa altura de la situación, resultaba casi inevitable en las condiciones de la política interna de la Argentina. Nosotros no apoyamos la incorporación al bloque de los no alineados. Yo personalmente la critiqué, porque entendía que lo lógico era mantener la actitud de observador. Lo ideal hubiera sido mantener la posición de observador, como hacía Brasil, que no significaba compromisos mayores y le evitaba al país la constante fricción que significaba tener que aprobar las resoluciones de la Conferencia de No Alineados, teniendo que hacer luego reserva por casi la mitad de los puntos que se habían aprobado en general.

Perón tenía con Estados Unidos, en ese momento, una actitud que, desde luego, había significado un cambio importante respecto del breve intervalo de Cámpora. En el intervalo de Cámpora el signo más distintivo de la política exterior había sido, en última instancia, el discurso de Jorge Vázquez en Lima, que fue una manifestación realmente infantil de izquierdismo: literatura de la patria socialista.

A Perón no se le podía escapar desde el comienzo de su mandato que el enfrentamiento con las llamadas "formaciones especiales" era inevitable. Perón, en toda su personalidad, tenía un componente antiizquierdista muy firme. Ideológicamente era un tipo muy complicado. Tenía una cantidad de lecturas en la cabeza. Por ejemplo, un testimonio de Frigerio es que eran totalmente contradictorias, seguramente no asimiladas, en buena parte hechas durante su carrera militar; incluso en algunas de esas lecturas había componentes anarquistas. Aunque tenía lecturas anarquistas, en última instancia, Perón era un oficial conservador que había participado de la revolución del 30. Yo tuve oportunidad de leer unas cartas que me enseñó Carlos Ortiz de Rosas, que envía Perón desde Buenos Aires al general Sarobe, su superior entonces, coronel y agregado militar en Japón, donde hace una caracterización de los radicales absolutamente similar a la que después hacían los gorilas de los peronistas.

¿Cómo vivieron ustedes la tercera Presidencia de Perón?

Realmente, nosotros en el MID estábamos en una situación sumamente incómoda. El partido tenía participación en el Congreso, mediante un grupo importante de diputados que, elegidos en el año 73, habían, entre otras cosas, votado la amnistía. El tema de la amnistía no fue materia de debate dentro del partido. A mí me parecía una barbaridad, pero también me parecía inevitable. En definitiva, la elección la habían ganado también los Montoneros, así que oponerse a la amnistía de los Montoneros era una cosa que tenía tan poco sentido como oponerse a la amnistía de Lanusse después de la Revolución Libertadora.

Durante el ciclo ya peronista, naturalmente continuaban en el Congreso los diputados del MID, que eran la expresión del riñón del desarrollismo, como Odena y Merchensky. La dificultad permanente fue cómo compaginarse con políticas económicas en las que no había ninguna posibilidad de acuerdo, debido a que el rompimiento con Gelbard era inevitable, como realmente se produjo.

Personalmente, a ese período lo tengo casi borrado de la memoria, porque la actividad política que empezamos a hacer era comparativamente indiferente. Sin riesgos, ya que no éramos blanco en ese momento, hasta que se calentó el ambiente de nuevo a partir del asesinato del jefe de policía, comisario Villar. Ése fue un *turning point*, que marcó la reaparición activa y militante de la guerrilla, por lo que el tema de la seguridad empezó a ser motivo de preocupación.

Yo personalmente tuve una advertencia personal que me hizo llegar Diego Muñiz Barreto. Fue de carácter urgente, porque estaba en una recepción fuera de Buenos Aires. Me fue a buscar una persona en su nombre y me dijo que estaba en la lista de los Montoneros para un atentado inminente por lo que debía tomar precauciones por unos cuantos días. La verdad es que la fuente era importante porque era la misma que me había anticipado la muerte de Rucci. Diego Muñiz Barreto me había dicho el día antes de ocurrir que a Rucci lo iban a matar; en ese momento no lo tomé como una información sino como algo improbable, y sin embargo ocurrió.

El terrorismo pasó a ser un dato importante. Nosotros teníamos en ese momento una publicación semanal manejada por Juan José Real en la que salió una polémica con Quieto, un ex PC, ya que dentro de esa característica especial del frigerismo, Frigerio no resistió la tentación de establecer un contacto intelectual con quien en la guerrilla podía tener alguna capacidad dialéctica, como era el caso de Quieto.

Juan José Real había sido secretario de organización del Partido Comunista. Había dejado de creer, por supuesto, en el stalinismo, y en general en el mecanismo soviético de hacer las cosas. Utilizo una expresión tan fáctica como ésa porque no sé realmente lo que pensaba ideológicamente. Si había dejado de ser marxista en un sentido, por otro lado siguió utilizando la metodología marxista. Es interesante relatar cómo un hombre como él podía ver las cosas a la luz de una experiencia que uno no tenía. Y esto es a propósito de Checoslovaquia en 1968.

Nosotros nos reuníamos semanalmente con lo que se llamaba "la usina", en la época que yo todavía estaba en *Clarín*. Van dos anécdotas para reflejar cómo funcionaba ideológicamente "la usina".

La primera, cuando saqué un artículo en *Clarín*, a fines del año 65, sobre la escalada norteamericana en Vietnam, señalando lo que representaba que Estados Unidos estuviera en guerra. Ese artículo enfureció a Frigerio. Al día siguiente de publicado, fue materia de debate en la reunión, porque decía que el artículo sostenía que Estados Unidos había entrado en guerra y el signo de la época no era la guerra sino la paz. Es una demostración de cómo si se intenta aplicar en la política de coyuntura una metodología que solamente analice los procesos históricos a largo plazo, resulta equivocada. Evidentemente, fue un dato político fundamental que Estados Unidos entrara en la guerra, y no era una cuestión que tenía que ver con el hecho de que la guerra en cuanto conflicto global mundial no era inevitable.

En el año 68 yo estaba tan convencido de que la tendencia era la armonía básica entre los dos sistemas que en una discusión en "la usina", en plena Primavera de Praga, yo sostuve un planteo muy optimista respecto de la evolución de los hechos: que la Unión Soviética tenía que aceptar esa situación. Hubo dos personas, una adentro y otra afuera de la reunión, que no tenían nada que ver con ella, que me manifestaron desacuerdo. Uno de ellos fue Real, quien me dijo que estaba muy bien teóricamente, pero que yo no conocía a los rusos, que no lo analizarían sino que procederían brutalmente, lo que en efecto ocurrió.

Otra persona que me demostró que mis análisis sobre la historia podían estar en la coyuntura seriamente equivocados fue Aramburu. En una conversación con él, con quien teníamos una relación de diálogo muy buena, yo le dije que no creía que fuera a producirse una intervención soviética en Checoslovaquia, a lo que me contestó que discrepaba, que era militarmente inevitable. Los hechos, por supuesto, le dieron la razón.

En esa publicación semanal del partido, yo saqué en el 74 un artículo teórico acerca del terrorismo argentino en el que trataba de encontrar sus raíces ideológicas reales, lo que tenían fundamentalmente de actitud ante la vida. Sin perjuicio de que obviamente formaban parte de un proyecto mundial, en última instancia, impulsado por la Unión Soviética. Desde el punto de vista de las ideas que lo hacían operativo, en mi opinión, tenían un componente altamente soreliano. Es decir, inspirado conscientemente o no por *Las reflexiones sobre la violencia* de Georges Sorel.

La profundización del enfrentamiento de la guerrilla con el país en su conjunto nos ponía a nosotros en una situación difícil. En primer lugar, obviamente, estábamos en las antípodas del proyecto socialista. No dudábamos de que el proceso de violencia argentino y de Latinoamérica en general formaba parte de la Guerra Fría. Habíamos combatido contra el ingreso de la Guerra Fría en la época de Frondizi, tratando de buscar términos de diálogo con el castrismo. Esa política había fracasado, y obviamente nosotros no estábamos del lado socialista.

Por otra parte, no nos pudimos identificar con el gobierno Perón-Gelbard, sin perjuicio de que Frigerio no quisiera un rompimiento ostensible con Perón.

¿Cuáles hubieran sido los candidatos de Frigerio para ocupar el Ministerio de Economía?

Es una buena pregunta... No lo sé. Frigerio, desde luego, sabía que no podía ser él mismo. Frondizi, naturalmente tampoco; ya había entrado, por otra parte, en el comienzo de un proceso de cierta declinación y no era el Frondizi de diez años antes.

Supongo que podría haber sido algún empresario, o una figura del tipo del que fue subsecretario de Comercio en el gobierno de Frondizi: una mezcla de funcionario y empresario como De la Fuente, o Baldinelli. Yo creo que Frigerio no tenía en ese momento ningún hombre de plena confianza como para ocupar el Ministerio de Economía. En realidad, no lo tuvo nunca, ni en el gobierno de Frondizi ni después. Creo que Frigerio había diagnosticado con singular precisión la perversidad de la política de la inflación cero de Gelbard, que era totalmente artificial y significaba poner en el país una cincha que tenía que estallar con la violencia con que estalló cuando vino el Rodrigazo.

Es interesante comparar los análisis que hacía Frigerio con los de un economista tan prestigioso como Alemann, que fue un defensor de la política inicial de Gelbard. Basta buscar los diarios de esa época para ver la diferencia entre una posición y otra.

Así como Frigerio había salido a anticipar el resultado a que llevaría la política de Krieger, salió también a anticipar el resultado a que iba a llevar la política de Gelbard, y eso, desde luego, le costó muchos disgustos. En ese punto, yo empecé a manifestar discrepancias tácticas con Frigerio. Le señalaba el costo de la profecía. El problema de las anticipaciones proféticas que nos dábamos el gusto de hacer era el siguiente: suscitábamos una violenta reacción en el momento que lanzábamos el anticipo de lo que iba a ocurrir porque en ese momento nadie lo creía. Por ejemplo, cuando todo el mundo estaba encantado con que se produjera un alto en el proceso inflacionario, que se tranquilizaran un tanto las cosas, aparecíamos nosotros como el aguafiestas. Y cuando pasaba un año y medio o dos años nadie se acordaba de eso, y en el intervalo había surgido una cantidad de gente que había empezado a decirlo. Y eran los que se quedaban en última instancia con el mérito; con lo cual nosotros teníamos el destino característico de los profetas, es decir, ser apedreados. Hecho que nos había ocurrido sistemáticamente con todos los anticipos.

Eso para Frigerio, por supuesto, era una consideración totalmente irrelevante porque entendía que la fundamental responsabilidad política que tenía el desarrollismo era señalarle al país lo que podía ocurrir si se tomaba un determinado camino, y lo que se debía hacer. Creo que esa actitud era, en última instancia, intelectual. Pero en el caso de la política de Gelbard le valió, desde luego, la implacable enemistad de éste.

En qué medida Frigerio podía además conocer detalles de las últimas conexiones de Gelbard –entre otros sectores los del Partido Comunista–, yo creo que debía tener sobre eso una cabal información. Lo que se publicó posteriormente en el libro de Isidoro Gilbert *El oro de Moscú*, yo presumo que Frigerio lo debía conocer, aunque no me consta. La verdad es que nunca me lo dijo. Nada caracterizó a Gelbard, el que realizaba operaciones políticas tan manifiestamente vinculadas con intereses soviéticos, como el crédito a Cuba. Una operación que estaba destinada naturalmente al fracaso que posteriormente se registró. Era una operación en la que el Banco Central financiaba por una parte a Cuba y por la otra a una multinacional.

De cualquier forma, nosotros nos habíamos convertido en una molestia desagradable para Gelbard, cuya relación, a su vez, con algunos de los sectores de la violencia, por lo menos, nos parecía sospechosa. Siempre pensamos que el diario *Noticias*, que era de Montoneros, estaba financiado por el Ministerio de Economía, y era probable que fuera así aunque no nos constaba.

Es un hecho que Gelbard ha sido una figura respetada por todos los sectores de la izquierda argentina. Hasta el día de hoy es también un hecho que jamás ha sido motivo de pedido de investigaciones, aunque la única coima comprobada con una cuenta secreta en el exterior ha sido la de la segunda usina nuclear.

¿Qué ocurrió para ustedes ante la muerte de Perón?

La verdad es que nosotros, del gobierno de Perón, nos íbamos alejando cada vez más, y en el Congreso teníamos una situación cada vez más difícil.

Lo que hubiera ocurrido en la hipótesis de haber continuado Perón con su mandato es un interrogante.

Perón había optado por su mujer para completar la fórmula. La fórmula Perón-Perón nos había producido en su oportunidad una profunda indignación. A mí personalmente me confirmaba lo que siempre había pensado de Perón, es decir, que en Perón había una mezcla extraña de grandeza y de bajeza; pero, ciertamente, había en última instancia un componente de desdén por el pueblo argentino.

Perón podría haber garantizado la estabilidad política del país de los años setenta. No era inexorable que viniera un gobierno militar. Había posibilidad de elegir a cualquiera para la vicepresidencia. La posibilidad de elegir un militar peronista o más o menos afín al peronismo como vicepresidente estaba dada en el 73. Incluso, por supuesto, un militante peronista normal.

La elección de Isabel, por qué razón la resolvió Perón, es solamente una materia de especulación. Ante todo, podía ser porque quería garantizar que nadie pudiera disputarle la titularidad del movimiento tanto como la sucesión. Sabía que su mujer no podía hacerlo. Yo creo que ésa es la única explicación: Perón no quería homologar a ningún sucesor en su movimiento.

Cuando muere Perón, nosotros teníamos una información bastante precisa de su salud. Personalmente pienso que Perón no se suicidó, pero no ahorró de ninguna manera su energía. Y ése era el otro aspecto de su personalidad: evidentemente, en él había una dimensión de grandeza. Perón estaba enfermo y sabía perfectamente por los médicos cuáles eran los riesgos de su estado. Sabía que si quería vivir tenía que cuidarse de una manera muy distinta a lo que hacía. No tendría que haber ido nunca a Paraguay, por ejemplo. Nosotros conocíamos el estado de salud de Perón porque pese a todo siempre había una cantidad de contactos.

Yo rescato ese discurso final. La verdad es que Perón y Evita mueren casi inmediatamente después de discursos memorables. El discurso de Eva en la plaza de Mayo y el discurso de Perón en el que "la música es la voz del pueblo argentino" son páginas destacables en la historia que revelan la ambivalencia de las personalidades.

Así que yo creo que Perón quería morir en la Presidencia y lo consiguió. Además, quería morir con una reivindicación total, que también logró, ya que por supuesto al día siguiente la República Argentina entera estuvo en su velatorio.

Perón tenía suficiente sentido de la historia como para querer morir con el discurso de Balbín, podríamos decir como fórmula. Tuvo el entierro que él hubiera deseado.

No tengo la menor duda de que Perón tenía un profundo sentido de la historia. Por otra parte, de todas sus inclinaciones intelectuales, la historia era lo que más lo atraía, cualquiera fuera la corrección de su interpretación de los procesos históricos.

La ascensión de Isabelita, es decir, la consolidación del poder de López Rega, colocó al movimiento desarrollista en una actitud de cautela, porque evidentemente las balas empezaban a sonar por todos lados y el problema de seguridad comenzó a plantearse seriamente. De modo que nos movimos con la cautela que nos aconsejaba una situación bastante incómoda. Políticamente no teníamos contactos militares, ni teníamos obviamente ningún contacto con la guerrilla, y con el gobierno peronista habíamos prácticamente roto. Y en ese momento a uno lo podían balear los militares, los guerrilleros o las organizaciones terroristas de la derecha.

Por otra parte, hay que recordar que era una época de gran confusión. Aunque ya la guerrilla no era el misterio que había sido en los años del 69 al 70, había una cantidad de fuerzas que se movían totalmente en la penumbra.

La posibilidad de que se produjera una crisis militar comenzó a ser para nosotros evidente en el año 75, antes del Rodrigazo. Cuando se produce el Rodrigazo el problema de la hiperinflación y, consecuentemente, la estabilidad política de la Argentina empiezan realmente a comprometerse a la vista de todo el mundo. A partir del último trimestre de 1975 hacer una predicción sobre la estabilidad del sistema resultaba una tarea bastante sencilla. Parecía más o menos inviable la posibilidad de la continuación del período constitucional a pesar de la prudente reforma Mor Roig. Los cuatro años no estaban tan lejanos, pero el proceso se había deteriorado enormemente. Y en las condiciones de los años 70, realmente no había margen político interno ni externo para que una situación como la que se empezó a delinear en la segunda mitad del 75 se mantuviera.

En Chile ya había un gobierno militar. En Perú también, desde hacía dos años. En casi toda América Latina había gobiernos militares. La situación brasileña era particularmente importante desde el punto de vista de la estabilidad de las instituciones argentinas.

A propósito de esto, a fines del año 75 o comienzos del 76 vino a Buenos Aires para mantener una conversación con Frigerio uno de los interlocutores de aquel encuentro con Elio Jaguaribe y con el teniente coronel –futuro general– Meira Matos, que había tenido lugar en 1959 –ya habían pasado 17 años–: el doctor Juracy Magalhaes, un hombre del centro más arcano de poder político-militar en Brasil. Vino a ver qué pasaba en la Argentina, a presentarnos sus inquietudes y a decir con toda franqueza que el tema argentino estaba empezando a plantearse como un problema de seguridad en Brasil. No voy a decir que abrió la posibilidad de un nuevo Caseros, pero nos dijo con claridad que los brasileños consideraban que lo que estaba sucediendo en la Argentina les afectaba muy directamente. Venía a registrar nuestra opinión como mensaje para que oportunamente lo transmitiéramos. Probablemente suponía que nosotros teníamos contactos con la Fuerzas Armadas, que en realidad no teníamos.

No había sector en ese momento en la Argentina que no tuviera diálogo con los militares, pero nosotros no nos habíamos empeñado orgánicamente en ninguna relación. Incluso un hombre muy afín a nosotros, como Mariano Montemayor, que era el que más contactos militares probablemente tenía de todos los amigos de Frigerio, consideraba que era un tremendo error un golpe militar y se opuso hasta último momento a que se produjera.

La posibilidad de un reemplazo constitucional de Isabel, sobre todo a partir de los problemas que en el año 75 había planteado la operación Tucumán y la evidencia de que la guerrilla estaba generando ya situaciones que comprometían hasta la unidad política del país, nunca conocí que estuviera en la cabeza de Frondizi o Frigerio. La hipótesis de Luder en la Presidencia de la República la verdad es que nosotros no la analizamos. Esto significa que nunca participamos en ningún tipo de contacto en ese sentido. Hay que ver que en ese momento ya también Frondizi era una figura relevante de nuevo y con audiencia política en el país. No era el Frondizi de la brillante presidencia, pero tampoco era el Frondizi aislado y sin posibilidad de diálogo de 1963.

Sin embargo, la verdad sea dicha, no participamos nosotros en ninguna operación destinada a buscar una alternativa a esta situación de inestabilidad. Tampoco conocíamos a los jefes militares.

¿Tenían ustedes contacto con Gómez Morales y el ala clásica del peronismo?

Con ellos sí teníamos contacto. Con Gómez Morales había una relación de respeto. Frigerio siempre lo respetó a Gómez Morales, y él a Frigerio, pero en última instancia Frigerio consideraba con razón que Gómez Morales estaba a la derecha de Krieger Vasena.

Krieger Vasena no ha sido traído a colación porque sí, porque la verdad es que, del equipo que armó Prebisch en el Banco Central, las tres figuras principales eran Alfredo Gómez Morales, Carlos Coll Benegas y Krieger Vasena. Los jóvenes brillantes que tanto tuvieron que ver en el futuro argentino.

¿Y con Cafiero?

Frigerio y Cafiero siempre tuvieron mala relación. Originariamente provenían de dos polos totalmente distintos. Cafiero era, entre los peronistas ortodoxos, probablemente el que más característicamente venía de la derecha católica, incluso en teoría económica. El libro de cabecera de Cafiero era la economía de Gino Arias; en todo caso, era un hombre de la derecha. Y aunque no tuvieron militancia universitaria adversa por razones de edad, se conocían desde muy jóvenes y no se tuvieron nunca simpatía. Después los hechos marcharon al revés. Cafiero fue evolucionando hacia una posición que, en última instancia, lo colocaba más bien a la izquierda, y Frigerio estaba donde estaba.

Con López Rega, desde luego, no había ninguna conexión. Y con Isabel, con quien Frigerio siempre tuvo una relación positiva, ya que ella sabía en qué medida Frigerio era un hombre al que Perón consideraba, estaba totalmente aislada la posibilidad de establecer contacto. Yo no recuerdo si hubo alguna reunión con Isabel durante ese tiempo.

¿Qué hicieron ante el avance de la conspiración militar?

Personalmente, en los últimos meses del año 75 y primeros del 76, en parte los dedicaba a mantener mi oficina, puesto que la especulación financiera se había hecho totalmente demencial. Por otra parte, me dedicaba a ver cuándo se produciría el golpe militar. Desde mediados de noviembre o diciembre yo ya estaba convencido de que el golpe militar era inevitable. Inclusive había sido invitado a algunas reuniones para análisis de problemas, no en función golpista, sino reflexiones sobre el país, donde había gente que tendría figuración posterior.

A Videla no lo conocíamos. Nadie tenía acceso a él como tampoco a Viola. La verdad sea dicha, el desarrollismo nunca conspiró, nunca tuvo intimidad militar en ningún momento de su trayectoria. Frondizi tenía vinculación con los militares durante el gobierno de Perón, pero a partir de 1955 nosotros no éramos los que golpeábamos las puertas de los cuarteles.

De hecho, yo no conocía a nadie, excepto en un momento dado a un par de esa generación de militares que componían la llamada "promoción 74". Ninguno de nosotros tenía contacto ni con Videla, ni con Massera, ni con Agosti. Massera lo conocía a Frigerio, porque era un hombre que conocía prácticamente a todo el establishment político, desde la época en que había sido un elemento clave del Servicio de Informaciones Navales y hombre de contacto de la Marina con los sectores políticos.

Frigerio, no solamente no tenía contacto con Videla ni con Viola, sino que era mirado con desconfianza, como lo fue siempre luego que subieron al poder. Videla y Viola provenían del sector colorado de las Fuerzas Armadas más afín al radicalismo, y siempre consideraron al desarrollismo como una fuerza sospechable de simpatías izquierdistas o en todo caso de materialismo. El desarrollismo no era una palabra bien vista en ningún lugar de las Fuerzas Armadas en 1976.

¿Por qué no se trabajó en la sucesión de Isabel?

Yo creo que en un momento dado era imposible. Faltaba para terminar el mandato de Isabel un año y la situación económica se había hecho inmanejable. La experiencia de la hiperinflación en las condiciones internacionales sumadas al problema de la violencia terrorista hacían muy difícil la hipótesis de que pudiera mantenerse un año más. Había caído el gobierno de Frondizi, también el gobierno de Illia, lo único que dio estabilidad al último ciclo de Isabel, quiero decir, que demoró el golpe, era la renuencia militar. Es decir, los militares no querían hacerse cargo del gobierno.

Y la negativa de Isabel de renunciar.

Por supuesto. La negativa de Isabel de renunciar aunque podría haberse hecho un juicio político; había una cantidad de variantes. En última instancia, si se consideraba una solución "constitucional" de la crisis tipo Ranieri Mazzini en Brasil o la de Guido, en 1976 hubiera sido posible hacer lo mismo. Pero había para eso que empujar a los militares, quienes no querían y en todo caso estaban preparándose para algo muy diferente si tomaban el poder. Había ya, por de pronto, una expectativa militar de violencia distinta. Ellos sabían que si tomaban el gobierno tenían que asumir una política con características más duras que las de Pinochet. En Chile, en definitiva, había un gobierno de izquierda, con fuertes conexiones internacionales, pero no organizaciones militares sofisticadas como los Montoneros o el ERP.

Esto era una evaluación muy realista y que explicaba al mismo tiempo la renuencia de los militares para asumir esa responsabilidad. Así como el país ha hecho un esfuerzo por borrar de la memoria el trauma de las Malvinas, ha hecho el mismo esfuerzo para borrar de la memoria el trauma de la violencia de los años 66 en adelante.

Es decir, la violencia de la guerrilla en un momento dado provocó una reacción en la opinión pública argentina que hizo posible lo que los militares hicieron más tarde. Pero los militares sabían de qué se trataba, de modo que la definición también demoró considerablemente.

Yo no sé si los militares estaban dispuestos a una "guidización" de la

Argentina. Yo creo que ahí empezaron a moverse, aunque lo desconozco, grupos de trabajo que analizaron la situación y que en primer lugar pusieron particular relevancia en el análisis de lo que había que hacer en términos de represión militar. Y consiguientemente llegaron a la conclusión de que era muy difícil una hipótesis de gobierno semiconstitucional. Yo creo que nunca hubo demasiado interés en la conducción militar de provocar una sucesión constitucional de Isabel, porque en ese momento estaban en otra cosa. Al mismo tiempo, tenían una gran renuencia porque recordaban lo que había pasado con Lanusse tres años antes, y sabían que lo que se venía iba a tener una dosis de violencia muy alta.

Hay otra cosa que yo tampoco de ninguna manera podría atestiguar: cómo se movían los sectores militares de Estados Unidos en el diálogo con los argentinos, cómo se movió la CIA. Viajes de gente importante de la CIA se registraban en ese tiempo.

Se puede recordar que el *New York Times* sacó un poco antes de la caída de Isabel un artículo que planteaba directamente qué esperaban los militares en ese momento para voltearla. Es un artículo que hoy el *New York Times* quisiera borrar retroactivamente.

El golpe militar argentino del 76 fue uno de los más esperados, anticipados y anunciados por la prensa. Una de las razones por la que se demoraba, inclusive, era porque salía en los diarios antes de ocurrir. Pero en la preparación, en última instancia, los sectores civiles que participaron no nos incluían a nosotros; probablemente, partían de la premisa de que debíamos estar lo más lejos posible. Hubo un grupo que en un momento dado sí empezó a asociarse directamente al proceso militar.

¿No tenían noticias de que a Martínez de Hoz se le había encargado un plan económico?

Por supuesto. Creo que hay poca duda de que la definición económica que el proceso militar iba a seguir fue concluida con todo detalle antes de que se tomaran las decisiones. El trabajo de Martínez de Hoz llegó a ser conocido antes que se produjera el golpe de Estado. Yo tuve conocimiento de dicho trabajo pero, por supuesto, no tuvimos ninguna posibilidad de influir en su redacción. No nos gustó. Todavía recuerdo que el documento tenía veintiséis páginas y la industria tenía una referencia de media página, a pesar de haber sido preparado por quien era el presidente de Acindar.

Históricamente hablando, nosotros veíamos venir ese proceso como una avalancha de afuera, casi con la certeza de que desde el punto de vista de la política económica íbamos a tener poca gravitación. Y sin tener ninguna otra expectativa porque, por supuesto, no sospechábamos que iba a ocurrir lo que luego sucedió cuando nos hicieron los ofrecimientos para el área internacional.

¿Musich seguía vinculado a ustedes?

No. Estaba totalmente integrado con el Grupo Techint y su relación con Frigerio era muy fría. Se habían distanciado en el 63. Musich, al salir de la cárcel luego de esa absurda detención en la que estuvo unas cuantas semanas, inmediatamente empezó a distanciarse. Entró en el Grupo Techint ayudado por Frondizi y a partir de ese momento se alejó. No por cierto de la amistad personal conmigo, pero políticamente no quiso saber nunca más nada con el grupo. Mantuvo desde luego, una actitud personal intachable y una leal admiración por Frondizi.

Fue similar a lo de Florit, con la diferencia de que Florit mantuvo sí una amistad personal con Frigerio y una adhesión básica a sus posiciones.

En los años de Isabel un factor fundamental fueron los sindicatos. ¿Qué relación tenían ustedes con los líderes sindicales?

En ese momento, muy malas. La conducción sindical era de Lorenzo Miguel, con Casildo Herreras como fachada. La relación de ambos con Frigerio nunca fue más que social. Esa estructura sindical era para el desarrollismo un interlocutor inevitable. En última instancia, la recreó el gobierno de Frondizi al devolver la CGT a esos dirigentes y al sancionar la Ley de Asociaciones Profesionales. Pero los desacuerdos eran realmente profundísimos y nunca se miraron con ningún tipo de simpatía política, y desde luego ninguna posibilidad de influencia. Más aún en un momento en que se habían lanzado a una actividad muy emparentada con las acciones violentas del mundo de López Rega.

Frigerio se mantuvo siempre convencido de la objetividad de la alianza de clases y esto suponía que no quedaba más remedio que tener en cuenta los sindicatos a los que había que defender como expresión orgánica de la clase obrera. Pero, en la práctica, nunca ocurrió. Era similar a cuando en la época de la Reforma Universitaria se predicaba la alianza de estudiantes y obreros, y los obreros en realidad no toleraban a los estudiantes.

¿Qué saldo hicieron de la alianza con el peronismo en el período 73-76?

La verdad sea dicha que el gobierno peronista del 73-76, desde el punto de vista del desarrollismo, fue una experiencia mala y desgastante. La presencia en el Congreso de un grupo importante de diputados del MID no le dio ninguna relevancia política futura, no le permitió rearmar la estructura de un partido político con expectativas. Siempre lo perdió la incompatibilidad de la teoría frentista con un partido políticamente independiente con figura propia.

La verdad sea dicha, el mensaje del desarrollismo era incomprensible para la gente en lo que a política se refería. Y la influencia sobre el gobierno fue nula, contactos con las Fuerzas Armadas no hubo, contactos con la estructura sindical los había de la forma estrictamente limitada a la que me referí antes.

La orientación general de la política internacional en sus aspectos económicos ubicaban al desarrollismo en una posición en la que cada vez resultaba más perceptible en nuestro análisis la marcha hacia un proceso de globalización que requería un interlocutor nacional sólido en la Argentina, y las dificultades para que eso se produjera.

Nosotros realmente no teníamos en el año 76 una percepción clara de lo que representaba la liquidez internacional generada por las dos crisis del petróleo. Hay que ver que el proceso militar de 1976 se inicia después de la primera crisis del petróleo y esto es un dato muy importante para lo que va a ocurrir después. Es decir, la tremenda liquidez internacional y la necesidad de reciclar los petrodólares era un dato que en ese momento lo sabían quienes tenían el problema.

No se incluyó específicamente en el análisis de la situación mundial de 1976 este elemento, pero sí se incluía la dinámica del proceso de globalización. Yo había estado presente ya en muchas conferencias internacionales, como las promovidas por el Chicago Council on Foreign Relations, que vislumbraban a comienzos de la década del 70 una nueva división internacional del trabajo. Es decir, se presentaba el protagonismo de Estados Unidos en una economía integrada fundamentalmente con una especialización en el campo de los servicios y el de la alta tecnología, con una creciente pérdida de importancia de la industria manufacturera y con una participación en el mercado internacional de cereales en aumento. Desde luego, con la extensión global de la producción centrada en corporaciones que entonces todavía no se definían como globales pero sí como mundiales. La "World Corporation" era la fórmula de fines de los años sesenta y principios de los setenta, la caracterización que ya hacían algunas de las grandes, como por ejemplo Dow Chemical cuyo presidente dijo una vez: "Dow is a world corporation whose headquarters happen to be in the United States".

Ese tipo de definición y de visión en nuestro esquema marcaba la inexorable marcha hacia una economía mundial impulsada por las fuerzas actualizadas por la tecnología del capitalismo. Ahí es donde entonces sí nuestra posición económica chocaba con la de todos. En primer lugar no había una comprensión muy clara del nuevo, revolucionario fenómeno financiero de la superliquidez de la economía mundial a partir de la crisis del petróleo. No se comprendía la globalización de la economía, la globalización de los actores de la economía en las corporaciones, ni entonces el tema político de la necesidad de que frente a esta realidad se perfilaran Estados nacionales con capacidad de defender sus intereses y los de su pueblo eficazmente. Ya para entonces teníamos una clara conciencia de que el problema del desarrollo nacional no era una fatalidad histórica sino una cuestión de opción. Y que había unos que lo iban a hacer y otros que no. Lo que deseábamos era que la Argentina no fuera una plataforma geográfica, como ya lo he dicho, para doscientas corporaciones, que era el símil que usaba Frigerio.

Esto, desde luego, era un pensamiento totalmente ajeno al peronismo, que en ese momento no tenía ninguna visión de lo que podía ocurrir en materia económica internacional; al radicalismo, que estaba peor que nunca en materia de pensamiento económico; y a la derecha, que lo que sí estaba percibiendo era una política de integración en una globalización mundial en la que había que empezar a trabajar sobre la base de aperturas financieras, sobre la base de la apertura del sector servicios, y de una economía orientada a la exportación.

A comienzos de los años 70 un analista norteamericano podía decir: "Nosotros vamos a perder competitividad, y ya lo hicimos, en la producción industrial; consiguientemente vamos a trasladar factores de producción de las áreas en que no somos eficientes como es la industria manufacturera hacia aquellas en que sí lo somos como son las actividades de los servicios. Y en la agricultura, como no podemos trasladar el factor tierra a otros sectores de la producción entonces volcaremos sobre este factor en el que no somos necesariamente los más eficientes, todos los elementos de capital y tecnología que nos obligarán a convertirnos en el principal exportador mundial de productos agrícolas de acá a quince años".

En el año 1972 nadie compraba no ya un televisor japonés sino un grabador japonés. La idea de que Corea podía ser algún día una potencia mundial significativa hubiera sido recibida con una carcajada en América Latina. De la misma manera, que alguien afirmara que el tema más importante iba a ser la discusión sobre el libre comercio de los servicios, era un pensamiento insólito. No se había hecho aún la rueda Kennedy. Pero los americanos estaban planeando en 1972 la rueda Uruguay y las siguientes.

Una violencia ambigua

¿Qué hicieron, finalmente, cuando se concretó el golpe de Estado, es decir, a partir del 24 de marzo de 1976?

Cuando se produce el golpe de Estado del 76, la reacción del grupo próximo a Frigerio fue, en general, de aceptación de la situación como un desenlace inevitable. Ya dije que había dentro del grupo quienes, como Mariano Montemayor, consideraban que era una desgracia y que iba a tener consecuencias muy negativas. Otros entendían que la situación no podía llevar a otro desenlace que el que se había producido. Desde luego, en el orden internacional no causó ninguna sorpresa. Al contrario, por ejemplo en países como Brasil, produjo un gran alivio. El vacío de seguridad que había engendrado la Argentina causaba una tensión creciente en esos países. En Estados Unidos la novedad fue recibida también sin ningún tipo de reacción negativa.

Más bien la reacción internacional que causó el golpe del 76 fue sorpresa por lo mucho que habían demorado las Fuerzas Armadas en llenar el vacío de poder. Esto se debía a una razón muy sencilla: las Fuerzas Armadas habían salido en muy malas condiciones en 1973 cuando termina el ciclo Lanusse, y no querían volver a repetir esa experiencia. En realidad hubo mucha duda en el grupo militar antes de tomar esta decisión; que probablemente no se habría tomado sin que hubiera al mismo tiempo quedado armado un esquema económico. Aunque no fue ciertamente la razón por la que se hizo el golpe, tuvo que ver para que, en última instancia, el golpe se produjera.

José Alfredo Martínez de Hoz tuvo un par de conversaciones con Frigerio una vez asumido el Ministerio de Economía en las que hubo un desacuerdo absoluto. Frigerio quedó sumamente descontento con el esquema que proponía Martínez de Hoz y anunció, de acuerdo con su hábito, que esa política económica llevaba inexorablemente al desastre. Repitió su esquema político de prenunciar, cuando todo el mundo estaba inicialmente entusiasmado con la política económica, su fracaso inexorable, con lo cual provocó la reacción de todos quienes estaban entusiasmados con dicha política económica, y que luego cuando vieron que había fracasado se olvidaron de que Frigerio lo había anunciado cuatro años antes. Corrió, como antes dijimos, la suerte habitual de los que se anticipan demasiado.

Yo creo que si uno lee la prensa argentina de ese momento tiene el pulso real de la opinión pública que después se ha intentado ocultar cuidadosamente por el revisionismo histórico que hicieron, por de pronto, los protagonistas civiles de 1976. Yo pienso que el más elocuente dato de cuál era el estado de opinión de la gente respecto de la nueva situación abierta por el gobierno militar, fue la participación de Ernesto Sabato en el encuentro de intelectuales con Videla. Sabato no habría participado del encuentro si hubiese habido el más mínimo reparo en el mundo de la cultura por lo que estaba en ese momento ocurriendo.

Este hecho, sin embargo, se modificó rápidamente a medida que iban a empezar a trascender los aspectos más siniestros de la nueva situación. La violencia inicial del golpe militar la percibieron algunos que fueron víctimas directas de ellos. Pero como todavía la capacidad operativa de los grupos subversivos era muy grande, el país se había sumergido en una violencia ambigua que venía de todas partes. Hay que recordar que los Montoneros y el ERP fueron capaces de terminar con la vida del presidente Videla, ya que tres atentados estuvieron muy próximos a hacerlo. De manera que hubo dos años de continuación de lo que podía ser entendido como una verdadera guerra civil.

En el campo internacional, el nuevo gobierno había heredado dos situaciones: todavía estábamos lejos de las batallas que se iban a suscitar con la nueva administración norteamericana de Carter por el tema de los derechos humanos.

Las dos situaciones eran: el laudo arbitral, es decir, el próximo desenlace del laudo arbitral con Chile, y el tema de los ríos con Brasil, con el agregado en este último caso de que la represa de Itaipú estaba en proceso de construcción desde hacía varios meses, es decir, antes de marzo de 1976. Las obras civiles de la represa de Itaipú comenzaron en 1975.

Estos dos frentes fueron el motivo de preocupación mayor de las Fuerzas Armadas como institución y de quienes se encargaron de ejecutar su política exterior. La política exterior en el sentido de encarnada en la figura del canciller fue confiada a la Armada inicialmente. El primer ministro de Relaciones Exteriores fue el Almirante Guzzetti. Dicho sea de paso, la suerte posterior de Guzzetti puso en evidencia que en ese tiempo la guerrilla no era un entretenimiento, sino que tenía una capacidad operativa muy grande. Guzzetti no murió por casualidad ante el ataque que tuvo, que se caracterizó por su especial ensañamiento. Lo quisieron matar realmente a palos, lo dejaron inválido para el resto de su vida.

La dimensión chilena de la política exterior en marzo del 76 no tenía de ninguna manera todavía connotaciones agresivas. Se siguió tramitando el laudo. El gobierno civil no había objetado a pesar de todos los debates que hubo en el Congreso el proceso jurisdiccional internacional, a pesar de la presión que hubo para que se produjera una denuncia del compromiso arbitral. La conducción de la Cancillería encaró el tema con la decisión de continuar los trámites judiciales. Ni se les pasó por la imaginación la idea de la denuncia del laudo, y tenían bastante optimismo respecto de su desenlace.

El responsable principal de seguir este expediente, aparte de los diplomáticos profesionales abogados ante el tribunal arbitral en Suiza, era el subsecretario de Relaciones Exteriores, el capitán de navío Allara. La verdad es que hubo un serio error de apreciación sobre las posibilidades del laudo.

Anticipándome un poco a hechos que antes ocurrieron, en la semana anterior al laudo yo estaba en Buenos Aires. Allara me dijo que esperaba que el laudo le diera a la Argentina la Isla Nueva y la mitad de Picton. Ésta era aparentemente la impresión que le habían transmitido los diplomáticos que llevaban el tema entre manos y los abogados internacionales que asesoraban a la Argentina, a lo que contesté que si ocurría una cosa semejante el ministro Subiza en la embajada en Brasilia y yo descorcharíamos unas botellas de champagne, que nos acababa de regalar el embajador de Francia, y las beberíamos ante la comprobación de que todavía en nuestro tiempo existían milagros. Le propuse que la Argentina concentrara todo su esfuerzo en una campaña de propaganda orientada a hacer ver que el objetivo nacional era asegurarse el acceso por aguas propias a Ushuaia y olvidarse de la cuestión territorial. Es decir, no poner acento en la cuestión territorial porque me parecía sumamente improbable que ese objetivo se conquistara.

Ungido de plenos poderes

¿Cómo se produjo su designación como embajador en Brasil?

Inicialmente, a mí no se me había pasado por la imaginación la posibilidad de vincularme al nuevo gobierno. Nunca había estado vinculado a un gobierno militar. Había quedado curado de espanto luego de mi muy breve experiencia en la Facultad de Derecho en 1955, en la época de Lonardi, cuando se produjo luego el golpe de Estado de Aramburu. Como comenté antes, rechacé la posibilidad de ser embajador en Chile o en Brasil que me ofreció el canciller Martin.

Pero un buen día, el subsecretario técnico de la Presidencia, Ricardo Yofre, con quien tenía una muy antigua amistad, me dijo que me querían explorar sobre la posibilidad de aceptar la embajada en Brasil. Yo tenía escrito bastante sobre Brasil, y era conocida mi posición en el sentido de que era menester buscar una aproximación con este país a partir de los antecedentes personales que me había dado la política de Frondizi.

El general Villarreal, que era el secretario Legal y Técnico de la Presidencia, me confirmó que era la intención del gobierno ofrecerme esa posibilidad. Casi simultáneamente, fui citado separadamente por los tres miembros de la Junta, Massera, Videla y Agosti ofreciéndome cada uno, en nombre de su Fuerza, la embajada en Brasil. Además, el jefe del Estado Mayor Conjunto también hizo lo propio. De modo que tuve un ofrecimiento cuádruple. Fue una especie de mensaje en el sentido de que las Fuerzas Armadas respaldaban una gestión en Brasil que buscara la solución de los problemas. Por otra parte, ese mensaje se me expresó de la manera más categórica: "Usted tiene total libertad de acción. Usted determinará la política a seguir en Brasil para que la Argentina consiga una solución razonable al problema de los ríos".

Cuando me hicieron este ofrecimiento, obviamente no lo acepté, diciendo que tenía que consultar a mis jefes políticos, Frondizi y Frigerio. Frondizi me dijo que no había ninguna duda de que yo tenía que ir a Brasil. El análisis fue que íbamos a una confrontación internacional con Brasil y Chile al mismo tiempo. Esto antes de que en 1976 saliera el laudo arbitral en el caso chileno. "Es indispensable entonces que estos conflictos se superen, y una persona que tiene alguna chance de superar el problema con Brasil es usted", me dijo Frondizi, y Frigerio lo respaldó totalmente.

¿Cuál era el cuadro de situación al asumir la embajada en Brasil?

Si queremos hacer una actualización veintitrés años más tarde, de cuál era la situación de la relación argentino-brasileña en 1976, debemos recordar una serie de cosas que están bastante olvidadas. Primeramente, en 1976 estábamos en plena Guerra Fría, y no en cualquier etapa de la misma, sino en una etapa de expansión agresiva del comunismo internacional sobre la base de la conquista de situaciones de poder en diversas áreas del mundo.

La guerra de Vietnam había terminado en 1975. El año anterior, se había derrumbado el imperio portugués: Angola, Mozambique y alguna otra de las colonias portuguesas estaban en manos de gobiernos marxistas. Portugal mismo había sido profundamente afectado por un movimiento de izquierda en sus Fuerzas Armadas. Etiopía había saltado el cerco también y su gobierno militar se había convertido en un gobierno de orientación marxista-leninista. Estas nuevas formas marxistas-leninistas eran todavía más orgánicamente dependientes de la Unión Soviética que antiguos Estados africanos de "izquierda" como lo había sido el Congo (Brazzaville).

La situación en América Latina no se había deteriorado nuevamente como iba a ocurrir poco tiempo después, pero ya se tendían sobre el horizonte sombras que interesaban mucho a los militares brasileños. La situación en Nicaragua, por ejemplo, y, sobre todo, la situación en El Salvador. Había expertos militares brasileños –en el sentido de que eran hombres del Ejército que conocían muy a fondo esta situación– que estaban muy preocupados con la posibilidad de que se produjera un rebrote de neocastrismo en América Central.

Ni decir que en las Fuerzas Armadas brasileñas estaba todavía fresca su lucha a comienzos de la década del 70 con la guerrilla, a la que habían suprimido de manera sumamente drástica a partir del momento en que siempre identificaron el tema de la guerrilla como uno militar y no policial. Por esa razón, tuvieron costos relativamente reducidos, ya que de entrada aplicaron tácticas que en la Argentina se aplicaron mucho más tarde. Es decir, era un Brasil profundamente preocupado por las posibilidades de expansión en el país de movimientos que fueran considerados por sus Fuerzas Armadas como subversivos.

La relación con Estados Unidos marchaba de acuerdo con los carriles tradicionales. Hacía relativamente poco tiempo que un canciller brasileño del gobierno de Castello Branco había dicho que todo lo que era bueno para Estados Unidos lo era para Brasil. Era cierto que ya en 1976 el nuevo presidente de la república y su canciller anticipaban orientaciones diferentes.

También conviene recordar que en aquel tiempo Brasil mantenía aún con plena vigencia postulados de su diplomacia regional tradicional. El interés de avanzar sobre el Río de la Plata –en una de mis primeras visitas en Itamaraty en una oficina vi un mapa de la Gran Provincia Cisplatina– se acentuaba con el interés del presidente Ernesto Geisel sobre Uruguay. Él, que había sido agregado militar en Uruguay y además era un general *gaúcho*, estaba convencido de que Uruguay era un país de gran importancia para Brasil.

A esto se sumaba luego la permanencia de la marcha hacia el oeste. En 1975 se habían firmado acuerdos de gran envergadura y gran ambición con Bolivia: una reactualización de los viejos acuerdos de Roboré del año 1938, que eran destinados exclusivamente al tema petrolero y se habían ampliado a la creación de un polo industrial financiado por Brasil en Santa Cruz de la Sierra con un área petroquímica, una siderúrgica e inversiones petroleras.

Por otra parte, Brasil estaba profundamente lanzado a una campaña de industrialización convencido de que este programa de industrialización bajo el control nacional era la condición *sine qua non* del desarrollo económico. Estaba terminando en ese momento su espectro de industrialización pesada, y abriendo además el nuevo camino de la pretendida comparativa independencia en áreas tecnológicas de punta, como por ejemplo el programa de computadoras que empezaron a promover en el gobierno de Geisel como la última área de prioridad.

Frente a esto, la relación con la Argentina estaba extremadamente debilitada. El tema del buen vínculo bilateral que se había creado con Frondizi había empezado a resquebrajarse en la época de Illia, entre otras razones, porque había poca compatibilidad entre la filosofía de un gobierno como el de Castello Branco y uno como el de Illia. Sin embargo, había detenido un tanto la tendencia al deterioro en la relación la cooperación prestada por Brasil para evitar el viaje de Perón a la Argentina. Pero la cuestión de la consulta empezó a emerger ya en la época del gobierno de Illia a propósito del avance brasileño en la explotación de los recursos del Río Paraná hacia el sur.

Las cosas llegaron a un punto crítico en la época de Lanusse. Hacia 1976, el gobierno brasileño había avanzado en sus programas de construcción y aprovechamiento hidroeléctrico. Itaipú se había empezado en 1975 y la realidad del *fait accomplit*, constituía un punto muy difícil de levantar.

Ante ese panorama había solamente un replanteo posible: conseguir revalorizar la relación argentino-brasileña sobre la base de que, sin perjuicio de que tuviera que atacarse el problema puntual extremadamente delicado de la coordinación de los proyectos hidroeléctricos, eso se hiciera en un marco que presentara a la Argentina como un socio de Brasil, y a Brasil como un socio de la Argentina. Era una proposición difícil de vender en 1976, ya que era contrario a toda la experiencia histórica. Lo que hoy parece evidente era realmente una propuesta audaz en ese momento.

¿Cuál fue su estrategia inicial en la política a seguir con Brasil?

El embajador argentino en Brasil, que tenía como objetivo específico resolver el tema Itaipú-Corpus, tenía que explorar en un territorio en el que, sin la creación de un ambiente favorable a la buena relación bilateral, era muy difícil tratar el punto. Al mismo tiempo, resultaba ineficaz avanzar en terrenos diversos de la relación bilateral, por ejemplo cooperación nuclear,

Ministro de Relaciones Exteriores (1981).

En el Vaticano con S. S. el papa Juan Pablo II. Fui el primer extranjero a quien concedió audiencia pública tras reponerse del atentado contra su vida.

Comida en homenaje a Arturo Frondizi.

Entre otros, con el general Horacio Liendo, Noemí Frigerio y Patxi Aguirre.

Candidato a diputado nacional por el MID.

Buenos Aires, 1987.

Representante Especial del Secretario General de las Naciones Unidas, en Chipre.

Portada de la Revista *The Blue Beret*.

Con el ex presidente de Chipre,
Georges Vassiliov.

Navegando con el presidente de Chipre,
Glafkos Clerides, y el embajador de la India.

Ministro de Defensa.

Al término de una reunión de gabinete, en la Quinta Presidencial de Olivos. Guido Di Tella, Oscar Camilión, Saúl Bouer, Esteban Caselli, Claudia Bello, Carlos Ruckauf, Hugo Anzorreguy, Eduardo Bauzá, el presidente Carlos Menen, Luis Prol, Domingo Cavallo, Eduardo Menem, Julio Caro Figueroa, Jorge Rodríguez, Alberto Lestelle, Jorge Maiorano, Carlos Corach.

Con el presidente Carlos Menem, su hija Zulema y el teniente general Martín Balza.

En el Pentágono, con el secretario de Defensa, Les Aspin. Washington, 1993.

En Santiago de Chile (1995), con el presidente Patricio Aylwin.

En mi casa de Buenos Aires, con Plácido Domingo.

Después de un inolvidable *Otelo* en el teatro Colón.
A la derecha, mi mujer Susana.

Nuevos tiempos en el Ejército Argentino.

Recibiendo el saludo de las primeras mujeres oficiales.

cooperación espacial, en la industria aeronáutica, o políticas comunes en el área comercial, etc., haciendo una estrategia de aproximación indirecta. En la relación con Brasil era indispensable atacar el tema central para que después se abrieran las otras cosas. Pero lo que sí era imprescindible era la demostración de que a Brasil le convenía la buena relación con la Argentina y a la inversa, que un compromiso que permitiera salvarle a todo el mundo los intereses mínimos representaba el punto de partida de una alianza bilateral de gran peso en el futuro. Representaba la eliminación de los problemas de seguridad y la multiplicación de la fuerza política. Suponía la superación de estrategias anacrónicas como era la lucha por imponer influencias en las supuestas "zonas de influencias", que era una estrategia anacrónica y cara.

En el frente brasileño había distintos sectores a tener en cuenta. Primeramente, la Cancillería, obviamente, que en la política exterior es el factor número uno en Brasil. Las Fuerzas Armadas desprendidas en sus tres componentes, puesto que tenían actitudes diversas. La prensa era en ese momento la verdadera alternativa de poder en Brasil. Los partidos políticos, que si bien no existían con la fuerza de la época de Kubitschek, tampoco habían desaparecido, ya que el gobierno brasileño había mantenido una fachada de institucionalidad que les daba a los partidos políticos presencia y que permitió luego una transición muy distinta que en la Argentina. El sector empresario, particularmente el sector industrial paulista e inclusive el mundo intelectual. Finalmente, el mundo artístico.

Esas ideas, ¿eran suyas personales, las compartía la Junta de Comandantes? ¿Las recibió de la Junta de Comandantes, o usted influyó sobre la Junta de Comandantes?

Eran mías personales. Yo con la Junta de Comandantes, desde el punto de vista del manejo del tema de Brasil, tuve una posición muy cómoda. No tuve nunca una directiva de la Junta, ni de parte del canciller. Era bienvenida la idea de una buena relación con Brasil. Lo que la Junta seguramente sí veía con precisión era que, en la medida que el frente con Chile se complicaba, era menester evitar que se complicara el tema con Brasil. Había que resolver los problemas con Brasil, ya que se tenía un mínimo de conocimiento histórico de la dinámica de la relación brasileño-chilena, potencialmente antiargentina.

Puede decirse que yo fui a Brasil ungido de plenos poderes, con la misión de conseguir llegar a un acuerdo en torno del dato político de Itaipú, de la conciliación con el eventual proyecto Corpus. Y por lo tanto, con la perspectiva realmente extraña de que una negociación que era crucial para la seguridad de la Argentina y para el futuro de sus relaciones internacionales, iba a tener lugar no entre gobierno y gobierno a nivel de ministros, sino entre una embajada y el país ante el cual la embajada estaba acreditada.

Es decir, inicialmente era difícil comprender las implicaciones de eso, pero en efecto las reglas quedaron trazadas así y se siguió manejando hasta el fin de esa manera.

Un elemento importante que yo llevaba en la maleta cuando partí para Brasilia me lo suministró Martínez de Hoz. Me dijo con todas las letras, antes de partir, que el proyecto Yaciretá ciertamente era una prioridad para el gobierno y que se iba a poner en marcha. No así Corpus, al que él no lo veía como un proyecto viable desde el punto de vista económico y técnico.

El ministro de Economía, que era el hombre más fuerte del gobierno, me indicaba de antemano que el centro de la misión, que era conciliar la construcción de una represa argentino-paraguaya, que estaba en el estado de "expresión de deseos", con una obra en marcha como era Itaipú, era un esquema puramente político. Esto no quería decir que Martínez de Hoz representara el punto de vista de la totalidad del gobierno. Había una comisión encargada del desarrollo del proyecto Corpus y no existe la menor duda de que el proyecto Corpus, en cualquier condición, es la mejor obra hidroeléctrica que se puede hacer sobre el río Paraná desde el punto de vista de su costo y rendimiento. Es decir, la única mejor es Itaipú. Corpus es, de lejos, la mejor opción hidroeléctrica argentina.

Desde luego, esto dicho en 1976 quiere decir cosas distintas que en 1998, porque en aquella época las represas hidroeléctricas eran indiscutidas e indiscutibles. Hoy no lo son. El mundo piensa de manera distinta sobre los costos y beneficios de una obra de esta envergadura. Pero en ese momento, quien analizaba las posibilidades de Corpus no podía sino verlas con entusiasmo. La historia demostró a la larga que quien tenía razón era Martínez de Hoz, puesto que Yaciretá se convirtió en una realidad y Corpus sigue siendo, ahora sí, un proyecto altamente debatido y con dificultades muy grandes de concreción.

Yo creí que mi designación en Brasil iba a causar buena impresión en Brasilia, sin embargo empecé a sospechar que había algunas dudas en el ambiente cuando el otorgamiento del placet demoró bastantes días más de lo esperado. Es decir, Itamaraty no dio ninguna señal de especial agrado a través del mecanismo bien conocido de demorar el placet, no de manera que resultara inaceptable, pero como para decir "lo vamos a observar".

Esto para mí fue inesperado, porque yo tenía con el canciller Azeredo de Silveira una vieja relación. Algunos de mis mejores amigos en la primera etapa de mi permanencia profesional en Brasil habían sido gente muy próxima a Silveira. Israel Klabin, uno de los grandes industriales brasileños papeleros de la familia de Lafer, había sido un gran amigo mío y él era concuñado de Azeredo de Silveira. A Azeredo lo había tratado, no excesivamente, cuando era director de administración del Ministerio de Relaciones Exteriores en 1959, y entendía tener con él una relación cordial.

La antipatía personal que Azeredo tenía a mi respecto y que le resultaba difícil ocultar fue sin duda un inesperado obstáculo, que me obligó a hacer planteos con la prensa que yo no hubiera considerado nunca normales en la gestión de un embajador.

Supe que la reacción del canciller Silveira fue expresa. Al embajador argentino, que en ese momento era Jorge Casal –que había estado durante un breve espacio de tiempo luego de la gestión larga y exitosa de Álvarez de Toledo–, le preguntó: "¿Por qué Oscar quiere venir de embajador a Brasil?". A mí me conocían en términos de tuteo todos los que manejaban la diplomacia brasileña desde hacía casi veinte años, de modo que era evidente que la conducción recibió con desconfianza mi designación.

¿A qué lo atribuye?

No lo sé. Azeredo tenía una profunda desconfianza. Realmente pensaba que iba a crear problemas, hecho que en efecto ocurrió, pero en gran medida fue como consecuencia de su actitud frente al diálogo. Yo no sé si la Cancillería brasileña estaba muy lanzada a un operativo de captación total de Paraguay, si estaba convencida de que la Argentina simplemente lo que quería era llevar a cabo una política de creación de obstáculos. O si estaba muy resentida por la política multilateral que se había seguido hasta entonces y que había estado jalonada de grandes victorias diplomáticas de la Argentina que habían provocado ciertamente malestar y heridas en el amor propio de la diplomacia brasileña. Todas las discusiones sobre el tema de la consulta previa que la Argentina ganaba en comportamientos espectaculares de los organismos multilaterales, lamentablemente tenían como votos en contra aparte del de Brasil, el de Bolivia y el de Paraguay. Esto disminuía los efectos prácticos de victorias que eran a veces de cien a cuatro. Por supuesto, provocaba un gran resentimiento y un gran desgaste en la relación bilateral con Brasil, y desde luego lo sentía fundamentalmente Itamaraty.

Silveira, por otra parte, tenía una orientación con acento tercermundista, en buena parte impulsado por la revolución en las colonias portuguesas, que fue vista por Brasil como una oportunidad de penetrar con una presencia política importante con base "propia" en África, que había sido siempre considerada un área natural de expansión para Brasil. De hecho, se inauguró una diplomacia que distaba naturalmente de ser en ese momento no alineada pero que empezaba a insinuar ciertos matices en la incondicionalidad tradicional que Brasil había tenido respecto de Estados Unidos.

En Itamaraty se reveló de entrada un interlocutor poco propenso al diálogo. Silveira era incondicional de Geisel, no en el sentido de que fuera un hombre capaz de hacer cualquier cosa, sino que coincidían totalmente en el enfoque nacionalista, que desde luego todavía no había experimentado el tropiezo con Estados Unidos.

¿Qué ocurrió a su llegada a Brasil?

Cuando le presenté credenciales al presidente Geisel, me dijo que era un gusto recibirme puesto que yo era representante de un país con el que Brasil no tenía ningún problema. En esa presentación de credenciales no tuve más remedio que decirle al presidente Geisel: "Señor presidente, yo estoy muy feliz de venir a Brasil, que es un país con el que tengo lazos de afecto muy especial, pero creo que tenemos un problema y que debemos resolverlo". Así que Geisel, de antemano, tomó una actitud equivalente a la del canciller: aquí no hay ningún problema que resolver. Porque la tesis de Brasil, en ese momento, era que suscitar un incidente en torno de la construcción de una represa en territorio brasileño era una invasión de su soberanía. Todo el debate sobre el derecho de consulta había tenido lugar los años anteriores. Las relaciones durante el ciclo de Isabel Perón habían sido muy malas. El gobierno peronista no fue considerado interlocutor válido por el gobierno brasileño desde la muerte de Perón. Y, consiguientemente, la relación tenía que encararse de manera extremadamente cautelosa.

Yo evidentemente tenía una ventaja: el gobierno argentino al que yo representaba sí era considerado interlocutor válido. Es decir, el vacío de poder que se había generado en la Argentina, y que había sido motivo de seria preocupación brasileña, había sido llenado. Desde ese punto de vista, los brasileños estaban satisfechos en poder establecer diálogo con un país vecino al que consideraban importante y respetable.

Insisto en el principio básico. Era fundamental vender en Brasil la idea de que valía la pena tener una buena relación con la Argentina, que no había ningún conflicto que creara incompatibilidad de intereses reales entre la Argentina y Brasil. También, que no éramos competidores prácticamente en ningún área, que en materia de la obtención de recursos externos la suma de esfuerzos argentino-brasileños determinaría una multiplicación de los recursos; es decir, nunca íbamos a tener un conflicto de suma cero en la búsqueda de recursos internacionales tanto públicos como privados. Sin que en ese momento pudiera naturalmente haberse esbozado de manera clara la idea del Mercosur, sí se esbozaba de manera clara la necesidad de modificar la ALALC en su primitiva forma. Se estaba negociando lo que sería luego la ALADI y se partía de la premisa de que se podía aumentar considerablemente el comercio bilateral.

A esto se agregaba la necesidad de superar toda las herencias anacrónicas del pasado, por ejemplo la idea de que Brasil y Chile tenían un entendimiento natural orgánico frente a la Argentina porque la Argentina representaba una amenaza de seguridad contra ellos. Por ejemplo, que Brasil debía necesariamente evitar que la Argentina y Estados Unidos llegaran a algún acuerdo de alguna manera armonioso puesto que la base de la diplomacia brasileña era el acuerdo con Estados Unidos para evitar un cerco diplomático hispanoamericano manejado por Buenos Aires. Otro ejemplo es que no tenía más sentido desde el punto de vista argentino seguir jugando a la ley de fronteras mediatas con la base de un acuerdo implícito con Perú frente a Chile, etcétera. También que, la Argentina y Brasil compartían objetivos comunes, como el desarrollo de sus industrias de punta, particularmente la industria nuclear, frente a eventuales obstáculos puestos por los países centrales. Éste fue un asunto particularmente importante cuando se produjo a fines del año 1976, comienzos de 1977, el inesperado deterioro de la relación bilateral con Estados Unidos al asumir Carter la Presidencia.

Todo esto, sin perjuicio naturalmente de intentar la resolución del tema específicamente irritante que era la compatibilización de Itaipú y Corpus.

De modo que mi estrategia al hacerme cargo de la embajada puede resumirse como sigue: partía de la premisa de que de lo que se trataba era de replantear la relación argentino-brasileña en el sentido de la total conveniencia de una amistad orgánica entre los países. Y también que no existía realmente ninguna contradicción entre la ejecución y el cumplimiento de los principales objetivos nacionales del Brasil y los principales objetivos de la Argentina.

¿Qué acciones concretas desarrolló con relación al tema central?

Partiendo del dato de que los objetivos que me había trazado no eran ciertamente bien servidos en Itamaraty, mi aproximación al problema supuso una intensa batalla en el campo de los medios de comunicación. Yo abrí un diálogo sistemático con la prensa brasileña en todos los sectores que estuvo orientado por varios criterios. Y esta política de diálogo con el periodismo, el rasgo más distintivo de mi gestión, dicho con objetividad, constituyó un clásico para la diplomacia brasileña como materia de estudio; porque la creación del clima de negociación en la prensa fue el marco que hizo posible que la negociación se mantuviera, se impulsara y realmente llegara a un objetivo razonable. La prensa se convenció plenamente de que era menester negociar con la Argentina. El tema era cómo conseguir negociar con la Argentina. La cuestión fundamental era, frente a una parte que se negaba a aceptar la existencia de un litigio, como pretexto, naturalmente, pero como táctica muy eficaz, el desistimiento de esa táctica, la obligación de la negociación y, a partir de allí, la casi certeza de que una solución se iba a encontrar.

En el tema Itaipú, que iba a ser centro de las discusiones en adelante, el gobierno de Brasil tenía una posición muy firme, que se basaba en una creencia que fue públicamente expresada en una nota que le hizo la revista *Veja* al general Costa Cavalcanti, presidente de Itaipú Binacional, donde, en síntesis, afirmaba que el proyecto Corpus era un tapón que la Argentina jamás se iba a proponer realizar, y que tenía como objetivo obstaculizar una legítima obra brasileña en territorio brasileño de acuerdo con su vecino paraguayo, obra que no le producía a la Argentina ningún tipo de perjuicio.

La desconfianza fundamental de Brasil se basaba en pensar que cuando la Argentina encaraba el tema en el sentido aparentemente racional de coordinar dos proyectos que podían beneficiarse mutuamente –y que si no se tomaban precauciones eran realmente incompatibles– se trataba de una presentación retórica para ocultar un objetivo político: evitar que Brasil cumpliera una obra, mediante un proyecto que la Argentina no se proponía hacer. Ése era el punto de vista del hombre más importante en todo el esquema, que era el constructor de Itaipú; un hombre de una tremenda eficacia, que había puesto la obra a todo ritmo y que avanzaba día a día.

En el intervalo entre el momento en que me hicieron la propuesta y me hice cargo de la Embajada en Brasil, que habrá durado un mes y medio, Brasil siguió avanzando en la construcción y cada día que pasaba la obra civil crecía.

Reitero que mi aproximación al problema supuso una intensa batalla en el campo de los medios de comunicación. Primeramente, con un criterio informativo: darle a la prensa brasileña, en la medida de lo razonable, el máximo conocimiento de cuáles eran los puntos de vista argentinos. Dediqué todos los días varias horas a hablar con todos los sectores de la prensa brasileña. En segundo lugar, me dediqué a explicar, a medida que la negociación empezó a avanzar, los detalles de ésta, con toda objetividad, en todo lo que no fuera, desde luego, secreto; es decir, a explicar cuál era el punto de vista brasileño y cuál el argentino, sin tratar de vender nunca *pesce podre*, como dicen en la jerga periodística brasileña.

Con Itamaraty, el tema requirió de entrada suma cautela, es decir, el encaramiento de la negociación propiamente dicha. La posición brasileña era la que me había transmitido el presidente: no hay problemas entre Brasil y la Argentina. Argumentaban: "Nosotros estamos construyendo una obra que no tiene por qué afectar el río aguas abajo. Si ustedes quieren construir Corpus, perfecto, constrúyanla. Naturalmente, Corpus no puede afectar el curso del río aguas arriba. El límite de la capacidad operativa de Corpus tiene que ser el punto de encuentro de las tres fronteras. Brasil no se opone en lo más mínimo, al contrario, considera bienvenida la construcción de Corpus porque va a permitir operar mejor a Itaipú".

La posición argentina de máxima que alentaban algunos grupos ultranacionalistas era la supuesta optimización de todo el tramo del río sobre la base de la teoría del ingeniero Fuschini Mejía: que el cañón del Paraná era una singularidad geográfica. La idea era que había que potenciar el máximo rendimiento hidroeléctrico, que suponía que Corpus debía tener una capacidad mucho mayor a expensas de la de Itaipú. La suma de un Corpus optimizado más un Itaipú desoptimizado suponía más electricidad que la que produciría un Itaipú optimizado y un Corpus desoptimizado. Esto por la razón de que el debate era fundamentalmente de alturas de caídas, y como el rendimiento eléctrico es el resultado de una muy simple ecuación: altura por caudal igual energía, se beneficiaba la represa aguas abajo que tenía más agua. Puesto que a la altura de Corpus una cantidad de nuevos cursos como el del Iguazú se habían incorporado al caudal del Paraná, matemáticamente el rendimiento del conjunto hubiera sido mayor.

De ahí la famosa tesis de Corpus 120, que lamentablemente omitía dos factores, como quedó muy claro desde el comienzo. Uno, que Brasil era un Estado nacional todavía diferente de la Argentina y que consiguientemente no iba a estar dispuesto a sacrificar su energía en beneficio del territorio argentino. En segundo lugar, que Paraguay no estaba dispuesto a tolerar los efectos producidos por una cuota mayor en Corpus, desde el punto de vista del lago que generaría. La cuota 120 en Corpus representaba un lago mucho mayor y Paraguay jamás se prestó a conversar siquiera sobre esto. No habíamos llegado al punto en que Brasil podía ser el cliente natural de la represa de Corpus, como se analiza ahora. En 1976, todas las proyecciones de crecimiento energético de la Argentina requerían no ya a Corpus antes de fin de siglo, sino a las dos usinas del Paraná medio.

Desde el momento en que la negociación directa del tema Itaipú no era factible, ya que, vuelvo a repetir para Brasil "no había problema", era menester crear en la opinión pública mecanismos que impulsaran la negociación de Brasil con la Argentina en función de la conveniencia de la buena relación entre las dos partes. Lo que yo trataba de transmitir a la opinión pública brasileña, y desde luego a los factores de poder con quienes tenía que negociar, que eran básicamente las Fuerzas Armadas, era que Brasil tenía que comprender que la Argentina no podía aceptar en términos nacionales la construcción de una obra como la de Itaipú sin que se le consultara sobre sus efectos.

Además, como era manifiesto que Brasil se proponía modificar el sistema de ciclaje del Paraguay, resultaba absolutamente obvia la necesidad de que la Argentina participara en la discusión. Hay que tener en cuenta que en ese momento la diplomacia brasileña todavía estaba en los últimos coletazos de lo que podríamos llamar la vieja tradición de expansión hacia el oeste.

En el año 1975, como dije, se había firmado un conjunto de acuerdos con Bolivia que eran una reedición de los viejos acuerdos de Roboré de 1938, una tentativa de penetración muy grande en el oriente boliviano. El cambio del ciclaje paraguayo era la tentativa de lo que yo denominaba "Anschluss hidroeléctrico" por parte de la línea tradicional de Itamaraty.

Lo que intenté transmitir a la opinión pública, y a las Fuerzas Armadas brasileñas, es que lo que tenían en realidad que pensar era un entendimiento con la Argentina y no con Paraguay, porque ese camino los enemistaba irremediablemente para siempre con la Argentina. En esa época no había ninguna duda de que el fracaso de un acuerdo en torno de esta negociación, que llevaba como consecuencia la definitiva incorporación de Paraguay al esquema económico y político brasileño, tendría consecuencias irreparables en la relación bilateral. Además, tendría consecuencias que abrían interrogantes. Yo no creo que Itaipú haya sido un *casus belli*, pero sí que era un punto de conflicto virtualmente imposible de desactivar en un plazo previsible.

El punto de deterioro al que habían llegado las relaciones bilaterales en ese momento puede ser medido por esta anécdota. Cuando me hice cargo de la embajada realicé una reunión con todo el personal diplomático y les dije cuáles eran mis objetivos: en síntesis, llegar a un acuerdo en el tema de Itaipú y replantear la relación argentino-brasileña en términos opuestos a los que habían sido los históricos desde la época en los virreinatos. El Comodoro Hughes, agregado aeronáutico de la embajada argentina, que luego fue Comandante en Jefe de la Fuerza Aérea, estaba de vacaciones, de manera que cuando se reincorporó a la embajada yo le hice un relato sintético de lo que habíamos conversado. Me escuchó atentamente y me dijo lo siguiente: "Embajador, ojalá que tenga éxito, porque si no, vamos a tener que bombardear Itaipú". Esto parece inverosímil visto desde 1998.

Una cosa que comprendí en Brasil, y ya lo sabía por mi experiencia anterior, es que la relación con la diplomacia brasileña requería indispensablemente confianza, tanto del lado de los interlocutores como de la opinión pública.

Por otro lado, las Fuerzas Armadas brasileñas –como tales, no en referencia al gobierno del general Geisel– miraban con simpatía la situación argentina del 76. Desde luego, para las Fuerzas Armadas brasileñas el enemigo no eran las Fuerzas Armadas argentinas sino las fuerzas subversivas de la Argentina.

No era, por otra parte, materia de preocupación para la prensa brasileña el tema derechos humanos. Además, hay que recordar la clandestinidad con la que ocurrían muchos episodios en ese momento. Había una cantidad de cosas que no se sabían, aunque naturalmente la idea de los "desaparecidos" fuera materia de debate y de profundo rechazo.

Desde esa perspectiva, la relación entre las Fuerzas Armadas de ambos países tendió a mejorar. Pero en lo sustancial, el común denominador en el bando de la Guerra Fría en el que se consideraban incluidos los brasileños no impedía ni determinaba que desaparecieran las desconfianzas geopolíticas tradicionales. Las Fuerzas Armadas seguían mirando a la Argentina y a sus Fuerzas Armadas como rivales. Tal vez no tanto como amenaza en el sentido de diez años antes, pero como rivales. Hay que ver que para entonces en el año 78 el equilibrio de fuerzas entre las Fuerzas Armadas se había inclinado a favor del Brasil. O por lo menos no estaba desequilibrado a favor de la Argentina. La industria militar brasileña le había dado a sus Fuerzas Armadas una gran capacidad de autonomía y una gran potencia como estructura militar.

De cualquier forma, el ámbito Guerra Fría creaba márgenes de entendimiento, aunque a poco andar, a medida que los militares argentinos se consideraron cruzados de Occidente, el nacionalismo crecía en el Brasil con un movimiento generalizado, incluidas las Fuerzas Armadas. Ese matiz ideológico contribuyó a dificultar una mayor intimidad. Es decir, a medida que los argentinos tradicionalmente más propensos al nacionalismo avanzaban a un occidentalismo sin matices, los brasileños, que venían de un occidentalismo sin matices y un proamericanismo sin matices y avanzaban hacia el nacionalismo, encontraban un ámbito de diálogo un poco más restringido.

¿Cómo logró finalmente establecer las negociaciones con Brasil, partiendo de la aceptación del conflicto?

Una circunstancia inesperada facilitó la posibilidad del diálogo con la opinión pública brasileña. Dicha circunstancia inesperada fue la victoria de Carter, no esperada por Itamaraty, que estaba convencida de que iban a ganar los republicanos. La circunstancia favorable fue la actitud inmediata que Carter adoptó respecto de Brasil.

Brasil tenía en marcha acuerdos nucleares con Alemania. El presidente de Nuclebras era mi más íntimo amigo brasileño en el campo diplomático, Paulo Noguiera Batista, a quien había conocido en Buenos Aires. Éramos amigos personales, nuestras familias también lo eran, por lo que el diálogo con el presidente de NuclearBras me resultó sumamente fácil y positivo.

Cuando Carter asume la Presidencia, la primera decisión que adopta en su diplomacia latinoamericana fue el envío de Warren Christopher a Brasil. Esa visita fue verdaderamente un *turning point* en la política regional. Christopher, en las pocas horas que estuvo en Brasilia, descargó una ofensiva furibunda sobre la política nuclear brasileña. Prácticamente le planteó la necesidad de denunciar esos acuerdos en la medida que implicaban un paso extremadamente peligroso para la proliferación nuclear a escala internacional. Esos acuerdos eran la construcción de ocho nucleares eléctricas, de 1350 megawatts cada una, más la tecnología de reprocesamiento, más un proceso de enriquecimiento de uranio.

La actitud norteamericana causó una enorme sorpresa en Brasil. Era la primera vez en la historia del siglo veinte que se producía un conflicto entre Brasil y Estados Unidos. La primera vez que quedaba de manifiesto que no necesariamente eran ajustables automáticamente los intereses de los dos países.

En ese momento y en esas circunstancias, la revista *Veja* me hace una entrevista. Me pregunta qué opinaba sobre el plan nuclear brasileño. Yo manifesté que, desde el punto de vista argentino, las intenciones pacíficas del programa nuclear brasileño no nos merecían dudas, que no creíamos en absoluto que hubiera un peligro militar en el programa brasileño, y que en la medida de lo posible aspiraríamos a coordinar las políticas nucleares de los dos países.

Esta declaración causó una enorme sorpresa. Un apoyo argentino al plan nuclear brasileño expresado oficial y públicamente era lo que menos se podía esperar. Una vez más tenemos que recordar que en 1976 la relación argentino-brasileña era muy mala.

Itamaraty recibió con desagrado mi comentario, porque no sabían a qué apuntaba. En Buenos Aires casi me costó el puesto: causó también en nuestro país asombro una manifestación argentina a favor del plan nuclear brasileño, porque la Argentina creía todavía en ese momento que podía ser el único país que desarrollara políticas nucleares en América Latina, y que Estados Unidos le iba a permitir el monopolio nuclear en la región. Cuando los agregados militares me preguntaron por qué había hecho esa manifestación, yo respondí exactamente esto: "Si ustedes creen que Estados Unidos va a permitirle a la Argentina el monopolio nuclear en América Latina, son realmente ingenuos. Nosotros estamos defendiendo nuestro plan nuclear en la medida que defendemos el brasileño". Esto también lo dije a la opinión pública brasileña: que era muy natural que mantuviera ese planteo porque estaba defendiendo la política nuclear argentina.

¿Cuál fue la reacción de la prensa, que aparece con tanta importancia en su estrategia diplomática?

La reacción de la prensa brasileña a partir de ese momento fue también de un cambio, casi diría, unánime. Toda la prensa brasileña empezó a mirar con gran interés el diálogo que se había instaurado. Itamaraty reaccionó con desagrado, porque no sabían a qué apuntaba. Sospechaba que realmente lo que estábamos tratando de hacer era abrir el camino de la negociación de Itaipú.

Durante los meses siguientes, la negociación consistió en una batalla por la opinión pública. El tema mío era muy sencillo: hay que hacer una negociación en torno del tema de las hidroeléctricas. Brasil tiene que negociar con la Argentina. En cuanto al objetivo de la negociación, cada uno perseguirá su interés, pero hay que abrir una negociación; hay un tema polémico en discusión y es menester negociarlo.

En una semana hubo dos editoriales del *Folha de San Pablo*, dos de *Jornal do Brasil*, tres notas del *Estado de San Pablo*, una nota de *O Globo* y, para colmo de males, finalmente una columna de Carlos Castello Branco, el más respetado de los periodistas brasileños, reclamando la negociación con Argentina. Recuerdo que el último día estábamos jugando al golf con quien sería embajador brasileño en la Argentina, Carlos Duarte, quien me dice: "Terminaste de ganar la batalla de la prensa".

Ocurrió inclusive este detalle curioso. Itamaraty cambió su jefe de prensa, un ministro, por el actual canciller, Luis Felipe Lampreia, para contrarrestar la campaña de prensa de la Embajada argentina. Era realmente una campaña de prensa. Yo hablaba seis horas por día, el tema, uno solo:

hay que negociar con la Argentina, Brasil no puede darse el lujo de no hacerlo. Y empezamos a conseguirlo.

Creo que fue un caso sumamente singular. Es estudiado como un caso especial en Itamaraty y el actual director de la Academia Diplomática Brasileña, que es el embajador Pereyra de Araryo, que luego fue embajador en la Argentina, lo considera la negociación más difícil que hizo Brasil en el siglo veinte. La negociación, además, era tripartita y Paraguay naturalmente hizo oír su voz y sentir su peso durante todo el tiempo.

El tema no era totalmente racional

¿Cuáles eran los puntos concretos de la negociación con Brasil sobre las represas, y cómo se llegó a un acuerdo?

La negociación de las hidroeléctricas del Paraná consistía técnicamente en la búsqueda de una solución de compromiso en la altura de la represa de Corpus; por lo tanto, la reducción de la caída que eso representaba en la represa de Itaipú. Pero el tema era la negociación misma; la cuestión era ponerse de acuerdo en un papel sobre algo que significara el mutuo respeto de las posiciones de los países. La prueba es que Corpus nunca se ha hecho ni se ha empezado a hacer, mientras que la relación argentino-brasileña a partir del tratado tripartito se reorientó de manera cualitativa. Esto no quiere decir que yo no considerara en ese momento que Corpus no se iba a construir.

El segundo punto crítico era eliminar el tema del cambio del ciclaje paraguayo. Sobre esto se hizo una campaña subterránea muy intensa, inclusive yo llegué a escribir artículos anónimos en la prensa paraguaya, defendiendo la actitud del gobierno de Stroessner, porque no se dejaba seducir en un tema como el ciclaje eléctrico, aunque, por otra parte, había planteado a los brasileños la necesidad de buscar una solución racional. No tenía sentido que Paraguay hiciera construir la mitad de las turbinas de Itaipú para generar energía de cincuenta ciclos que significaba una pérdida muy grande de recursos. Tenía sentido que Itaipú fuera construida a sesenta ciclos y eso tenía que ser parte de la negociación por Corpus.

Era un acuerdo tripartito. Uno podía premiar la altura de Corpus sobre la base de que toda la energía de Itaipú se generara a sesenta ciclos que era lo racional puesto que durante muchos años la casi totalidad iba a ser orientada a Brasil. Pero Itamaraty no quiso eso porque jugaba a que el Paraguay cambiara el sistema de ciclaje en su totalidad. Haciendo números, era probablemente la solución más barata. Políticamente, era para nosotros una terrible desgracia, no sólo desde el punto de vista simbólico del cambio del sistema eléctrico paraguayo sino de la posibilidad de llevar a cabo realmente Yaciretá, que era una obra plagada de dificultades en relación con Paraguay. Si hubiéramos tenido que construir Yaciretá con dos ciclajes diferentes, la cosa habría sido enormemente más complicada en materia de costos y de negociaciones.

Stroessner estaba muy presionado ante la opción. Probablemente, el hombre más importante del esquema eléctrico paraguayo era el talentoso ingeniero Enzo de Bernardi –italiano, formado en el fascismo, extremadamente competente–, quien era partidario del cambio en todo el ciclaje paraguayo. Era un gran negociador, de primer nivel internacional, y muy pragmático, ya que creía que con Brasil se podía negociar y con la Argentina no. Con él, sin embargo, trabamos una excelente amistad y, en última instancia, optó por buscar la solución tripartita.

En un momento dado, Brasil perdió la paciencia con Paraguay, debido a una decisión personal del presidente Geisel, quien notificó a los paraguayos que harían nueve turbinas de cada ciclaje, ya que no querían el cambio del sistema. Esto era como consecuencia de que, jugando con los tiempos, los contratos empezaban a apretar y era menester tomar una decisión. Hay que ver que las turbinas de Itaipú son la más gigantescas que había conocido el mundo hasta ese momento y realmente el cronograma empezaba a plantear sus exigencias. Paraguay consiguió sus nueve turbinas a cincuenta ciclos. La Argentina ganó esa batalla que era extremadamente importante desde todo punto de vista, y eso fue un paso muy adelante que facilitó finalmente la firma del acuerdo tripartito.

La notoria y extremadamente visible presión de Brasil sobre Paraguay puede explicar que para la Argentina eso significaba, incluso en las condiciones de hoy, una derrota inaceptable, porque no solamente se trataba de problemas de influencias políticas en una zona de influencias, o de amor propio, sino de un problema económico. La Argentina estaba negociando Yaciretá, que ha creado tantos problemas en su negociación con el mismo sistema de generación eléctrica; mucho más, si Paraguay lo hubiera cambiado. Es decir, éste era un objetivo de gran importancia para la Argentina, casi un tema de seguridad.

Finalmente se consiguió quebrar la insistencia brasileña y Paraguay ganó la batalla de mantener su propio ciclaje, lo que supuso mucho esfuerzo diplomático argentino también, y suponía *sine qua non* en ese momento mantener la viabilidad de Corpus, ya que a Paraguay también le interesaba la tercera usina para su futuro.

A partir del momento en que Brasil desistió imponer el cambio de ciclaje en Paraguay en el año 78, y construir la usina con los dos sistemas, creo que se derrumbaron buena parte de los escollos en el avance de la negociación de Corpus.

Es decir, en este momento se produce el *turning point* político, cuando Geisel llega a la conclusión de que no puede quebrar la resistencia paraguaya al cambio del ciclaje y acepta seguir adelante con la obra. Suponía también adicionalmente dejar de lado la hipótesis de un llenado de Itaipú que no supusiera la utilización de las aguas del río Iguazú para alimentar el Paraná en el momento del cierre total de la represa. Itaipú planteaba un problema técnico complejo: en un momento dado la represa tenía que cerrarse completamente. En otras oportunidades, como ocurrió con las represas de Ilha Solteira y Jupiá, no se producía nunca un cierre total de la represa, sino una disminución, a medida que se concluiría la obra, del caudal que pasaba. De manera que lo que se pudo negociar en esa oportunidad fue el caudal mínimo que tenía que mantener el Paraná, que se hizo efectivo en la práctica de Jupiá.

Pero en cambio en Itaipú no había posibilidad de conseguir lo mismo, porque Itaipú tenía que tener en un momento dado un cierre total, así que había que reponer agua para el Paraná aguas abajo de la represa de Itaipú. Había dos posibilidades básicas para cumplimentar ese objetivo: una la construcción de una represa sobre un río paraguayo que desembocaba un poco aguas abajo del sitio de la represa de Itaipú, almacenar agua en esa represa y largarla en el momento en que se produjera el cierre, hasta que se restableciera el funcionamiento de la represa del río. Es decir, había que construir una represa adicional para Paraguay, que después le iba a dejar energía eléctrica, pero que para Brasil representaba una salida.

La otra opción era utilizar el agua del río Iguazú poniéndose de acuerdo con la Argentina, que no se podía evitar porque la diplomacia brasileña sostenía que en su tramo nacional o en el tramo binacional con Paraguay ellos podían hacer lo que querían porque los países aguas abajo no tenían posibilidad de quejarse. Pero el acuerdo de Asunción sobre el cual fundaban esta política de interpretación de recursos naturales compartidos, establecía que no se podía hacer ninguna utilización de un río compartido sin acuerdo de las dos partes.

Así que si los brasileños resolvían el problema de la devolución de aguas al Paraná vía río Iguazú, eso suponía abrir las cuatro grandes represas del Iguazú aguas arriba. El crecimiento del caudal del Iguazú desde luego estaba destinado, como en efecto ocurrió, a producir impacto sobre la costa argentina, y eso no se podía hacer sin acuerdo con la Argentina.

Cuando fracasa el acuerdo con Paraguay, y por lo tanto se hunde la hipótesis de esta represa, no quedaba otra solución para el llenado de Itaipú que reemplazar las aguas por la otra vía que era utilizando las represas del Iguazú. La alternativa era secar el Paraná. No había la menor duda de que secar el río Paraná producía perjuicios sensibles aguas abajo, y el argumento brasileño era que todo lo que no produjera perjuicios sensibles como decían las letras del Tratado de Asunción, no podía ser objetado por el país aguas abajo. Pero obviamente, aunque el cierre de la represa fuera temporalmente acotado, durante un tiempo, el Paraná iba a dejar de fluir, y eso significaba realmente un conflicto mayor con la Argentina. Ahí toda la posición brasileña habría perdido el respaldo jurídico y moral que habían tenido durante mucho tiempo.

El acuerdo que se negoció fue el de utilizar las aguas del Iguazú, que fue un tema que a mí me costó mucho esfuerzo imponer en la Argentina. Yo siempre había pensado que ésa era la solución, pero no podía ignorar que el aporte del Iguazú representaba, primeramente, menos agua que el cauce normal del Paraná. En segundo lugar, largar el agua de las represas del Iguazú, por más cuidado técnico que se pusiera, iba a provocar algunos daños. En efecto cuando se produjo el llenado de Itaipú y se largaron las aguas del Iguazú hubo algunos impactos en la costa argentina que fueron considerables. Yo entendía que la buena relación bilateral podía permitir durante algunos días menos aguas en el Paraná y aceptar algún deterioro que fuera materia de compensación por parte de Brasil.

Creo que esos fueron episodios clave. Habíamos llegado a un acuerdo prácticamente total. Sin embargo con Geisel no se concretó porque él, en última instancia, no lo quería. Surgió el pretexto de las dos turbinas adicionales que querían poner los brasileños. La ecuación que se había hecho era dieciocho turbinas en Itaipú y ciento cinco metros para la cota de Corpus. El acuerdo se frustró. Se frustró ciertamente contra la voluntad de Silveira que quería firmarlo. El sector técnico que impuso su criterio a Geisel fue el del área energética. El ministro de Energía Ueki era un hombre de gran confianza del presidente y como buen japonés era muy racional; se preguntaba por qué razón iba a impedir la Argentina que se instalaran dos turbinas más que para Brasil eran necesarias. La solución era ciertamente igual. Con veinte o dieciocho turbinas las posibilidades de repercusión aguas abajo era la misma, ya que las veinte turbinas representaban el aprovechamiento total del Paraná en condiciones de caudal promedio. Una represa puede turbinar toda el agua que trae el río, si el río trae más agua que la capacidad de turbinación de la represa, esa agua se tiene que volcar por el vertedero. Era racional que se construyeran esas dos turbinas adicionales porque significaban el aprovechamiento, durante determinados meses del año, de más energía. Se cubrían, además, los ciclos de mantenimiento.

Pero como el tema no era totalmente racional, yo no tuve más remedio que oponerme, y además hacer de todo eso una victoria de opinión pública, porque cuando el acuerdo estaba por conseguirse, la prensa brasileña estaba a favor; y fue considerada una insensatez la optimización de la represa por parte del Ministerio de Energía.

De hecho, se construyó en la represa de Itaipú el espacio para dos turbinas adicionales. Tuve oportunidad en mi última visita a Itaipú de ver el enorme pozo donde serán puestas oportunamente las turbinas que terminarán siendo veinte. Este tema en la Argentina se ha olvidado totalmente como una demostración de que realmente la relación con Brasil se orientó por el camino de la racionalidad.

Pero la ecuación en ese momento era otra, y el acuerdo no se pudo firmar por ese motivo con Geisel.

¿Qué otros asuntos ocupaban la agenda de la embajada?

El tema de las hidroeléctricas era totalmente absorbente. En la relación bilateral la parte comercial funcionaba bien. Era un momento de expansión del comercio bilateral, con una composición interesante desde el punto de vista de la cantidad de los productos industriales que lo integraban, de los dos lados. Pero, para tener una idea de los números, estábamos hablando de menos de mil millones de dólares entre las dos partes, que era una cifra importante para la época. De modo que no había problema en el área comercial.

Pero, fuera de eso, no había diálogo con Brasil. La posibilidad de avanzar en otro tipo de temas específicos, es decir, la estrategia de aproximación indirecta buscando solución de problemas, no funcionaba. Inicialmente tenía mis dudas pero era evidente que había que sacar la espina.

Hubo un comienzo, sin embargo, de diálogo nuclear, aprovechando mi amistad con el presidente de la Comisión de Energía Nuclear brasileña. Otro factor importante fue que los brasileños respetaban mucho al almirante Castro Madero, presidente de la Comisión Nacional de Energía Atómica. Castro Madero viajó a Brasil a mi pedido en más de una oportunidad. Conversó largo con los brasileños, les dio sus opiniones sobre el plan con los alemanes, les dio buenos consejos. Señaló también que la forma en que habían encarado el programa era realmente difícil, y que también lo era saltar de cero a la construcción de una usina de mil trescientos cincuenta megawatts. De hecho, el programa brasileño fue un fracaso. Opinó que era muy difícil encarar problemas por la vía del enriquecimiento de uranio por un sistema experimental como el que habían vendido los alemanes. En última instancia, la Argentina tenía experiencia con Alemania en el campo nuclear, en el sentido de conocer la táctica alemana de probar en el exterior cosas que no podía desarrollar en Alemania. Más allá del diálogo, la posibilidad de cooperar en el área nuclear no existiría mientras no estuviese resuelto el tema Itaipú.

¿Cómo se llegó finalmente a un acuerdo por Itaipú?

Cuando salí de Buenos Aires, yo estaba convencido de que la meta que la Argentina debía alcanzar eran ciento cinco metros en la cota de Corpus, lo cual representaba una herejía para los fundamentalistas de la represa en la Argentina. De esta forma, estábamos teóricamente engendrando más energía que en Yaciretá en condiciones más baratas y no producíamos una agresión significativa a Itaipú.

En definitiva, ésa fue la fórmula de compromiso: los ciento cinco metros en Corpus pero con dieciocho turbinas en Itaipú, porque el número de turbinas en Itaipú era un interrogante grande, ya que existía temor y preocupación sobre los efectos que podía producir aguas abajo el incremento de la potencia instalada allí.

Todo esto era muy mitológico, la verdad sea dicha. La forma de trabajo de Itaipú podía teóricamente afectar el curso aguas abajo si Brasil decidía declararle la guerra a la República Argentina. Si en épocas de bajante del río se intentaba hacer trabajar simultáneamente todas las turbinas, el efecto de crecimiento y de alteración del río aguas abajo iba a ser catastrófico, naturalmente. Pero el problema era muy simple: también el país afectado aguas abajo iba a ser Paraguay; de suerte que todo lo que se hablaba –la bomba hídrica– era realmente producto de la fantasía. Itaipú podía tener efectivamente un trabajo mejor si se hacía Corpus, puesto que la represa de aguas abajo servía como una reguladora para el trabajo de la represa de aguas arriba. La represa de aguas arriba, entonces, tenía condiciones de operar mucho mejor en las épocas que hubiera poca agua en el río, que es una determinada cantidad de meses en el año.

De manera que el acuerdo de Itaipú-Corpus consistía esencialmente en la forma de operación de Itaipú y la altura de Corpus. Se consiguieron los números adecuados, cuál era la alteración permisible del curso aguas abajo del río abajo de Itaipú, cuál era la perturbación que le podía producir a Itaipú el lago de Corpus en el sentido de disminuir su caída. Existía además, como se detalla más arriba, un acuerdo sobre el llenado de Itaipú, que era en realidad una carta importante de negociación que tenía la Argentina, puesto que en el momento de llenado de Itaipú se interrumpía totalmente el curso del Paraná, por lo que Brasil tenía que hacer algo, no podía dejarlo seco. Se encontró un mecanismo de solución vía el río Iguazú, que fue el río que suministró las aguas necesarias para mantener un caudal respetable aguas abajo, como ya se ha explicado.

Yo, por supuesto, estaba dispuesto a negociar esa cláusula con toda la seriedad del caso para darle a Brasil una solución. No teníamos ninguna duda de que había que dársela y que Itaipú en efecto tenía que construirse sin problemas.

La negociación en sí misma fue muy apasionante. Era una cuestión de elementos técnicos, pero fundamentalmente era una negociación política. La pregunta en juego era: ¿quiere Brasil tener o no una buena y armónica relación con la Argentina? La respuesta en el gobierno de Geisel fue: no.

El general Geisel era de la vieja escuela, un equivalente perfecto del almirante Rojas. El almirante Rojas se dedicaba periódicamente a deteriorar la relación con Chile o con Brasil. Cuando consideraba que estaba suficientemente deteriorada la relación con uno proyectaba el fuego sobre el otro. Con él tuve diálogos sobre este tema, me invitaba a tomar el té para discutir sobre el tema de Itaipú. No sabía nada, pero él, básicamente, lo que no quería era arreglar las cosas con Brasil. El general Geisel tenía la misma inclinación que el almirante Rojas, con la diferencia de que su poder de fuego era mayor, puesto que era el presidente de la república. Así fue que, cuando se presentó la oportunidad de hundir el acuerdo con la propuesta de Ueki, lo hizo. Y Silveira, que ya se había convencido de la necesidad del acuerdo con la Argentina, recuerdo que me dijo en una forma muy divertida: "Sempre existe gente que è mais intelligente que a gente", refiriéndose al ministro Ueki.

¿Qué ocurrió ante el cambio de presidente en Brasil?

El general Figueiredo sostuvo una filosofía totalmente distinta en su Presidencia, ya que partía de la premisa de que era menester entenderse con la Argentina, y que no era cuestión de discutir un metro más o uno menos de caída de Itaipú como alternativa a una buena relación bilateral.

También debo señalar que en el pensamiento de la izquierda nacionalista brasileña, el acuerdo con la Argentina era condición *sine qua non*, como ya lo advertí antes, siendo Jaguaribe el exponente de esa teoría, para la elaboración de una política independiente de Brasil frente a Estados Unidos. Y sólo la Argentina podía hacer posible la diplomacia independiente ya que la alternativa de un enfrentamiento con la Argentina llevaba a un acuerdo de la Argentina con Estados Unidos que a su vez amenazaba una política independiente de Brasil. Éstas fueron las visiones en aquel tiempo.

Creo que Figueiredo compartía plenamente ese punto de vista, aunque su filosofía respecto de Estados Unidos, si bien cautelosamente nacionalista, no tenía la misma agresividad de la dupla Geisel-Aceredo, particularmente a partir de la oposición de Estados Unidos al plan nuclear.

La solución del problema de las hidroeléctricas, y por lo tanto el replanteo de la relación argentino-brasileña, necesitaba que alguien en Brasil estuviera totalmente convencido de la conveniencia de la nueva política, por eso las cosas cambiaron cuando llegó a la Presidencia el general Figueiredo. Es decir, el cambio fundamental se produce en Brasil, en cuanto a la necesidad de buscar la solución política, cuando el general Geisel deja su puesto a alguien de una generación posterior. Geisel era bastante más antiguo que Figueiredo, quien era ministro jefe de los Servicios de Inteligencia de su gobierno.

Pero tenía la connotación absolutamente particular de que había estado en la Argentina de niño cuando su padre había sido exiliado por el gobierno de Vargas. Pertenecía a una tradición antivarguista de militares, su padre había sido muy bien recibido en la Argentina a pesar de que la Argentina tenía buenas relaciones con Vargas. Él conservaba ese recuerdo de la infancia, inclusive su simpatía por San Lorenzo.

Como lo dijo de entrada: "Cinco metros de caída no van a comprometer la relación con la Argentina, es indispensable que la Argentina y Brasil entablen una conversación". Ésa fue la instrucción que le dio a alguien que estaba muy inclinado a la misma política que era el segundo de Silveira que ascendió a canciller, el embajador Saraiva Guerreiro, que en efecto creía que había que llegar a una solución.

En el ámbito de los partidos políticos la situación era ésta: el frente oficialista no tenía por supuesto ningún empacho especial en las relaciones con los gobiernos militares. Hacía doce años que estaba el gobierno militar en Brasil que no era impopular, y la derecha brasileña no tenía mayor reparo en apoyarlo. La oposición la representaba fundamentalmente el MDB, algunos sectores de lo que había sido el viejo Partido Liberal y sectores que provenían de la Democracia Cristiana y habían ido a parar al MDB. Para recordar nombres: Ulises Guimaraes, Magalhaes Pinto, Franco Montoro. En su conjunto, tampoco hacían mayores problemas con la situación interna de la Argentina, y diría que miraban con simpatía una política de acercamiento con la Argentina.

Frente a ellos yo también había desarrollado una tesis que me parecía muy genuina. Si el objetivo era recuperar las instituciones democráticas, compartido por las clases políticas de la Argentina y Brasil, la eliminación de hipótesis de conflicto entre ambos resultaba no ya una contribución sino una condición *sine qua non* para la desmilitarización de las sociedades. Era un dato objetivamente importante para la recuperación de la democracia crear condiciones de paz entre los países, no ya porque las democracias no sean capaces de pelearse cuando existe una causa genuina, sino porque las democracias difícilmente se pueden enfrentar militarmente cuando no hay causas genuinas.

Había que ver que en ese momento todo el enorme distanciamiento que existía entre Brasil y la Argentina se fundaba en desconfianzas históricas multiplicadas por un problema de naturaleza ingenieril, que significaba la posibilidad de coordinar o no un par de usinas que eran perfectamente coordinables y que desde todo punto de vista representaba, en materia de solución técnica, una ventaja su coordinación y no una desventaja. Evidentemente lo que había aparte de eso era un conflicto de fronteras, de zonas de influencia. Pero si se consideraba que todo eso pertenecía al pasado y que eran actitudes anacrónicas, y que se modificaría a partir del momento en que Brasil comprendiera que lo importante para él era la relación con la Argentina y viceversa, se llegaba a una consolidación orgánica del proceso institucional. También a la eliminación del riesgo de hipótesis de conflicto esencialmente artificiales.

De manera que este discurso corría muy bien no sólo en los partidos sino en los gobiernos, que entendían que tarde o temprano había que volver a la vigencia de las instituciones democráticas.

Ciertamente que la forma como se manejaban las relaciones cívico-militares en Brasil no era la misma en la Argentina. Los brasileños habían considerado que integrar el Poder Legislativo del gobierno de Geisel no representaba colaboracionismo sino control. Los militares habían considerado que valía la pena buscar soluciones de compromiso en todos los temas que no fueran definitivamente no negociables con la oposición en vez de mantener un sistema "a la Argentina". Y habían analizado con mucho cuidado los fracasos de las experiencias militares en la Argentina, particularmente la de Lanusse, que era un hombre sobre el cual había una opinión unánimemente negativa en Brasil.

En la Argentina la búsqueda de la solución era unánimemente compartida por la conducción del gobierno. Ya se había deteriorado enormemente la relación con Chile. En el transcurso de mi estada en Brasil recibí el fatídico telegrama del 20 de diciembre de 1978 que me daba instrucciones de que en cuarenta y ocho horas me presentara ante la Cancillería brasileña para decir que las Fuerzas Armadas argentinas habían atacado Chile. Brasil miraba con gran preocupación el tema, porque abría un interrogante tremendo sobre las relaciones continentales. Eso merece, desde luego, una reflexión especial sobre cómo veía yo la actitud brasileña y cómo la dinámica de los acontecimientos podía impulsar las cosas.

En el espectro brasileño es conveniente analizar el cuadro de personajes. El canciller Silveira era un hombre de notable inteligencia, sarcástico, agudo. Tenía una profunda antipatía por la Argentina y los argentinos, pero, al mismo tiempo, tenía conciencia profesional de la importancia de la relación bilateral. Había sido embajador en la Argentina cinco años y tuvo oportunidad, consiguientemente, de conocer nuestras virtudes y nuestros defectos. Tomó una mala época de la política argentina y evidentemente no era un entusiasta de la relación bilateral, pero era lo suficientemente inteligente para comprender que este tema había que tomarlo en serio. Además, si el propósito de su gobierno era orientarse en una política de creciente independencia respecto de Estados Unidos, que el tema nuclear había puesto de manifiesto de manera inevitable, la relación con la Argentina no podía llegar a extremos de tirantez. No se podía dar el lujo Brasil de la confrontación con Estados Unidos y la Argentina al mismo tiempo. Por eso, el canciller Silveira e Itamaraty, sobre el final de la gestión de Geisel, estaban inclinados a llegar a un acuerdo. De hecho, teníamos el texto básico del tratado tripartito completo, hubo muy pocas modificaciones que se introdujeron posteriormente.

En las Fuerzas Armadas, la posición había evolucionado muy favorablemente. La Armada, en primer lugar, tenía una creciente relación profesional con la Armada argentina. En el año 1977, a propuesta de los brasileños se hizo el primer ejercicio conjunto entre las dos fuerzas, el primer Operativo Fraterno, que fue una propuesta brasileña bien recibida por la Armada argentina. Aquel año 1977 fue el más tenso de la negociación bilateral. Tanto, que yo estuve dos veces a punto de ser declarado *persona non grata* por el gobierno brasileño. Pero lo cierto es que la Armada brasileña optó por el acercamiento. No descarto inclusive que fuera una de las permanentes expresiones de la puja Marina-Ejército, que se daba en toda Latinoamérica. De hecho, ahí quedó un frente bien consolidado.

El Ejército brasileño comenzó también a producir una tendencia crecientemente favorable al acuerdo con la Argentina. Una tendencia en función de una típica reflexión brasileña tan ajena a nuestro modo de ver las cosas. Un general brasileño, de los más importantes, me planteó un día su posición en los siguientes términos: "Itaipú va a ser un tema fundamental en la economía brasileña y por lo tanto en materia de seguridad brasileña. Pero Itaipú es una empresa binacional. Paraguay tiene el control físico de la mitad de Itaipú. Si nosotros tenemos un problema de desacuerdo con Paraguay, Itaipú es un *casus belli* y, en consecuencia, no podemos correr el riesgo de una confrontación con la Argentina. Consiguientemente, no tenemos más remedio que resolver la controversia hidroeléctrica con la Argentina, porque no podemos darnos el lujo de que quede potencialmente planteado un caso de seguridad en función de Paraguay con la Argentina eventualmente aliada de Paraguay".

La posibilidad de que la Argentina y Brasil tuvieran un objetivo de defensa común no era incluida en la agenda del pensamiento de las Fuerzas Armadas, hasta que el tema Itaipú y el tema Brasil-Paraguay empezó a tomar matices un poco nuevos. Cuando un sector del Ejército se apercibió de que fagocitar Paraguay no era posible y que era un país que eventualmente podía tener puntos de vista discrepantes o podía jugar seriamente con el juego de balanzas entre Brasil y la Argentina, la posibilidad de que se generara a partir de la presencia de Itaipú un nuevo problema de seguridad con Paraguay empezó a preocupar a los brasileños.

Paraguay no era tradicionalmente un problema de seguridad, era un problema de área de influencia, de expansión potencial de Brasil y la Argentina, pero con Itaipú ya era distinto. Si Paraguay podía de alguna manera perturbar el funcionamiento de la gran usina, el problema devenía uno de seguridad para Brasil, y el problema de seguridad se complicaría en el caso de que Paraguay se pudiera aliar a la Argentina en esa eventual confrontación.

Lo cierto es que la atmósfera de entendimiento argentino-brasileña en el Ejército empezó a tener una mucho mejor acogida. Esto representaba una novedad realmente importante. A partir de tales ideas, concebidas a través de razonamientos tan típicamente profesionales de un sector militar brasileño, el Ejército empezó a hacer crecientemente fuerza a favor del acuerdo. Se producían, sin embargo, incidentes. Por ejemplo, en una reunión en la que yo tenía invitado a un grupo importante de diplomáticos y generales, debido a un incidente imprevisto, cancelaron su presencia –como si fueran los soviéticos– todos los diplomáticos y todos los militares del Ejército brasileño sin aviso previo.

Realmente, cuando uno actualiza los hechos no se puede imaginar en qué forma esa negociación fue tensa. Me produjo tremendos efectos físicos, tenía picos de presión, problemas en la espalda, hernias de disco. Además, estaba concentrado en Brasilia. Nunca pasé el Ecuador durante los cinco años que estuve como embajador en Brasil. Tampoco viajé a Europa ni Estados Unidos, ni siquiera pude volver a ver el norte de Brasil. Era una obsesiva negociación, concentrada en la capital, con bastantes pocos viajes a San Pablo. *Full time* en este esquema.

¿Quiénes fueron sus interlocutores?

El negociador brasileño era el embajador Pereira de Araujo y, por supuesto, el canciller Silveira. En una oportunidad dije un chiste que se hizo famoso en Brasil: "Mi problema es que yo tengo que negociar con un canciller como es Antonio, que no escucha, y con un negociador como es João Hemes, que no habla". Pero, en realidad, eran muy serios. Araujo era un hombre que estaba totalmente convencido de la posibilidad de llegar a un acuerdo. Cuando Saraiva Guerreiro y su equipo (el secretario general Baena Soares, Rubens Ricúpero y otros) reemplazaron el equipo de Geisel, el diálogo se hizo fluido y fácil.

Los otros interlocutores eran los políticos. Yo tenía una excelente relación con senadores y gobernadores. Un importante interlocutor de gran peso en la historia brasileña fue el senador Sarney. Otro importante fue el gobernador de Bahía entonces y actual presidente del Senado, Antonio Carlos de Magalhaes. También lo eran los senadores representantes de la oposición de más peso en ese momento.

Desde luego, tenía diálogo importante con el general Costa Cavalcanti, con quien en un momento dado llegamos realmente a comprender que estábamos negociando de buena fe las dos partes.

Otro interlocutor importante era el embajador Nogueira Batista, puesto que él me dio mucho respaldo desde NuclearBras, ya que estaba convencido de la necesidad de cooperación nuclear argentino-brasileña y del apoyo argentino frente al peso de la presión norteamericana.

Importantísimos interlocutores eran los medios de prensa. Los periodistas y los dueños de los medios. Roberto Marinho en *O Globo*, los Mesquita, de San Pablo, mi viejo amigo Nascimento Brito que controlaba la redacción del *Jornal do Brasil*. No puedo olvidar la *Gazeta Mercantil* y su inteligente equipo. Eran interlocutores muy frecuentes cuyo apoyo requería. Tuve la suerte de conseguir que todos se convencieran de que era indispensable el acuerdo con la Argentina. Obviamente que los detalles de Corpus e Itaipú no les interesaban para nada, pero sí que había que llegar a un acuerdo con la Argentina.

Del lado argentino, en cuanto a la parte técnica, los dos fundamentales interlocutores que yo tenía, firmes partidarios de una solución racional y razonable, eran el ingeniero Bronstein, subsecretario de Energía, un hombre de gran capacidad, y el almirante Colombo, otro hombre de gran competencia técnica y de gran sensatez política, que estaba al frente de Corpus Binacional.

Respecto de los cancilleres, tanto el canciller Guzzetti como el canciller Montes no creaban obstáculos, pero tampoco eran un motor a favor. Sí lo era el subsecretario de Relaciones Exteriores, el entonces capitán Allara. El ingreso del brigadier Pastor dio un impulso importante al diálogo.

Quienes se oponían fundamentalmente era alguna gente que estaba en la cuenca del Plata, como el ingeniero Foschini Mejía, un fundamentalista del Corpus 120. Había alguna oposición en políticos, curiosamente De la Rúa, que sacó artículos en *La Nación* tomando la línea del almirante Rojas. Fue el único político, que yo recuerde, que haya publicado un artículo en contra.

No tenía yo apoyo de parte de Frigerio. Si bien tanto Frondizi como Frigerio me habían respaldado para que fuera a Brasil como embajador, dos años más tarde Frigerio estaba tan enfrentado a la política de Martínez de Hoz que consideraba sumamente perjudicial para el partido que yo estuviera presente en la embajada. Además, había llegado a la conclusión de que era matemática y filosóficamente imposible llegar a un acuerdo con Brasil, sobre todo por los intereses norteamericanos.

De modo que, en un momento dado, desde el MID se me planteó el ultimátum de que dejara la embajada. Yo dije que no, que continuaba, no solamente porque creía que el acuerdo era posible sino indispensable. En una oportunidad que viajé a Buenos Aires hicieron una reunión realmente severa donde toda la conducción, con la sola excepción de Héctor Magnetto –que formaba parte en ese momento de la conducción de hecho del MID, y ya era por supuesto el hombre más importante de *Clarín*–, no me respaldó.

Es importante destacar que la embajada mantenía un diálogo fluido con todo el espectro opositor en Brasil, inclusive con sectores más próximos, no diría al radicalismo subversivo que en Brasil había prácticamente desaparecido, sino a personas que por razones de intereses personales habían estado vinculados con gente incorporada a los movimientos terroristas.

Yo gestioné y obtuve, en ese sentido, la liberación de tres detenidos brasileños en la Argentina. Un caso fue a pedido de sus familias, que eran de importantes diplomáticos brasileños. Otro caso, a pedido específicamente de un periodista del *Folha de San Pablo*, gente que no tenía la misma capacidad de acceder personalmente a medios diplomáticos. A su vez, accidentalmente en la embajada pasaban de vez en cuando requiriendo documentos gente que había estado vinculada con movimientos subversivos argentinos y que yo por circunstancias personales había conocido.

En aquella época uno tenía amigos y conocidos que personalmente habían estado metidos en la subversión, y yo en general tenía la tesis de que si pasaba por Brasil alguien que se presentaba a la embajada y que tenía interés en conseguir pasaporte o renovarlo para ir a Europa, había que facilitarlo. Esto lo pude hacer en más de una oportunidad.

Recuerdo que en una ocasión tuve un diálogo con una persona cuya hermana había sido de mi amistad, con la que había una gran cantidad de temas de coincidencia, de visión del mundo, de objetivos vitales, hasta que de pronto las conversaciones avanzaban sobre cómo se gestaba la acción ofensiva y defensiva, subversiva y represiva en la Argentina, y entonces sucedían cosas extrañas, era como si a esa rueda que funcionaba perfectamente se le saltara un diente. Por ejemplo, le pregunté en una oportunidad por qué razón habían asesinado en su grupo al general Actis, que era el presidente del Ente Organizador del Mundial de Fútbol, y esta chica me miró sorprendida y me dijo: "Porque era un enemigo, era un general y era fácil matarlo". Y después volvía a conversar y era una persona que podía desarrollar una charla sobre la Capilla Sixtina con una belleza y objetividad absolutas. Un hecho realmente extraordinario.

Pero naturalmente a Brasilia eran pocas personas las que llegaban, aunque no faltaron casos, no todos del tipo personal del anterior, en el que la hermana había sido asesinada criminalmente por un grupo operativo. En otros casos, por ayuda solicitada a través de intermediarios. También el pedido de empleo de argentinos en Brasil era bastante frecuente puesto que, sin perjuicio de que había empezado en algunos aspectos una mejoría de la economía argentina, ya sea por razones económicas o de simpatías políticas había en Brasil una cantidad importante de argentinos que necesitaban conseguir trabajo.

La Cancillería brasileña como tal jamás entró en ningún tipo de conversación, ni nosotros lo hicimos, vinculada con actividades de grupos subversivos allá o acá. Obviamente eso no quiere decir que los establecimientos de inteligencia y en algunos casos los establecimientos militares no tuvieran una red de informaciones comunes y, eventualmente, de actividades orgánicas que operaban en total secreto.

La creación del clima bélico

¿Cómo influyó la crisis en la relación con Chile en las relaciones con Brasil?

El tema chileno era seguido por los brasileños con atención, como también era ya seguido con preocupación el tema Malvinas. Obviamente, seguí el tema chileno desde la embajada con máxima preocupación.

Yo había tenido con Allara la conversación a que me referí anteriormente y estaba sumamente preocupado por la marcha del tema chileno. Porque si bien es cierto que no había lanzada en ese momento una campaña antichilena en la prensa argentina, sí se había lanzado una campaña que prenunciaba una solución en la que la Argentina iba a tener reconocidos algunos derechos territoriales. Esto era un tremendo error porque, la verdad sea dicha, había muy poca perspectiva de que se diera un reconocimiento territorial a la Argentina a partir del momento en que los dos países habían coincidido en que la ley de juego iba a ser la aplicación del derecho puro.

La posibilidad de una solución *ex aecquo et bono* había sido rechazada y hay que recordar que éste fue el párrafo inicial del laudo arbitral. Yo estaba convencido de que íbamos a perder las tres islas, y por lo tanto había sugerido al gobierno que hiciera esa campaña poniendo el eje en lo que la política del tiempo de Onganía y Lanusse del Consejo Nacional de Seguridad había enfatizado, a saber: el acceso por aguas propias a Ushuaia y la salida por los canales fueguinos como el interés estratégico fundamental.

Cuando sale el laudo y se produce la reacción argentina declarándose la nulidad del mismo, causó sorpresa en Brasil, pero no demasiada reacción, ya que no hubo mayor mención en la prensa debido a que el gobierno chileno no gozaba de simpatía en Brasil en ese momento. De modo que la Argentina en el año 77 todavía no tenía imagen negativa, que en general nunca tuvo frente a la prensa brasileña durante todo el ciclo hasta el año 80. Y Chile sí la tenía.

Cuando los ruidos bélicos empezaron a acrecentarse, a mí me preocupó enormemente, hasta el punto de que empecé a viajar a Buenos Aires con el pretexto de Itaipú pero para hablar del tema de Chile. La conversación más interesante que tuve fue con el general Viola, jefe del Estado Mayor del Ejército en ese momento. Le planteé la tremenda alarma que me producían los crecientes preparativos militares, la campaña en la prensa y la creación del clima bélico ante una circunstancia que evidentemente no autorizaba una reacción semejante, señalando además lo que ocurriría continentalmente.

Yo había hecho un estudio, en un momento en que la gestión de Itaipú estaba parada, sobre el Libro VIII de Clausewitz, tratando de aplicar a todas las hipótesis de guerra del mismo el caso chileno. En un memorándum de algunas páginas intenté demostrar cómo ninguna de las hipótesis de Clausewitz se aplicaba al caso chileno, sumando incluso todos los desacuerdos que en ese momento existían. Envié el trabajo al general Mallea Gil.

Viola me escuchaba atentamente, con esa cara un poco irónica que ponía, mientras yo le decía que nos estábamos deslizando cuesta abajo al choque. De repente, me dijo: "Dígame, ¿usted cree que en América Latina es posible hacer una guerra sin permiso de Estados Unidos? ¿Usted cree que Estados Unidos nos van a dar permiso para hacer la guerra? Está muy equivocado, aquí no va a haber guerra con Chile".

Los hechos le dieron la razón, aunque también demostraron que se estuvo muy cerca, que fue un cálculo muy arriesgado. Esa conversación con Viola ocurrió varios meses antes de que se produjera la mediación del Papa.

Otra anécdota importante sobre el particular, que demuestra cómo las cosas requerían un cambio muy enérgico, fue una conversación que mantuve con el almirante Montes, que había sucedido a Guzzetti en el Ministerio de Relaciones Exteriores. Montes viajaba a Nueva York, supongo que a la Asamblea de las Naciones Unidas, yo pasaba por Río de Janeiro y bajé a verlo. Quería saber qué era lo que pasaba con Itaipú. Lo encontré extremadamente preocupado, abatido, muy desesperado; me dijo: "La guerra con Chile es inevitable". Y esto debe de haber sido a fines de septiembre.

De hecho, esto respondía también en buena parte a la polémica interna Ejército-Armada y a la irresponsabilidad con que se manejaban esas cosas. El punto de vista de Montes era naturalmente el de parte de la Armada.

La guerra con Chile no se produce por Videla. Videla retoma la Cancillería, nombra a su concuñado el brigadier Carlos Pastor ministro de Relaciones Exteriores y aprovecha para embarcarse en la línea de negociación que impulsaba la embajada de Estados Unidos.

Pero la situación llegó a ser tan crítica que yo recibí en el transcurso de mi estada en Brasil el fatídico telegrama del 20 de diciembre de 1978 que me daba instrucciones en 24 horas, para cumplir 48 horas después, informándole a Itamaraty que en ese momento se estaba produciendo el ataque de las Fuerzas Armadas argentinas a Chile.

¿Y los brasileños qué visión tenían del conflicto?

Brasil no lo podía creer. Yo creo que nunca llegaron a elaborar en serio la hipótesis de la guerra argentino-chilena, pero estoy seguro de que la reacción brasileña hubiera sido muy mala. Brasil no hubiera podido aceptar un cambio del *status quo* del Cono Sur impuesto por la fuerza por la Argentina.

Es aventurado decir hasta qué punto podría haber llegado una reacción brasileña, pero ciertamente hubieran funcionado en ese momento los debilitados reflejos de la vieja amistad brasileño-chilena del tiempo de Río Branco. No podría decir si hubo algún nivel de preparación militar brasileño en el sur. No me consta. Probablemente, Brasil haya tenido suficientes contactos con Estados Unidos como para haber llegado a la misma conclusión que el general Viola. Es decir, que los norteamericanos no iban a permitir la confrontación. Pero la historia está llena de errores de cálculo, y las Malvinas lo demostraron poco tiempo después.

Lo que yo puedo decir es que las 24 horas más angustiosas de mi vida fueron las que pasé luego que recibí aquel telegrama, hasta que llegó la noticia de la intervención del Papa, que fue realmente "intervención", puesto que el Papa utilizó esta palabra dos veces en el documento en el que anunció la mediación.

A partir del momento de la mediación papal, el tema se distendió y en Brasil en general se tenía cierta simpatía con la posición argentina, sobre todo en lo relativo a la expansión de Chile sobre el Atlántico. Brasil realmente no tenía interés en que Chile se metiera en el Atlántico. Todavía tenía peso la idea de los países atlánticos y los países pacíficos ya que estábamos en una etapa de globalización no lo suficientemente avanzada como para que el tema decreciera en importancia. La tesis de Brasil era muy simple, si somos dos en el Atlántico, ¿para qué queremos tres? El Atlántico Sur es de Brasil y la Argentina.

De manera que, en general, ellos, yo diría que en cuanto al tema de fondo, coincidían con la Argentina. Más aún, se hizo un ejercicio académico en la Escuela Río Branco en el que se hizo participar de una manera discreta a la posición argentina y la chilena sobre el tema del Beagle. Nosotros hicimos las argumentaciones de nuestro lado, los chilenos hicieron las suyas y en votación ganó la posición argentina.

Pero otra cosa hubiera sido la guerra. No tengo duda de que para Brasil una guerra ejecutada por la Argentina contra Chile, con el probable resultado letal que hubiera tenido para Chile en ese momento puesto que yo creo que ni los argentinos tenían noción de la potencia militar argentina, jamás hubiera sido aceptada, si es que no se intervenía. No sólo nosotros hubiésemos deteriorado nuestras relaciones para siempre con Chile, sino que hubiéramos deteriorado por muchísimos años nuestra relación con Brasil, que ciertamente hubiera considerado a la Argentina como un país con el que realmente no se podía manejar asuntos serios. Felizmente, las cosas se orientaron de otra manera en ese momento.

¿Cómo finalizó su misión en Brasil?

Al concluir la negociación con Brasil y Paraguay, y con la firma del acuerdo tripartito, tal como era de esperar, se avanzó en las conversaciones bilaterales. Las dos entrevistas de nivel presidencial, en Brasil y Buenos Aires, pusieron en marcha obras de infraestructura conjuntas, como el puente sobre el río Iguazú, acuerdos de cooperación nuclear, acuerdos de cooperación hidroeléctrica sobre el río Uruguay, y otros proyectos semejantes.

A partir de aquel momento, en que se había introducido un cambio cualitativo en la relación argentino-brasileña, mi misión en Brasil estaba terminada.

Se me requirió que me quedara un tiempo más, hasta que concluyera el período del presidente Videla, y como eso significaba una estada de unos meses que permitían redondear algunos aspectos de detalle de la gestión, acepté hacerlo.

Tenía una insistencia fuerte de algunos dirigentes del MID para que regresara a Buenos Aires en función de lo que podía considerarse un costo político por tener vinculación con un gobierno que experimentaba un profundo desgaste. El MID tenía un enfrentamiento de fondo con la política económica del gobierno y con algunos aspectos de su política institucional. El enfrentamiento con la política del doctor Martínez de Hoz era muy notorio. Personalmente tenía también una discrepancia grande con su política en particular, por lo que consideraba un cambio estructural en la relación económica de la Argentina con el mundo, a partir de la nueva forma de endeudamiento externo.

Un peso muy propio

¿Usted llegó a tener un programa de radio en Brasil?

Al final de mi gestión, cuando ya tenía poco que hacer, armé un programa de ópera en una radio brasileña que la presentaba como el embajador de la Argentina junto con una funcionaria de la embajada de Estados Unidos. Fue un programa que tuvo bastante éxito, y creo que quedó instalado los sábados hasta el día de hoy. Pasaba una ópera completa que introducía y comentaba. Hacíamos un diálogo con esta chica norteamericana que había sido esposa de un tenor portugués. Era un programa sumamente escuchado que tenía después diálogos telefónicos con el público muy divertidos.

La vida en Brasilia representaba una experiencia muy interesante. Brasilia todavía en ese momento no era una ciudad terminada, parecía una obra en construcción buena parte de ella. Estaba llena de manchones rojos, de terrenos baldíos. Había una alta densidad política, era muy fácil hablar con los políticos; obviamente en ese sentido los embajadores tenían puertas muy abiertas y el embajador argentino era un hombre muy importante. En Brasil siempre lo fue.

Naturalmente ahora estamos en la época del Mercosur y es distinto, pero históricamente si el embajador brasileño no se destacaba de manera especial era uno más. En Brasil, en cambio el embajador argentino tenía un peso muy propio.

En ese sentido Brasil ofrecía grandes ventajas en una misión como la que yo tuve que desempeñar, que tenía lugar en Brasilia. Ciertamente la permanencia allí no se hacía monótona a despecho de que la ciudad no tenía demasiadas cosas para ofrecer.

La actividad me retenía en Brasilia y el diálogo cotidiano con la prensa al que ya me referí hacía que fuera una persona conocida en la calle.

48 horas extremadamente tensas

Ecuador y Perú en el 81.

Yo había tomado mis únicas vacaciones desde que fui nombrado embajador en Brasil más de cuatro años antes, en enero del 81 en Río de Janeiro donde pasé varias semanas. De regreso a Brasilia en el aeropuerto me estaba esperando un funcionario de Itamaraty que me dijo: "el secretario general Baena Soares lo está esperando en su despacho ahora mismo porque acaba de producirse una brusca crisis en la Cordillera del Cóndor y estamos al borde de la guerra entre Perú y Ecuador. Hay que movilizar la Comisión de Garantes". Este mecanismo era para mí conocido porque había integrado la Comisión de Garantes en 1960 como encargado de negocios argentino cuando se produjo la denuncia del Protocolo de Río de Janeiro por Ecuador, aunque esta vez tenía la ventaja de poseer alguna información previa sobre el tema.

Esa crisis tuvo características idénticas a la del año 95 en cuanto a su mecanismo inicial y su causa profunda. Ésta seguía siendo la paralización en la última etapa, de demarcación de la frontera entre Perú y Ecuador como consecuencia de los argumentos planteados por el gobierno ecuatoriano de la imposibilidad de esa delimitación en la única zona del mapa del Protocolo de Río de Janeiro que no adopta criterios puntuales sino geográficos; es decir, la división de las aguas en los alrededor de 70 kilómetros que quedan todavía por demarcar.

La peculiaridad de la zona radica en dos aspectos fundamentales. El primero es su condición realmente hostil desde el punto de vista natural –es una selva ecuatorial ubicada a mucha altura en condiciones sumamente difíciles para explorar y para trabajar–. El segundo dato es que la zona es de acceso fácil desde el lado de Ecuador y difícil del lado de Perú. Ese acceso fácil del lado de Ecuador da al ejército ecuatoriano una gran ventaja táctica que compensa la superioridad estratégica que en general tiene Perú sobre Ecuador desde todo punto de vista.

La operación se había producido sobre la base de la ocupación por tropas ecuatorianas de determinados puntos en la zona de disputa desde las posiciones que el cese de fuego oportunamente había fijado en el año 1942.

Durante 48 horas los miembros de la Comisión de Garantes no pudimos movernos del despacho de Baena Soares. Los integrantes éramos: el secretario general, embajador Baena Soares, el embajador Robert Sayre –norteamericano– y el embajador Fernando Zegers Santa Cruz –de Chile–. Se trataba de conseguir el cese de fuego por una parte, el *disengagement* de los efectivos militares y posteriormente la constitución de la Comisión de Observadores para respetar las condiciones que se hubiera podido eventualmente acordar.

En ese momento había en Ecuador y Perú gobiernos civiles, habían sido los primeros países que a fines de la década del 70 habían terminado sus administraciones militares. El presidente del Perú era Fernando Belaúnde Terry, y el de Ecuador, Jaime Roldós. El movimiento militar inicial fue ecuatoriano.

De lo que se trataba era de restablecer el *status quo ante* roto por Ecuador so pena de que la crisis escalara. Existía la posibilidad efectiva de que Perú –que difícilmente habría podido restablecer en la zona las condiciones militares anteriores por esa dificultad táctica que señalé anteriormente– resolviera el problema del modo como se había hecho en 1942 avanzando sobre Guayaquil. Desde el punto de vista de la instrumentación del tema diplomático los ecuatorianos pretendían, dada su denuncia del Tratado de Río de Janeiro, que la solución fuera tratada no por los países garantes sino por la OEA, y Perú obviamente pretendía que intervinieran los países garantes.

En la OEA el tema avanzaba. Se dio una de las más curiosas circunstancias de la historia del sistema panamericano de esos días: que Paraguay y Nicaragua presentaran un proyecto en conjunto para proponer la iniciativa del Consejo de la OEA en el tratamiento del conflicto.

Perú dio un ultimátum de 48 horas para que la situación se corrigiera. Los países garantes consideraban que su obligación era resolver el problema entre ellos.

De manera que había dos problemas fundamentales: primeramente que los dos países aceptaran la competencia del Comité de Garantes, y en segundo lugar que aceptaran la solución que el mismo iba a proponer. El tercer problema que se abriría inmediatamente era la forma en que se implementaría la solución.

Esas 48 horas fueron extremadamente tensas. En varias oportunidades se tuvo la sensación de que se quebraba la posibilidad de una negociación y que el conflicto se generalizaba. Pero finalmente se consiguió primeramente que Ecuador aceptara la competencia de la Comisión de Garantes y en segundo lugar que Perú aceptara la fórmula.

La redacción de la fórmula finalmente adoptada fue hecha por el jefe de gabinete del embajador Baena Soares, Rubens Ricupero y por mí. El embajador norteamericano trabajaba fundamentalmente en la preparación de lo que iban a ser los elementos logísticos para luego hacer funcionar la Comisión de Observadores, y Baena Soares se ocupaba de manera febril de las conversaciones telefónicas con Lima y Quito que en ese momento eran extremadamente difíciles. Probablemente el incidente no habría sido tan grave como en efecto fue si se hubiera dispuesto de las actuales comunicaciones; entre otras razones porque se habría podido llegar más rápido a la convicción de las partes de que el riesgo bélico era sumamente alto.

En 1995 quizá nunca hubo, a pesar de la tentación que sobre el particular tuvo algún sector del ejército peruano, la posibilidad real de la extensión del conflicto. En cambio en 1981 las condiciones eran muy diferentes, podía realmente haberse dado una extensión del conflicto con consecuencias imprevisibles.

Finalmente la fórmula se aceptó, se produjo el *disengagement*, los ecuatorianos se retiraron a las posiciones previas, se produjo la separación de los efectivos militares y se constituyó la Comisión de Observadores. Durante el tiempo siguiente que duró mi gestión en Brasilia el grueso del trabajo fue monitorear desde el Comité de Garantes la acción del Grupo de Observadores. Este monitoreo fue sumamente difícil porque la acción del

Grupo de Observadores estaba plagada de dificultades en la zona. Allí aprendí la enorme importancia que en conflictos de este tipo tiene la implantación inmediata de un grupo que vigile e imponga el respeto del cese de fuego.

Una salida política de construcción sumamente difícil

¿Cuál era su análisis a fines de los años 70 sobre la deuda?

Martínez de Hoz había representado una visión de la economía mundial que ciertamente correspondía en algunos aspectos al proceso de globalización en marcha. Algunas de sus ideas en materia de apertura económica correspondían probablemente a lo que estaba ocurriendo en el mundo. Por otra parte, la idea que tenía todo su equipo respecto de la relativa indiferencia del desequilibrio de las cuentas externas, sobre la base de que se producía de alguna otra manera una especie de ajuste automático en la balanza de pagos, a mí personalmente me producía una profunda preocupación.

La tesis conforme a la cual el endeudamiento generado en la cuenta corriente resultaba en última instancia indiferente porque se lo podía equilibrar en la cuenta general de la balanza de pagos vía endeudamiento representaba desde el punto de vista de la fotografía una realidad. Era evidente que había, luego de la segunda crisis de petróleo del año 79, una masa enorme de capitales dispuestos a ser colocados en un país como la Argentina, pero ello no ocultaba sin embargo la realidad de que la película iba a tener un distinto desenlace. La fotografía, en efecto, mostraba que se cubría el bache en la cuenta corriente, pero sobre la base de una transformación sustancial en la relación entre la economía argentina y el exterior, es decir, el endeudamiento. Y era una deuda que no podía ya ser en adelante afrontada con los recursos normales de la balanza comercial.

La Argentina había sido un país que había tenido tradicionalmente dificultades en su cuenta de capital y una situación cómoda en la cuenta corriente. Al revés de lo que pasaba con Brasil y México, países que habían tenido mucha más posibilidad de captación masiva de inversiones externas y de aportes públicos de capital internacional, con lo que equilibraban su normal déficit de cuenta corriente. Eso traducía, por otra parte, el crecimiento de las economías brasileña y mexicana, y en cambio la apacibilidad de las cuentas argentinas reflejaba el estancamiento de la economía.

Ahora bien, la forma como la economía argentina empezó a endeudarse a partir del sistema llamado "de la tablita", que a mí personalmente me parecía tan imposible de implementar que calculé que iba a durar muy pocos meses –y me equivoqué de medio a medio–, creció de manera exponencial. Este endeudamiento de crecimiento exponencial iba a determinar que a partir de un momento dado, el problema central de la política exterior pasara a ser la deuda externa, que fue a lo que me referí, provocando bastante sorpresa, en la primera declaración que hice como ministro de Relaciones Exteriores.

¿Cómo se produjo su designación en el gabinete del general Viola?

El ofrecimiento del Ministerio de Relaciones Exteriores para el gobierno que iba a presidir el general Roberto Viola me vino por intermedio de Rosendo Fraga vía el futuro ministro del Interior, general Horacio Liendo, que había montado un equipo en el que los nombres habían sido propuestos en su totalidad por él. Con la sola excepción del ministro de Economía, Lorenzo Sigaut, que fue decidido personalmente por Viola.

¿Cuál era el objetivo del equipo formado por Liendo? Muy simple: el retorno a la Constitución. Ésa era la prioridad uno.

Sigaut era un candidato que se veía venir, porque Viola solía decir a la prensa o a otros interlocutores que era el único economista al que le entendía, lo cual era una manera ducha de indicar lo que iba a ser en definitiva su elección. Viola era un enemigo declarado de la política de Martínez de Hoz. Por otra parte, había una orientación clara hacia una política económica diferente en función de una apertura política, de lo cual resultaba a su vez un replanteo en la política internacional.

El representante de la política internacional iba a apuntar a retomar una buena relación con Estados Unidos, cuya condición *sine qua non* era el restablecimiento de las instituciones democráticas. Esto era claro, a despecho de que se había producido un cambio en el gobierno norteamericano. No había la más mínima duda de que el tránsito del gobierno de Carter al gobierno de Reagan no iba a significar en esta materia un cambio de la política norteamericana. Ciertamente, el énfasis a veces impertinente que gente del equipo de Carter ponía en la política de promoción de las instituciones democráticas y defensa de los derechos humanos no iba a determinar una diferente línea por parte del gobierno de Reagan, aunque la forma de presentar la política pudiera no ser la misma.

De manera que si el gobierno quería restablecer una buena relación con

Estados Unidos, que en ese momento estaban sumamente resentidas, no había nada más que un camino posible, y esto implicaba que la era de los gobiernos militares había llegado a su fin.

Había tres objetivos concordantes: el restablecimiento de las instituciones democráticas, el replanteo de la política internacional en esa línea, y el replanteo también de una política económica que había revelado su agotamiento, en la medida que había quedado en evidencia que la capacidad de endeudamiento de la Argentina estaba colmada. La devaluación parcial y muy reducida del 10% de la moneda dispuesta por Martínez de Hoz sobre el fin de su período fue una especie de anticipo de lo que debería venir después.

A esta línea general de la política a seguir se agregaba también un punto de vista sobre cuál podía ser el desenlace previsible de esa apertura. Hay que tener en cuenta que estábamos todavía en una etapa en la que la relación de fuerzas entre militares y civiles no era la que se planteó después de la guerra de las Malvinas, aunque venía desgastándose progresivamente la cohesión y la fuerza del gobierno militar. Todavía la oposición civil estaba sumamente dispersa.

El cuadro continental era bien diferente. El gobierno brasileño era muy fuerte, tenía el total control de la situación en sus manos. El resto del cuadro latinoamericano, con la sola excepción de Perú y Ecuador que habían vuelto a los procesos democráticos, se mantenía dentro de la tesitura que se había montado durante la Guerra Fría. Quedaba claro que era menester un serio proceso de negociación con los partidos políticos, que había que relegitimar la acción de los partidos políticos que estaban hibernados por la legislación del proceso militar. Y además había que tener una idea sobre cuál era la posible alternativa al sistema.

Yo personalmente creía que la salida deseable era un gobierno radical. Me parecía sumamente difícil que los militares llegaran a una forma de compromiso que permitiera un regreso del peronismo al poder, sin perjuicio de que pudiera haber, en algunos aspectos, muchas afinidades entre sectores del peronismo y sectores militares.

¿Esa idea era compartida por el general Liendo?

Personalmente pienso que sí. Nunca lo explicitábamos demasiado claramente pero no tengo duda de que estaba en el ambiente. Diría que además, probablemente, Viola pensaba lo mismo, porque Viola era constitucionalmente un radical, y por otra parte, era un colorado, y en realidad todos los militares colorados tenían afinidades muy grandes con el radicalismo y eran profundamente antiperonistas. Los hechos posteriores demostraron, por otra parte, analizando el voto de las Fuerzas Armadas en el año 1983, a pesar de la campaña que venía lanzando contra ellos Alfonsín, que en efecto los militares y sus familias preferían masivamente el radicalismo a la alternativa peronista.

El gobierno de Viola y la conducción política de Liendo se orientaron entonces decididamente a la negociación, particularmente con los radicales. En los meses que duró la administración Viola, las conversaciones con el radicalismo y todos sus dirigentes fueron sistemáticas. Todos los dirigentes sin excepción, que habían tenido desde luego conversaciones con el gobierno militar con anterioridad, lo hacían ahora con habitualidad, para establecer las reglas del juego de convivencia.

No es un secreto para nadie que el ministro del Interior de Videla, el general Harguindeguy, tenía conversaciones habituales con dirigentes políticos partidarios. Pero en el caso del nuevo gobierno, la cosa apuntaba hacia una salida política que ese momento resultaba todavía de construcción sumamente difícil.

La cuestión giraba sobre el compromiso que debía llevar a una solución política que no produjera los resultados de 1973. Esto era algo de lo que todavía había que conversar largamente con las Fuerzas Armadas. El fantasma del camporismo pendía sobre los cuarteles militares de una manera ominosa y por supuesto está muy en relación con los acontecimientos posteriores, particularmente con la operación Malvinas.

De modo que el eje de la nueva política fue el restablecimiento del gobierno constitucional con una negociación que seguramente tendría al radicalismo como eje. El presidente del Comité Nacional, supuestamente clandestino pero que existía a plena luz a despecho de las previsiones vigentes, Contín, era un interlocutor habitual de Liendo. Como también lo eran los que no representaban la línea del Comité Nacional, empezando por Alfonsín, con el que tuve personalmente varias conversaciones, sin que eso significara que a mí me tocara ser protagonista en la parte político-institucional.

¿Cuáles fueron las líneas de política exterior que usted trazó desde la Cancillería?

La política exterior que tenía que trazarse en ese gobierno de transición tenía como prioridad la normalización de las relaciones con Estados Unidos.

Las relaciones con Brasil habían alcanzado un punto nuevo, que desde entonces no se modificó. Se había producido una inflexión, que en adelante avanzó en todas las etapas que condujeron a la realidad actual del Mercosur.

La relación con Chile era el tercer punto del panorama prioritario en el ámbito internacional, puesto que había entrado en un nuevo cono de sombra, en un severo período de deterioro por las razones que vamos a analizar de inmediato.

A estos tres problemas básicos se agregaba el tema Malvinas. Comenzaba a adquirir una dimensión de expectativa, particularmente como consecuencia del plan del ministro parlamentario de las Relaciones Exteriores, Mr. Ridley, el líder conservador que había llevado a las islas la propuesta del plan de retroarrendamiento, del tipo Hong Kong. Esa propuesta había tenido lugar el año anterior y estaba en ese momento vigente. El gobierno británico de Margaret Thatcher, que había adoptado la línea del retroarrendamiento, que significaba el reconocimiento de la soberanía argentina con la fórmula tipo Hong Kong por cincuenta años, la había propuesto a los isleños, y estaba en consideración de éstos. Desde luego, dentro del esquema, la decisión final correspondería al Parlamento. O sea que no se discutía en ese momento que la posición del Parlamento era *paramount*, cualquiera fueran los *wishes* o los *interests* de los isleños. La cuestión Malvinas avanzaba, por lo tanto, por una vía muy real, aunque no ostensible a la opinión pública, hacia una etapa nueva.

Por otra parte, había un conjunto de otras circunstancias que hacían de la política exterior un campo particularmente fértil. Una de ellas era el de las relaciones económicas con la Unión Soviética. El gobierno militar no había participado del bloqueo económico impuesto por Estados Unidos en la época de Carter contra la Unión Soviética. Al contrario, se había beneficiado grandemente de las acciones económicas impuestas por Estados Unidos, porque había pasado a convertirse en un proveedor sustancial de la Unión Soviética. La Argentina, de un día para otro, pasó a exportar miles de millones de dólares de productos agrícolas a la Unión Soviética. De manera que las relaciones con el bloque socialista, paradójicamente, tenían un componente nuevo que las hacía sumamente relevantes.

Esto también proyectaba el caso Cuba a la necesidad de un nuevo análisis, sin perjuicio de que obviamente en América Central actuaban contradictoriamente dos tendencias. En primera instancia, las acciones alimentadas por el gobierno de Castro ante lo que él consideraba una nueva posibilidad revolucionaria en América Latina. Por otra parte, algunos sectores de las Fuerzas Armadas Argentinas, que en conexión directa con el Pentágono libraban su política de intervención en el área.

Había una serie de cosas sumamente contradictorias en ese momento entre los instintos de los militares, por una parte, y las necesidades objetivas de la política argentina por otra. Las necesidades objetivas de la política argentina habían llevado a la solución del problema con Brasil, a despecho de los instintos de las Fuerzas Armadas de ambos países, que habían debido superar décadas de tradiciones de mutua desconfianza para llegar a la solución a la que se llegó. En cambio, prácticamente la totalidad del espectro político señalaba una contradicción profunda entre los instintos, tendencias, ideología del establishment militar y las realidades objetivas.

Por ejemplo, con Estados Unidos existía la contradicción de que mientras los militares argentinos se consideraban una especie de reserva del mundo occidental, Estados Unidos consideraban que los militares argentinos representaban una forma de fascismo superada por la historia. Es decir, los militares argentinos querían ser los más incondicionales aliados de Estados Unidos en un área que a Estados Unidos, ni siquiera en el gobierno de Reagan, le interesaba esta actitud militar de la Argentina. Esto a despecho de que, sin embargo, en algunos planos subterráneos como el de las operaciones en América Central se pudieran producir acuerdos entre sectores de los dos establecimientos militares.

Obviamente, los militares argentinos odiaban a la Unión Soviética y todo lo que representaba, pero por otra parte las necesidades objetivas de la economía argentina llevaban a que las relaciones económicas con la Unión Soviética y el bloque socialista pasaran por un momento óptimo como nunca habían tenido antes ni jamás tendrían después.

El problema de las relaciones con Chile en ese momento superaba en dimensión de urgencia a todos los otros. La verdad sea dicha que la razón por la que yo acepté el Ministerio de Relaciones Exteriores fue el tema chileno. Ése fue, por otra parte, el factor decisivo que movió a Frondizi a darme un consentimiento que para mí era indispensable, ya que no hubiera aceptado el Ministerio de Relaciones Exteriores sin la aprobación de Frondizi y de Frigerio. Los dos coincidieron en que tenía que aceptar el ministerio. Probablemente, en el caso de Frigerio, porque tenía la esperanza de que pudiéramos gravitar en la política económica, que él consideraba que se iba a cambiar. Sabía perfectamente que Viola tenía un distanciamiento profundo con la política económica de Martínez de Hoz. Lo que probablemente en ese momento nadie sospechaba era que los comandantes de la Junta no tenían tal distanciamiento, hecho que iba a ser uno de los datos más importantes de lo que ocurrió a continuación.

La designación de Viola como presidente fue conflictiva entre los comandantes.

Viola hizo una jugada sumamente curiosa: pasó a retiro, o sea, dejó el Comando en Jefe del Ejército una vez que consideró que había eliminado al grupo con el que estaba enfrentado, que era fundamentalmente el grupo de Menéndez, Suárez Mason y otros generales, con los que hubo un pusch y un contrapusch. Lo designó a Galtieri por razones difíciles de comprender. Viola tenía un candidato natural que era el general Vaquero, que era de su misma arma, un hombre que le iba a ser totalmente leal y que representaba el profesionalismo puro. Hay quien dice que la razón por la que Viola se pronunció finalmente por Galtieri fue el consejo de Videla, que no sería nada ajeno a lo que luego se demostró en la práctica: que Galtieri era un fiel seguidor del pensamiento de Martínez de Hoz, por lo que Galtieri iba a ser un adversario a cualquier cambio de la política económica.

Yo creo que las razones que van a motivar el golpe contra Viola se reducen en última instancia a la necesidad de remover un obstáculo para la operación Malvinas. La Armada se oponía a la designación de Viola, y aunque ya no estaba Massera al frente de la fuerza, el almirante Lambruschini seguía la misma política. Viola no les gustaba, pero en el caso del almirante Lambruschini, no había una oposición tan acendrada. La verdad es que no existía alternativa en ese momento, puesto que Videla tenía la decisión tomada de que fuera Viola su sucesor y no tenía la Armada un candidato alternativo. Es decir, no se produjo una situación semejante a la del reemplazo del general Onganía por Levingston en que la Armada vetó a López Aufranc y propuso específicamente a un candidato alternativo; acá la Armada nunca tuvo un candidato alternativo a Viola. Pero evidentemente no era santo de la devoción de ellos. En todo caso, estaban dispuestos a que su gobierno fuera débil y que prevaleciera en la medida de lo posible su poder en la Junta, aun cuando, obviamente, Lambruschini no era un hombre similar a Massera ni en sus aspiraciones personales ni en su juego político.

Lo más importante, que ha pasado en general al olvido en el repaso de los acontecimientos políticos de la transición militar, es que tres días antes de concluir el mandato de Videla y asumir la Presidencia Viola, la Junta resolvió el rechazo de la propuesta papal. Creo que fue el 17 de marzo del año 81. La propuesta papal que databa de agosto del año anterior había sufrido un proceso de análisis, de examen interno, de presiones y de luchas, pero finalmente la decisión de la Junta fue su rechazo. De manera que el estado de las relaciones con Chile amenazaba un nuevo deterioro.

Así que sin perjuicio de que el tema fundamental en ese momento en las relaciones exteriores argentinas fuera el replanteo de las relaciones con Estados Unidos, el problema más urgente era qué pasaba con Chile. Había que hacer revivir la relación.

¿Usted no fue consultado sobre esa decisión como canciller designado?

Para nada. Esa decisión se tomó estrictamente en el seno de la Junta. Creo que Viola tampoco fue consultado. Lo resolvieron Galtieri y Lambruschini. El documento de rechazo por la Junta era confuso. No quisieron asumir un desafío demasiado ostensible pero indudable. El camino de la mediación había llegado aparentemente a su fin. En ese punto Viola tenía una idea muy clara: era absolutamente necesario retornar a las negociaciones, restablecer la mediación, y para ello había que buscar una alternativa.

¿Qué iniciativa tomó, en consecuencia, como canciller, ante el conflicto con Chile?

Intentamos una línea de acción que no tuvo éxito, pero que había aceptado Viola cuando me preguntó cómo veía yo el problema de Chile. Le dije que era necesario restablecer la mediación y que la única forma que se podía pensar en ese momento para la resurrección de la mediación papal era proponerle al Papa que se incluyera en el ámbito de la mediación la solución de los otros diferendos con Chile, que en ese momento estaban prácticamente reducidos a la demarcación de la frontera y tenían en el caso del Lago del Desierto y lo que empezaba a vislumbrarse como el tema de los Hielos Continentales sus expresiones más significativas.

Mi propuesta era volver al espíritu de las negociaciones de Frondizi del año 60, es decir el "paquete". ¿Por qué el "paquete"? Porque permitía compensaciones en el campo político práctico, ya que las soluciones jurídicas eran bastante claras en todos los problemas. Yo no tenía la más mínima duda de que la solución jurídica del caso Beagle, que se había adoptado en el laudo británico y que había ratificado posteriormente el Papa, era básicamente correcta. Era apenas un cosmético sobre la fórmula de los árbitros que tenía a su vez su contrapartida igualmente clara tanto en el caso del Lago del Desierto como en el caso de los Hielos Continentales, que en ese momento, sin embargo, distaba de perfilarse como el conflicto serio que apareció después. Parecía que en esos casos los temas de demarcación favorecían a la Argentina, y eso permitía realmente un balance, ya que lo que se perdía por una parte se ganaba en otra, y se recomponía, como oportunamente le propusimos al Papa, no un área o zona de paz sino una frontera completa de paz.

Que el Ejército estaba en otra cosa lo iba a demostrar en la primera oportunidad el general Galtieri cuando, con motivo de un incidente provocado por el cuerpo de carabineros chileno, dispuso el cierre unilateral de la frontera, que nos llevó de nuevo casi al borde de la guerra.

¿Qué hechos distinguieron su gestión como canciller?

De la breve gestión de ocho o nueve meses que me tocó protagonizar, debemos subrayar: el restablecimiento del diálogo en materia de mediación papal, es decir, conjuntamente el diálogo con el Vaticano y con Chile; el replanteo de la relación con Estados Unidos; la política en América Central, particularmente en relación a El Salvador; la actitud asumida ante la presión norteamericana para que la Argentina formara parte de la "fuerza de paz" a despachar a la zona del Sinaí; y el espectro de relaciones con los distintos países latinoamericanos, particularmente con aquellos que habían ya normalizado sus procesos institucionales, sea décadas atrás, como en el caso de Venezuela, o recientemente, como el caso de Perú.

¿Cuáles fueron los puntos básicos en la relación con Estados Unidos?

El diálogo con Estados Unidos fue facilitado grandemente por la presencia en Buenos Aires de un muy brillante embajador norteamericano, Harry Schlaudeman. Era una de las figuras más destacadas del Departamento de Estado y desde luego tenía como misión prioritaria terminar en la Argentina con el gobierno militar, buscar la transición hacia un régimen democrático. Como ese objetivo era el mismo que el gobierno tenía, o que teníamos algunos en el gobierno, el diálogo con él fue desde el comienzo sumamente fácil.

En la relación con Estados Unidos, el tema América Central tenía particular relevancia. Una de las cosas que me fueron manifestadas con mayor claridad antes de asumir el ministerio por quienes estaban mejor informados de la posición del gobierno norteamericano, entre ellos algunos diplomáticos profesionales como Carlos Ortiz de Rosas, fue que el gobierno de Reagan había decidido trazar una línea que no se podía franquear. El gobierno de Reagan estaba dispuesto a hacerle la vida difícil a Nicaragua, como me lo iba a decir luego específicamente en esos términos el general Haig, pero podía convivir con ella; sin embargo, no estaba dispuesto a ceder la pieza de El Salvador. El Salvador era la línea trazada en el terreno.

Eso significaba un cambio en la política exterior de Estados Unidos, puesto que el canciller Pastor me había dicho que en ocasión de la asunción del presidente Roldós como presidente constitucional de Ecuador, Cyrus

Vance le había dicho que El Salvador estaba perdido, lo cual me causó un enorme asombro. Evidentemente Reagan no pensaba lo mismo.

Por otra parte, yo también estaba totalmente persuadido de que era absolutamente insensato pensar en comprometer la situación en El Salvador. Creía que el gobierno de El Salvador, bajo el presidente Duarte, tenía que ser de todas maneras ayudado, y que era indispensable que no se produjera un desenlace militar adverso. Eso llevaba evidentemente a un enfrentamiento con el gobierno de Cuba, que mantuvo un encargado de negocios en Buenos Aires durante todo ese período y jamás insinuó la posibilidad de designación de un embajador. De modo que prácticamente no hubo diálogo con Cuba y el tema fundamental era justamente El Salvador. Está claro que, sin perjuicio de que hubiera una línea civil de gobierno en la Argentina, entendiéndolo como el gabinete civil, y otra línea que manejaban por su cuenta algunos sectores de las Fuerzas Armadas, en ninguno de los casos se podía encontrar una fórmula de coincidencia con la política cubana en torno de El Salvador. Vuelvo a repetir que Castro estaba totalmente convencido, desde 1979, de que se había reabierto una posibilidad revolucionaria en América Latina. Y la Unión Soviética en ese momento respaldaba la acción cubana, sobre todo a partir del éxito aparente que tenía la revolución sandinista.

Nosotros manteníamos una relación formalmente correcta con la Nicaragua sandinista, pero obviamente no compartíamos la simpatía universal que en ese momento despertaba el sandinismo en las izquierdas democráticas europeas y en las izquierdas democráticas latinoamericanas, incluidos los partidos no izquierdistas pero democráticos argentinos. La simpatía por el sandinismo duró hasta su derrota electoral, que fue un verdadero drama para un sector muy grande del espectro "liberal" europeo, latinoamericano e incluso norteamericano. Nosotros no teníamos duda de que había que evitar cualquier tipo de intervención agresiva contra el gobierno nicaragüense, porque yo tenía bastante experiencia en la materia luego de lo de Cuba, pero que el precio era a su vez que se produjera el equivalente en El Salvador.

Así que por un lado había una línea subterránea militar que estaba dispuesta a prestar cualquier tipo de ayuda en la guerra sucia contra la guerrilla salvadoreña, posición que era no solamente no avalada, sino en la medida de lo posible obstaculizada por el gobierno. Por otro lado, existía un enfrentamiento manifiesto en la medida en que el gobierno sí estaba dispuesto a darle, y así se los habíamos manifestado a Estados Unidos, apoyo al gobierno de El Salvador en todo lo que fuera posible en el campo diplomático e inclusive en el campo económico. La Argentina llegó a hacerle un préstamo de hecho para la balanza de pagos a los salvadoreños sobre la base de depositar un porcentaje de reservas del Banco Central argentino en el Banco Central de El Salvador, en un momento en que resultaba necesario ese apoyo y Estados Unidos tenían dificultad para concretarlo. Así que nosotros hicimos un pacto con Estados Unidos: no le dábamos ningún tipo de apoyo militar pero sí apoyo económico y diplomático.

Este apoyo diplomático a El Salvador se iba a hacer particularmente importante cuando se produjo la famosa declaración conjunta franco-mexicana, que importaba una tentativa de reconocimiento virtual del Frente Farabundo Martí. Esa declaración, que fue uno de los pasos más audaces de la diplomacia de Mitterrand, recién inaugurado en la Presidencia, hacia América Latina y que implicaba un profundo desconocimiento de la realidad latinoamericana por parte de los europeos, tuvo lugar cuando yo estaba llegando a Washington en la visita oficial que hice en el mes de agosto. De suerte que, cuando salí del avión en Washington –en esa época no se tenían mecanismos de comunicación que permitieran hacer saber a los ministros de Relaciones Exteriores qué estaba pasando en el mundo fuera de la cabina del avión–, la primera pregunta de la prensa que me recibió fue qué pensaba de la declaración conjunta franco-mexicana. Le dije que no la conocía. Me mostraron el texto. La leí y dije que el gobierno argentino iba a estar en contra de esta declaración y de lo que ella significaba, porque de ninguna manera estábamos dispuestos a darle legitimidad política a un grupo que se estaba oponiendo por la vía de las armas al gobierno constitucional de El Salvador. Por otra parte era un gobierno civil que con todos los déficit que planteaba la situación salvadoreña en su conjunto fue una transición muy importante a lo que se ha llegado al día de hoy.

De manera que ahí fijamos una posición que se iba a mantener durante todo el ciclo, incluso en la Asamblea de la OEA, donde se aprobó una resolución sobre El Salvador, que fue no redactada pero sí orientada por la Argentina. Es decir, la fórmula que yo le propuse al canciller salvadoreño era: "Usted tiene que presentar un proyecto de resolución que sea aceptable para Brasil e inaceptable para México, porque si es aceptable para México es una resolución inocua y si es inaceptable para Brasil es una resolución inútil, así que tiene que tener una resolución que sea justo en el medio". Y en efecto fue lo que se aprobó, porque Brasil en ese momento, incluso con el gobierno de Figueiredo que no tenía un canciller de las características de Azeredo de Silveira, no estaba dispuesto a cualquier cosa que le pusieran por delante Estados Unidos. Nosotros tampoco estábamos dispuestos a cualquier cosa que nos pusiera delante Estados Unidos porque nos parecía simplemente poco inteligente. Los americanos, por otra parte, en esa materia cuando escuchaban un buen consejo lo aceptaban.

De lo que se trataba fundamentalmente era de descolocar la línea franco-mexicana, y frente a ella señalar que el sistema continental no estaba dispuesto a homologar una victoria armada de fuerzas que había razón para considerar subversivas, y por otra parte integradas en el sistema global de la Unión Soviética. Estábamos en plena Guerra Fría y en esa cuestión había que buscar definiciones lo más claras posibles.

De manera que, aunque no es el orden cronológico el que importa, el tema El Salvador fue uno de los tests para medir la relación con Estados Unidos. Es decir, la Argentina le mostró a Estados Unidos en ese momento que estaba dispuesta a darle un apoyo inteligente integral en lo que era la estrategia global respecto de la Unión Soviética. Ese apoyo integral no incluía ciertamente el respaldo de operaciones militares contra Nicaragua. La relación con el sandinismo en términos, por ejemplo, personales míos con el canciller de Nicaragua que era el sacerdote Scotto, fueron correctas, sin perjuicio de que yo considerara que las palabras que en general decía el nicaragüense no correspondían en absoluto a lo que pensaba. Yo personalmente no tenía ninguna simpatía por el gobierno sandinista y creía que era lo que luego demostró ser. Por otra parte, así como tampoco habíamos tenido simpatía por el castrismo en 1961, teníamos noción de que una vez que se habían cometido algunos errores, no se podía intentar repararlos por la fuerza en un cuadro en el que Estados Unidos no iban, en última instancia, a llegar hasta las últimas consecuencias. Había por lo tanto que hacer diplomacia.

El tema central con Estados Unidos consistía sin embargo en algo que no era nada fácil: la transición democrática, es decir, terminar con el gobierno militar. La marcha de la Argentina hacia una reconciliación con Estados Unidos que había que propiciar, a pesar del aparente cambio que representaban Reagan y su secretario de Estado, requería un cierto replanteo en la relación con el mundo latinoamericano. Ese replanteo suponía premiar los vínculos con países que en ese momento tenían gobiernos civiles. Por esa razón, en el muy reducido plan de visitas que encaré, la prioridad se la di a Venezuela y Perú.

La primera visita que hice como canciller fue a Venezuela, que en ese momento estaba presidida por Herrera Campins, del COPEI. Mi visita tenía como objetivo el diálogo con el canciller, pero Herrera Campins me hizo saber que quería verme ni bien llegara. Me invitó a una reunión con un grupo de políticos, y así fue que lo escuché mientras conversaba con sus amigos políticos del interior: era una reunión típica latinoamericana de presidente de la república y correligionarios. A continuación, me invitó a su despacho y sin testigos, ni siquiera su canciller, me dijo: "Supongo que lo que ustedes van a hacer es restablecer la democracia". Yo le dije que era una de las razones por las que estaba en su país y que mi mensaje de intención política de alguna manera lo íbamos a reflejar en la declaración conjunta que íbamos a proponer con el canciller venezolano. Agregué que necesitábamos reabrir el diálogo con Washington, en lo que Venezuela podía ser un importante intermediario, avalando cuáles eran las intenciones que tenía el gobierno argentino en ese momento.

Herrera Campins manifestó su gran complacencia ante el indispensable retorno de la Argentina a las instituciones constitucionales y me dijo al final lo siguiente: "Me va a permitir que le dé a usted dos consejos de la experiencia que hemos tenido acá en Venezuela. La primera regla del juego es que hay ciertos puntos que en el campo civil los partidos políticos no discutimos. Hay un conjunto de acuerdos básicos que con la Acción Democrática nosotros respetamos rigurosamente, sin perjuicio de todos los sufrimientos, desagrados, traiciones que se hacen en la vida política, de las heridas que nos infligimos mutuamente. Eso es indispensable que se haga en la Argentina. Y lo segundo es que es indispensable hacer un acuerdo básico en las Fuerzas Armadas y que existan ciertos puntos que ellos sepan que van a ser respetados por cualquier gobierno civil. Esas condiciones son necesarias en Venezuela, y necesarias en la Argentina también, a mi modo de ver".

Obviamente, esta iniciativa internacional era compartida por el gobierno, es decir, por Viola y Liendo, y no era obstaculizada por los militares, que probablemente no comprendían muy bien a dónde se apuntaba.

El segundo paso fue un movimiento similar con Perú. El presidente Belaúnde Terry tenía además en ese momento buena voluntad respecto de la Argentina, dado el papel que había tenido la Argentina en la Comisión de Garantes de Fronteras con Ecuador a comienzos del año 81. Hacía pocos meses que eso se había producido, y en ese incidente yo había tenido un papel sumamente activo, puesto que formaba parte de la Comisión de Garantes. Su resolución, sin perjuicio de que fue bien recibida por Ecuador, básicamente respaldaba los intereses de Perú, puesto que lo que habían hecho los garantes era imponer el retiro de los efectivos militares a la situación anterior. Eso en términos prácticos resultaba una victoria importante para la diplomacia peruana, ya que sin tener que utilizar hombres en el campo de batalla, donde por otra parte el éxito no era nada seguro, habían conseguido el resultado de una victoria militar. Sin perjuicio de que eso se hiciera dentro de un contexto de fórmulas que no implicaban por parte de los garantes ninguna toma de posición respecto del tema de fondo. Fórmula que Ecuador había considerado suficientemente satisfactoria y que Perú había tenido la inteligencia de aceptar comprendiendo que el tema de fondo, que era la presencia de los efectivos militares en la zona, había sido resuelto. El tema de fondo, desde luego, en el sentido de la crisis de coyuntura, porque quedaba pendiente la negociación de la solución final.

Las conversaciones de Perú no tuvieron el mismo interés que en Venezuela, en el sentido del análisis en detalle de las salidas del proceso político, pero obviamente Belaúnde Terry era simpatizante de cualquier esfuerzo que hiciera la Argentina para restablecer el sistema constitucional. En las declaraciones conjuntas, tanto la suscrita en Caracas como la suscrita en Lima, la defensa de las instituciones democráticas está registrada textualmente. Eso eran señales para Washington y preparatorias de lo que era fundamental: mi viaje a Washington, que se hizo después de estas visitas a Venezuela y a Perú.

El viaje a Washington tenía un objetivo fundamental: que el gobierno de Estados Unidos tuviera cabal conciencia de que era objetivo del gobierno argentino el restablecimiento de las relaciones democráticas. Esto fue dicho con total claridad y como mensaje del gobierno argentino al secretario de Estado Haig, a los funcionarios del Departamento de Estado, con quienes se realizaron las reuniones de trabajo del caso, y a los líderes del Congreso, con los que conversamos, incluido el senador Kennedy que manifestó interés en tener una conversación con el visitante.

El vicepresidente Bush fue muy explícito en cuanto a que no nos engañáramos en relación a la absoluta necesidad del restablecimiento de las instituciones constitucionales en la Argentina. El mensaje de Bush fue en ese sentido tan claro como el de Haig: los republicanos querían dejar claro, por si había alguna duda en la Argentina sobre qué era lo que ellos consideraban que debía hacerse en América, que respecto de Carter no se había cambiado en lo más mínimo. Más aún, como íbamos a comprenderlo ya no en el gobierno, la estrategia agresiva contra la Unión Soviética que iba a emprender Reagan era más importante que la de Carter, que no era agresiva.

El tema de los derechos humanos no lo iban a tocar con la retórica de Patricia Derian, pero lo iban a enfrentar con la misma firmeza. Simbólicamente, el secretario de Estado pidió por un caso específico, puntual, de una persona que estaba detenida en ese momento a disposición del Poder Ejecutivo. Cuando llegó al gobierno, Viola tenía más de 900 personas detenidas a disposición del Poder Ejecutivo, de los que más de 800 fueron en esos meses puestos en libertad. En general, el gobierno norteamericano tenía la misma insistencia en este punto que el que había tenido el gobierno anterior, llevada, eso sí, con formas de diplomacia más reservada, con mensajes sumamente insistentes. Cada senador norteamericano tenía su caso específico.

Demás está decir que para el gobierno norteamericano el segundo punto relevante con la Argentina era que no se reencendiera la situación con Chile. En ese punto, Haig me planteó tres problemas concretos: primero, con Chile había que llegar a soluciones de negociación; segundo, ese caso puntual de aquella persona cuya libertad requería el gobierno de Estados Unidos; tercero, un problema de tipo económico vinculado con los generadores de Yaciretá.

La relación con Estados Unidos se había facilitado enormemente puesto que los objetivos eran comunes. Estados Unidos había ya asimilado la conveniencia de una buena relación argentino-brasileña, lo que significó un cambio importante, porque eso no había sido el pensamiento tradicional del Departamento de Estado respecto del Cono Sur, ya que en realidad Estados Unidos siempre había descansado en la rivalidad argentino-brasileña.

El tema Malvinas estaba en ese momento en una vía diplomática comparativamente tranquila y aparentemente promisoria, y en materia de América Central la Argentina estaba dispuesta a respaldar la política de "contención" en la frontera de El Salvador y no existía ninguna pretensión norteamericana de que la Argentina diera cualquier suerte de respaldo diplomático a una operación agresiva contra Nicaragua.

Por otra parte, no había dudas del punto de vista del gobierno de Estados Unidos de que la Argentina al gobierno nicaragüense no le tenía simpatía. Es decir, no formaba parte de lo que iba a ser luego el Grupo de Contadora. Fue en esa oportunidad cuando Haig me dijo respecto del gobierno sandinista: "Nos limitaremos a hacerle la vida difícil".

Le propongo retomar el tema Chile.

La situación tenía carácter de urgencia cuando empezó el nuevo gobierno, según me referí anteriormente. Había que replantear el tema luego del rechazo de la propuesta papal. En eso estábamos, cuando se produjo muy inesperadamente, a pocas semanas de la inauguración del gobierno de Viola, el incidente del cierre de la frontera dispuesto unilateralmente por el general Galtieri. Del episodio nos enteramos a la madrugada. Yo lo fui a ver a Viola y le dije lo que opinaba: que eso era fundamentalmente un golpe de Estado y que tenía que resolverlo como tal. En realidad, el tema era muy grave desde el punto de vista diplomático, pero se trataba de una cuestión de lucha por el poder. A mi juicio, Viola tenía que aprovechar la debilidad en que se encontraba Galtieri ese día para sacarlo.

Viola, que era un interlocutor inteligente, escuchaba, lo miraba a uno detrás del cigarrillo que tenía permanentemente en la boca, y desde luego hacía lo que le parecía conveniente, que en general era no hacer nada.

El general Galtieri resolvió ese día el cierre de la frontera como consecuencia de una provocación de carabineros chilenos que detuvieron a dos oficiales argentinos. Es un poco oscuro lo que estaban haciendo los oficiales argentinos, pero era normal que en los destacamentos, en algún regimiento de frontera, específicamente la unidad de Infantería de Montaña de Puente del Inca, se desplazaran a Los Andes, del otro lado de la frontera, porque el acceso era mucho más sencillo que ir a Mendoza, incluso para las provisiones domésticas. En esas circunstancias, dos oficiales argentinos fueron detenidos por carabineros chilenos. Fue una provocación grave pretextando argumentos poco sólidos, pero, vuelvo a repetir, nunca tuve seguridad sobre lo que estaban haciendo los oficiales ahí, aunque aparentemente lo que estaban haciendo era comprar provisiones. La respuesta por parte de Galtieri fue el cierre de la frontera hasta que los oficiales fueran devueltos.

A la mañana siguiente se hizo una reunión en la que estuvieron presentes Galtieri, Lambruschini, el brigadier Graffigna, Viola y yo. Me preguntaron cuál era el estado de situación y yo dije que en la escalada de actitudes respecto de un país se puede tomar como termómetro de la verdadera situación el sistema de sanciones de las Naciones Unidas o el sistema de sanciones de la carta de la OEA. Uno comienza con el llamado al jefe de misión, después se sigue con el rompimiento de relaciones diplomáticas, luego el rompimiento de relaciones consulares, con el rompimiento de relaciones comerciales y después se continúa con interrupción de comunicaciones telefónicas y telegráficas, se llega a la interrupción de las comunicaciones terrestres y después viene la guerra. Así que estábamos en el escalón previo al inicio de las hostilidades. Esto fue expuesto frente a la complacencia de Lambruschini y al enorme embarazo que en ese momento evidenciaba Galtieri. Dije que había que proceder inmediatamente en esa reunión, que constituía el presidente más la Junta, al levantamiento del cierre de la frontera. Esta solución era perfectamente factible y hubiera resuelto el tema, pero Lambruschini, en los típicos conflictos entre Ejército y Armada, pidió un requisito adicional con el objetivo de humillarlo a Galtieri. Me parecía que no tenía sentido, que no había que perder el tiempo porque la situación se iba a hacer después cada vez más difícil de corregir.

Lo cierto es que le dieron aire a Galtieri. Pudo volver al Estado Mayor, y allí lo reanimaron sus colaboradores. Decidió empacarse y la situación se mantuvo durante dos meses en un estado de extremada tensión.

Se produjo un poco después el atentado a Juan Pablo II, que dio la oportunidad de plantear a Galtieri que el mejor homenaje que se le podía hacer al Papa era interrumpir este estado de tensión que se había creado y que agravaba el malestar creado por el rechazo a la propuesta. Galtieri no quiso.

Todas las gestiones del gobierno norteamericano en el tema eran dejadas de lado porque en realidad el objetivo que Galtieri estaba persiguiendo era la toma del poder. Galtieri estaba totalmente lanzado en un operativo de toma del poder, que además tenía respaldo manifiesto en el campo civil. *La Nación*, por ejemplo, había publicado un artículo en su columna política cuyo título era "Galtieri, ¿otro Lanusse?" en el que manifestaba de manera sumamente clara la simpatía por la perspectiva de que Galtieri diera un paso adelante.

Es muy probable que en todo esto estuviera en juego la política económica. Hay que reconocer que la política económica del gobierno de Viola era totalmente confusa. Sigaut había sido una mala alternativa, y su conducción fue errática. Frente a esa conducción, obviamente la conducción anterior aparecía con solidez, coherencia y apoyo internacional, lo que marcaba un gran contraste. El artículo de *La Nación* era bastante elocuente sobre cuál era la línea que se prefería y esto sin duda estaba en el telón de fondo de lo que posteriormente se puso de manifiesto en el gobierno de Galtieri, cuando se nombra ministro de Economía a Roberto Alemann, que realmente inspiraba confianza interna y externa en una determinada línea política que por supuesto no era la misma que la de Martínez de Hoz.

Esos elementos se tienen que tener en cuenta para ver en qué forma el tema con Chile era instrumentado por las Fuerzas Armadas. Pero no nos tiene que hacer esto perder de vista la circunstancia de que hubiera una meta personal política de Galtieri y un respaldo económico en determinadas líneas de intereses argentinos a una opción económica distinta a la que podía representar Viola, sea la confusa que seguía Sigaut, o una alternativa desarrollista, que no era mirada con simpatía. De modo que la resolución del tema Chile era extremadamente difícil, porque la Armada en su conducción, y seguramente el Ejército, no estaban de ninguna manera dispuestos a aceptar las soluciones del arbitraje y de la propuesta papal en el caso Beagle.

Yo personalmente escuché al almirante Anaya decir a un grupo: "Creo que ninguno de los aquí presentes dudará de que para la Argentina las Islas Picton, Lenox y Nueva representan un *casus belli*". Así que lo que estaba en juego era la tentativa por parte de las Fuerzas Armadas argentinas de revisar toda la propuesta y el arbitraje, y requerir la solución con tierra a la propuesta papal a la que de alguna manera habían apuntado los estudios sobre arbitraje que habían hecho las propias Fuerzas Armadas en tiempos de Onganía. Solución "con tierra" que en la propuesta del general Villegas hacían irrenunciables los islotes Barnevellt y Evout, que habían sido a su vez las alternativas que había ofrecido el Papa en su primera exploración con los dos gobiernos.

¿Quiénes eran sus interlocutores sobre estos temas?

En la Oficina de la Mediación estaban Guillermo Moncayo y el general Etcheverry Boneo. En la Cancillería, hablaba básicamente con Enrique Candioti, que era el director general de Política, con Elsa Kelly, que era la consejera legal, y con el jefe de gabinete Arnoldo Listre.

Es decir, yo tomaba el tema de Chile, Estados Unidos, América Central. Todo lo demás lo delegaba en Enrique Ros, secretario de Relaciones Exteriores, aunque por supuesto teníamos todos los días una hora de deliberación. Era un hombre particularmente vertical y sumamente meticuloso, tenía una enorme capacidad de trabajo y podía atender todos los frentes. Es decir, manejaba no la política exterior, sino la Cancillería.

El tema de Chile con Ros yo lo hablaba apenas, mucho más con Candioti, como el viaje al Vaticano, o la política con Estados Unidos. Ros estaba lo suficientemente ocupado con problemas que yo no quería asumir, porque entendía que eran los que tradicionalmente tenía que seguir la Cancillería y en los que cuanto menos se metiera un canciller circunstancial era mejor.

¿Usted negoció con los chilenos la propuesta del "paquete"?

No, en absoluto. Quería ver cómo lo veía el Vaticano. Además, partía de la premisa de que Chile no iba a tener ninguna simpatía por la propuesta. En efecto, reaccionaron de manera pésima cuando se enteraron de la idea de un "paquete" en el Vaticano. Pero lo que necesitábamos era restablecer el diálogo con el Papa, que no lo teníamos. El objetivo de mínima era que por lo menos la mediación no se muriera, estábamos dándole respiración artificial.

Cuando finalmente Galtieri resolvió que no había posibilidad de seguir manteniendo la frontera cerrada y se normalizó ese aspecto, se volvió a abrir la posibilidad de tomar una iniciativa para poner en marcha de nuevo las gestiones de negociación. Mientras este problema de urgencia no solamente no había podido ser tratado sino que se había deteriorado tan grandemente con la cuestión del cierre de la frontera, habíamos avanzado en la medida de lo posible en las otras líneas diplomáticas. El tema con Chile pudo ser retomado a partir del momento en que la frontera se normalizó.

Como dije, el plan de acción era simple, partiendo de la siguiente premisa: en las condiciones del momento en la Argentina, la propuesta papal sobre el tema Beagle no tenía posibilidad de ser aceptada. Si los militares la iban a rechazar, la alternativa realmente seria con la que nos enfrentábamos era que la mediación terminara, ya que el Papa no tendría más remedio que desistir de ella. Un desenlace de esa naturaleza era catastrófico, ya que el Papa no hubiera podido menos que atribuir una responsabilidad por el fracaso de esa mediación, una responsabilidad que iba a recaer sobre la Argentina.

La hipótesis de que volviéramos a la situación premediación era ponernos en "estado de naturaleza", estábamos ante la virtual resurrección de las condiciones de diciembre de 1978. Para mí eso era una verdadera pesadilla, porque había recibido como embajador en Brasil la instrucción de informar que la Argentina había atacado territorio chileno a la que ya me referí. No era un espectador no informado que tenía la idea de que todo esto era falso, sabía que era absolutamente en serio. Lo que no sabía ciertamente era la capacidad deletérea que tenían las Fuerzas Armadas argentinas que se iba a demostrar luego con la guerra de las Malvinas. No tenía idea de la potencia que habían conseguido acumular los militares y ellos probablemente tampoco.

Conocía la posición del almirante Anaya, la había oído de sus propios labios. Conocía la limitada responsabilidad del general Galtieri. De manera que la alta peligrosidad de la Junta me era totalmente clara. Éste fue un tema que yo desarrollé largamente con el nuncio antes de ir al Vaticano, y luego con monseñor Casaroli.

Yo tenía la total convicción de la dimensión insondable de peligrosidad que tenía el sector militar. El almirante Lambruschini, en lo que fue una gran desgracia para el país, había sido sucedido por el almirante Anaya. Lo mismo había ocurrido con el brigadier Graffigna, sucedido por el brigadier Lami Dozo, que era un hombre sensato pero no tenía la capacidad de disuasión que tenía Graffigna. Lami Dozo tenía convicciones teóricas muy claras, porque había sido secretario de la fuerza, y consideraba que la guerra con Chile hubiera sido en sus palabras el prototipo de la "guerra injusta".

De manera que la única posibilidad que nosotros entrevimos entonces fue intentar un planteo global. Era muy difícil utilizar el argumento de la alta peligrosidad del sector militar de un gobierno del que yo era canciller. Esa fórmula, sin embargo, no vacilé en emplearla en todos los términos en conversaciones con el Vaticano. Creo que nadie podía sospechar qué iba a ocurrir. Lo que pasó con las Malvinas algunos meses más tarde aclara muchas cosas.

La perspectiva de una solución global, por otra parte, a mí me parecía el único camino adecuado, porque tenía cabal certeza de que en la medida que los temas no fueran tratados en su conjunto, cada uno de ellos podía generar un enfrentamiento, que en las condiciones pre-Malvinas era de potencialidad mucho mayor que los que se podían producir en las condiciones post-Malvinas. Basta que analicemos lo que ha ocurrido luego con el caso Hielos Continentales. El caso Hielos Continentales era un tema que nadie sabía en la Argentina en 1981 que existía. Yo creo que fui el primer ministro que lo estudió, porque cuando me lo vinieron a plantear no sabía sinceramente de qué se trataba. Cuando en el año 60 habíamos negociado los conflictos con Chile era tema de demarcación, no era un conflicto de límites, estaba en el paquete de demarcación juntamente con la Mina Julia. Entonces empecé a estudiar los mapas y vi lo que eran los mapas chilenos en materia de las opciones de la frontera en el Cono Sur, y cuáles eran los mapas argentinos, por lo que empecé a ver que el problema podía tener proyecciones muy grandes. Lo que en realidad hay detrás de la cuestión de los Hielos Continentales es que cambia el mapa visible de la Argentina. Por otra parte no había duda de cuál era el tratamiento, que requería una pericia perfectamente realizable y de costo perfectamente asequible. Se podía determinar sin la menor duda por dónde tenía que pasar la línea de las altas cumbres que dividen aguas. Pero francamente nunca se podía pensar que el tema iba a tener la dimensión que luego tuvo. No era lo mismo el caso de Lago del Desierto, que había tomado un contenido emocional grande a partir de la muerte del carabinero chileno en el incidente de 1965.

Lo que yo le quería transmitir al Papa era que cualquier tema que quedara, en el supuesto caso de que se pudiera resolver el tema Beagle, que los militares argentinos no estaban dispuestos a solucionar aisladamente sobre la base de la propuesta, podía dar motivo a un nuevo conflicto. El análisis era correcto. Los hechos lo demostraron después. Planteé que si nosotros no resolvíamos el paquete en su conjunto, el peso político de una decisión disminuiría, una derrota jurídico-formal se compensaría con otra, y políticamente todo era más asimilable. Además, simplemente como estaban las cosas entonces, no era posible y esa gente era muy peligrosa.

Con Casaroli la conversación fue muy larga. El cardenal Samoré demostró muy poco interés, naturalmente, por la fórmula. Con el Papa la conversación fue larga, fue una entrevista que duró 45 minutos, la primera que Juan Pablo II concedió a un no miembro de la curia luego del atentado, así que él estaba convaleciente. Nos enteramos ahí que el atentado había sido mucho más grave de lo que se podía pensar desde afuera, realmente la vida del Papa se salvó por muy poca cosa. El Papa escuchó con mucha cortesía, me hizo algunas preguntas, se interesó por algunos aspectos de la situación argentina, naturalmente quería saber cómo marchaban las cosas políticas, entendió que había otros problemas pendientes, pero me dijo una frase que no voy a olvidar: "Prima bisognamo risolvere questa vicenda que abbiamo fra le mani". De manera que el Papa, y después el Vaticano en un documento no totalmente convincente, rechazó la idea de que se pudieran llevar otro tipo de problemas allí. Obviamente no era así. Samoré no quería saber nada, estaba enamorado de su fórmula y creía que con eso se garantizaba para siempre la paz entre la Argentina y Chile. Lo que se garantizó con esa fórmula fue la guerra de las Malvinas. La violencia acumulada en el gobierno tuvo una derivación inesperada. Chile fue pasado a un segundo plano, y no porque el operativo militar fuera abandonado, sino por las Malvinas.

¿Cómo fue eso?

Lo que ocurrió con las Malvinas después, y es interesante ver cómo se veía el tema Malvinas en el año 81, no era de ninguna manera una alternativa a la violencia eventual con Chile, era el antecedente. Es decir: a partir de una victoria en Malvinas, la conclusión que había en la cabeza de la gente de la Junta y del grupo militar en torno, no era que a partir del momento que se resolviera el tema Malvinas se podía negociar con Chile, sino el antecedente para imponer por la fuerza una resolución semejante con Chile.

La historia juega naturalmente con cartas por vías inesperadas, y el Vaticano puede saber más de los designios de Dios de lo que puede saber un laico. Pero lo cierto es que en las condiciones en que el tema estaba planteado, avanzar por el camino del Beagle aisladamente era imposible. No había ninguna posibilidad de que se avanzara si no se introducían elementos adicionales. Naturalmente que a partir del momento que se optó por el camino de Malvinas y terminó como terminó, la solución del tema Beagle resultó no sólo posible sino la única alternativa que tenía la diplomacia, incluso la militar. No se llegó a una solución final del tema Beagle en el gobierno de Bignone probablemente porque no tenía la fuerza suficiente para impulsar las elecciones y aceptar la propuesta. Yo personalmente creo que el gobierno militar hubiera podido llegar a una solución mejor que a la que finalmente se llegó. Chile hubiera aceptado menos de lo que consiguió en la negociación con Alfonsín porque su gobierno tenía interés en terminar. Tenían interés el Papa y Chile pero no el gobierno de Buenos Aires.

Un tira y afloje fenomenal

¿Cómo se gestionó la propuesta del envío de una fuerza de paz al Sinaí?

La buena armonía a la que se apuntaba con Estados Unidos se vio perturbada por un episodio inesperado. Uno de los capítulos de Camp David incluía el envío de una fuerza de paz a la frontera egipcio-israelí, en la zona del Sinaí. Ésta era una operación extra-Naciones Unidas, de manera que la fuerza de paz no era de cascos azules, sino una fuerza que debía constituirse ad hoc. Estados Unidos la impulsaba y un día en que habíamos suscrito con el embajador de Israel unas notas reversales sobre temas de naturaleza cultural éste me dijo: "Esta tarde usted va a tener una visita importante".

La visita era del encargado de negocios de Estados Unidos –el embajador no estaba en Buenos Aires–, que me solicitó una reunión, en la que me alcanzó una carta cerrada del secretario de Estado Haig. Abrí la carta y en ella el secretario de Estado me requería el apoyo argentino para integrar una fuerza a ser destinada en las fronteras de Egipto y de Israel expresando la confianza en que la Argentina aceptaría ese pedido. Se trataba del envío de un contingente militar.

A mí me produjo una reacción de profunda indignación el requerimiento, no por el requerimiento en sí, sino por la forma en que se había hecho. Primeramente, que me lo avisara previamente el embajador de Israel, sin decirme de lo que se trataba. En segundo lugar, que no hubiera tenido ningún tipo de advertencia previa. Un requerimiento de esa naturaleza no se hace sin una exploración inicial.

De manera que mi reacción fue la siguiente: le pregunté cuál había sido la respuesta que habían tenido de otros países, ya que sin duda habría sido consultado con Venezuela, con Colombia, los países que tradicionalmente han apoyado a Estados Unidos en operaciones militares de esta naturaleza. El encargado de negocios me dijo que no estaba enterado de ninguna gestión. Entonces pregunté si se habían hecho gestiones con otros países de América Latina, y me respondió que no, y que entendía que se hacía en ese momento una gestión semejante en Uruguay. Y si había un tercer país, creía que se hacía una gestión con las islas Fidji.

Me acuerdo de muchos detalles de la entrevista, porque realmente me quedaron muy grabados, y quizás hoy, analizando las cosas con la perspectiva del tiempo, creo que fue un error estratégico, pero yo no podía salir de mi indignación. De modo que despedí al encargado de negocios con la mayor frialdad. Luego redacté una respuesta negativa al general Haig. Una vez hecho el borrador de la respuesta, pedí una entrevista con Viola y lo fui a ver inmediatamente. Le mostré el asunto y le dije: "Le voy a mandar esta respuesta a Haig". Entonces Viola me dijo, con las características actitudes de él, que había que consultarlo con la Junta. A lo que yo dije: "Si se consulta con la Junta, Galtieri va a tomar el asunto con gran entusiasmo y habría un problema, porque realmente participar en una operación de esa naturaleza le creará a usted grandes dificultades políticas internas. Internacionalmente es bastante poco conveniente, y desde el punto de vista de la política exterior, si va una fuerza de paz ahí se va a quedar para siempre, y la Argentina puede participar en una operación de Naciones Unidas pero no en esta operación". Viola insistió en que el asunto tenía que ser llevado a conocimiento de la Junta y pasó lo que evidentemente tenía que ocurrir. Galtieri tomó inmediatamente la cuestión como un elemento más en su campaña de desestabilización de Viola.

No sé qué hubiera ocurrido si la Argentina hubiese aceptado participar en definitiva en esa operación. La historia tal vez habría tomado otro camino. Yo tengo mis dudas sobre si hice lo correcto en ese momento, pero decidí que no se iba a hacer esa operación.

A la noche, cuando volví a mi casa, le dije a mi mujer: "Este ministerio me ha causado muchos desagrados y para mí ha sido una fuente permanente de amargura, pero hoy por primera vez estoy contento de haber aceptado el ministerio, porque no vamos a ir al Sinaí y le vamos a evitar a la Argentina esta humillación. No puede ser que nos hayan hecho un requerimiento de esta naturaleza de esta forma".

Durante dos meses hubo un tira y afloje fenomenal. Muchísimas presiones de todo tipo para que se tomara esta decisión. Mantuvimos diálogos con los uruguayos, que también querían liberarse del problema de tener que ir a un operativo de esta naturaleza. También hubo presiones en la opinión pública. Mariano Grondona decía que no había que ser solamente occidental, sino parecerlo. Los diarios en general hicieron una campaña fuerte para que la Argentina participara de la misión del Sinaí. Yo traté de obtener algún respaldo por parte de los partidos políticos, pero nadie quiso mover un solo dedo. El jefe de Estado Mayor, que era el general Vaquero, me enviaba mensajes amistosos diciéndome que no me empecinara en algo que no tenía sentido porque iban a ir al Sinaí. Pero la Argentina no fue al Sinaí.

Estados Unidos encontró otra alternativa y me quedó una experiencia interesante que es cómo cuando en algún momento una persona con muy poco poder tiene una idea muy clara puede evitar que se avance en una dirección que no cree conveniente si se decide a enfrentar el tema.

Vuelvo a repetir que no sé si fue o no una decisión adecuada. Teóricamente lo era, sin duda, ya que a partir de las formas en que se había planteado, no podía aceptar la Argentina participar en un operativo de forma tan inconsulta. No estábamos en el mundo unilateral de hoy, era distinto el modo en el que se veía el mundo árabe, y por lo tanto el acuerdo del Sinaí.

Una interesante derivación de todo este tema fue la visita del ministro de Relaciones Exteriores de Arabia Saudita. La Argentina había empezado realmente un renacimiento diplomático, hubo muchas visitas a Buenos Aires. El ministro de Relaciones Exteriores de Arabia Saudita, que es el actual ministro, ya que allí continúan indefinidamente, era un tipo de características extraordinariamente apolíneas y estaba interesado en que la Argentina no participara en la fuerza de paz, que les creaba a ellos muchas dificultades en el orden interno. A su vez, su presencia motivó ser atacado por todos los ángulos por la prensa, particularmente por periodistas como Iglesias Rouco.

Es un caso interesante de analizar, porque realmente, con la perspectiva de hoy, fue a lo mejor un error. Yo tenía una convicción profunda. Las circunstancias de la vida me llevaron muchas veces, a pesar de mi firme convicción de que Estados Unidos y la Argentina tienen que ser grandes amigos, a tener discrepancias cuando tenía funciones públicas con la diplomacia oficial norteamericana. Así ocurrió en Punta del Este y así ocurrió en este requerimiento de la fuerza de paz.

No obstante, cuando llegué en visita oficial a Estados Unidos ya ese rechazo se había producido y no tuve ninguna dificultad con el general Haig. El tema no apareció. Más aún, si empezó fue por mi propia iniciativa, ya que le expliqué la razón por la cual entendíamos que no teníamos que enviar las fuerzas de paz. Probablemente Haig no me contradijo porque ya tenía el tema resuelto con la aceptación de Colombia, que todavía hoy está integrando la fuerza del Sinaí.

La prioridad 238

¿Cómo manejó usted desde la Cancillería el tema Malvinas?

El tema Malvinas no fue negociado durante el año 1981, pero sí fue tocado y podríamos decir que en ese momento se produjo una evolución desfavorable respecto de la situación que se había producido el año inmediatamente anterior. La propuesta llevada por el representante del gobierno británico a las islas Malvinas había sido rechazada por los isleños, pero, como dije antes, eso no significaba de ninguna manera, en las condiciones en que se veía el problema en el año 1981, un entierro definitivo de la posibilidad, ya que la condición decisiva del Parlamento en la materia –*paramount* era la palabra que utilizaban los ingleses– no estaba en discusión. No estaba en discusión que se trataba de un conflicto directo entre la Argentina y el Reino Unido, y que la voluntad definitiva del Reino Unido la expresaban no el deseo de los isleños sino la decisión soberana del Parlamento.

Ahora bien, cuando el tema llegó a nivel parlamentario, el gobierno británico, cuyo secretario de Relaciones Exteriores era en ese momento Lord Carrington –eran los tiempos de Margaret Thatcher–, encontró una recepción muy fría, y más aún con un grupo suficientemente importante de *backbenchers* que no estaba dispuesto en la Cámara de los Comunes a apoyar la propuesta Ridley.

Al reunirse la Asamblea General de las Naciones Unidas en el período ordinario de sesiones de 1981, yo asistí como jefe de la delegación argentina, y en Nueva York me entrevisté con Lord Carrington. El tema central fue la discusión de Malvinas, y Carrington me manifestó que en el Parlamento no existía ambiente para que la propuesta de Ridley, sobre retroarrendamiento, pudiera ser aceptada, y que en consecuencia había que esperar una nueva oportunidad. Yo le manifesté a Carrington que el tema Malvinas empezaba a tomar urgencia, que era menester que se lo tomaran en serio, que había que encontrar una solución ya que no era un tema cualquiera, sino sumamente peligroso, y que avanzar en la solución diplomática del asunto merecía una consideración atenta por parte del gobierno británico.

Me dio la sensación de que Carrington me escuchaba con cortesía y con cierta impaciencia, como pensando qué sentido tenía que ese canciller de un lejano país le viniera a plantear a un hombre tan importante y con tantas cosas en la cabeza un tema tan poco relevante. Cuando salimos de la entrevista le dije a Carlos Ortiz de Rosas, que me acompañaba y era embajador en Londres en ese momento, que me daba la sensación de que para Carrington el tema Malvinas era la prioridad 238 dentro de su agenda. Acontecimientos posteriores iban a confirmar lamentablemente que Carrington había evaluado mal el tema Malvinas, aunque en ese momento si a mí me hubieran sugerido que pocos meses después la Argentina iba a estar ocupando militarmente las islas Malvinas, me hubiera parecido una fantasía.

Durante los meses transcurridos entre marzo y diciembre de 1981 el tema Malvinas pasó por algunas etapas importantes de evolución previas a la crisis que se iba a desatar en el año siguiente. El dato más importante fue el fracaso de la iniciativa Ridley en ocasión de las conversaciones recordadas que se mantuvieron con Lord Carrington en la Asamblea de Naciones Unidas de ese año.

Entretanto, yo personalmente en la Cancillería venía preparando un enfoque de renegociación del tema Malvinas. Haré ahora algunas reflexiones sobre los aspectos técnicos de la propuesta, así como sobre unas iniciativas que se adoptaron en combinación con otras áreas del gobierno que tuvieron relevancia en ese momento y significación inclusive hasta el día de hoy.

Primero haré referencia a este último aspecto, que es fundamentalmente la licitación Magallanes 2, iniciativa del directorio de YPF avalada por la Cancillería y seguramente también conversada con la Armada, que consistió en una llamada por YPF para exploración en las áreas de la plataforma continental entre el continente y las islas Malvinas –la occidental fundamentalmente–. Esa licitación tenía una particularidad que había sido combinada con la Cancillería: el grueso del área convocada estaba en la proyección de doscientas millas de la costa de Santa Cruz, pero una parte de uno de los polígonos penetraba deliberadamente en una especie de saliente del mismo hacia áreas que estaban dentro de las doscientas millas de la proyección de la Malvina occidental hacia el oeste. Es decir, era una reivindicación indirecta presentada potencialmente ante la comunidad económica internacional, de soberanía sobre las islas a partir de la proyección de las doscientas millas de zona económica exclusiva.

El gobierno británico hizo una protesta leve, sólo hizo algunos "ruidos", ya que no hubo por ejemplo ninguna presentación hecha por la embajada en Buenos Aires. Más aún, algunas firmas petroleras británicas retiraron pliegos de la licitación, sin presentarse ninguna cuando se abrió.

A la Cancillería le interesaba fundamentalmente la respuesta que iba a haber en el ambiente internacional de compañías petroleras públicas o privadas, ya que por supuesto no cabía duda de que la licitación no podía ser del agrado del gobierno británico. Ninguna de las compañías británicas se presentó debido a sugestiones del gobierno inglés. Sin embargo, sí se presentaron varias compañías internacionales importantes, como Petrobrás, cuya intervención habíamos gestionado en la Cancillería puesto que era importante que la firma brasileña diera ese respaldo político. También se presentó la compañía estatal alemana, la compañía estatal española, y alguna de las grandes internacionales como Móvil y no recuerdo si Texaco u otra de las destacadas compañías norteamericanas o con sede en Estados Unidos. En total fueron siete importantes compañías las que decidieron participar en esa licitación.

El área eventualmente polémica coincide aproximadamente con la zona que en este momento se negocia entre la Argentina y el Reino Unido por una licitación conjunta del gobierno argentino y el británico. Esto indica, dicho sea de paso, cómo se ha producido un deterioro en la posición relativa de la Argentina, ya que primeramente había tenido una iniciativa individual avalada internacionalmente y objetada de una manera muy leve por el gobierno inglés. En esta oportunidad tiene que ser hecho en combinación con el gobierno inglés en una zona que forma parte del acuerdo pero que indiscutiblemente la Argentina considera como propia, ocupada indebidamente por Gran Bretaña en la otra parte.

Desde luego que lo que ocurrió posteriormente con esta licitación quedó sometido a la suerte de los acontecimientos políticos que ocurrieron después del 2 de abril.

En cuanto al enfoque nuevo del replanteo del tema Malvinas se basó en buena medida en la impresión que me causó el enfoque del embajador Oliveri López, que había estado oportunamente a cargo del Departamento de Antártida, Malvinas e Islas del Atlántico Sur. Oliveri López básicamente tenía una idea: separar en el paquete de negociación la Malvina oriental de la Malvina occidental. Se partía de la premisa de que las mayores dificultades se encontraban en la Malvina oriental, por un lado, y en segunda instancia que el mayor interés estratégico de la Argentina se centraba en la Malvina occidental, en la medida en que con ella se cerraba el área defensiva de la proyección de la Patagonia y además se abría la posibilidad de disponer libremente de cualquier tipo de iniciativa en materia de licitación de hidrocarburos. La tesis de Oliveri era que había que hacer una diferenciación entre los enfoques en cuanto a los objetivos separados en el tiempo. Naturalmente en ningún caso se renunciaba a la reivindicación total de las islas Malvinas.

Esta idea de la posibilidad de dividir el paquete de Malvinas se complementó en el enfoque que yo propuse hacer con otras formas de división. Si el principal argumento que tenía el Reino Unido para defender la soberanía de las Islas era el de autodeterminación de los isleños, la posibilidad de una impregnación progresiva de la soberanía argentina en las islas a través de la ocupación de los sectores no habitados era una a explorar. La segunda posibilidad era continuar con la idea de la división de la Malvina occidental de la oriental, y la tercera posibilidad era un análisis del concepto de soberanía que partiera de la separación de los aspectos formales de los sustanciales.

Esta idea se remontaba al propio origen de la concepción de la soberanía en los tiempos de la aparición del Estado moderno. El primer teórico de la soberanía en el sentido actual de la palabra fue Bodino, que diferenciaba lo que era la soberanía formal –el poder absoluto no sometido a leyes de una república– y lo que él llamaba *les vrais remarques* que eran los componentes que hacían a un poder como soberano. Bodino decía: "Hay un poder de convocar ejércitos, hay un poder de dirigir las relaciones exteriores, hay un poder de acuñar moneda, otro de levantar impuestos, otro de dictar justicia en última instancia, de sancionar leyes supremas, de designar los funcionarios más altos de la administración. Quien reúne todo eso en sus manos es el soberano".

A partir de esa idea se podía pensar en cómo hacer una división de los atributos de la soberanía y en vez de tener con el Reino Unido un debate de suma cero inicial sobre el tema formal de la soberanía, empezar a repartir funciones. Esto significaba avanzar un poco en la línea de la todavía vigente política de la comunicaciones que funcionaba relativamente bien y con gran beneficio de los habitantes de las Malvinas.

Es decir, había dos líneas a explorar. Una la posibilidad de separar territorialmente –en un enfoque inicial– el tema de las Malvinas en una Malvina oriental y otra occidental, habida cuenta de que el mayor problema lo planteaba la población de Puerto Stanley. Otra, la posibilidad de ir transfiriendo funciones al gobierno argentino en la medida en que la soberanía formal admite el enfoque material desde el propio comienzo de la noción moderna del concepto.

Después de la comprobación del fracaso de la iniciativa Ridley, yo ya había redondeado esta idea y se la formulé entonces al embajador inglés, quien la transmitió a Londres. En alguno de los documentos oficiales del Reino Unido aparece una mención misteriosa a la conversación tenida por el embajador inglés en Buenos Aires y el ministro de Relaciones Exteriores sobre una posibilidad de un nuevo enfoque, que justamente es el que yo había hecho.

A esto se agregaba la necesidad de urgir el tratamiento del problema, porque no se necesitaba tener demasiada información en el campo militar como para saber que la cuestión Malvinas se estaba convirtiendo de a poco en un tema realmente caliente que merecía la atención prioritaria del gobierno británico, como la estaba empezando a tener del gobierno argentino. Los acontecimientos mostraron que el tema tenía primera prioridad. Lamentablemente las cosas derivaron en otras posibilidades y yo sigo convencido hasta el día de hoy que el motivo fundamental de los cambios que se produjeron en el curso de diciembre de ese año se debieron a la decisión –sumada naturalmente a la ambición personal de Galtieri– de la Marina de liberarse de obstáculos posibles para lanzar adelante el plan de ocupación de las islas.

Sin embargo, conviene que se sepa que yo, en el curso de la gestión había, por si acaso, intentado averiguar muy confidencialmente si existía una operación como ejercicio de Estado Mayor para ocupación de las islas. Y en una conversación privada con el almirante Lambruschini él me dijo que efectivamente esa operación existía, que era un ejercicio de Estado Mayor y que estaban totalmente seguros de que estaban en condiciones de ocupar las islas sin infligir ninguna baja a la tropa británica o a los isleños.

Como eso fue en efecto lo que ocurrió después, es conveniente que se sepa que la operación en términos militares estaba analizada desde hacía mucho tiempo. Más aún, tengo entendido que estaba analizada desde la época del gobierno de Perón en el 73. Cuando al presidente Perón le propusieron la posibilidad de la operación Malvinas, Perón le contestó al jefe de la Armada de ese momento en términos muy característicos de su personalidad, algo así como: "Pero no almirante, al día siguiente nos sacarían por teléfono".

La verdad es que la Armada era la fuerza interesada en Malvinas y ahí tengo que agregar una conversación con el almirante Anaya cuando asumió la comandancia en jefe de la Armada, que sirve para clarificar bastante lo que pasó después. La Armada le daba gran importancia a la gestión diplomática sobre Malvinas. Tenían muchas expectativas en el tratamiento del tema con Lord Carrington en Nueva York, y tomaron desde luego nota de que Inglaterra en ese momento no veía la posibilidad de empujar el problema en el Parlamento. Pero sí conviene tal vez recordar cómo veía el comandante en jefe de la Armada el tema Malvinas dentro del contexto en general del gobierno militar.

El almirante Anaya estaba convencido de que la gestión del gobierno militar había llegado a un punto en que no tenía posibilidad de progreso, que había que buscarle una salida. Entendía al mismo tiempo que esa salida no tenía que producirse en las condiciones de 1973, que esto requería una mejora en la relación de fuerzas entre gobierno militar y sociedad civil. Estaba convencido de que no había ninguna posibilidad de conseguir ese mejoramiento en una negociación eventual de salida por la vía de una mejor política económica y social. Me dijo terminantemente que la política económica y social del gobierno había llegado también a un punto de agotamiento y que no creía que las autoridades del gobierno de facto estuvieran en condiciones de mejorar ni la política económica ni consecuentemente el lado social de los problemas. La única posibilidad que él veía para recuperar prestigio era una operación diplomática importante y que ésa tenía que ser seguramente las Malvinas. Esto fue simplemente lo que en su oportunidad me transmitió el almirante Anaya para significar la importancia que él le daba a una gestión diplomática sobre Malvinas.

Conviene tomar nota sobre ese enfoque. Si, por una parte, tenemos la fuente más alta naval, el almirante Lambruschini, que dice que tienen estudiada la posibilidad de la operación militar sin costo, y por otro lado tenemos la conducción siguiente que analiza el problema político sobre la base de la necesidad de salir del gobierno pero con una negociación que respalde del lado militar una mejor posición de fuerza y que las Malvinas son la carta diplomática a seguir, uno puede llegar a una conclusión muy clara. En el momento en que se pensara que la opción diplomática estaba bloqueada, la consecuencia podía ser la otra opción. Si la acción diplomática estaba bloqueada y era posible la acción militar aparentemente sin costo se podía llegar a la conclusión de que la operación militar era deseable.

Para eso naturalmente era indispensable cambiar la conducción política, porque si bien es cierto que el general Viola había demostrado en reiteradas oportunidades su indecisión, otra cosa significaba que se lo arrastrara a una aventura de semejante envergadura. Viola tenía bastante conciencia de cuáles eran los límites de la acción exterior argentina y además tenía una idea muy clara de cuál era la influencia de Estados Unidos en el mundo. Ya me referí con anterioridad a una anécdota en una conversación con Viola en el año 78 en la que expresa claramente la imposibilidad de una guerra contra Chile sin el consentimiento de Estados Unidos.

Con esto quiero significar que Viola jamás hubiera autorizado la operación sobre Malvinas y naturalmente tenía capacidad de bloqueo para eso. Podía no tomar iniciativas que necesitaran consenso, pero su consenso en una operación de este tipo hubiera sido necesario. De manera que su remoción se hizo necesaria, aunque realmente en ese momento todavía no se podía pensar cuáles eran los planes de la jefatura de la Armada. La circunstancia de que en ese momento, por primera vez en muchísimos años, coincidieran un comandante en jefe de la Armada y un comandante en jefe del Ejército, que se tenían bastante confianza mutua y eran bastante amigos, tuvo mucho que ver con el futuro de los acontecimientos argentinos.

Durante el ciclo que inmediatamente siguió a la designación del almirante Anaya como comandante en jefe de la Armada, las relaciones entre Armada y Ejército mejoraron considerablemente. Lo que había sido una constante zancadilla recíproca entre las dos fuerzas, y que inclusive se había manifestado entre el almirante Lambruschini y el general Galtieri con suma claridad, cambió completamente con Anaya.

Una jugada muy ambiciosa

¿Cómo percibió usted la evolución de la política interna en su conjunto?

Antes de asumir el Ministerio de Relaciones Exteriores tuve, naturalmente, en Buenos Aires una serie de reuniones y quiero recordar una de ellas. En un almuerzo en el que participaban algunos diplomáticos y el general Emiliano Flouret, hermano de una diplomática argentina, se discutía sobre cómo se iba a orientar el gobierno de Viola. Se mencionaban los planes de Liendo, se mencionaba la idea de buscar una reconciliación institucional con Estados Unidos, la salida política negociada, es decir el retorno de las instituciones constitucionales. El general Flouret; en un momento dado, preguntó: "¿Qué piensa de todo esto Galtieri?". Todos los presentes lo miramos con cierta sorpresa, porque qué importancia tenía lo que pensaba Galtieri. Y Flouret, con gran sentido común, dijo que era el comandante en jefe, y que era muy importante lo que él pensaba.

Tiempo después, ya iniciado el gobierno de Viola, había transcurrido un mes más o menos, tuvimos otra comida con el general Flouret, de nuevo se planteó el análisis de la situación, y el general Flouret volvió a preguntar qué pensaba Galtieri. Una vez más se lo miró con sorpresa. Flouret en esta oportunidad fue mucho más claro, diciendo que había que tener en cuenta lo que pensaba Galtieri, porque pensaba otra cosa. Ya en ocasión de este segundo comentario sobre Galtieri, cualquier observador, en ese sentido no me puedo considerar particularmente agudo, tenía que tener en cuenta que Galtieri estaba en una jugada muy ambiciosa. Esa jugada muy ambiciosa, como lo señalé anteriormente, había tenido su primera expresión en el cierre de la frontera con Chile, que había sido un verdadero golpe de Estado.

Es muy probable que el general Galtieri fuera frecuentado por gente de una línea económica mucho más afín a la de Martínez de Hoz, y a la que iba a seguir posteriormente durante su propia gestión.

Por otra parte, formulo a título de hipótesis porque no me consta que es probable que Galtieri tuviera una suerte de resentimiento personal con Viola, porque debía considerarse menospreciado por éste, lo que es probable que en efecto ocurriera. Quizás Viola siempre vio a Galtieri desde el punto de vista profesional como un oficial de luces no demasiado brillantes, hecho que debe de haber percibido Galtieri al día siguiente que fue designado comandante en jefe. Es manifiesto que en ese momento el Comando en Jefe del Ejército representaba un poder decisivo en la Argentina y hay que tener en cuenta que el Comando en Jefe del Ejército no es solamente el comandante en jefe del Ejército sino la gente en torno. Galtieri tenía un entorno de coroneles consejeros sumamente ambicioso y activo, que probablemente fue muy responsable de todos los acontecimientos que tuvieron lugar después.

Galtieri, en cada oportunidad que había podido manifestar su discrepancia con Viola, lo había puesto de manifiesto. Desde designaciones de embajadores a las que se opuso por razones totalmente arbitrarias –se necesitaba el acuerdo de la Junta para nombrar un embajador– a líneas políticas como la solicitud norteamericana para el envío de un cuerpo argentino en la fuerza de paz que se iba a instalar en el Sinaí. Aparte de eso, naturalmente existían sus contactos directos con Estados Unidos. No tengo una información acabada de cuáles eran esos contactos directos, pero ciertamente hubo un viaje de Galtieri a Washington que fue muy comentado y se habló mucho de la impresión que había causado en los interlocutores norteamericanos en una comida en la embajada argentina. Se habló de la "figura majestuosa", que dio lugar a muchas ironías por una parte, pero por la otra, bastante preocupación, y probablemente un incremento del prestigio de Galtieri en un sector de las Fuerzas Armadas.

No hay la menor duda de que existían contactos entre un área del Pentágono y los militares argentinos para la colaboración en América Central. El Ejército había abierto una agregaduría militar en Honduras que se sumaba a la de Guatemala y que carecía de sentido en términos de relaciones normales de la Argentina. Poca duda hay de que existían contactos clandestinos para actividades en Nicaragua, en Honduras y en El Salvador, aunque es difícil precisar aún hoy cuál fue su envergadura.

De cualquier forma, por supuesto, un sector del gobierno norteamericano miraba las posibilidades de apoyo argentino con simpatía. Y eso significaba una carta en el juego cuyo valor Galtieri sin duda sobrestimó. Hay que tener en cuenta que cuando se produjo el operativo Malvinas en el año siguiente, la Argentina contó con Estados Unidos, no diríamos con algún tipo de simpatía, pero no con la oposición violenta que hubiera podido tener en otras circunstancias. Y eso desde posiciones tan importantes como la de la embajadora Kirkpatrick en el Consejo de Seguridad.

Galtieri contaba además con un dispositivo importante de prensa. El diario *La Razón*, que en ese momento tenía mucha significación, respondía totalmente al Ejército. Es sabido que el paquete accionario de *La Razón* había tenido una suerte misteriosa desde el momento que se produjo el asesinato del doctor Satanovsky durante la última etapa del gobierno de la revolución de 1955. *La Razón* era activamente virulenta en su campaña contra el gobierno de Viola. Otro vocero importante del pensamiento militar era el periodista de *La Prensa*, Jesús Iglesias Rouco, en íntimos contactos con servicios del Ejército particularmente, que tenían mucha fuerza y significación y operaban activamente tanto en el plano interno como en el internacional.

En qué momento Galtieri concibió que podía ser presidente de la República es difícil saberlo, pero ciertamente un plan de esta naturaleza requería como condición indispensable el cambio en la conducción de la Armada. Si al frente de la Armada continuaba el almirante Lambruschini no existía ninguna posibilidad de que el Ejército intentara hacer una especie de golpe de mano contra Viola. Pero en un momento dado se cumplió el período de tres años del comando en jefe de Lambruschini, que se retiró, y ocupado su cargo por el almirante Anaya, se abrieron las perspectivas a una situación totalmente nueva.

Si Galtieri tenía además ideas en relación a la perpetuación del sistema militar en el poder, no estoy en condiciones de decirlo. Es difícil saber lo que realmente se proponía. Había sido siempre, por ejemplo, un verdadero trámite de gran complejidad para el ministro del Interior, el general Liendo, apurar la liberación de presos políticos detenidos a disposición del Poder Ejecutivo. En general, el grupo de Galtieri se oponía sistemáticamente a este tipo de decisiones. Por mi parte sería aventurado decir cuál era el proyecto político que Galtieri tenía en la cabeza salvo la ocupación del poder. También es difícil saber si mantenía diálogos con las fuerzas políticas organizadas, en ese momento todavía bajo una totalmente inoperante declaración de ilegalidad, pero no sería de descartar que las hubiera tenido también.

Es probable que para el mes de octubre el golpe de Estado contra Viola estuviera ya totalmente armado. Es posible también que un elemento decisivo para todo eso lo hubiera sido la decisión británica de no continuar avanzando en el esquema del proyecto Ridley.

Entre paréntesis, sobre dicho proyecto cabe decir que no suscitaba mayor entusiasmo en la Argentina. Con el irrealismo característico de aquel tiempo, una solución tipo retroarrendamiento hubiera sido considerada una concesión absolutamente inaceptable por parte de la Argentina puesto que el razonamiento era muy sencillo y lineal: si somos soberanos nos tienen que devolver las islas sin más y proceder inmediatamente a su ocupación.

Recuerdo lo que mi interlocutor en la negociación de Itaipú, el embajador Pereira de Araujo, me dijo en Brasilia cuando un cable de United Press informó que el ministro de Relaciones Exteriores había viajado a las islas Malvinas para ofrecer la propuesta de retroarrendamiento. Al encontrarme en un cóctel esa tarde, me felicitó por la propuesta Ridley porque habíamos ganado la cuestión de principio. Me dijo que todo lo demás vendría por añadidura. Pero ese tipo de razonamiento en la Argentina no se hacía con la misma facilidad.

Por ejemplo, *Clarín* publicó un fuerte editorial contra la propuesta Ridley diciendo que era inaceptable. Así que quién sabe qué es lo que hubiera ocurrido en el seno del gobierno militar si realmente se avanzaba en esa línea. Pero no hay la menor duda de que al cerrarse inclusive esa posibilidad, los militares entrevieron que no había mucha perspectiva de hacer negociación sobre el tema Malvinas en el corto plazo. Naturalmente que sobre esto sacaron conclusiones que desde afuera no se podían todavía contemplar.

No me cabe duda, sin embargo, de que el tema internacional fue decisivo en el proceso de transición Viola-Galtieri, es decir, en el golpe de Estado que finalmente llevó a la Presidencia al general Galtieri. Primeramente, porque un sector de las Fuerzas Armadas sobrestimó en absoluto la importancia de la cooperación que brindaba el Ejército Argentino a las operaciones en América Central, en cuanto al efecto que podía tener en decisiones políticas de otra envergadura. En segundo lugar, porque la Armada estaba convencida de que era menester dejar el gobierno, pero en condiciones de negociación fuertes como para que no ocurriera lo mismo que en 1973 y para esto la operación Malvinas era fundamental. Como la operación Malvinas no se podía hacer con Viola, la conclusión muy simple era sacarlo.

La manera como se lo intentó sacar fue un capítulo singular en la historia argentina porque se le inventó la enfermedad y lo querían operar. Pero Viola se resistía a la operación. Se sometía diariamente a una dosis absolutamente antihigiénica de nicotina, ya que fumaba prácticamente sin parar. Pero también es cierto que tampoco estaba incapacitado o próximo a la muerte como se pretendió y lo demostró la circunstancia de que vivió muchos años después de haber sido derrocado por sus camaradas.

La caída de Viola tuvo un proceso similar a otras situaciones militares anteriores. Es decir, el hombre que tiene realmente el poder vacila antes de tomarlo y le puede ocurrir lo que le pasó al general Poggi con Guido o al general Lanusse con Levingston. No toman el poder y se produce un breve intervalo en el que puede salir una cosa u otra. La enfermedad de Viola, es decir, la que realmente tuvo, lo hizo salir unos días del gobierno que fue llenado con el interinato del general Liendo, que asumió en una situación de presidencia provisional, bajo las presiones, desde luego, del resto del sector militar. Galtieri no ocupó el poder de inmediato probablemente porque no tenía totalmente claro su panorama en el Ejército, ya que los cuerpos principales del mismo no eran necesariamente adictos a él. Por ejemplo, el comandante del Primer Cuerpo de Ejército era Bussi, y el del Quinto Cuerpo era Villarreal, ambos hombres que no tenían por Galtieri simpatía ni respeto especial.

Pero Galtieri era un verdadero comandante en jefe. No hay la más mínima duda de que desde el punto de vista militar representaba una figura que, si no tenía las astucias políticas de Lanusse, era un jefe de tropa al que no se lo podía despreciar en cuanto a sus condiciones de mando cuando llegaba el momento decisivo. Era un individuo que se preocupaba por su tropa, ese tipo de comandante en jefe que se ocupa hasta de los borceguíes de los soldados. Pero ciertamente no entendía lo que pasaba en el mundo internacional. Sin embargo, la prueba de que algunas condiciones debía tener es que pudo ponerse prácticamente en el bolsillo a un grupo de generales importantes, supuestamente con mayor aptitud política, como los dos mencionados y algunos otros que pertenecían a la misma promoción que el general Liendo, de quien podían considerarse amigos personales y que se pensaba iban a moverse con un enfoque político diferente. Sin embargo no lo hicieron, ya que no hubo ninguna resistencia a la lógica del proceso militar que siguió a continuación. Liendo mantuvo esa situación de transición durante aproximadamente un mes y finalmente asumió Galtieri la Presidencia de la República.

La situación política del gobierno de Viola había anotado síntomas de mejoramiento. Había resucitado ciertamente en gran medida la actividad política, se había hecho normal el contacto de gente del gobierno con los dirigentes políticos, particularmente con los radicales. Reitero que era más o menos clara la línea, no porque hubiera preferencia partidaria sino porque era la lógica política que si había una apertura hacia el gobierno civil se hiciera por la vía del radicalismo. Era la solución menos traumática, a lo que hay que agregar el dato que parece difícil de comprender pasados los años y particularmente luego de las rispideces de la relación de Alfonsín con las Fuerzas Armadas, que los militares en ese momento seguían siendo decididamente antiperonistas y seguían teniendo el enfoque de la

Revolución Libertadora. La mayoría eran colorados, y por otra parte los Azules, en la época que se podía hablar de Azules y Colorados, tampoco se caracterizaban por ser simpatizantes del peronismo. Mal podría pensarse que Lanusse, López Aufranc, Laprida, tenían alguna simpatía por el peronismo. Pero el color de las Fuerzas Armadas había acentuado el "coloradismo" a partir de 1976. Galtieri era decididamente antiperonista, Viola no tenía ninguna simpatía por el peronismo. Así que desde ese punto de vista coincidían.

Por otro lado, la situación económica había entrado en un proceso de franco deterioro. Se vivía una típica situación de inflación recesionista. La actividad económica había caído significativamente en el curso de 1981, la inflación había dado saltos importantes hacia adelante. El tipo de cambio se había debilitado considerablemente aunque ya había empezado a funcionar ese mecanismo automáticamente correctivo que es el incremento de las exportaciones en la medida que se produce dificultad en el mercado interno.

Las exportaciones en la Argentina subieron enérgicamente en el curso de 1981, particularmente como consecuencia de las adquisiciones masivas de cereales por parte de la Unión Soviética, que se convirtió de un día para el otro en un importantísimo cliente de la Argentina. De modo que en todos esos años, el pragmatismo en la relación recíproca le había permitido a la Argentina al mismo tiempo no adherir al embargo y sí adherir al boicot de la Olimpíada de Moscú. Exactamente al revés de lo que hizo Brasil con gran desesperación de la diplomacia de Itamaraty, que la consideró una solución extremadamente poco práctica.

Esa curiosa ambivalencia de los militares con el mundo socialista permitía explicar por ejemplo por qué la Argentina seguía siendo miembro del Movimiento de los No Alineados, hecho por el que a mí más de una vez me preguntaron la razón. Es conveniente señalar que jamás las Fuerzas Armadas objetaron la presencia de la Argentina en dicho movimiento. Vuelvo a recordar, por mi parte, que así como había considerado un error entrar, consideraba equivocado salir, y así lo afirmaba normalmente ante preguntas que se me formulaban. Era un movimiento que imponía un costo diplomático alto. Cada declaración del Movimiento de los No Alineados contenía numerosas expresiones inaceptables que no condecían con la política internacional de la mayoría de los países no alineados, tenía un costo político alto con Estados Unidos y al día siguiente que salía el texto había que hacer una serie de reservas. Y digo al día siguiente porque la técnica del Movimiento de los No Alineados se parecía a la de los movimientos universitarios, los textos se discutían durante horas y finalmente a las cinco de la mañana se los aprobaba con los poquitos que habían quedado, y entonces salían de acuerdo con lo que quería el grupo más extremista porque era el único que se quedaba hasta esa hora.

La solución era muy simple. Al día siguiente uno hacía todas las reservas del caso y decía con que no estaba de acuerdo. Pero esa técnica no les agradaba mucho a los norteamericanos y siempre era un costo tener que hacer una especie de palinodia por todas las manifestaciones extremistas que se hacían en los documentos. Pero esta participación no era considerada contradictoria con la retórica occidentalista que gustaban los militares en algunos de sus pronunciamientos.

¿Qué balance presentaría sobre la política exterior durante su ministerio?

La síntesis de la diplomacia durante el año 81, para decirlo en pocas palabras, es que fue un ciclo básicamente pobre. Lo más importante a destacar es la "resurrección" de la mediación papal, por lo menos su preservación en estado de hibernación, ya que el punto de deterioro al que podrían haber llegado las relaciones con Chile si se las hubiera dejado libradas a la espontaneidad de la acción del Ejército era realmente impredecible. La relación con Brasil ya había sido asegurada con anterioridad y los pasos con Estados Unidos tenían solamente posibilidad de consolidarse en la medida en que se avanzara en el proceso de la apertura democrática. Habría podido considerase un logro específico si el proceso político hubiera podido abrirse en ese momento. Obviamente fue otro el camino que siguieron los acontecimientos.

¿Cómo explica el giro de Frondizi en los últimos años, su aproximación a la derecha militar?

No hay la menor duda de que Frondizi experimentó un giro en su pensamiento político. Yo personalmente pienso que en esto incidió una evolución en su propia salud. Frondizi no estaba bien en los últimos años de su vida, y esto es lo que explica algunas manifestaciones particularmente extremistas de su pensamiento en esta etapa. Pero de cualquier forma es probable que desde su caída hubiera hecho un análisis autocrítico de su modo de manejar la cuestión militar. Es posible que en esa materia Frondizi nunca haya tenido una elaboración plenamente acabada del balance de su gestión como jefe de las Fuerzas Armadas. Creo que Frondizi llegó a convencerse de que, si por una parte, sus adversarios militares habían cometido errores imperdonables y eran totalmente culpables de una desviación trágica en la historia argentina, él también se había equivocado. La autocrítica del derrocamiento de Frondizi la hicieron los propios derrocadores, como el general Poggi y el brigadier Cayo Alsina, quienes se acercaron mucho a Frondizi después, como también lo hicieron algunos responsables civiles del golpe del 62 entre quienes se destaca Miguel Ángel Zavala Ortiz.

Fue una especie de proceso de reacercamiento. Los militares fueron reapreciando el gobierno de Frondizi, y Frondizi seguramente fue reapreciando sus propios errores de manejo con las Fuerzas Armadas. En esos errores no había nadie en el entorno con capacidad de consejo, de influir bien, en ese momento importante. Frigerio no entendía cómo se podía mantener una relación con el sector militar y era también totalmente inclinado al compromiso y a evitar cualquier tipo de enfrentamiento. El subsecretario de Defensa, que se suponía era el hombre político en contacto con las Fuerzas Armadas, Bernardo Larroudé, no fue tampoco un buen consejero de Frondizi. Por otra parte, como discrepaba profundamente con Frigerio, normalmente tenían posiciones opuestas frente a cada uno de estos movimientos.

Así que yo creo que lo que hizo Frondizi fue esencialmente una autocrítica. Pero a partir de un momento dado, esa autocrítica se convirtió en un inesperado giro a posiciones que a veces parecían de extrema derecha. En eso yo creo, con toda objetividad y lamentándolo mucho, que tenía que ver con algunos problemas del deterioro de su salud.

¿Cómo era la relación de Frigerio con Viola?

No existía. Viola le tenía una profunda desconfianza a Frigerio. Frigerio no solamente apoyó sino que impulsó vivamente mi nombramiento como ministro y tuvo contacto permanente conmigo durante toda la gestión. Teníamos realmente la expectativa de poder influir crecientemente en la política económica. No era cierto que yo quisiera ser ministro de Economía como me lo imputaba permanentemente el diario *La Prensa*, pero sí era cierto que estábamos en total desacuerdo con la gestión de Sigaut, y esperábamos que fuera reemplazado por alguien que estuviera en condiciones de manejar el proceso económico de una manera más conveniente. En esa materia, sin embargo, Viola fue permanentemente fiel a Sigaut y jamás insinuó la más mínima posibilidad de su remoción.

Yo entendía en este punto que la gestión de Sigaut no podía continuar por razones políticas, y con Liendo urdimos en su oportunidad un plan operativo que sirviera para rescatar políticamente al gobierno. Se trataba de la designación de Roberto Alemann como ministro de Economía. Esto fue muy al comienzo de la gestión, el 20 de junio, el Día de la Bandera. Lo recuerdo perfectamente porque la conversación la mantuvimos en Rosario.

Analizamos con Liendo y algunos de sus colaboradores, Rosendo Fraga entre ellos, el reemplazo de Sigaut por Alemann. Quedamos en intentarlo el mismo día con una división del trabajo: yo lo entrevistaría a Roberto Alemann, y él lo convencería a Viola.

Llegamos a Buenos Aires, yo traté de comunicarme por teléfono con Alemann y no pude porque la línea estaba ocupada –después me enteré de que estaba rota–. Entonces fui directamente a su casa, sin consulta previa. Lo encontré, felizmente, me recibió y le dije que entendía que tenía que hacerse cargo del Ministerio de Economía de inmediato, por razones no solamente de reorientación del rumbo económico del país, sino por razones políticas. Es decir, algo equivalente a lo que había representado en su momento Álvaro Alsogaray cuando la salida de Del Carril, con la diferencia de que Frondizi se había visto obligado a sacarlo a Del Carril sin desearlo. Aquí en definitiva ocurrió lo mismo. Roberto Alemann aceptó la invitación, y antes de irme yo le dije: "Te voy a hacer una pregunta muy franca, a lo mejor se producen algunas resistencias a tu designación, ¿vos creés que podría haber otra persona más indicada? Yo te he venido a hacer el ofrecimiento porque no creo que Krieger Vasena sea el hombre". Y él me dijo: "Yo tampoco creo, pero estoy dispuesto a asumir las consecuencias". Es decir estaba convencido de que debía, por razones fundamentalmente políticas, asumir la conducción.

Pero Liendo fracasó con Viola. Viola no quiso, primeramente, porque le tenía confianza a Sigaut, pero sobre todo porque tenía una profunda desconfianza a la línea económica que representaba el establishment en la Argentina. En realidad, Viola tenía un pensamiento, incluso en el sentido económico, muy afín al pensamiento radical.

El desarrollismo era un interrogante para Viola, porque si por una parte percibía ciertas afinidades en cuanto a su heterodoxia económica, por otra parte tenía un componente colorado en su personalidad que lo hacía sumamente desconfiado del gobierno de Frondizi, particularmente de Frigerio. Creo que para Viola el "pacto" era una píldora que no había podido tragar, y Frigerio era naturalmente el responsable del mismo.

¿Cuál era la actividad del MID durante esos años?

La actividad del MID era como la del resto de los partidos políticos. Estaba saliendo de la hibernación, especulando con la posibilidad de que el proceso político se abriera. Naturalmente, ya en ese momento había una libertad de contacto total. Así como la libertad de prensa, la política había florecido de manera espectacular.

Una de las deformaciones más grotescas de la crónica argentina posterior es haberle dado características dictatoriales al gobierno de Viola. Obviamente, el gobierno de Viola carecía de legitimidad democrática pero debe de haber sido uno de los más débiles de la historia argentina. Y además, como prácticamente se había eliminado la violencia política, la prensa decía ya lo que quería.

Hubo un solo episodio que conviene registrar por las características curiosas que lo rodearon. Antes de regresar de Estados Unidos, de mi viaje a Washington, hubo una conferencia de prensa en la que se me hicieron varias preguntas entre las cuales una que aproximadamente en su interrogante y en su respuesta decía lo siguiente: quedó bien en claro que la condición *sine qua non* para el restablecimiento de relaciones normales con Estados Unidos es el restablecimiento de las instituciones democráticas en la Argentina. Esta respuesta causó mucho malestar en un sector en Buenos Aires, en otro sector, por el contrario, tuvo una repercusión sumamente favorable que registré a los pocos días en una comida con el doctor Alfonsín y otros dirigentes del Partido Radical.

Lo cierto es que mientras yo volaba se produjo el secuestro de dos dirigentes políticos: Julio Bárbaro y otro señor. Cuando llegué a Buenos Aires y me enteré de la noticia, la sensación que tuvimos con Liendo y Viola es que había sido una respuesta a estas manifestaciones. Liendo tuvo una enorme preocupación y tuvimos la sensación, por otra parte, de que los iban a asesinar. Era el primer episodio que se producía durante el gobierno de Viola en todo el país, con una repercusión internacional probablemente enorme. Viola tomó una actitud muy decidida en esa materia. Llamó al jefe de Policía, que le dijo: "Tenemos la certeza de quiénes lo hicieron y lo vamos a resolver en el acto". En efecto lo hicieron, y ante la sorpresa de todos aparecieron con vida. Quiénes habían sido se lo guardó la Policía. Fue el único acto que yo recuerde en que Viola hizo un ejercicio de autoridad eficaz, con respuesta y además con demostración de conocimiento.

Pero de todas maneras, el gobierno tenía cualquier característica menos la de un gobierno autoritario. Era carente de legitimidad política convencional pero de ninguna manera un gobierno que se pudiera definir por despojar a los ciudadanos de garantías políticas. La ofensiva permanente que se llevaba desde un sector del gobierno era, desde luego, reparar situaciones existentes como la gran abundancia de presos a disposición del Poder Ejecutivo. Había en ese sentido ciertamente un replanteo, una presión permanente de presencia de los embajadores de Estados Unidos, los europeos, como el embajador francés, que planteaba el tema de los desaparecidos franceses. Recuerdo que en una de las conversaciones me dijo con toda elocuencia que una cosa era la violencia, pero lo que no se podía entender siquiera era la noción de *disparu*. Desde luego era un punto en el que estábamos totalmente de acuerdo. La idea de la desaparición de personas era una táctica contraterrorista, desde luego militarmente podía concebirse. La desaparición causa más efecto en el adversario que la muerte, pero su costo político, histórico y moral se sigue pagando en Argentina y lo pagaron en ese momento fuertemente las Fuerzas Armadas.

¿Cómo actuó usted ante la caída de Viola?

Cuando se produce el golpe de Estado, que de hecho lo fue, y asume Galtieri, yo presenté mi renuncia automáticamente. De hecho fui el único ministro que lo hizo en ese momento, con el obvio argumento de que habiendo sido desalojado del gobierno quien me había designado no tenía sentido ni posibilidad mi continuación. Fue un texto discreto y sobrio que no obstante me valió una crítica directa del diario *La Nación* cuando se publicó en primera página esa renuncia.

La verdad sea dicha: el acceso de Galtieri al poder fue bien recibido por algunos sectores del país. La opinión pública en su mayoría tenía actitudes relativamente indiferentes porque fuera uno u otro el presidente se trataba todavía del mismo gobierno militar. Pero podía tener un significado económico bien distinto la gestión de un gobierno u otro. Galtieri, por otra parte, en la medida en que representaba una conducción del Ejército contaba con el apoyo de los medios sobre los que el Ejército tenía particular influencia.

Un conflicto militar con la OTAN

¿A qué atribuye la elección de Costa Méndez como canciller?

No sé si él tenía alguna vinculación especial con algunos de los miembros de la Junta. Había sido ministro de Relaciones Exteriores de Onganía, por lo que resultaba un candidato posible. Era un hombre adecuado al tono tipo establishment que tomaría el gobierno de Galtieri. De modo que no sé si tenía alguna vinculación especial con Galtieri, pero podríamos decir que era un candidato natural.

Desde luego, Costa Méndez iba a aportar al Ministerio de Relaciones

Exteriores la misma condición no profesional que caracterizó su primera gestión. Costa Méndez era un hombre de gran atractivo personal, de una gran simpatía, de muy buenas maneras, pero, la verdad sea dicha, de profesionalismo no tenía absolutamente nada. Fue muy responsable del deterioro de las relaciones con Chile que llevaron finalmente a la solución jurídica que estropeó la posibilidad de una solución política en el tema Beagle y otros. Luego iba a demostrar en el tema Malvinas cuál era su verdadera dimensión en términos de diplomacia eficiente y profesional.

Creo que puedo aportar un dato personal de cierta significación sobre el tema Malvinas, porque a muy poco andar se puso en evidencia que el gobierno de Galtieri estaba decidido a hacer algunas cosas importantes al respecto. Había un solo *trait d'union* entre la política que había seguido el gobierno Viola y la que iba a seguir su sucesor, que era la operación de las islas Georgias.

La iniciativa del señor Davidoff (en la realidad de la Armada) de desmantelar instalaciones destinadas a la explotación de ballenas en las islas Georgias había sido apoyada por la Cancillería, y por mí personalmente. Parecía una buena iniciativa, una buena operación, destinada a dar un pasito en Malvinas, semejante al que se había dado en las islas Sandwich del Sur con la instalación de aquella baliza por la que los ingleses habían protestado, pero que en definitiva habían aceptado de hecho. Con el argumento empresarial de desmantelar instalaciones que tenían bastante valor, la operación de Georgias tenía de hecho un carácter militar. La idea era, una vez que Davidoff hubiera rescatado los bienes que se proponía recuperar, dejar en la ballenera unos infantes de marina y ver qué pasaba. Parecía difícil que Inglaterra se decidiera a una reacción de tipo mayor. En todo caso, había posibilidades de explorar alternativas. Era una operación de exploración en un área que las negociaciones diplomáticas anteriores habían revelado menos sensible que las propias Malvinas.

La Argentina no tiene reconocimiento internacional de sus pretensiones en las Georgias y las Sandwich, sin duda por la lejanía geográfica respecto del continente que hace un tanto difícil invocar los argumentos geográficos que son tan valiosos en el caso de las Malvinas. Sin embargo, estas islas, incorporadas directamente a la reclamación argentina a partir del momento en que el gobierno británico decidió incorporarlas dentro de la gobernación de las Malvinas, habían sido materia de negociaciones previamente. En un momento dado, el Foreign Office propuso que se iniciaran las negociaciones sobre Malvinas comenzando por las Georgias y las Sandwich. De manera que habían estado siempre en el paquete con menos sensibilidad, por la simple circunstancia de que no tenían pobladores. El argumento de la autodeterminación no se aplicaba a las islas Georgias ni a las Sandwich. Entonces el tema se analizaba con cierto interés. La operación la planeó la Marina, nosotros la apoyamos, y ése fue, repito, el *trait d'union* con lo que iba a ocurrir a continuación.

En el mes de febrero, el tema Georgias se había empezado a implementar y la situación comenzó también a complicarse. Una escalada de declaraciones y actitudes de los dos países amenazó en un momento dado con la posibilidad de la creación de un incidente, a partir del momento de las instrucciones dadas por el gobierno británico de despachar a la región al *Endurance* para desalojar la unidad argentina que se había instalado.

El fundamental cambio de estrategia que se introduce por el nuevo gobierno, por iniciativa o no del canciller Costa Méndez, pero sin duda con conocimiento de su parte, y desde el primer día de su designación en el cargo, fue enlazar la operación Georgias con una operación mayor en las islas. Para el gobierno británico hubiera sido verdaderamente difícil, en el contexto de negociaciones puramente diplomáticas, realizar una operación militar contra un grupo argentino que estaba haciendo una operación de naturaleza comercial en las islas Georgias, reconocidas internacionalmente como disputadas, sin población en torno con intereses a defender. El problema fue cuando el tema Georgias pasó a ser el preludio de una operación de naturaleza mayor. A fines de febrero del año 82 el incidente en torno de las Georgias marchó a un callejón diplomático sin salida.

En ocasión de la realización de un seminario en Buenos Aires en el ámbito del CARI al que asistieron algunos especialistas europeos, entre ellos un inglés, el embajador británico en Buenos Aires organizó una recepción al mediodía. En un momento dado el embajador tuvo que ausentarse de la reunión porque había sido citado por el canciller Costa Méndez. Su ausencia fue muy larga, de suerte que los huéspedes tuvimos que esperar el regreso del anfitrión porque teníamos interés en saludarlo y en saber si había sucedido algo especial en la reunión. Cuando regresó el embajador británico no hizo ningún comentario, pero manifestó una notoria preocupación. En esa circunstancia recibimos una invitación del canciller Costa Méndez, dos de los concurrentes de la reunión, Carlos Muñiz y yo, como ex cancilleres de la República, porque nos quería consultar sobre algún problema.

Fuimos a la casa de Costa Méndez a la hora del té y nos relató el tema Georgias, el intercambio de comunicaciones que había entre el gobierno argentino y el británico, el contenido de la reunión de gabinete que había tenido lugar en Londres, e hizo apreciación de la situación, a la que consideraba crítica. La verdad sea dicha, los dos países se habían colocado en ese momento en un callejón sin salida. Tenían pocas posibilidades de tomar una actitud en un sentido u otro que deshiciera el incidente sin perder cara. Pero en última instancia, se trataba de un incidente puntual. La pregunta que importaba era si se estaba pensando en una cosa distinta en las islas Malvinas, y eso fue lo que le pregunté a Costa Méndez. Es decir, le pregunté si realmente el gobierno estaba pensando en realizar una operación militar en las Malvinas, porque en ese caso quería dejarle sentada mi preocupación por semejante iniciativa, mi convicción de que tendría consecuencias extremadamente negativas. Carlos Muñiz, de más está decir, compartía esa posición. Costa Méndez negó que hubiera cualquier tipo de planes en tal sentido y simplemente lo que dijo era que quería que estuviéramos informados sobre la gravedad que había alcanzado el incidente Georgias y el difícil nudo diplomático que había que desatar. Eso era a fines de febrero, o sea aproximadamente treinta y cinco días antes del 2 de abril.

En el curso del mes de marzo la tensión de los sectores más vinculados con la política exterior se concentró en el tema Malvinas. Parecía más o menos evidente que se estaban juntando nubarrones. Lo que uno después recuerda de esos momentos eran los artículos de Iglesias Rouco en *La Prensa* que anticipaban que iba a haber una operación militar en las Malvinas y los rumores que empezaban a circular a pesar de que hasta el último día se consiguió mantener un total secreto de la operación en cuanto actividad militar. Pero que el asunto estaba en el tapete no había duda para nadie. En mi caso, lo analizamos en almuerzos con diplomáticos que habían colaborado conmigo y que en ese momento estaban en el *staff* más próximo del nuevo ministro. Tuve también reuniones con periodistas y con distintos interlocutores, entre ellos, algunos militares retirados; también, con Guido Di Tella, con diplomáticos extranjeros. El tema de la posibilidad de una operación sobre Malvinas estaba en el ambiente por lo menos a partir de la segunda semana de marzo.

¿Seguía en contacto con Liendo?

Sí.

¿Qué pensaba él del tema?

Tenía gran preocupación. Liendo fue de las personas que con mayor claridad vieron lo riesgoso que representaba un paso en esa dirección. Pero era un tema que todavía se analizaba en términos de su sustancial improbabilidad. La mayor parte de los observadores, sobre todo los informados, pensaban que una idea tan audaz y absurda, en principio, había que descartarla. Pero la verdad es que algo se percibía en el ambiente. La idea de que había llegado el momento de hacer algo con las Malvinas empezaba a circular en esos términos, inclusive en los programas de radio. Tenían lugar consultas periodísticas en los horarios de la mañana sobre el tema Malvinas que se centraban en esta pregunta: ¿no ha llegado el momento de hacer algo en la cuestión Malvinas?

Recuerdo inclusive alguna reunión en la que se me preguntó si no pensaba que era conveniente que el tema Malvinas se asumiera en ese momento como una iniciativa en vías de hecho. Yo acostumbraba a ironizar respondiendo a esa pregunta con una respuesta negativa, aduciendo que no pensaba que a la Argentina le conviniera ingresar en el Pacto de Varsovia, porque solamente a un país del Pacto de Varsovia podía ocurrírsele hacerle la guerra a un país de la OTAN, y siendo un país no alineado la Argentina no iba a tener el respaldo del Pacto de Varsovia. Yo continuaba con la ironía diciendo que no creía que los problemas de la Argentina, que eran principalmente económicos, pudieran ser solucionados dentro del Pacto de Varsovia. Así que creía mejor descartar esa idea. Ese enfoque apuntaba a señalar un poco el absurdo de la situación y el hecho de que realmente nosotros, cuando pensábamos en una iniciativa individual en Malvinas, estábamos metiéndonos en el marco de las relaciones con la OTAN, en una pelea, como se acostumbraba a presentar en esos días, contra "el viejo león desdentado".

La mayoría de los observadores que podríamos considerar mejor informados no creía que se pudiera dar un paso de esta naturaleza, yo entre ellos. Temía que algo había, pero por supuesto, lo descartaba. Es decir, tenía conciencia de la enormidad de la idea.

Una semana antes del 2 de abril tuve una sorpresiva llamada –era el jueves previo– de la secretaria del embajador de Estados Unidos. Me llamaba en nombre del embajador Schlaudeman, para ver si tenía libre el almuerzo del día siguiente. Yo tenía una muy buena relación con él, pero era realmente sorprendente que me llamara a almorzar de un día para otro. Pensé que los americanos debían tener información sobre el tema Malvinas, de otra manera no se explicaba. Acepté la invitación, desde luego, con gran interés. Fue un almuerzo a solas con él. El embajador americano me empezó a preguntar sobre temas de política interna: cómo veía la salida electoral, si entendía que se había facilitado o dificultado la salida electoral con la nueva situación. Él sabía perfectamente los planes que tenía el gobierno anterior en ese sentido, por esa razón habíamos tenido una relación muy armoniosa con la embajada americana. Pero el almuerzo pasaba y el tema Malvinas no salía. A mí, naturalmente, me parecía impropio lanzarlo de mi parte, porque preguntar sobre la posibilidad de una operación militar en

Malvinas era una especie de infidencia aunque, por otra parte, yo no tenía ninguna información. Salí del almuerzo y el tema Malvinas no apareció.

Hasta el día de hoy estoy convencido de que el embajador Schlaudeman, y él mismo lo afirmó públicamente después, no estaba informado de los preparativos que en ese momento ya estaban terminados del lado argentino. Para mí, siempre ha sido un interrogante muy grande si Estados Unidos sabía o no sabía de qué se trataba; si Inglaterra sabía o no de lo que se trataba; si los rusos sabían o no.

Un par de días antes de la operación, cuando ya los rumores en la plaza eran bastante importantes, tuvimos un almuerzo con un grupo de periodistas, entre los que se encontraban Ricardo Kirchbaum, Isidoro Gilbert, José Ignacio López, Sergio Villarruel. En el mismo se analizó la posibilidad de que realmente se produjera la operación, porque ya estábamos en la semana en que se iba a producir la iniciativa. Recuerdo que el tema en discusión era cuál sería la actitud a asumir por Estados Unidos en la hipótesis de que tomara una iniciativa la Argentina. Yo dije que no cabía la menor duda de que respaldarían a su aliado y que desde el punto de vista militar la operación iba a llevar a un desastre; que nos estábamos enfrentando a la OTAN y que no podríamos ganarle una guerra a la OTAN.

Lo importante, en síntesis, es que antes del 2 de abril los acontecimientos empezaron a precipitarse a partir de la crisis de las Georgias, que fue utilizada por el gobierno argentino no como un instrumento para dar un paso adelante en una negociación diplomática a largo plazo, sino para precipitar la crisis. La crisis de Georgias fue el pretexto para hacer la operación en la fecha que ya seguramente estaba escogida. Por qué en ese momento las autoridades militares resolvieron hacer la operación el 2 de abril, continúa siendo hasta el día de hoy un misterio. Los ingleses estaban por vender sus portaaviones, era manifiesto que las condiciones climáticas no favorecerían, y hay quien piensa que la idea de hacer la operación en épocas de mar difícil iba a dificultar las tareas de una eventual operación de la flota británica. Pero básicamente pienso que no se creía que vendría la flota británica.

En el clima preparatorio previo, nosotros pertenecíamos al muy pequeño grupo de gente que estaba preocupada dentro de la opinión pública, que en general no sospechaba que iba a haber una operación. En última instancia, la operación de Malvinas tuvo un lado meritorio que fue el hermetismo con que logró rodearse. También la relativa sorpresa que produjo en el campo político, porque realmente nadie pensaba en la reacción tan espectacularmente entusiasta que tuvo la gente.

¿Qué actitud asumieron Frondizi y Frigerio?

La actitud de Frondizi y Frigerio se supo al día siguiente que se produjera la crisis. El 2 de abril Frigerio no estaba en Buenos Aires, Frondizi sí. A la primera hora de la mañana nosotros empezamos a recibir consultas periodísticas. Yo manifesté mi clara reticencia con la operación, utilicé una fórmula cauta como la que convenía adoptar en ese momento, diciendo que era una forma heterodoxa de ejercicio de la soberanía y que había que ir cuanto antes a una negociación.

Frondizi consideró que la iniciativa era totalmente descabellada, y no tuvo ninguna duda sobre cuál iba a ser la reacción británica. Frigerio, cuando regresó a Buenos Aires –creo que estaba en una gira en el interior–, estaba aún más horrorizado. No tenía duda de que no había ninguna otra posibilidad que la reacción británica y entendía por otra parte que se infringía, como entendíamos el grupo principal del desarrollismo, una pauta fundamental del sistema internacional vigente. La utilización de la fuerza para la defensa de un derecho, inclusive para el ejercicio de la soberanía en este caso, cuando implicaba el enfrentamiento con uno de los dos bloques militares, no podía tener consecuencias sino extremadamente trágicas, comenzando por el debilitamiento del derecho.

Frigerio nunca tuvo duda de la contundencia de la respuesta militar que se avecinaba. No concibió nunca la conducción del desarrollismo, no la concebí nunca yo tampoco, otra actitud por parte de la OTAN que la que en efecto se produjo. De ahí que nuestra tendencia fuera reclamar en todo momento la negociación. El día 2 de abril yo me presenté en la Cancillería, porque me pareció obligatorio, por lo pronto, ponerme a disposición, y en segundo lugar para saber qué pensaban.

Mi conversación con los funcionarios del ministerio me causó una enorme preocupación. Les pregunté qué pensaban que iba a hacer el Consejo de Seguridad y cuál iba a ser la actitud del mismo, y me encontré con la convicción generalizada de que si había una resolución se podía contar con el veto chino y probablemente también con el ruso. Inquirí si habían conversado con la Cancillería rusa y cuando me contestaron que no, decidí irme a mi casa, ya que me pareció que la actitud del más alto nivel profesional diplomático argentino fue realmente muy *amateur*, e incluyo en ello a diplomáticos de gran experiencia.

Desde ese punto de vista, difícilmente se pueda hacer una condena unilateral de la iniciativa militar, porque el sector diplomático argentino entró en el entusiasmo infantil generalizado de forma que realmente resulta sorprendente. La falta de evaluación del comportamiento de Estados Unidos fue el dato fundamental desde el primer día. Si se parte de la premisa de que se cuenta con el veto chino y se pensaba en la posibilidad de un veto ruso, no es de sorprender tanto que se hayan equivocado tan profundamente respecto de lo que iba a hacer Estados Unidos.

En el lado militar, el error de análisis respecto de la reacción norteamericana tenía alguna explicación adicional, porque estaban trabajando juntos en algunas áreas oscuras de la política paralela, y por otra parte se podía saber que algún sector de la diplomacia norteamericana tenía simpatía por la Argentina, como en efecto lo demostró. Pero las reglas generales del funcionamiento de la alianza eran extremadamente claras.

Durante los días inmediatos, la gente que consideraba que habíamos entrado en una aventura muy peligrosa, constituíamos una minoría realmente pequeña. Por ejemplo, yo recuerdo que mi casa era la única que no estaba embanderada en las cinco esquinas de Montevideo y Guido. Mis vecinos me preguntaban por qué y a mí me parecía que no tenía sentido. Tuve que dar varias conferencias por esos días, conferencias que estaban preparadas de antemano, y naturalmente surgía el tema de las Malvinas. Fui invitado para una conferencia específica de Malvinas por la Asociación de Colegios de Abogados.

Pero las cosas más interesantes que pueden referirse al respecto son algunas visitas a instalaciones militares. Con anterioridad a la operación en Malvinas, yo estaba realizando actividad política en el MID y fui invitado por autoridades del partido en Bahía Blanca a dar una conferencia allí sobre la situación internacional que había sido planeada mucho tiempo antes. Naturalmente, cuando llegué a Bahía Blanca el 12 de abril el único tema era el de Malvinas. Aproveché la visita para ir a Puerto Belgrano. En ese momento, el jefe de la Flota de Mar era Allara, que había sido subsecretario de Relaciones Exteriores, el comandante del portaaviones *25 de Mayo* era el capitán de navío Sarcona, que había sido mi agregado naval en Brasil, y el comandante del crucero *Belgrano*, el capitán de navío Bonzo, que había sido jefe de la misión del Camas en Río de Janeiro también durante mi gestión diplomática en Brasil. De manera que los conocía muy bien a los tres. Pude despedirlo a Bonzo, antes del trágico viaje que iba a emprender, porque lo encontré de casualidad. A Sarcona lo fui a visitar para conversar sobre cuáles eran las actividades que pensaba hacer la Armada. Y con Allara tuve una conversación larga, en la que le expresé mi profunda preocupación por el conflicto en ese momento en marcha. Hay que tener en cuenta que buena parte del país no tenía conciencia de que habíamos entrado en guerra. A Allara le pregunté cuál era el balance militar del conflicto, cómo veía la situación y qué pensaba hacer la flota de mar, que todavía no había salido del puerto. Allara me dijo lo siguiente: si la flota británica llegaba a las islas, era evidente que no había posibilidad de evitar algún desembarco en alguna parte de las islas, pero consideraba que la instalación militar era prácticamente inexpugnable; en consecuencia, a su juicio, lo que iba a ocurrir era un "duelo a primera sangre" –ésa fue su expresión textual–, y a partir de ese momento se iba a empezar a negociar diplomáticamente.

Esto revela el pensamiento de un alto oficial de la Armada, en tanto el comandante de la fuerza pensaba que no iba a haber un enfrentamiento mayor. Allara creía que en última instancia lo que se necesitaba era salvar el "honor" de las partes con una mínima acción militar, para luego empezar a negociar diplomáticamente, ya que seguramente calculaba que el costo de una acción sería muy alto para los ingleses. Para ese entonces no se había producido ningún incidente militar.

Poco después de esta conversación, se realizó la segunda visita del general Haig a Buenos Aires. La primera fue muy rápida por lo que no tuve la posibilidad de tener contacto como para saber lo que ocurría. Cuando se produjo la segunda visita de Haig sí tuve contacto diario con Elsa Kelly, que participaba del grupo negociador con los americanos. Todas las tardes venía a cambiar ideas conmigo. Haig estuvo tres días negociando entre trece y catorce horas de promedio y el intercambio me dejaba profundamente angustiado. Porque comprendía que los mensajes que enviaba el secretario de Estado eran extremadamente dramáticos y, a la vez, demostrativos de la buena voluntad de encontrar una salida por parte de Estados Unidos, a pesar de la iniciativa absolutamente heterodoxa que había adoptado la Argentina.

Yo le decía a Elsa Kelly que teníamos que fijar un mínimo de negociación por el que no volviera el gobernador de las Malvinas, "el hombre de las plumas", ya que a partir de ese momento ganábamos en tanto entrábamos en un esquema de replanteo de la situación. Lo que había que evitar era retornar al *statu quo* anterior. Cualquier modificación del *statu quo* nos beneficiaba.

La presión de Haig puede compararse a las conversaciones de *El padrino*, la novela famosa de Mario Puzo, que son un modelo de ejercicio del poder. Cuando el padrino negociaba y a partir de un momento dado decía: "con esta persona no se puede razonar", se retiraba y se sabía que a partir de ese momento estaba condenado a muerte. Yo pensaba que estábamos negociando con el padrino, que se iba a levantar en un momento diciendo que con esa persona no se podía razonar, y entonces íbamos a pelear con la OTAN. El problema era que nuestro esquema militar debía considerar a Estados Unidos y no solamente a Inglaterra, puesto que Inglaterra sola no nos podía ganar la guerra. Yo creo que esa visita de Haig fue una oportunidad perdida, y quién sabe qué influencia tuvo para el futuro institucional argentino, pero para la recuperación de las islas Malvinas fue, a mi modo de ver, el *turning point*. Haig quería imponer una solución aceptable.

Tiempo después, quien era en ese momento secretario adjunto para Asuntos Latinoamericanos, que fue luego embajador en España, Tomás Enders, me dijo que Haig había venido de Londres trayendo propuestas con gran renuencia de los ingleses. Finalmente, según este informante norteamericano, los ingleses las aceptaron porque sabían que en Buenos Aires serían rechazadas. Y eso en efecto ocurrió. Era manifiesto que cualquiera de las propuestas que trajera Haig significaba una victoria diplomática fundamental y eran lo que podríamos denominar: las blancas dan jaque y dan mate en diez jugadas aunque no en dos.

Por supuesto, a mí no me tocó ninguna intervención en la negociación. Simplemente la seguí de afuera, tratando de dar consejos vía Elsa Kelly. Pero el sector militar estaba en ese momento trabado de cualquier razonamiento que permitiera encontrar una salida diplomática a la situación. Todo esto había sido concebido siempre como una operación de política interna: lo exterior instrumentado al servicio de lo interno, y a partir de ese momento se sentían atados luego de la multitud en Plaza de Mayo. Todo lo que significara un retroceso aparente hubiera sido considerado por un sector importante de las Fuerzas Armadas, principalmente, una inaceptable claudicación.

Era, sin embargo, evidente en ese momento que lo que había que evitar era el derramamiento de sangre. Nosotros entendíamos muy bien –y en ese sentido el MID inclusive publicó un documento en una solicitada sumamente valiente en el 18 o 19 de febrero– que habíamos entrado en guerra. La opinión pública argentina no lo entendía. Probablemente las Fuerzas Armadas tampoco parecían darse cuenta de que estábamos en el terreno de las acciones bélicas, por la limpieza de la operación, en la que inclusive se había aceptado la muerte de algún militar argentino sin tomar represalia contra la población de las islas. De cualquier forma, era un dato que todavía no se había producido un enfrentamiento militar con derramamiento de sangre.

Cuando se produjo la primera acción militar propiamente dicha en Georgias y la unidad argentina decidió la rendición –sin duda en cumplimiento de instrucciones– también se seguía con esa línea, evitándose un choque que produjera un derramamiento de sangre cuyas consecuencias resultaron luego más difíciles de reparar.

Los últimos diez días del mes de abril giraron en torno de este problema, a mi modo de ver. Recuerdo una invitación al programa de televisión Tiempo Nuevo, en que Neustadt y Grondona convidaron en bloques separados al general Lanusse, a otra persona y a mí. Lanusse se manejó con cautela. Yo insistí en la necesidad indispensable de negociar en ese momento y evitar el derramamiento de sangre. Mi argumento era que el derramamiento de sangre, aunque estuviéramos ya en un estado de hostilidades, provocaba una situación cualitativamente diferente. Era en ese momento menester negociar a toda costa. Esta insistencia, que fue claramente formulada, determinó que al día siguiente, temprano a la mañana, me llamara Neustadt por teléfono, en una actitud que hasta hoy le he agradecido, para decirme que Galtieri había prohibido mi aparición en radio y televisión. Es decir, estaba vedado para aparecer en cualquier programa de radio y televisión.

Recibía constantemente en mi casa a periodistas extranjeros, inclusive ingleses, que estaban muy interesados porque realmente era muy poca la gente que en ese momento estaba dispuesta a hablar con objetividad, y jamás tuve ningún tipo de preocupación por lo que pudiese pensar el gobierno de Galtieri. Obviamente, nunca me puse en contra de la Argentina durante el conflicto, pero sostuve siempre la necesidad de la negociación a toda costa porque me parecía claro que cualquier negociación que se empezara representaba una victoria diplomática irreversible.

¿Se debió haber cumplido con la resolución 502 del Consejo de Seguridad?

Nunca fui de los que creían que era factible aceptar la resolución 502 de inmediato. Me parecía irreal el clima de euforia que se había despertado en la Argentina, que hacía impensable que el gobierno fuera tan inteligente. Desde luego, hubiera sido la más inteligente de todas las actitudes, porque habría garantizado que Inglaterra no regresara al *statu quo* anterior. Haig nos abrió una excelente oportunidad y hubo tiempo de aprovecharla, porque Estados Unidos realmente tenían un interés vivo en evitar el conflicto.

Usted escribía en La Nueva Provincia.

En *La Nueva Provincia* escribía un artículo semanal que siguió todo el período del conflicto, en los que mantuve esa línea todo el tiempo, aunque no era la del diario, que tuvo la ponderable actitud de recibir en un área tan delicada a un columnista que pensaba de manera bastante diferente de lo que el diario sostenía. La columna que debía haber salido el 2 de abril era una descripción de cómo se había agravado la situación de Malvinas y terminaba con una frase que aproximadamente decía: "Es de esperar que, a pesar de las dificultades diplomáticas que esto plantea, a ningún general argentino se le ocurrirá la idea de que el próximo 25 de Mayo se pueda celebrar en Puerto Stanley". Me llamó Vicente Massot para decirme que no se podía publicar, obviamente, porque lo temido se había producido ese mismo día. A partir de ese momento se me hizo una aceptación sumamente libre del pensamiento que expresé durante los dos meses siguientes hasta terminado el conflicto. Durante todas las semanas escribí sobre Malvinas con una línea muy franca de apoyo a la necesidad de una salida diplomática, de advertencia de que la Argentina estaba realmente en un conflicto militar con la OTAN a la que no se le podía ganar en el campo militar, ya que era totalmente imposible pensar que Estados Unidos iban a permitir que un país marginal infligiera una derrota a un aliado. Por otra parte, el tema que me parecía absolutamente claro –y que Haig lo había dejado fuera de duda estando en Buenos Aires– era que Estados Unidos no iba a tener más remedio que apoyar, por más *reluctantly* que fuera, hasta las últimas consecuencias a un aliado que había sido, en términos formales al menos, objeto de una acción militar por parte de un país que no era aliado de Estados Unidos. Desde luego que la evidente proclividad que hacia la posición argentina tenían personas tan importantes como Jeanne Kirkpatrick dio lugar a alguna confusión. Pero ningún profesional se podía haber equivocado jamás respecto de cuáles eran las últimas implicaciones.

Pero la opinión pública argentina vivía una euforia sorprendente, que había puesto en evidencia en qué medida la cuestión Malvinas está en el fondo del corazón de los argentinos. Las voces que se inclinaban a la sensatez eran realmente pocas. El primero que se incorporó a posiciones semejantes a la del MID fue Álvaro Alsogaray. Del lado del peronismo y del radicalismo no hubo ninguna voz que se hiciera pública, ni siquiera la del doctor Alfonsín, que suele mencionarse como opositor a la invasión. Puede haberse opuesto en el fuero íntimo, pero la verdad es que cuando hubo una manifestación pública por parte de Alfonsín fue cautelosa a favor.

Dentro de ese programa de conferencias que había planeado antes por el MID, me tocó Tandil cuando ya se estaban desarrollando acciones militares. La conferencia fue muy concurrida, naturalmente, porque en ese momento el tema Malvinas atraía a mucha gente, expuse con gran precaución todas mis salvedades. Entre el público estaba presente el doctor Pugliese, quien al día siguiente vino a desayunar conmigo puesto que quería conversar. Para señalar cuál era el pensamiento del partido, me dijo lo siguiente: "Usted tiene razón en todas sus preocupaciones, pero en este tema no hay más remedio que apoyar a las Fuerzas Armadas". Ésa era la actitud prácticamente unánime del radicalismo, por los menos de la conducción oficial del mismo. Quizás hubiera algunos sectores que entreveían la posibilidad de una consolidación del régimen militar, y que desde luego desde ese ángulo estaban en contra. Pero el análisis estratégico del tema muy poca gente lo entendía verdaderamente. Uno de ellos era Liendo, que estaba convencido de que íbamos a la confrontación y que íbamos a perder. Lo mismo pensaba Viola.

La más interesante de las reflexiones que se me hizo sobre el particular fue la de un oficial retirado de la Fuerza Aérea, un día que vino a entrevistarme puesto que, como mi posición era más o menos conocida por manifestaciones públicas, alguna gente que estaba preocupada venía a verme. Este oficial me hizo un planteo extraordinariamente interesante. Me dijo que coincidía con mis reservas, que creía que yo debía pensar más claro que lo que expresaba y que compartía mi punto de vista, por lo que estaba muy desesperado porque íbamos a una guerra en la que no teníamos ninguna posibilidad de hacer nada. Inclusive afirmaba, en lo que se equivocaba, que era tal la superioridad británica con el apoyo norteamericano que no había posibilidad de que un avión argentino tocara un navío inglés. Pensaba que teníamos una sola posibilidad de replantear el caso de guerra y venía a consultarme mi opinión. Dijo entonces lo más inesperado que se podía pensar en abril de 1982: "La Argentina debe denunciar su deuda externa. Ésta es la única arma que tenemos, ya que si denunciamos la deuda externa y proponemos una renegociación de la misma, tendremos posibilidades de salir de este conflicto". Yo le contesté que si lo hacíamos nos invadirían, de manera que tendrían la oportunidad de hacer un escarmiento definitivo.

La verdad es que ese oficial había percibido con una singular agudeza que el tema era la vulnerabilidad que para todo el sistema capitalista representaba la deuda externa latinoamericana. Nadie en ese momento tenía conciencia de ello. Yo personalmente había dicho en el año 81, cuando asumí la Cancillería, que el problema más grave que tenía la Argentina en el orden externo era la deuda externa, pero naturalmente no era un tema que uno pudiera pensar que alguien lo iba a analizar deduciéndole consecuencias estratégicas.

Los que en ese momento estábamos preocupados por la guerra éramos una minoría solitaria que, por otra parte, se encontraba extremadamente incómoda hasta en las relaciones con amigos. Yo interrumpí relaciones con amigos hasta el día de hoy como consecuencia de los acontecimientos de las Malvinas. Eran además patéticos los errores técnicos en que incurrían algunos oficiales militares con la mejor buena fe. Recuerdo el caso de un almirante muy amigo mío al que le pregunté qué pasaba si se aproximaba la flota británica, y sostenía que no había ninguna posibilidad de que las islas fueran invadidas, puesto que eran invulnerables. Realmente, en la medida en que uno avanzaba en el escepticismo, siempre se encontraba en definitiva con una reacción dura. El error sobre la apreciación militar de la situación era generalizado.

¿Qué análisis hace del hundimiento del Belgrano*?*

El hundimiento del *Belgrano* fue una tragedia nacional entonces, como lo sigue siendo hasta hoy. Yo no tengo la más mínima duda de que dicho hundimiento no tiene justificación militar, aunque haya oficiales que lo explican con mucha objetividad y seriedad. El almirante Molina Pico, por ejemplo, más de una vez me ha dicho que si hubiera sido el jefe de la flota británica lo hubiera hundido, dándome algunos argumentos. Personalmente, yo pienso que el *Belgrano* era una unidad vieja por lo que no tenía ningún sentido que se lo hundiera que no fuera dar contenido político irreversible al conflicto.

Es evidente que para entonces el gobierno de Margaret Thatcher había comprendido la oportunidad que se le abría. Hay que señalar que en 1982 Margaret Thatcher no era la figura internacional que fue después, sino que se trataba de un gobierno británico como cualquier otro con relativamente poca duración en el cargo y muy débil políticamente.

La renuncia de la persona más prestigiosa que tenía, Lord Carrington, que era el candidato natural a la sucesión, ponía en evidencia que él se había equivocado al hacer de las Malvinas la prioridad 238 como le dije en su oportunidad a Ortiz de Rosas.

El hundimiento del *Belgrano* produjo la reacción emocional del caso. Dejó definitivamente atados a los militares para cualquier iniciativa inmediata. Pero al día siguiente se produjo el acontecimiento más inesperado –creo yo– para todos los observadores argentinos informados: el hundimiento del *Sheffield* en la primera de las extraordinarias operaciones hechas por las Fuerza Aérea y por la Aviación Naval.

Aunque yo había sido ministro de Relaciones Exteriores, por lo que podía considerarme una persona informada, había subestimado completamente la capacidad operativa de las Fuerzas Armadas Argentinas. Creo que la capacidad operativa de las Fuerzas Armadas Argentinas fue una sorpresa a escala mundial. Causó impresión e inquietud en Brasil. Dejó en claro también que si hubiera habido un conflicto con Chile en la oportunidad que se pudo plantear, en el año 81, la Argentina habría tenido probablemente un resultado favorable, aunque con trágicas consecuencias políticas posteriores. Demostró que podía combatir, por lo menos, contra un adversario a la altura de la OTAN, lo cual fue una verdadera sorpresa.

Pero lo más importante es que ese dato dio paso a una excelente oportunidad diplomática, que fue la gestión de Belaúnde Terry. Años más tarde, el presidente Belaúnde me contó que, ya iniciada su gestión, al producirse el hundimiento del *Belgrano* comprendió que no era posible continuarla, pero que al día siguiente, cuando había renunciado totalmente a sus propósitos mediadores, recibió un llamado directo del secretario de Estado Haig, que le dijo aproximadamente lo siguiente: "Han empatado. Los argentinos acaban de hundir el *Sheffield*. Se abre la oportunidad de una nueva negociación. Insista". La propuesta de Belaúnde Terry repetía aproximadamente los términos de la propuesta Haig, quizás en condiciones todavía más favorables. Desde luego, para la Argentina era una tremenda victoria diplomática. Representaba el abandono definitivo de la vieja situación, se planteaba un nuevo status que no podía sino evolucionar favorablemente en el futuro. La propuesta de Belaúnde Terry, luego del hundimiento del *Sheffield*, tenía más posibilidades que cualquier otra de las anteriores de triunfar, porque dicho hundimiento advirtió al gobierno británico que la acción militar podía tener dificultades mayores. Es decir, podía tener costos que al comienzo no estaban probablemente en sus razonables cálculos.

Sin embargo, lamentablemente fracasó de nuevo la propuesta. Hoy es muy difícil imputar específicamente a alguien del gobierno argentino por el hecho de que la propuesta no fuera aceptada. En su oportunidad, el diplomático peruano que intervino en las negociaciones me dijo que no tuviera dudas de que el responsable había sido Costa Méndez. Otros han atribuido la responsabilidad a Galtieri, y otros han asegurado que Galtieri había ya aceptado la propuesta y que la resistencia la encontró en el sector naval.

Lo cierto es que el gobierno en su conjunto perdió esa oportunidad histórica, y a partir de ese momento los hechos militares siguieron con todas las características que se produjeron en esa extraña guerra convencional librada por dos países que en última instancia no se sentían enemigos. Esto lo ha convertido en uno de los casos más extraños de conflicto en el siglo XX, ya que era una guerra en última instancia sin genuinas enemistades, que sin embargo produjo luego una situación hasta hoy irreparable.

Los argentinos fuimos espectadores y víctimas de la más extraordinaria campaña de acción psicológica que se haya librado en los últimos tiempos. Digo esto en el sentido de que esa campaña estaba dirigida a engañar a la propia tropa y no al enemigo, siendo que, por definición, la acción psicológica debe servir para engañar al enemigo. La presentación constante (que a veces llegaba a engañar a uno ante los hechos tan descaradamente enfáticos que se anunciaban) del progreso de las acciones militares produjo en el país el tremendo impacto que iba luego a cambiar la historia argentina. Creo que los militares con su acción psicológica enterraron su imagen para siempre desde el punto de vista de ser una fuerza capaz de conducir el destino nacional. Lo que pasó luego de la rendición de las Fuerzas Armadas Argentinas en las Malvinas fue fundamentalmente la reacción de un pueblo que se sintió objetivamente defraudado y engañado. No fue simplemente la desilusión por un contraste militar que hubiera podido explicarse con facilidad, es decir, por haber perdido la frase de Sarmiento aprendida en el colegio, aquello de que "el pabellón argentino nunca fue atado al carro triunfal de ningún vencedor de la tierra". Fue algo más, significó el hecho de haber sido materia de una defraudación, de un engaño sistemático lo que determinó la reacción de la gente a partir de la rendición.

Yo creo que hasta una semana antes de que se produjeran los acontecimientos finales en las islas, la inmensa mayoría de la gente no pensaba que iba a terminar como terminó. La ciudad seguía embanderada más que antes, si cabe. El triunfalismo de los medios de comunicación unánimemente respaldando la campaña era igualmente enfático, de suerte que cuando de un día para otro se derrumbó la construcción, la desilusión fue tremenda, y la caída de ese gobierno militar, inevitable con las consecuencias realmente explosivas que tuvo.

Yo creo que hubo posibilidades de negociar en Malvinas, aunque en condiciones cada vez más débiles, naturalmente, a medida que el cuadro militar se iba deteriorando. Pienso que el gobierno norteamericano hizo presión hasta el fin. También, que desde el momento en que los ingleses llegaron a las islas y empezaron a experimentar pérdidas significativas, el precio de sangre ya lo habían pagado. A partir de un momento dado, el gobierno británico que antes del hundimiento del *Belgrano* y la respuesta argentina del hundimiento del *Sheffield* tenía que considerar el precio a pagar cuando ya lo había pagado, agregar a ese precio una unidad o unas cuantas vidas más, no significaba algo cualitativamente diferente. Lo que a mí me resulta interesante, como lección, es pensar cómo se veían las cosas antes de fin de abril, cuando había que analizar el cambio cualitativo que significaba la pérdida de vidas. Una vez que las pérdidas de vidas y la pérdida de material se produjeron en una determinada escala, ya lo demás era meramente un dato cuantitativo.

Hay conversaciones telefónicas de Reagan con Margaret Thatcher que demuestran en qué medida él había comprendido la importancia que tenía el tema Malvinas, incluyendo la repercusión que en Latinoamérica iba a tener la derrota argentina en manos británicas. Yo creo que el apoyo latinoamericano a la Argentina en la guerra de las Malvinas fue bastante limitado. No hubo ningún respaldo entusiasta. El más eficaz de los apoyos lo recibió en última instancia de Brasil, en términos particularmente encomiables, porque dio siempre buenos consejos, advirtió sobre el problema en que nos habíamos metido y además quiso siempre que interviniera el Consejo de Seguridad. En dos oportunidades el canciller brasileño planteó la intervención del Consejo de Seguridad, como iniciativa propia del Consejo, para detener el conflicto, que era la vía probablemente más adecuada para que la cuestión terminara, aunque por supuesto sin conseguir el consentimiento inglés. Perú hizo un aporte de ayuda militar, Venezuela hizo entusiasta apoyo diplomático. Chile obviamente jugó a favor de Inglaterra durante todo el conflicto.

Hago un paréntesis respecto de Chile que es el siguiente: que Chile prestó apoyo logístico a Inglaterra no cabe ninguna duda, así como tampoco cabe duda de que la Unión Soviética prestó apoyo logístico a la Argentina, aunque muy posterior al que le prestó Estados Unidos a Gran Bretaña. ¿Cuál es la explicación? Ahí es donde se podía cometer un tremendo error en el que yo personalmente incurrí, cual era pensar que un saldo favorable que podía tener una solución aceptable del tema Malvinas era que el tema Chile iba a perder su grado de peligrosidad militar. Hay que tener en cuenta que, como se dice antes, el jefe de la Armada había dicho que no había ninguna duda de que las islas Picton, Lenox y Nueva eran un *casus belli* para la Argentina. Los planes militares eran, en la hipótesis de resolver el caso Malvinas, invadir las islas en disputa en el Beagle. Ésa era la decisión de la Armada, de modo que desde el punto de vista de Chile su posición en el conflicto era, lamentablemente, bastante lógica.

El resto de América Latina no iba a sentirse demasiado agraviado, desde luego, por la actitud final que asumió Estados Unidos respecto de Gran Bretaña. No obstante eso el gobierno de Estados Unidos quiso hasta el fin que se llegara a una solución negociada y no a una rendición incondicional. Probablemente, por la circunstancia de que apareció una oportunidad de poner una pica en Flandes en el Atlántico Sur. En última instancia, la presencia británica en las islas Malvinas configuraba ya en los años 80 un anacronismo en la medida en que fuera una responsabilidad militar de los ingleses su defensa. No había, como no hay en la actualidad, ningún argumento que justificara la presencia militar del Reino Unido en el Atlántico Sur, a la que, en cambio, Estados Unidos sí podía aspirar.

Al fin de la guerra de las Malvinas la caída de la Junta fue obviamente una consecuencia inmediata y el reemplazo por una nueva ya no podía sino instalar en el gobierno un esquema sumamente débil.

Una victoria fuera diplomática o militar, sobre Malvinas era el elemento con el que el almirante Anaya contaba para organizar una salida ordenada del gobierno militar, con una relación de fuerzas favorable frente al sector civil o por lo menos no tan desfavorable como la de 1973. La derrota en las Malvinas produjo el efecto exactamente contrario, potenciado *ad infinitum*. Sin la derrota de las Malvinas no es posible comprender todo el proceso posterior. La victoria hubiera tal vez inspirado en el Ejército apetitos de continuidad.

O la salida electoral con un candidato militar: Galtieri.

Probablemente. Aunque en esa materia quizás las discrepancias se hubieran podido hacer más manifiestas. El plebiscito tácito de Plaza de Mayo como fue la convocatoria espontánea de la gente, desde luego, podía alimentar cualquier tipo de fantasías.

Realmente, el espectro de posibilidades que se hubiera abierto para los militares habría sido amplio. Yo creo sin embargo que la estrategia habría sido buscar una salida concertada en condiciones favorables. A partir de ese momento a dónde habría podido aspirar el general Galtieri en las condiciones triunfantes y a lo mejor sin ser mal visto por Estados Unidos, no es posible saberlo.

El precio de la derrota en la guerra yo creo que poca gente lo sintió. Cuando veía el fin de la guerra, me parecía que la mayor humillación que una comunidad podía experimentar era ser derrotada en un conflicto militar; que a lo mejor es un enfoque demasiado profesional o académico de la situación.

Lo que hizo la República Argentina al día siguiente del conflicto fue tratar de olvidarlo, y olvidar la ilusión y entusiasmo colectivos. Creo que la Argentina experimentó una especie de sentimiento de vergüenza, no solamente por haber sido engañada sino por haber tomado tanto entusiasmo por la cuestión. Este intento de olvido se refleja en el tratamiento indiferente que hasta el día de hoy han tenido los veteranos de las Malvinas; es decir, nunca ha habido realmente una respuesta –aunque se hayan dado respuestas materiales relativamente significativas– de cariño nacional a los veteranos de Malvinas. Basta con ver un desfile en que ellos pasan: no suscitan desde luego entusiasmo; y su reintegración en la sociedad argentina ha sido considerablemente difícil.

Una versión latinoamericana de la socialdemocracia

¿Qué análisis hicieron en el MID ante las nuevas perspectivas políticas?

La carrera política que se lanzó por entonces suscitaba inicialmente interrogantes. La apuesta fácil, yo inicialmente incurrí en ella, era que el peronismo ganaría las próximas elecciones. No había razones para pensar al comienzo de la campaña electoral, que nace cuando Bignone asume el poder, que el peronismo iba a perder su condición de fuerza mayoritaria. En el MID se discutió mucho si otra vez se iba a tratar de constituir el Frente o se iba a ir con una alternativa propia. Esta última posición prevaleció, y la candidatura de Rogelio Frigerio con Antonio Salonia fue una opción política que se acogió con bastante entusiasmo dentro del partido. Yo fui candidato a senador por la Capital.

Habiéndose optado constitucionalmente por el sistema electoral indirecto, la representación proporcional significaba que se podía llegar a tener influencia en el Colegio Electoral. La expectativa de que el MID tuviera una cierto seguimiento electoral importante era interesante aunque, desde luego, se había hecho lo posible para recomponer el Frente histórico, el tradicional, con los peronistas. Esas negociaciones fracasaron. Yo no participé mayormente en ellas, por lo que sólo tengo una sensación: que Luder jamás tuvo interés, cuando se consolidó su candidatura, en avanzar en cualquier tipo de acuerdo con el frondizismo. Sólo se pudieron hacer algunos acuerdos puntuales en algunas provincias.

Recuerdo un viaje que hice a comienzos del 83 a Washington, donde era embajador Lucio García del Solar, que estaba allí para preparar una transición favorable al radicalismo, aportando al partido su excelente aptitud diplomática. García del Solar me preguntó qué pensaba sobre las elecciones a lo que contesté que me cabía muy poca duda sobre sus resultados puesto que era imposible ganarle al peronismo. Él me dijo: "Creo que te equivocás, ojalá te equivoques".

Al regresar a Buenos Aires comencé a trabajar activamente en el MID. Tuve un encuentro con Enrique Zuleta Puceiro. Me dijo que tenía mucho interés en conversar conmigo, porque realmente tenía simpatía por el MID y estaba preocupado por lo que veía en las encuestas. Zuleta estaba trabajando fundamentalmente en Mendoza, su provincia. Aquel encuentro ocurrió hacia marzo de 1983 y, según las encuestas que me mostró, en Mendoza le daba un 1% al MID. Me dijo que creía que nosotros éramos muy importantes en la política argentina, por lo que debíamos tener en cuenta dicho dato. La misma encuesta le daba mayoría a Alfonsín, con más del 50 %. Lo extraordinario es que se cumplió perfectamente después.

A partir de ese momento yo me mantuve en contacto con Zuleta y rectifiqué totalmente la respuesta que le había dado a García del Solar, porque la encuesta de Zuleta a medida que las elecciones, se acercaban era absolutamente inequívoca en cuanto a la tendencia de la opinión. Desgraciadamente, absolutamente inequívoca en cuanto a la total inexistencia del MID en el campo de la opinión pública.

Le planteé esa inquietud a Frigerio, que desde luego la descartó, arguyendo que era absolutamente improbable e inexacto, y por supuesto hizo una serie de reflexiones sobre la condición nada científica de las encuestas. En ese momento, las encuestas en la Argentina no tenían el grado de sofisticación que adquirieron posteriormente, y desde luego, la gente no las utilizaba como un elemento indispensable de la campaña electoral.

Yo fui siguiendo la campaña electoral que se hizo en todo el país, y tomando en cuenta las encuestas que Zuleta con gran amabilidad me facilitaba saqué en conclusión que el resultado electoral estaba preanticipado mucho antes de la famosa escena macabra del cajón de Herminio Iglesias. Por eso no tengo la más mínima duda de que dicho episodio no influyó para nada puesto que la gente ya estaba decidida.

¿A que atribuye usted el triunfo de Alfonsín?

Alfonsín era la alternativa al gobierno militar. La derrota de Malvinas significó que se le pasaron todas las cuentas del pasado al gobierno militar. El tema derechos humanos y los aspectos intolerables de la represión se plantearon por primera vez, borradas ya las razones que habían explicado la irrupción militar en el sistema político argentino. La subversión desapareció como tema, quedó en cambio como tema la represión. La campaña de los diarios sobre ese punto fue bastante intensa y aparecieron los rasgos más antipáticos de las figuras más antipáticas del proceso militar. Por otra parte, sin la mínima duda, la política económica del gobierno militar había sido un fracaso, así como la política social, aunque uno podrá decir que todo lo que pasó después demuestra que el gobierno militar no era tan catastrófico en estos campos. Es decir, la situación económica y social se deterioró enormemente con posterioridad a la asunción del gobierno por Alfonsín.

A esto hay que sumar un dato importante: el cambio cualitativo que había introducido la política de la época de Videla en materia de deuda externa. Es decir la Argentina había cambiado su inserción en el sistema internacional a partir de la contracción de un endeudamiento que no estaba en condiciones de pagar. Ése no era sin embargo un tema que pudiera afectar a la opinión pública directamente.

Una pregunta interesante es por qué no se perfiló una tercera opción, fuera el MID o algunas de las otras fórmulas que estuvieron en oferta. Y realmente el país demostró una vez más su profunda condición bipartidaria. La posibilidad de que altere su panorama de opciones básicas, sin tener en cuenta excepciones regionales muy puntuales, resultó remota. El MID tenía una propuesta interesante, pero su candidato no era electoralmente atractivo, porque Frigerio no es una figura telegénica, en un momento en que la televisión ya tenía importancia. Asimismo, su necesidad de explicar temas complejos y su tendencia a no huir de ellos lo hace incomprensible, porque naturalmente no se pueden explicar por la vía de la televisión. Pero realmente podría haberse esperado con expectativa un resultado mejor. Es decir, no era una aventura política para los partidos lanzarse a la conquista de 3 o 4 puntos en el electorado, que hubieran podido ser muy decisivos en una negociación en el Colegio Electoral. De hecho, tanto el peronismo como el radicalismo contaban con que el MID iba a participar en el mismo, y había conversaciones previas sobre cómo se iban a inclinar los votos presuntos de electores del MID o de otros partidos políticos. Hubo conversaciones con gente afín a Alfonsín. Yo personalmente mantuve alguna de ellas. Por supuesto, también sistemáticas conversaciones con el peronismo. Insisto en que se partía de la premisa de que el MID iba a estar representado significativamente en el Colegio Electoral, y alguna otra fuerza también.

¿Qué posición tomaron ante el gobierno de Alfonsín?

Después del fracaso de las elecciones de 1983, el MID encaró el gobierno de Alfonsín con una actitud opositora moderada. Yo fui designado presidente de la Convención Nacional del partido, que si bien teóricamente es en cualquiera de las cartas partidarias el órgano máximo, también operaba como caja de resonancias de las aspiraciones y eventualmente de las quejas y divisiones internas. A medida que la figura de Frondizi, por razones de salud, comenzaba a oscurecerse, el predominio de Frigerio se hacía más absoluto en el partido. Este predominio, a partir de las sucesivas depuraciones o autoexclusiones que habían tenido lugar en los años anteriores, no podía ser discutido razonablemente por nadie. La estatura de los disidentes internos o de las figuras que podían poner, y lo hacían, objeciones a Frigerio, disminuía progresivamente. Pasábamos de Alfredo

Vítolo padre a Alfredo Vítolo hijo, es decir, de líderes de nivel nacional a figuras de significación local.

En cuanto a las líneas que iba a tomar el gobierno de Alfonsín, y frente a las cuales se iba a posicionar el partido, no se podía pensar que iba a producirse algo inesperado. Alfonsín definió de entrada el signo inicial de su gestión con la designación de su ministro de Economía y de su ministro de Relaciones Exteriores. Este último no era una figura conocida, pero lo que se supo de él en esos días podía hacer presumir la línea a ser adoptada. El ministro de Economía sí era conocido.

Estábamos en 1983 y parecía muy claro que Alfonsín iba a repetir los mismos errores cometidos por Mitterrand en 1981, es decir, iba a adoptar la línea de 1981 dos años más tarde. Poca duda había en ese momento de que el jefe del radicalismo orientaba su partido hacia algo semejante a las líneas de la Segunda Internacional, pero desde una perspectiva criolla y sin la experiencia que el socialismo francés había adquirido en los dos años de gobierno que había tenido en Francia.

La designación de Bernardo Grinspun dio lugar a algunas posibilidades de contacto. Personalmente, como casi todo ese grupo, Grinspun era un hombre accesible en el sentido personal. Se conocía además con las figuras máximas del MID desde la época de la juventud. En ese sentido, Grinspun mantuvo conversaciones con Frondizi, que todavía estaba en buenas condiciones de hacer análisis económicos, dejándolo asombrado por las cosas que pensaba hacer. Grinspun le dijo simplemente cuáles eran sus planes de enfrentamiento a la comunidad económica internacional basado en el planteo que pensaba hacer sobre el problema de la deuda externa. Si mal no recuerdo, también tuvieron una entrevista Grinspun, Frondizi y Frigerio, que quedó aún más perplejo que el propio Frondizi por la forma en que Grinspun pensaba que podía encararse el problema de las relaciones económicas internacionales. El balance de la apreciación de Frondizi sobre Grinspun fue: "Este muchacho no cree en la existencia de Estados Unidos".

De manera que, como era presumible, el MID asumió una línea opositora a la política económica. Una vez más, Frigerio se dio el gusto de anticipar en los comienzos de un camino cuál iba a ser su desenlace. En el caso de Grinspun se podía anticipar que el esquema tendría muy poca duración, como en efecto sucedió. De forma que en ese sentido la crítica económica del MID no cayó en un vacío de escepticismo a pesar del amplio crédito que recibió inicialmente el gobierno debido fundamentalmente al restablecimiento de la democracia en la Argentina.

Al mismo tiempo, el MID tenía una posición clara que yo había formulado por escrito antes y después de la Presidencia de Alfonsín, en artículos publicados en el exterior, particularmente en el *Expreso de Lima*. Sosteníamos que con Alfonsín se iniciaba un nuevo período de estabilidad en el país, y que lo que podía presumirse era que el gobierno terminaría su mandato, transferiría a su sucesor la banda que garantizaría la legitimidad política del sistema, y que el proceso político argentino había entrado en una etapa en la que quedaba descartada la posibilidad de un golpe militar.

Quizás esos vaticinios iniciales fueron un tanto entusiastas y no preveían la Semana Santa del 87, ni la hiperinflación del 89. Pero, de hecho, se podía evaluar con claridad que los militares no tenían horizonte político en la Argentina como para poner en cuestión la forma de gobierno y que de una manera u otra se llegaría a la consolidación del proceso de legitimidad democrática vía sucesión convocada constitucionalmente.

Respecto de otros aspectos de la política de Alfonsín, lo más destacable es que el MID miró con desconfianza la actitud que se adoptó con los responsables del proceso militar. No salió en defensa de la Junta en la medida que la situación se complicaba, pero tampoco respaldó el juicio a los comandantes a partir de la metodología jurídica escogida. Sí se ocupó de hacer llegar por todos los medios posibles su inquietud por las implicaciones que en los cuadros en actividad de las Fuerzas Armadas, podía tener la pretensión de simultáneamente, seguir una política de enjuiciamiento global de la conducción militar de naturaleza fundamentalmente macropolítica, y al mismo tiempo acompañarla con una tentativa de seguir juicios individuales por infracciones individuales. O se seguía la tesis de Nüremberg o se seguían los juicios correspondientes a delitos previstos y penados por el Código Penal. Las dos cosas a la vez, para el MID, resultaban difícilmente compatibles y necesariamente destinadas a provocar reacciones, temprano o tarde, en las Fuerzas Armadas.

Haciendo una rápida síntesis de lo que ocurrió en todos esos años, cuando se produjeron los acontecimientos militares de Semana Santa, el MID los acompañó a la distancia. No tenía realmente ningún tipo de conexión directa ni indirecta con los cuadros militares que acompañaron al teniente coronel Rico en su asonada. Alguna gente del mundo periodístico amiga mía había seguido con precoz atención ese movimiento, y había evaluado con bastante claridad a dónde se podía prever llegarían esos oficiales de menor graduación. Pasaba que, como en la Argentina no había antecedentes de actividades militares con peso e influencia a niveles tan bajos, muy pocos tomaron en serio algunas advertencias que empezaron a llegar de observadores bien informados, entre ellos debo destacar a Jorge Baeza. Yo, por mi parte, aunque no daba mucha credibilidad a la información, recibí de estas fuentes advertencias muy precisas sobre lo que estaba pasando en ese momento a nivel de mayores y tenientes coroneles, sumados a anticipos de lo que iba a ocurrir, que para mi sorpresa en efecto ocurrió.

El proceso que acompañó a los hechos de Semana Santa fue seguido por el MID con interés y simpatía por las decisiones que adoptó en ese momento el doctor Alfonsín. La actitud del presidente en los días de Semana Santa y su discurso de Plaza de Mayo significaron para nosotros una demostración de que, detrás de la fachada aparentemente tosca de Alfonsín, existía un político de raza capaz de tomar decisiones muy difíciles cuando las situaciones se ponían críticas y capaz de reaccionar contra lo que eran sus inclinaciones naturales.

¿No influyeron en ustedes las declaraciones de Frondizi?

No influyeron porque las declaraciones de Frondizi parecían excesivas. Desde el comienzo nos parecieron cargadas de un contenido ideológico inesperado, pero nos pareció, con alguna lógica, puesto que no se podía impunemente seguir agrediendo a las Fuerzas Armadas en actividad, con la expectativa de que se podían realizar acciones judiciales en contra de ellos luego del clima que habían creado los juicios a los comandantes. El MID nunca había sido una fuerza política con fluidos contactos militares. Para decirlo con franqueza, sobre todo porque los militares no querían tener ningún contacto con las figuras principales del partido. Para los comienzos de los años 80, sin embargo, la desconfianza tradicional hacia Frondizi y Frigerio había disminuido. Aún así las figuras que inicialmente representaron la conducción del Ejército en el gobierno de Alfonsín no tuvieron contacto con la cúpula del MID.

Por mi parte, puedo decir que en ese sentido mi aporte de memorias es cero, porque no hablé con ningún militar durante los cuatro años que permanecí en el país, antes de marcharme a Chipre. De modo que seguí todos los acontecimientos como espectador extremadamente preocupado, ya que estaba personalmente convencido de que la estrategia adoptada para el tratamiento de los problemas internos era sumamente peligrosa.

El consejero de Alfonsín con el que yo más conversé antes de las elecciones fue Jorge Lapeña, y un tema central fue el tratamiento de las Fuerzas Armadas. Discutimos largamente sobre lo que haría el gobierno de Alfonsín con ellas. Tenían ya entonces la teoría de los tres niveles de responsabilidad y me prefiguraron con bastante claridad cuál era el esquema que en efecto siguieron después. Yo les señalé que era necesario optar,

CEREMONIA EN EL COLEGIO DEL SALVADOR (1946).

SECRETARIO EN LA FACULTAD DE DERECHO DE LA UNIVERSIDAD DE BUENOS AIRES (1955).

El presidente del Centro de Estudiantes de Derecho, actual embajador Gregorio Recondo, presenta al político aprista peruano Luis Alberto Sánchez.

COMO MINISTRO CONSEJERO EN RÍO DE JANEIRO.

Con el embajador en Brasil, Carlos Muñiz (1959).

SECRETARIO EN LA FACULTAD DE DERECHO DE LA UNIVERSIDAD DE BUENOS AIRES (1955).

Inolvidables profesores de la Facultad: Aquiles Guaglianone, Marco Aurelio Risolía, Enrique Díaz de Guijarro, Horacio García Belsunce, Carlos Adrogué, Eduardo Busso, Ignacio Winizky, entre otros.

En el aeropuerto de Río de Janeiro, a la llegada del gobernador de la provincia de Buenos Aires, doctor Oscar Alende.

En la foto, el embajador Carlos Muñiz, Horacio Zuviri y Ramón Avellaneda.

Testigo del origen de la bossa nova (1959).

En mi departamento de Río, con Vinicius de Moraes, junto a Gloria Alcorta. Cantan María Elena Toledo, Sergio Ricardo y Normando.

JUNTO A ARTURO FRONDIZI, AL REINICIAR SU ACTIVIDAD POLÍTICA, HACIA 1963.

Estoy conversando con José Giménez Rébora.

ROGELIO FRIGERIO, PADRINO DE MI HIJO JUANITO.

Con monseñor Plaza, mi mujer Susana, mi hija Malala y, con el niño en brazos, nuestra amiga María Marta Montemayor.

PRESENTANDO CARTAS CREDENCIALES AL PRESIDENTE ERNESTO GEISEL.
PALACIO PLANALTO, BRASILA, 1976.

CON EL PRESIDENTE DEL BRASIL,
GENERAL JOÃO FIGUEIREDO.

MINISTRO DE RELACIONES EXTERIORES (1981).

En Buenos Aires, con Henry Kissinger.

Ministro de Relaciones Exteriores (1981).

Foto superior: en Washington, con el vicepresidente George Bush y el embajador argentino Esteban Tackacs.
Foto inferior: Conferencia de Cancilleres de la Cuenca del Plata. Bolivia, noviembre de 1981.

Ministro de Relaciones Exteriores (1981).

En la Asamblea General de las Naciones Unidas, junto a los embajadores Carlos Ortiz de Rozas y Juan Carlos Beltramino.

es decir, un camino era elegir por un sistema de responsabilidad política al margen de lo jurídico, y otro camino era un sistema de responsabilidad jurídica personal por delitos específicamente cometidos. Lo que no se podía hacer era sumar las dos cosas, lo que llevaría indefectiblemente a un conflicto de consecuencias extremadamente peligrosas.

Creo que el problema que se le planteó a la Argentina cuando se produjo la crisis de Semana Santa fue la falta de comprensión de esta incompatibilidad. Hay que ver que todavía no se podía medir verdaderamente cuál era la correlación de fuerzas real que iba a quedar con las Fuerzas Armadas después de la transmisión del mando.

Por supuesto que mi entrenamiento en Brasil me hacía proclive a fórmulas de otro tipo, es decir, a atenuar cualquier enfrentamiento crítico con el sector militar. Y recordando los consejos que me había dado Herrera Campins, a no arriesgar el sistema. Pero evidentemente la situación argentina era diferente y el dato de las Malvinas había introducido en la opinión pública un reclamo que por otra parte correspondía a las inclinaciones del nuevo gobierno.

¿Usted había perdido todo contacto con el general Viola en esa época?

Yo perdí totalmente contacto con toda la plana mayor militar de Viola, con toda la generación de generales de la promoción de Liendo, Villareal, Bussi, etcétera, y me limité en ese momento fundamentalmente a seguir los acontecimientos desde lejos, sin perjuicio de mi actuación en el partido puesto que era presidente de la Convención del MID. La Convención se reunía anualmente; era un ejercicio interesante el manejo de un grupo político significativo, ya que el MID, a pesar de su debilidad operativa, tenía presencia en todos los distritos del país; y por supuesto en la medida de lo posible yo hacía algunos viajes por el interior.

¿Usted habló con Roque Carranza?

Sí. Tenía buena relación con él. Uno de los interlocutores que teníamos en el gobierno era Carranza. Era un hombre muy inteligente. Fue el economista que hizo el mejor análisis del gobierno de Frondizi desde la Secretaría del Consejo Nacional de Desarrollo. Hizo un informe sobre la situación económica argentina que es la mejor reivindicación que se ha hecho del gobierno de Frondizi, con toda objetividad, sin perjuicio de que no tenía ninguna simpatía personal por Frondizi. Yendo a la pregunta, no sé si era un entusiasta fomentador de la confrontación con los militares.

¿Qué análisis hicieron sobre la apuesta a la llamada "politización" del problema de la deuda externa?

La tentativa de politizar la deuda externa, en ese momento, era muy generalizada, porque la verdad sea dicha, el tema de la deuda externa, en el año 83, tenía dos alternativas extremas. Una fue la definida con toda claridad por gente como Kissinger, que llegó a la pragmática conclusión de que la única forma de resolver la deuda externa era la privatización de las empresas públicas de los países deudores. Hubo una reunión en el Aspen Institute, en Colorado, a mediados del año 83, en que muy específicamente se trató esa línea de acción. En ese momento se estaba produciendo un novedoso gran movimiento en el capitalismo mundial: el regreso de la inversión privada en las empresas de servicios públicos.

La otra posición, extrema, era "no podemos pagar, consiguientemente esto tiene que ser renegociado en condiciones asequibles a una cuenta corriente normal". Recuerdo una experiencia en una reunión de la Conferencia Atlántica convocada por el Chicago Council on Foreign Relations, al que yo asistía desde el año 1970, que tuvo lugar en el año 82, después de la guerra de las Malvinas. Concurrió un conjunto de personalidades muy importantes, entre las que se encontraba un ex canciller de Francia, ministro de Relaciones Exteriores del gobierno de Giscard d'Estaing, con quien mantuve una larga conversación. Expuse el panorama de la deuda externa en los países latinoamericanos, para lo que tomé el caso de la Argentina. Di el porcentaje que el servicio de la deuda por intereses representaba dentro del cuadro de las exportaciones argentinas y, a su vez, cuál era la relación entre el total de la deuda y el total de las exportaciones argentinas. Cuando salimos de la exposición, el francés me dijo: "Yo no lo quise corregir, pero lo que usted dice es imposible. No puede ser que el pago de los intereses de la deuda represente el 60% de las exportaciones. De ser así, esta situación no tiene solución".

Se acababa de denunciar la deuda externa mexicana, que, aunque no era tema de la conferencia, no se podía eludir. Por esa razón yo estaba exponiendo la situación de otros países que todavía no la habían denunciado. Es decir, la deuda había planteado una situación totalmente nueva: que el servicio de la deuda no podía nunca llegar a la devolución de capital genuino sino que solamente podía aspirar a la renovación de la deuda de capital.

De manera que teníamos frente a la deuda externa dos posiciones. Una alternativa era la de los partidarios de la posición radical de la denuncia lisa y llana, es decir, el no pago; la otra, era la de los que buscaban una renegociación favorable. Por supuesto, se llegó a una opción intermedia, con la observación de que los que habían entrevisto que la solución de fondo era la privatización de las empresas públicas latinoamericanas terminaron teniendo razón.

Pero todavía en el gobierno de Alfonsín había una cantidad de opciones. El pensamiento seguía siendo convencional, ya que se continuaban aplicando las pautas anteriores, de raíz cepaliana. El equipo económico, aunque contaba con un hombre de la aptitud personal y la honestidad de Félix Elizalde, se encontraba con temas que sobrepasaban totalmente su entrenamiento. Grinspun no podía sino llevar, como lo hizo, al gobierno de Alfonsín a un callejón económico sin salida.

Además de su actuación en el MID, ¿qué actividades desarrolló usted durante aquellos años?

Por entonces integré el Interamerican Dialogue, al que me invitaron para ser uno de sus miembros fundadores, por lo que participé en las reuniones de ese organismo vinculado con el ala liberal del Partido Demócrata. También continué asistiendo a las reuniones del Chicago Council on Foreign Relations, en la Conferencia Atlántica y otros *think tanks*. De suerte que estuve ejerciendo una activa actuación internacional. Teníamos bastante que decir, ya que todo lo vinculado con la guerra de las Malvinas despertaba todavía mucho interés, así como los problemas de la seguridad hemisférica. Yo había tenido posibilidad de participar como protagonista en la relación bilateral argentino-brasileña, en la crisis peruano-ecuatoriana de 1981 y, no como protagonista pero sí como observador independiente, durante la guerra de las Malvinas.

Mi frecuentación con ámbitos de política internacional fue uno de los datos que tal vez llevaron finalmente a Javier Pérez de Cuéllar, que había sido mi colega en 1959 en Río, siendo ministro consejero de la embajada de Perú ante el gobierno de Brasil, a formularme la invitación de ser su representante en el conflicto de Chipre. Ese ofrecimiento surgió, seguramente, como consecuencia de la participación en un seminario que se hizo en Lima en el que se discutió teóricamente un conflicto bastante semejante al que se producía desde 1964 en la isla del Mediterráneo.

Seguía colaborando en *La Nueva Provincia*, con una columna de análisis de la actualidad internacional que desde luego me llevó en más de una oportunidad a alguna confrontación con la Cancillería del doctor Alfonsín.

¿Qué balance hace de la política exterior de Alfonsín?

El contexto general de la política exterior de Alfonsín me parecía fundamentalmente anacrónico, pero tuvo puntualmente algunas líneas correctas, como la terminación del conflicto con Chile. En el mismo, tuvo el respaldo total tanto del partido como el mío, en la medida en que pude colaborar periodísticamente para explicar por qué razón se debía adoptar la propuesta papal, aun con sus inconvenientes, e incluso con las modificaciones que beneficiaron a Chile, luego que el gobierno de Alfonsín cometió un error táctico muy importante.

Ese error consistió en llamar a un plebiscito para la aprobación de la propuesta y fijar una fecha antes de terminadas las negociaciones, con lo que se impuso un *dead line*, por lo que los últimos retoques a la propuesta papal favorecieron a Chile, sobre todo en la proyección de la línea de mar de uso económico exclusivo. Por supuesto, esto no cambiaba la naturaleza de la cuestión, que era llegar a un acuerdo con Chile en el caso Beagle. El resultado de la suma de decisiones de la Corte Arbitral y del Vaticano había sido la acumulación de un conjunto de errores cometidos por la diplomacia argentina durante los últimos veinte años. En ese momento no había otra solución que terminar la cuestión y ya era tarde para reactualizar una propuesta de "paquete" en la que se pudieran haber tratado también los temas del Beagle y de la Laguna del Desierto. Por lo tanto, cuando se planteó la discusión en la propuesta de referéndum votamos por el Sí como partido y como analistas.

También, aunque en ese sentido había discrepancias dentro del MID, a mí me pareció correcta la política de aproximación económica con Brasil, aunque tenía objeciones puntuales sobre los primeros acuerdos de intercambio que se hicieron dentro del marco de lo que iba a ser en el futuro el Mercosur. Un indiscutible éxito de la diplomacia alfonsinista fue también el Acuerdo Nuclear con Brasil, un verdadero modelo a escala mundial.

No pude aportar mi experiencia al gobierno porque en ese sentido la Cancillería jamás quiso recibir ningún tipo de aporte teórico de quien podía provenir de una vía política diferente. Por ejemplo, cuando juntamente con un grupo de analistas como Arnaldo Musich y Carlos Helbling iniciamos contacto con grupos ingleses a propósito del tema de las Malvinas, realizamos visitas a Londres, y luego elaboramos un informe sobre los que nos parecían los caminos posibles para iniciar un diálogo con Gran Bretaña, la Cancillería no tuvo ningún interés en recibir ese aporte. La audiencia solicitada al secretario de Relaciones Exteriores, que era Jorge Sabato, no mereció respuesta. De modo que la posibilidad de diálogo con la conducción de Caputo era en ese momento muy reducida.

Por supuesto, nosotros no coincidíamos ni con la filosofía global del gobierno de Alfonsín, a la que considero una versión latinoamericana de la socialdemocracia, ni con otros aspectos específicos de su política exterior, como el enfoque del tema Malvinas.

Respecto de la política global, el no alineamiento al que se apegó la diplomacia radical nos parecía manifiestamente anacrónico en la década del 80. Hay que ver que se fijó en 1983 y se conservó cuando Gorbachev accedió al poder. Más negativo aun fue incorporarse al "Grupo de los Seis".

Cuando la Argentina fue miembro del Consejo de Seguridad, al final del gobierno de Alfonsín, se seguía manteniendo una política no alineada. Hubo interés eventualmente en presidir el Movimiento de los No Alineados cuando en la Conferencia de Harare hubo una asistencia diplomática masiva. Esto era un costo político que la Argentina no podía afrontar ya en el gobierno de Reagan, cuando la balanza del poder mundial se inclinaba tan claramente a Estados Unidos.

Pero ahí pesaba mucho el enfoque ideológico de algunos sectores del gobierno que se hacía también manifiesto en la política latinoamericana, por ejemplo, en la suma a la línea pro nicaragüense dentro del esquema de Contadora. Cuando se fundó el esquema de los Ocho la simpatía general oficialista por el sandinismo era manifiesta, así como por el Frente Farabundo Martí en la insurrección salvadoreña. La diplomacia del radicalismo, sin llegar a puntos de compromiso excesivo, fue una diplomacia pro sandinista y pro farabundista en El Salvador. Eso significaba un enfrentamiento fundamental con Estados Unidos, porque desde el año 81 no se podía sobrepasar la línea que había trazado con toda claridad en América Central, que era El Salvador. Pero la simpatía que tenía la Internacional Socialista Europea por Nicaragua era invencible, es decir, que al sandinismo nicaragüense se le veían todas las virtudes de la Revolución Cubana y ninguno de sus defectos. La supuesta condición democrática del gobierno sandinista cubría el déficit que en esa materia tenía y no podía disimular el gobierno de Castro. De manera que la apuesta por el sandinismo representaba una tentación invencible para la izquierda liberal europea, y con ello la garantía de un enfrentamiento inevitable con Estados Unidos, que no estaba dispuesto a permitir que situaciones como el sandinismo se extendieran en América. Era cuestión de que el tiempo pasara para que todo esto se resolviera en la medida que era más o menos previsible, y que resultó totalmente clara en el momento que Gorbachev decidió ponerle fin a la Guerra Fría.

En cuanto al tema Malvinas, la posición del MID había sido, y la mía propia, particularmente clara desde el momento en que se produjo la crisis del 82. Durante el gobierno de Alfonsín se abrió evidentemente la posibilidad de replantear la negociación con el gobierno británico. Hay que tener en cuenta que en 1983 las cosas eran todavía muy distintas. Por lo pronto, hacía muy poco tiempo que el conflicto había terminado, sólo un año y medio, y los ingleses todavía no habían sacado las conclusiones jurídicas que iban a deducir después, con la consolidación de su *statu quo*. No estaba definida la filosofía británica posterior, vigente hoy en día, conforme a la cual la victoria da derechos. Hasta el punto de que en materia de mar territorial, que era el tema sobre el que realmente se podía armar un área de negociación significativa porque había cosas para negociar, todavía el Reino Unido se atenía a la teoría de las tres millas. No había habido ninguna modificación de las condiciones de *statu quo* del mar en torno de las islas en el momento que el doctor Alfonsín asumió la Presidencia. Hubo en esa oportunidad declaraciones de la propia Margaret Thatcher que expresaron alguna expectativa de que el advenimiento de la democracia argentina facilitaría el tratamiento del problema. Esto no ocurrió. Se prefirió la estrategia de confrontación en las Naciones Unidas. Estaba atado a todo esto la visión del mundo no alineada. Es decir, la apuesta por el no alineamiento llevaba a la idea de que las Naciones Unidas eran un organismo en que se podían sacar ventajas dado el peso relativo del grupo no alineado. La garantía de que el grupo no alineado votara en bloque en el Consejo de Seguridad fue considerado como un capital diplomático. Pero, por supuesto, en un tema en que el Reino Unido disponía de derecho de veto y Estados Unidos lo apoyaría, servía bastante poco. Sin embargo, la estrategia de tratar el tema en las Naciones Unidas fue básicamente adoptada por la Cancillería hasta que luego decidieron dar pasos más avanzados que nosotros no considerábamos necesarios en ese momento.

Era obvio que no había ninguna dificultad en restablecer las relaciones diplomáticas con el Reino Unido. Nos parecía que era conveniente para las dos partes. El punto era que las negociaciones diplomáticas se interrumpieron en el tema soberanía sobre las Malvinas.

Desde mi punto de vista, las áreas sobre las cuales podía haber materia de negociación en torno de las Malvinas eran dos: pesca y petróleo, que no eran por otra parte ningún descubrimiento sensacional de una mente aguda, sino lo que decía el informe de Lord Schackleton.

La posibilidad de que hubiera petróleo en Malvinas me había sido indicada por primera vez hacia el 66 o el 67, cuando yo estaba en *Clarín*, por el presidente de la Shell, Eugenio Puriccelli, que era uno de los hombres que más sabía de petróleo en la Argentina. Lo encuentro una noche a Puriccelli en el Teatro Colón, porque era muy aficionado a la ópera, y me dice: "Está mal el artículo que hoy hizo usted en *Clarín*". Se refería a un editorial en el cual exhortaba a YPF a la continuación de la perforación para la búsqueda de petróleo en Jáchal, porque se había anunciado que se iban a abandonar los trabajos. Ante esa noticia le pedí a Gerónimo Jutronich que viajara a Jáchal para que sacara sus conclusiones. Fue allí y volvió convencido por los técnicos de YPF de que había que continuar la perforación. Así salió el editorial en el diario, y Puriccelli me dijo: "Van a seguir perforando en Jáchal hasta los diez mil metros de profundidad y no van a encontrar nada. Donde hay es en las Malvinas. Ahí es donde se encuentra el futuro del petróleo argentino. Ahí hay petróleo como en Venezuela". Que sea cierto o no está por demostrarse. Pero que era un tema de negociación en el año 84 era muy claro.

El segundo tema de negociación era la pesca, tema que también había planteado Schackleton, en su segundo informe sobre Malvinas, luego de la terminación de las hostilidades en 1982. Hasta 1981 prácticamente nadie pescaba en el mar próximo a Malvinas. Los únicos que lo hacían eran los polacos que tenían un barco factoría que operaba en Puerto Stanley eventualmente. Como eso significaba una colaboración tácita de un país europeo a la posición británica, yo solicité, como canciller, a los polacos que el barco factoría dejara de operar en Puerto Stanley. A los pocos días recibí un mensaje de un polaco muy importante, que ocupaba una posición destacada en la Iglesia universal, diciéndome que Polonia tenía derecho a comer y que no perturbáramos con la pesca. Me refiero a un mensaje directo del Papa. La verdad sea dicha: las implicaciones verdaderas de la guerra de Malvinas era lo que iba a pasar con el mar. Ésta era la conclusión que nosotros sacamos en un informe que elaboramos como consecuencia de la visita que hicimos a Londres, que comenté anteriormente.

El enfoque nuestro era el siguiente: busquemos primeramente la materia negociable de las dos partes y después avancemos al tema de soberanía y el diplomático. Nos parecía además, que el verdadero interlocutor era el Reino Unido y que permitir que nos pusiera como intermediarios a los isleños no era una línea conveniente. En eso coincidía naturalmente el gobierno radical pero con otros argumentos y estrategias.

La estrategia preferida, lamentablemente, fue exactamente la opuesta. El acuerdo con la Unión Soviética y con Bulgaria sobre pesca significó darle al Reino Unido el argumento que, a lo mejor, una parte de su gobierno estaba buscando. En ese momento se presenciaba el crecimiento vertical de la pesca y teníamos una invasión de barcos de todas procedencias sin que hubiera capacidad operativa por ninguna de las dos partes, entre otras razones porque el Reino Unido no había proclamado su derecho de zona económica exclusiva. Todavía estaba vigente la llamada zona de exclusión, una declaración de naturaleza militar solamente dirigida a los barcos de guerra y a las aeronaves militares de la Argentina. Pero que no obstaculizaban a un barco español o japonés a venir a pescar en aguas en las que, si la soberanía británica realmente existía sobre las islas Malvinas, podían tener pretensión del derecho de explotación económica exclusiva.

Esta *impasse* diplomática perjudicaba a la Argentina, al Reino Unido y a las islas, por lo que la materia diplomática a negociar estaba allí. El tema era cómo ponerse de acuerdo en temas como pesca –más urgente en ese momento que el petróleo–, y a partir de allí tratar de avanzar y evitar que se produjeran hechos consumados.

No haber seguido esa estrategia y haber, por el contrario, agregado a la confrontación en el campo de la diplomacia global de las Naciones Unidas, el acuerdo bilateral con la Unión Soviética y con Bulgaria, países miembros del todavía existente Pacto de Varsovia, fue a mi modo de ver uno de los errores más graves de la diplomacia argentina, tanto como la propia decisión militar del 2 de abril, porque desencadenó las respuestas finales británicas. Les dio a los británicos el pretexto que buscaban, al menos a un sector del Foreign Office.

Siempre tuve la sensación de que en el Reino Unido existía una línea particularmente dura y otra más inclinada a la negociación, como sucede en todos lados. Eso era evidente cuando fui ministro de Relaciones Exteriores y probablemente continuaba ocurriendo, aunque en ese momento enarbolar banderas razonables en el tema Malvinas resultaba extremadamente difícil en Londres. Pero lo que ocurrió en la práctica fue que a partir de la firma de los dos convenios con los países socialistas, el Reino Unido avanzó en una escalada de decisiones sobre el mar territorial que llegó finalmente a la zona de explotación económica exclusiva. Yo publiqué bastante material en esos días. Sobre todo, recuerdo una nota muy dura que publiqué en *Ámbito Financiero*, un memorándum sobre Malvinas, a la que obtuve una respuesta de Caputo desde Brasil con argumentos de carácter personal sin referirse a los temas de fondo.

¿Qué análisis hicieron de la política económica de Alfonsín?

La política económica se reorientó a partir de la designación de Sourrouille. El Plan Austral fue recibido por el MID con dura crítica, provocando en mucha gente del establishment, que se sintieron inicialmente atraídos, las reacciones habituales que habían producido los anticipos del pasado. Cuando el Plan Austral comenzó a dar esos primeros aparentes resultados positivos, otra vez Frigerio y su grupo se encontraron un tanto aislados de la corriente económica dominante.

¿Frigerio tenía diálogo con Sourrouille?

No, no tuvo diálogo con Sourrouille, que yo recuerde o sepa. A pesar de que Sourrouille nos causaba una impresión positiva como persona y lo encontrábamos un administrador honesto, diálogos con él no hubo. Por otra parte no tengo ningún indicio para pensar que Sourrouille hubiese tenido interés en dialogar económicamente con Frigerio. Por otro lado, hay que decir que Alfonsín no lo miraba entonces con simpatía a Frigerio. Tuvieron que pasar muchos años para que pudiera producirse un acercamiento o convergencia entre ellos.

No pasó de las puertas de los comités partidarios

¿Qué análisis hace de la participación del MID en las elecciones nacionales de 1985?

En el año 85, el MID decidió adoptar en cada distrito las políticas que las circunstancias aconsejaran, por lo que en algunos casos fue solo, en otros hizo alianzas con fuerzas locales y en otros, con fuerzas nacionales.

El MID ostentaba la condición formal de ser el único tercer partido que tenía organizadas sus autoridades partidarias en todos los distritos del país. Esto era cierto, aunque en realidad una formalidad. Significaba que se habían hecho bien los deberes, pero la verdad es que a medida que el tiempo pasaba ese esqueleto tenía cada vez menos posibilidad de ser encarnado. La circunstancia de que en el MID hubiera una aptitud profesional para poder organizar el distrito, y el hecho de que en todas partes hubiera un grupo básico de gente muy entusiasmada con ideas desarrollistas y muy convencidos de que el desarrollismo era la única solución histórica para la Argentina, no se traducía sin embargo en una verdadera perspectiva de crecimiento electoral.

La excepción era en distritos como Formosa, por ejemplo, donde, sin embargo, no tardaban en producirse discrepancias profundas entre la conducción provincial del partido, obligada a realizar una serie de compromisos que su propia fuerza electoral demandaba, y la conducción ideológica del centro. El jefe local del MID formoseño, Rínner, que era una figura importante dentro de la política provincial y que trabajaba en alianzas íntimas con el justicialismo, tuvo choques con la conducción central del partido.

En las elecciones de la Capital del año 85 se resolvió inicialmente la candidatura de Antonio Salonia, que era una figura atractiva dentro del partido con posibilidad de tener un mínimo de presencia en la Capital. Pero después, ante la certeza de que los resultados electorales serían desfavorables, se buscó la posibilidad de hacer un acuerdo con alguna otra fuerza. En ese momento en el peronismo se había creado esa pequeña disidencia que encabezó el ex teniente Licastro. Por vías que no recuerdo en este momento se llegó a un acuerdo con él, y la Convención de la Capital del partido decidió presentarse a las elecciones con una lista encabezada por Licastro seguido por Salonia.

El único contacto que mantuve con el partido fue cuando se me pidió si podía asesorarlos en la campaña electoral. En esa ocasión asistí a una reunión en la sede de Ayacucho del comité del partido a la que Licastro llegó con una hora de retraso. Se sentó, tomó la palabra, habló durante una hora y media aproximadamente sin interrupciones en forma tan sorprendente que en un momento dado yo me levanté, fui a ver a Frigerio para decirle que habían nombrado un extravagante como candidato por la Capital y que, en consecuencia, no tenía interés en participar en la campaña, dado que no había ninguna posibilidad de hacer algo razonable con esa persona. No me cabían dudas de la buena intención y de la honestidad personal de Licastro, así como tampoco de que constituía políticamente hablando una magnitud totalmente incontrolable.

Los resultados de las elecciones del 85 fueron tan malos como los del 83 y pusieron en evidencia que realmente el partido había entrado en un proceso de franco agotamiento. Es decir, su insistencia durante décadas en una política frentista fundada en última instancia en la posibilidad de acuerdos al más alto nivel con Perón y el abandono de la lucha partidaria que hubiera podido ser el camino de la UCRI a partir del momento de su victoria electoral en 1958, habían demandado un alto precio por lo que las expectativas de recomponer la fuerza del partido en términos ya convencionales se vieron cada día menos respaldadas por los hechos.

Cuando se produjo la escisión de la UCRI y finalmente se llegó a la constitución del MID, la concepción política de Frigerio tuvo su consagración y coronamiento. Frigerio estaba convencido de lo que decía: que un movimiento nacional era el instrumento real para promover el desarrollo económico de un país en las condiciones de la Argentina, y que ese movimiento nacional tenía que fundarse en lo que él llamaba "alianza de clases". El papel del partido en ese sentido era ser vanguardia de ese movimiento y custodio de la doctrina que el movimiento nacional necesitaba indispensablemente para poder tener éxito.

No cabe la menor duda de que Frigerio era un hombre de muy acabada formación hegeliana y marxista, pero también que las valoraciones del sistema comunista, como se había implantado en la Unión Soviética, estaban totalmente alejadas de su pensamiento. Frigerio era probablemente la expresión más acabada del pensamiento capitalista en la Argentina, sólo que en su formación intelectual, donde la economía tenía un papel muy importante, a los clásicos Smith, Ricardo, Juan Bautista Say que representaban lo fundamental, se incorporaba también Marx.

En términos de política práctica, el esquema de partidos en el sentido tradicional de la palabra, que en la Argentina representaba el partido radical, por ejemplo, nunca entró claramente en su concepción. Lo fundamental para él era que los miembros del partido tuvieran una coherencia doctrinaria inconmovible. En la medida en que la función del MID era ser vanguardia de un movimiento más vasto, su número no resultaba relevante.

Si se producían discrepancias en la doctrina, para Frigerio lo mejor era la escisión, porque el papel que asignaba al movimiento no era el de poner el número sino la claridad de las ideas. Desde ese punto de vista, Frigerio tenía una convicción casi religiosa de la función de la política, y como cualquier concepción religiosa de la política, la herejía resultaba mucho más repudiable y peligrosa que la lisa y llana disidencia. Por eso Frigerio era proclive a acuerdos eventuales tácticos con quienes discrepaban totalmente con él, y totalmente adverso a cualquier tipo de aproximación con gente con la que compartía lo que un observador neutral consideraría lo sustancial del pensamiento, pero que para él no era suficiente.

Esto es lo que explica por qué razón el frondizismo fue protagonista de un proceso de constantes divisiones que lo llevaron finalmente a la desaparición del escenario político en la medida que no triunfó la idea del frente nacional y en que no cuajó la idea de la alianza de clases.

Usted habló de Frigerio y de frondizismo, ¿y Frondizi?

Frondizi nunca discrepó con Frigerio en esta materia en términos prácticos. Podía pensar que alguna de las ideas y ciertas tácticas de Frigerio no eran las más adecuadas, pero jamás lo enfrentó. De manera que a la única conclusión práctica a la que se puede llegar es que Frondizi aceptaba las ideas de Frigerio. Que entre ellos existía una permanente rivalidad no es ningún secreto y además es lo que ocurre casi siempre en este tipo de entendimiento político de dos figuras de talla y relevancia.

Pero en términos prácticos, las decisiones de Frigerio eran las que prevalecían. Las opiniones de Frigerio contaban siempre cuando llegaba el final con el aval de Frondizi. A su vez, la figura de Frondizi se venía opacando progresivamente, de suerte que su capacidad de enfrentar dialécticamente a Frigerio se hacía cada vez menor.

¿Usted fue más amigo de Frigerio que de Frondizi?

Claro, sí, mucho más amigo personal de Frigerio que de Frondizi. Tenía un gran respeto, estima personal e intelectual por Frondizi, lo había visto en su momentos brillantes y no tengo la más mínima duda de que era un hombre singular en el espectro político argentino. Pero con Frigerio tenía una intimidad muy próxima y además le debía parte importante de mi formación intelectual.

Yo provenía de una fuente liberal de derecha, básicamente conformada por Marcelo Sánchez Sorondo, y Frigerio me representó la incorporación, en la idea económica de la realidad, de algunos componentes dialécticos de análisis. Ciertamente, Hegel me impactó significativamente, de manera que a veces yo decía a Frigerio y a Sánchez Sorondo, con gran indignación de ambos, que la mitad de mi cabeza se la debía a uno y la otra, al otro. Pero era en buena medida la verdad.

Por otra parte, yo con Frigerio había estado sumamente próximo a lo que fue mi presencia en *Clarín* y en el resto de mi vida. En cuanto a la tendencia de Frigerio de alejar a todos los grupos que disentían en la política interna del partido, me parecía desaconsejable. En ese sentido, en lo de estimularle su vocación exclusivista jamás lo acompañé, aunque tampoco lo enfrenté, porque no era realmente mi fuerte ni mi vocación la acción en la política interna partidaria.

La verdad sea dicha: nosotros constituíamos un grupo fundamentalmente intelectual de análisis de la política nacional, y lo que sí sabíamos cuando llegaba el momento era desempeñar funciones ejecutivas, tanto en el sector público como el privado. Sabíamos mandar gente, característica que Frigerio tenía y de manera sumamente destacada.

Cabe señalar una vez más que la personalidad de Frigerio fue excepcional en la política nacional, tanto por la circunstancia de ser uno de los pocos hombres que se acercaron a la política con conocimiento real de la vida empresaria como por su indiscutible formación global, ya que fue una de las pocas cabezas filosóficas que tuvo la política argentina, aunque no toda su filosofía pudiera ser necesariamente compartida. Frigerio es probablemente el único político argentino contemporáneo que consideraba que la filosofía era el punto de partida de las cosas.

Naturalmente que estos conceptos eran básicamente extraños a las fuerzas mayoritarias de la política argentina. La posibilidad de que el MID se constituyera en la vanguardia intelectual del peronismo se había esbozado muchos años antes con el famoso documento "La única verdad es la realidad" que había sido hecho por Frigerio y Perón había adoptado. Pero Perón, que le tenía sin duda respeto a Frigerio, nunca se lo tomó en serio como consejero político táctico, y los sucesores de Perón, con menos razón.

Los que conducían el peronismo en la década del 80 estaban en las antípodas de Frigerio. Antonio Cafiero era la figura más relevante de la renovación peronista y su relación no era ni nunca había sido buena con Frigerio. El grupo que acompañaba a Cafiero en distintas áreas de la conducción peronista también era muy lejano al pensamiento de Frigerio, que tenía aliados peronistas puntuales en el interior del país donde el MID era una fuerza respetada. Siempre existían en las comunidades del interior algunas figuras destacadas por su fuerza intelectual o prestigio profesional que estaban afiliadas al partido.

En el interior, el MID tenía un nivel de respetabilidad muy alto, inclusive por la honestidad personal que había destacado a sus dirigentes y por el recuerdo que habían dejado en honestidad y eficiencia la mayoría de sus gobernadores.

El MID era una chapa desde ese punto de vista valiosa, aunque sus estrategias en el orden nacional impidieron que nunca llegara a ser una fuerza política con posibilidades mayoritarias.

La posibilidad de restablecer algún esquema frentista en serio con el peronismo no se replanteó durante el gobierno de Alfonsín, y cuando se lo exploró en las elecciones de 1987 tampoco dio resultado. De modo que el MID decidió concurrir a las elecciones de 1987 como fuerza independiente, con la excepción de ciertas situaciones locales, como a la que me referí en Formosa. Uno de los principales laboratorios era la Capital Federal y, muy contra mi voluntad, se me requirió encabezar la lista, de forma que me fue imposible eludir.

Fue una campaña que llamó a los mejores esfuerzos de mucha gente del partido e independiente que ocupaba y hoy sigue ocupando posiciones destacadas en la vida nacional, en un proceso electoral en el que las figuras dominantes eran Ruckauf, que encabezaba la lista justicialista, y Jesús Rodríguez, que encabezaba la lista radical.

El MID suscitaba algún interés en la prensa y en la opinión, razón por la cual yo tuve bastante participación en la campaña, y, a pesar de que había muchos partidos que concurrían, fui invitado a los debates con estas figuras centrales. Teníamos posibilidad de decir cosas comparativamente originales en un momento en que la situación económica estaba ya realmente complicada, en que se vislumbraba una derrota del gobierno de Alfonsín y en que el peronismo no ofrecía expectativas de alternativas realmente atractivas.

Sin embargo, la elección del 87 fue un fracaso total para el MID. Fue una experiencia verdaderamente traumática en la medida en que se recogieron poco más de treinta mil votos en la Capital Federal, detrás de fuerzas políticas como el Partido Blanco de los Jubilados, o algo semejante. Recuerdo que al comienzo del escrutinio, que se definió prácticamente en la primera urna, Neustadt, que era uno de los periodistas que analizaba los resultados electorales, a las pocas urnas, dijo: "Sorpresa: va mal Camilión", porque evidentemente tenía la expectativa de que los votos del MID fueran superiores.

Pero una vez más quedó demostrado que el mensaje del partido por alguna razón o por otra no tenía eco en la opinión pública argentina. Y esto es una experiencia curiosa, habida cuenta de que no se podía decir que el MID había carecido de órganos de difusión puesto que durante mucho tiempo si no el partido, por lo menos el grueso de sus ideas había tenido en *Clarín* un vocero único de la política nacional.

Clarín no solamente había sido un vocero de la mayor parte del pensamiento desarrollista, sino que a su vez había crecido en función de esa prédica. Es decir, el ciclo desarrollista en *Clarín* transformó lo que era un diario de importancia menor e influencia nula en una verdadera institución de la República. Sin embargo, la expectativa que provocaba el inmenso éxito de *Clarín*, en el campo político no se traducía ni se tradujo nunca en un seguimiento partidario. Es un dato interesante para tener en cuenta porque, desde luego, la buena voluntad de *Clarín* era en sí mismo un hecho político de mucho valor. Mucha gente valoraba el MID en función de que contaba con la posible simpatía del diario más importante de la Argentina. No se puede decir que el *Clarín* del año 87 era igual al del año 80, pero básicamente seguía siendo un diario en la línea de la filosofía desarrollista, que era además una filosofía diversa de la del resto de las fuerzas políticas del país.

No había un solo sector argentino, ni siquiera en el peronismo clientelista, que sostuviera un modelo de capitalismo industrial con proyección global como el desarrollismo. A pesar de que ésas eran las líneas sobre las que se trazaba en primer lugar la tendencia de la economía mundial y a pesar de que dentro de la economía mundial se daba la posibilidad de presentarle al desarrollo argentino un perfil nacional propio, hay que reconocer como un dato que las ideas desarrollistas nunca cuajaron. La confianza absoluta que tenían los desarrollistas en que su fórmula era la única que podía garantizar la consolidación de la Nación y el crecimiento justo y eficiente de la Argentina, no pasó de las puertas de los comités partidarios, que por otra parte ciertamente existían y estaban difundidos en toda la República.

Chipre, una especie de laboratorio

¿En qué circunstancias le fue ofrecido el alto cargo que cumplió para las Naciones Unidas?

Antes de que se produjera el resultado electoral malo para el partido en 1987 y antes de que se abriera además el apasionante proceso político que sucedió a la derrota del gobierno de Alfonsín, en esas elecciones que anticipaban su inexorable vulnerabilidad en el corto plazo, yo había recibido un ofrecimiento del secretario general de las Naciones Unidas, Javier Pérez de Cuéllar, para incorporarme a la organización mundial como su representante en Chipre.

Cuando recibí ese ofrecimiento por vía de su jefe de gabinete, Pérez de Cuéllar, que había sido colega mío –ministro consejero de la embajada peruana en Río de Janeiro cuando yo había ido en mi primera misión internacional con Carlos Muñiz–, le contesté que en ese momento estaba comprometido en una campaña electoral y que no podía renunciar al requerimiento que me había hecho el partido. Faltaban tres meses aproximadamente para las elecciones, por lo que no estaba disponible.

¿Lo tomó por sorpresa el ofrecimiento?

Esta diagonal hacia la política exterior respondía bastante a lo que ya estaba haciendo durante todos esos años en mi actividad privada, como consultoría de temas internacionales, seguimiento de problemas de distinta naturaleza en los que había tenido que mantenerme en actividad estrictamente privada. Por ejemplo el viaje a Londres al que ya me referí, con el grupo encabezado por Carlos Helbling, que hicimos a los efectos de hacer un inventario y balance de las opiniones británicas sobre el tema Malvinas.

Al producirse el resultado electoral del 87 quedando en claro que la Cámara de Diputados no era mi destino, la Secretaría de las Naciones Unidas entró nuevamente en contacto conmigo y reiteró el ofrecimiento de la misión a Chipre, que acepté.

Antes de fin de año hice mi desplazamiento a Nicosia para ponerme al tanto de los problemas del complejo caso, y en marzo de 1988 estaba ya instalado en la isla donde, contra lo que nunca hubiera podido suponer en el momento que acepté la misión, permanecí cinco años.

Ese cargo lo había desempeñado anteriormente el embajador Gobbi, ¿no es así?

Sí, había estado Gobbi de excelente desempeño. Hasta ese entonces, los representantes del secretario general siempre habían sido latinoamericanos. Inmediatamente antes que yo, había habido un interinato nunca ocupado por un representante especial del secretario general. Había en ese momento lo que podríamos llamar una encargaduría de negocios. Se trataba de un representante asistente del secretario general que era un muy destacado diplomático chileno llamado James Holger.

¿Cuáles fueron sus tareas en Chipre?

La misión en Chipre es un tema muy específico, que debería ser materia de tratamiento diverso, por lo que solamente voy a recordar algunos rasgos significativos en cuanto a lo que representaron como experiencia personal.

Chipre me alejó desde luego de la política argentina y me impidió tener las vivencias que tuvieron los argentinos promedio en los dos últimos años muy caóticos del gobierno de Alfonsín. Yo no viví la hiperinflación y no estuve nunca muy en condiciones, por lo tanto, de evaluar en qué medida afectó la trama de la sociedad argentina esa experiencia tan traumática. Chipre era, respecto de la Argentina, prácticamente otro planeta.

Chipre fue particularmente interesante en la experiencia de un nuevo tipo de confrontación política y en el ejercicio de las técnicas de mediación. En Chipre había una gestión de buenos oficios del secretario general encomendada en el comienzo de la crisis y lo que mi vida en la isla reveló fue que la experiencia de una mediación no es demasiado distinta de la de una gestión diplomática cuando la gestión diplomática tiene que llegar a superar posiciones encontradas.

Las gestiones diplomáticas no se parecen a la mediación cuando lo que está en discusión no es susceptible de soluciones de compromiso. Cuando la aproximación a un problema revela que el desenlace es un ejercicio de suma cero no hay posibilidad de adoptar posiciones semejantes a las de la mediación. Pero cuando, por el contrario, se emprende una gestión diplomática con la convicción de que la solución del problema representa un beneficio para las dos partes, en última instancia el diplomático es un mediador entre la posición de su país, que siempre tiene tendencias a ir al extremo de la demanda, y la posición del otro país, que tiene exactamente la misma pretensión. El mediador, por definición, busca algo de esa naturaleza, si es que tiene la convicción de que el acuerdo que se puede conseguir es beneficioso para ambas partes.

En la experiencia de Itaipú y Corpus, de hecho, a mí me tocó la función de mediador entre los argentinos extremistas y los brasileños extremistas para una fórmula que en ese momento nadie promovía y significaba lo que posteriormente fue el acuerdo bilateral en todas las áreas y el Mercosur.

Esa técnica resultaba obvia de aplicación en la función de mediación que me tocó. Esa mediación era una tentativa de conciliar los enfrentamientos históricos entre dos grupos étnicos distintos. La experiencia de Chipre sirvió para confrontarme en 1988 con lo que serían luego los conflictos fundamentales de la década siguiente. Chipre era una especie de laboratorio donde se podían ver todos los rasgos característicos de lo que pasó posteriormente en buena parte de Europa oriental con motivo de la crisis del imperio soviético.

De manera que la orientación fundamental, desde el punto de vista de la perspectiva argentina, era cómo los conflictos de genuina base histórica se diferencian de los enfrentamientos políticos oportunistas y de corto plazo que caracterizan a un país como el nuestro donde ese tipo de diferencias, disidencias y desconfianzas profundas no tienen razón de ser.

Los conflictos étnicos requieren dos componentes necesarios: suficientes diferencias entre comunidades fundadas en datos religiosos, idiomáticos o culturales e instaladas en una experiencia histórica de enfrentamiento. En segundo lugar, una dirigencia política en la que prevalezcan elementos que hacen su carrera profesional en función de la agitación de las diferencias y temores suscitados por aquellos enfrentamientos en el pasado. Sin la presencia de un demagogo agitador los conflictos étnicos no se producen.

Otra enseñanza que me dejó la experiencia de Chipre fue el papel del miedo en los conflictos políticos. En las *Guerras del Peloponeso*, Tucídides dice que las guerras se originan fundamentalmente por tres causas: por intereses –sobre todo económicos–, por miedo y por la búsqueda o defensa del honor y prestigio. Es una clasificación genial porque realmente la historia enseña que las guerras se producen por esas causas, que a veces se pueden acumular.

En los conflictos étnicos el factor más importante pasa eventualmente por el compromiso de prestigio que pueden tener Estados interesados en la protección de las comunidades enfrentadas. Los conflictos étnicos son intercomunitarios esencialmente, no entre Estados, que se complican en la medida en que detrás de la comunidad puedan estar impulsándolos por distintos motivos –por ejemplo el prestigio– un Estado soberano que tiene relaciones de parentesco o protección con esa comunidad. Es el caso de Turquía y Grecia en Chipre.

Las razones por las que aparecen temores en las comunidades pueden ser diversas, casi siempre ha habido una matanza en el pasado que se recuerda. El más importante de todos los temores es la pérdida de la identidad, porque ocurre además paradójicamente que los enfrentamientos se producen entre comunidades que tienen diferencias, pero también muchas semejanzas. Y son las semejanzas más amenazadoras que las diferencias, porque son las que más afectan la identidad. Es difícil que pueda existir un riesgo de confrontación interétnica entre griegos y serbios, pero sí existe entre serbios y croatas que hablan en el mismo idioma y son iguales físicamente, y así sucesivamente.

Tuve la suerte, por lo tanto, de estar en el medio del más típico conflicto interétnico en el que intervinieran las Naciones Unidas antes de que se produjeran los grandes episodios posteriores. Es decir, un conflicto en un estado de relativa congelación en el que se intentaba ensayar desde el punto de vista jurídico las fórmulas confederativas que luego iban a ser extendidas a ejemplos semejantes en la década siguiente.

Se daba también la participación de potencias extranjeras, existía un componente militar de amplia relevancia –ya que Chipre era y sigue siendo uno de los países de más alta densidad militar del mundo–, y todos los elementos psicológicos de enfrentamiento entre comunidades se registraban allí de manera arquetípica.

Así que ahí el derecho constitucional, el derecho internacional, las políticas de seguridad, la sociología étnica, la psicología de aplicación interétnica, tenían un verdadero laboratorio. Con el agregado de que la situación comparativamente tranquila de la relación entre las dos comunidades una vez producida la limpieza étnica que de hecho hubo –el desplazamiento de los griegos al sur y de los turcos al norte de la isla– daba la posibilidad de hacer un análisis en profundidad de los protagonistas y las posibles soluciones.

Otra de las experiencias que la misión en Chipre me permitió adquirir es que uno no tiene que intentar apurar los ritmos de la historia ni imponer los ritmos de su propia concepción del mundo a países que tienen una concepción del mundo distinta. Los griegos y los turcos son pueblos muy viejos y están acostumbrados a esperar mucho tiempo para el desenlace de los problemas. No tienen la impaciencia occidental ni sobre todo la norteamericana que quiere soluciones inmediatas. Confrontaciones que llevan muchos siglos nadie espera que se resuelvan satisfactoriamente en décadas y uno pretende a veces resolverlas en años o meses.

Otra experiencia que una larga permanencia entre dos grupos de este tipo le permite sacar a un observador más o menos sensato, es que la diplomacia tiene que aplicar como en general casi todas las artes de la relación social, la máxima hipocrática *primo non nocere*. Una solución pretendidamente inteligente que provoque una agravación del conflicto y que cueste vidas es objetivamente mala. Por eso, cuando uno tiene que mediar en un cese de fuego lo primero que tiene que evitar es que el cese de fuego se rompa y evitar que la gente se mate. Esto es una regla que aplicada a la negociación internacional no importa que no se propongan soluciones ni que uno se conforme con el *statu quo*, sino que hay que tener paciencia también para mantener el *statu quo*.

Los problemas de principio envueltos en Chipre no significan que porque no se pueda resolver el *statu quo* se tenga que abandonar el tema de principio. Por ejemplo, no se puede abandonar el tema de principio de la integridad del Estado cuando la misma ha sido violada por una fuerza externa. Hay que mantener el principio cualquiera sean las posibilidades de solución en el corto plazo de la recuperación del principio de la unidad del Estado, sin perjuicio de que haya que tener el espíritu abierto para encontrar fórmulas de descentralización del poder que sean adecuadas a la realidad de las cosas.

Es decir, la defensa del *statu quo*, es usualmente una de las más importantes responsabilidades de la comunidad internacional. Y el costo de evitar enfrentamientos que puedan tener consecuencias mayores tiene que ser afrontado por la comunidad internacional no como una pérdida de dinero sino como la manera de aplicar poderes de policía internacional, que son tan demandantes de recursos financieros como los poderes de policía locales. A nadie se le ocurre amenazar con retirar los recursos a la policía.

¿Cuántos efectivos tenían las Naciones Unidas?

Dos mil doscientos. Una fuerza importante, cuyo jefe era un civil. En ese momento había un contingente británico, uno austríaco, uno dinamarqués, otro canadiense, y lo que quedaba de oficiales de estado mayor de otros contingentes anteriores que habían participado como el finlandés, aparte de la policía militar, que era sueca. Es decir, la conducción por un argentino, después de la guerra de las Malvinas, de un contingente básicamente británico representaba una experiencia muy interesante.

Además, la isla en sí misma sigue teniendo un carácter profundamente británico, porque el factor unificador más importante que hay entre las dos comunidades es el hecho de que los ingleses se puedan desplazar a través de la misma sin ningún tipo de traba. También que existen allí indiscutiblemente relaciones de intereses muy profundos entre los distintos grupos financieros y económicos.

Me nació en ese momento la posibilidad, por otra parte, de crear un operativo de confianza entre Inglaterra y la República Argentina y de que se enviara un contingente argentino a integrar la fuerza de paz cuando los canadienses anunciaron su retiro. De hecho sigue siendo una especie de medida de creación de confianza aplicada permanentemente a las Fuerzas Armadas de los dos países el hecho de que tengan una actividad común en la preservación de la paz de la isla.

Desde el punto de vista práctico de lo que iba a ser mi futura actividad, el desarrollar esta hipótesis de una colaboración específica con Inglaterra en el campo militar fue quizás la consecuencia más significativa. Todo lo demás hace a la relación greco-turca y al desarrollo de la propia cuestión chipriota.

Sus contactos con Pérez de Cuéllar eran frecuentes entonces...

Tanto con Pérez de Cuéllar como con su sucesor. El contacto con Pérez de Cuéllar era muy frecuente, tenía una relación muy amistosa con él, que tenía una total confianza conmigo. Por otra parte, a mí me tocó reanudar los contactos entre los líderes de las dos comunidades que no se había dado desde el tiempo del arzobispo Makarios cuando el propio Pérez de Cuéllar los había gestado.

Más que la negociación, mi tarea consistió fundamentalmente en reanudar las negociaciones, lo que se consiguió con el nuevo jefe de la comunidad greco-chipriota. Esto motivó desde luego una frecuencia en los viajes a Nueva York y una activa participación de Pérez de Cuéllar en el proceso inmediato que él conocía a fondo, puesto que a su vez había ocupado mi misma función. De manera que tenía un conocimiento íntimo de todos los protagonistas y del fondo de la cuestión.

Pérez de Cuéllar fue un secretario general de características destacadas desde varios puntos de vista, pero sobre todo era un hombre con una muy buena formación jurídica y de paciencia infinita, era un negociador incansable. Aparte poseía una gran humildad en el tratamiento de las personas, sentido en el cual contrastaba con su brillante sucesor Buthros Gali, que era un príncipe egipcio y se comportaba como tal, sin perjuicio de su gran contribución en el momento de transición de las Naciones Unidas luego del fin de la Guerra Fría.

Los viajes a Nueva York me mantenían en contacto con los miembros del Consejo de Seguridad, que seguían con gran interés el tema Chipre a partir de que las negociaciones se reanudaron. No es que el Consejo de Seguridad tuviera demasiadas expectativas en una solución, pero sí quería que la negociación se mantuviera viva. Lejos estaban entonces de sospechar que los precedentes de Chipre iban a tener tanta posibilidad de aplicación en el caso de Bosnia.

Desde Chipre sí se podía presenciar la evolución de los acontecimientos en la región a partir de la caída del Muro de Berlín. La crisis de la Unión Soviética y la crisis de Yugoslavia podían ser seguidas desde Chipre –donde también me tocó seguir la Guerra del Golfo– con la ventaja de tener el diario del día de mañana. Yo tenía el diario del día de mañana en la evolución del conflicto yugoslavo porque veía lo que estaba pasando en Chipre y también con la crisis del Golfo porque sabía lo que había sucedido en la guerra de las Malvinas.

La Guerra del Golfo tuvo sobre Chipre una repercusión importante porque tuvimos que concentrar todos los refugiados de Naciones Unidas que debían salir de la zona más caliente del conflicto. La evolución de la crisis del Golfo fue seguida con enorme interés desde luego en Naciones Unidas y era materia de debate permanente sobre todo con los militares que integraban el Estado Mayor. La fuerza de mando estaba a cargo en aquel momento de un general de división canadiense muy distinguido que estaba convencido de que no se iba a producir la guerra, porque creía que, en la hipótesis de que se produjera la guerra, los costos serían extraordinariamente altos y la resistencia que opondrían los árabes en el desierto iba a ser demasiado costosa para Estados Unidos post-Vietnam.

Yo estaba totalmente persuadido, y en eso me acompañaba el jefe de Estado Mayor, que era un general inglés, que el *casus belli* estaba perfectamente configurado y que no cabía la más mínima duda de que Estados Unidos no iba a aceptar la ocupación de Kuwait por razones de fondo tanto económicas como políticas; y que una vez que se produjera el conflicto, si Sadam Hussein no retrocedía, el desenlace sería el mismo de Malvinas: la superioridad tecnológica de la OTAN se iba a poner de manifiesto en términos arrasadores. Así que desde ese punto de vista uno podía aplicar experiencias con casi total seguridad.

Creía por otra parte que la guerra se iba a producir porque Sadam Hussein reproducía de manera poco menos que calcada los errores de la Junta. Y además se aplicaba a él lo que era para mí una regla de oro en el seguimiento de los acontecimientos que pasaron en la Argentina en la guerra de las Malvinas: saber que Dios ciega a quien quiere perder. Porque la soberbia que lleva al error en la percepción de la relación de fuerzas es una de las constantes que más explican las guerras aparentemente inexplicables y la derrota de países que no tienen por qué meterse en conflictos que no van a poder ganar.

En cuanto a la evolución de los enfrentamientos en países como Yugoslavia o Checoslovaquia la experiencia de Chipre resultaba también sumamente aleccionadora. Yo viajé a los dos países y en Checoslovaquia, donde tuve posibilidad de conversar con los más altos niveles políticos, llegué a la convicción –de hecho me lo dijeron– que se iban a separar pacíficamente. No así en Yugoslavia, donde sólo tuve contacto con sectores privados y con la propia embajada argentina, llegando a la convicción de que era inevitable la separación en términos sumamente violentos puesto que las características eran muy semejantes a las que se daban en Chipre antes de 1960.

Yo personalmente entendía que la misión de las Naciones Unidas era la creación de una oficina de prevención de conflictos realmente eficaz y con capacidades operativas que me hubiera gustado eventualmente integrar. Siempre he pensado que los conflictos internacionales son fáciles de prever porque están en el diario con muchos meses de anticipación.

En el caso de Yugoslavia, desde que se produjo la iniciativa de Milosevich de quitarle la autonomía a Kosovo era cuestión de tiempo. En el año 89 recuerdo que *L'Express* había publicado un análisis de la situación en Yugoslavia en la que se remataba con el comentario de un yugoslavo que decía que cuando terminara el siglo XX Europa iba a contar con ocho unidades políticas: la Unión Soviética, Europa Occidental y las seis repúblicas yugoslavas. En cuanto a que era evidente que la violencia iba a ser muy alta esto requería una actitud intervencionista del Consejo de Seguridad que debía definirse con la mayor premura posible, porque de otra manera iba a suceder lo que en efecto sucedió. Es decir, el conflicto de Yugoslavia era de previsión sumamente fácil como también lo era que en el momento que se decidieran a una intervención realmente enérgica, Serbia iba a hacer relucir su verdadera dimensión. No se necesitaba tampoco tener demasiados conocimientos históricos de Europa del siglo XX para saber que particularmente el grupo serbio-bosnio es una fuente generadora de conflictos.

En ese sentido, la experiencia de Chipre fue particularmente valiosa entre otras razones para convencerme de que el rol de la comunidad internacional en la prevención de matanzas es no solamente factible sino obligatorio. Los países tienen una responsabilidad, adecuada a sus dimensiones y posibilidades, de asociarse a los esfuerzos internacionales para prevenir.

Ésa es la verdadera lucha contra los verdaderos genocidios y no la propaganda agitativa de los grupos de izquierda y los *caucus* de política interna.

Supongo que ésta fue una de las razones que motivó mi designación como ministro de Defensa porque el presidente de la República había abrazado una línea de presencia internacional y era lógico que el Ministerio de Defensa se orientara en el futuro hacia la organización de operaciones de la paz.

Me parece importante preguntarle a esta altura, ¿en qué momento usted deja de estar muy próximo a Frigerio?

Todavía en ese momento tenía proximidad con Frigerio. Podríamos decir que desde la elección de 1987, cuando acepté la carga de ser candidato a diputado, me consideré cumplido con la expresión política del desarrollismo. Sin embargo, mantenía desde luego una relación personal afectuosa con Frigerio. Pero desde 1987, una vez que cumplo con mi compromiso, concurro a la elección, tengo el fracaso que tuve y me voy al exterior, yo diría que en ese momento se produjo mi alejamiento sin perjuicio de las relaciones personales.

Fui uno de los tantos que se equivocaron

¿Cuál era su percepción desde Chipre del gobierno de Menem?

Mi posición de simpatía hacia la política de Menem se acentuó cuando se produjo el acceso de Cavallo al Ministerio de Economía y de Di Tella al de Relaciones Exteriores. Con Di Tella yo tenía una muy buena relación personal que se había consolidado con la crisis de Malvinas, puesto que éramos unos de los pocos que decíamos públicamente lo que iba a ocurrir, incluso anticipándonos antes del 2 de abril a los riesgos que aparentemente venían. Di Tella había tenido expresiones públicas muy cordiales conmigo a propósito de mi gestión en Brasil y había dicho que quería hacer con Chile lo que yo había hecho con Brasil. Más aún, llegó a ofrecerme la embajada en Brasil. Esta oferta la decliné porque me parecía que una gestión como aquélla era difícilmente repetible y probablemente no llevaría a un buen resultado. Pero desde luego hubiera estado abierto a un ofrecimiento diplomático de otra naturaleza.

Cuando se resuelve la política de la convertibilidad confieso que me tomó sumamente de sorpresa, y las explicaciones que me dieron funcionarios del gobierno –particularmente Horacio Liendo en una larga conversación que tuvimos en Nueva York– tropezaron con mi profundo escepticismo. Me parecía que se había cometido un error inicial muy grande aceptando la paridad cambiaria en términos que yo entendía que eran de sobrevaluación del peso. Tenía la experiencia de Martínez de Hoz sumamente fresca por lo que manifesté a Horacio Liendo mi reparo sobre eso. Él me contó entonces que la convertibilidad la habían resuelto tres personas: él, Cavallo y Llach. Llach habría preferido fijar una paridad mayor que la de uno a uno, y él y Cavallo habían optado por lo contrario por razones fundamentalmente de imagen del mecanismo que a la larga iban a influir, a juicio de ellos, a favor de la defensa del peso.

Yo tenía un marcado escepticismo que compartía con la mayoría de los sectores industriales del país, sobre todo los afines al desarrollismo. Creía que la política iba a tener consecuencias sumamente malas para la industria argentina como consecuencia de la sobrevaluación, pero además partía de la premisa de que no iba a ser soportable. Y fui uno de los tantos que se equivocaron, creía que iba a correr de otra manera la suerte de la tablita. En la tablita el pronóstico había funcionado bien, en la convertibilidad no funcionó bien porque había elementos muy diferentes. Era un elemento fundamental la decisión de atacar el gasto público a través de la venta de las empresas del Estado, único correlato posible de una política de convertibilidad.

Por lo tanto, ya transcurridos tres años del gobierno de Menem, sin ningún contacto con el oficialismo que no fuera este ofrecimiento de Di Tella, estas conversaciones circunstanciales con gente como Liendo y tuve también una vez la oportunidad de conversar con Cavallo durante una comida que no se caracterizó por ninguna nota que no fuera el tono social de la misma–, mi posición de simpatía por el gobierno se había ya consolidado. Nunca se había hecha pública porque no correspondía debido al cargo internacional que tenía, y además Chipre estaba muy lejos de la Argentina.

A mí no me había sorprendido la victoria de Menem. Tengo varios testigos que pueden ratificar que desde mucho antes de la interna peronista yo pensaba que Menem iba a ser el próximo presidente de la República. Más aún, antes de la elección de Alfonsín, cuando todo daba a entender que Luder iba a ser el presidente de la República, yo opiné a un importante politicólogo argentino, Rosendo Fraga, que Alfonsín y Menem iban a ser los dos siguientes presidentes de la República. Pero eso porque el pueblo argentino los iba a votar, y yo entendía que, en función de las perspectivas que se iban a ofrecer al país, por las malas razones ambos iban a llegar a la Presidencia con consecuencias que seguramente iban a ser lamentables.

De hecho en 1989, pocos días después de las elecciones que habían consagrado a Menem, el Council on Foreign Relations de Nueva York me invitó a un seminario y se me pidió que hiciera un análisis sobre la situación argentina. Hice un análisis muy descarnado y, debo decir ahora, sumamente pesimista sobre las perspectivas argentinas en función de la herencia que dejaba el proceso de hiperinflación, de las políticas seguidas hasta ese momento y de las escasas perspectivas que había de revertirlas. De suerte que desde el exterior mi juicio sobre el futuro de corto plazo respondía a lo que podríamos llamar "la imagen convencional" que se tenía en ese momento de Carlos Saúl Menem, el gobernador de La Rioja, representante poco menos que emblemático del populismo peronista.

Aún ocupado por los problemas chipriotas, que en ese momento estaban en un período particularmente agitado, obviamente no me pasaron inadvertidas las primeras decisiones que el gobierno de Menem adoptó, y debo decir que me asombraron. La convocatoria de Bunge y Born a la conducción de la economía y algunas declaraciones de Menem de inmediato, e inclusive la actitud adoptada cuando se adjudicó las elecciones y partió inmediatamente a Anillaco, me impresionaron muy favorablemente. Las declaraciones sobre política internacional que hizo y la elección de Bunge y Born me parecieron sorprendentes y promisorias, porque optar por Bunge y Born era hacerlo simplemente por quien se suponía que sabía de capitalismo en la Argentina. Menem había optado por adecuar al país a las condiciones del nuevo mundo de la década que se abría, a la realidad de la supremacía norteamericana en materia militar, a la realidad del fin de la Guerra Fría con la destrucción de la Unión Soviética, que ya se podía anticipar sin mayores riesgos de equivocarse, y al globalismo.

Tengo pocas dudas, si en ese momento Menem no sabía cuál era el camino específico a seguir, pero sí sabía la dirección. Desde luego esto me hizo cambiar el enfoque. No me había equivocado en que Menem iba a ganar las elecciones, probablemente si hubiese estado en la Argentina lo habría votado, pero con un pesimismo más o menos semejante al que tenía cuando lo voté a Cámpora en 1973. Evidentemente me había equivocado, Menem iba a ser otra cosa.

Así que a partir de ese momento, cuando se planteaban las discusiones internas en la Argentina, y cuando eventualmente en Nueva York, Londres u otra capital me encontraba con argentinos, tomé una actitud que expresaba en una frase: "Yo estoy en la vereda del lado de Menem a partir de las decisiones que ha tomado, incluso el indulto a los comandantes en jefe, que me pareció una decisión sabia e indispensable para concluir con las subsistentes herencias de problemas militares en la Argentina".

Entretanto, por supuesto carecía totalmente de contactos con el gobierno, y las veces que viajé a Buenos Aires siendo ya Menem presidente significaron por mi parte una actitud prácticamente de ciudadano privado. No me contacté con ningún miembro del gobierno peronista antes de 1991, cuando se produce el acceso de Domingo Cavallo al Ministerio de Economía; no lo vi a Cavallo –que conocía desde antes– mientras fue canciller ni tampoco cuando fue inicialmente ministro de Economía, y en Buenos Aires mantuve la misma línea. Por supuesto el ambiente en Buenos Aires ya estaba mucho más caldeado, pero me pareció muy claro que entre las dos veredas yo estaba en la de Menem.

¿Cómo conoció usted a Carlos Menem?

Yo al doctor Menem no lo conocía personalmente, más aún, nunca lo había visto físicamente si se exceptúa una oportunidad que fue la reunión anual de ABRA del año 1992, en la que se me invitó a pronunciar la conferencia inaugural. Ésa fue la primera vez que lo vi físicamente. Fue a la tarima, habló, estando yo entre el público, salió y ahí lo vi por primera vez en carne y hueso. Obviamente lo conocía en su actuación pública.

Como detalle curioso la conferencia se hizo sobre un tema que yo escogí: "Los límites del mercado", en el momento en que naturalmente había que enfatizar la apertura de las políticas de mercado que el gobierno estaba siguiendo y que tiene mucho que ver con lo que fue mi aceptación por el ofrecimiento que se me hizo.

Me pareció conveniente en un momento en que el país se abría adecuadamente a las políticas de mercado y abandonaba lo que habían sido los largos años de erróneas orientaciones, señalar que la nueva política, aunque inevitable y necesaria, tenía límites y riesgos. No tuve oportunidad en ese momento de hablar con el presidente porque no participó en ninguna actividad de esa reunión y yo volví a Chipre.

¿Cómo describe al presidente Menem?

El presidente Menem es una de las figuras de conocimiento más difícil para quien no ha tenido la posibilidad de analizarlo de cerca y observarlo en varias oportunidades. Menem ha hecho una carrera política semejante, de alguna manera, a la del canciller Kohl: una carrera política que se ha fundado en la constante subestimación en que le han tenido sus adversarios y en la capacidad para jugar con esa subestimación.

En la personalidad del presidente hay un primer rasgo sumamente importante: es muy inteligente en el sentido específico de la palabra. Tiene inteligencia política que se expresa en dos aspectos. Uno, en lo relativo a su relación con el poder y la búsqueda del mismo; el segundo, referido a lo que hace al ejercicio del poder incluido los aspectos de administración. En esta última parte del ejercicio del poder tendríamos que destacar la capacidad para ver las grandes líneas y ponerse a caballo de las tendencias que en este momento están conformando el presente y por lo tanto también el futuro.

Obviamente, es un hombre de formación comparativamente limitada en lo que podríamos llamar su perfil académico, que no tiene. No es en cambio un hombre de formación limitada en lo que se refiere a su experiencia administrativa y en temas específicos que hacen a la tarea del gobernante. Por ejemplo, el análisis de Menem que puede hacer un observador no iniciado es que las cuestiones específicas de gobierno y de administración no le interesan, le aburren o es incapaz de afrontar; y es absolutamente lo contrario: Menem es un individuo que está pendiente de manera sistemática de las cuestiones de gobierno, no de sus detalles pero sí de todas sus líneas.

En las reuniones de gabinete, que no son una circunstancia indiferente en esta gestión –Menem es el primer presidente que regresa a las reuniones de gabinete sistemáticamente después de muchos períodos–, el único que estaba permanentemente atento a todos los temas era Menem. Excepción hecha naturalmente del ciclo en que Cavallo fue su ministro, ya que Cavallo también era un hombre que estaba atento e interesado por todos los problemas. Pero Menem se interesaba por los problemas de salud, por los de previsión social, por los de justicia; de la misma manera que se interesaba por los problemas de política internacional o los de economía. En ese sentido, se podría decir que del gabinete era el único que estaba permanentemente siguiendo las exposiciones e interviniendo prácticamente en todas ellas. Además, habitualmente estaba informado de antemano por parte del ministro que hablaba de los temas que se iban a tratar.

Es obviamente un hombre capaz de cometer *bloopers* con frecuencia que le valen críticas superficiales y pueriles y hasta son materia de divertidas caricaturas, porque Menem es, desde ese punto de vista, poco menos que ideal para los caricaturistas. Pero esos *bloopers* son expresión del desconocimiento del personaje. La subestimación en que a Menem se lo tuvo inclusive por los aspectos externos de su figura mientras jugaba el papel de caudillo del interior –reencarnación curiosa de Facundo Quiroga–, fue la explicación ante todo de su más grande victoria política personal que es la victoria en la campaña por la candidatura presidencial. Todas las circunstancias lo presentaban como un derrotado de antemano con un panorama extremadamente adverso, y sin embargo consiguió imponerse con facilidad ante un adversario de tanta envergadura, con gran trayectoria en el peronismo y con un control prácticamente total del aparato como era Cafiero, que lo subestimaba como lo hacía la gente que formaba el equipo de la renovación.

El grupo inicial que lo acompaña a Menem en términos políticos era una especie de equivalente de la Armada Brancaleone, pero con la pequeña diferencia de que tenían un jefe cuyas características lo convierten en una especie de iluminado, extraño fenómeno en la política argentina. Eso tiene probablemente que ver también con el componente árabe en Menem, que es un dato fundamental para el análisis de su persona y su política. Su confianza en el destino y la seguridad en su propia estrella.

Cuando en el accidente que tuvo su avión Menem les dice a todos: "No tengan miedo que están con César y su fortuna", no dice algo indiferente sino algo que expresa su profunda convicción. En definitiva, lo más notable que ha hecho es la propia invención de Menem hecha por Menem. La invención de Menem como candidato a la Presidencia de la República y como un hombre que iba a llegar a la Presidencia de la República –como lo dicen muchos de los testimonios de la gente que lo conoce desde hace mucho tiempo– es una decisión singular en la política argentina, que se funda además en su total improbabilidad.

La improbabilidad de la eventual Presidencia de Menem es un fenómeno tan manifiesto y notorio que la revelación de sus ambiciones iniciales no podía sino provocar hilaridad. Hijo de inmigrante en la más pobre de las provincias argentinas con una desconexión prácticamente total con los aparatos centrales de poder en el país, tanto nacionales como provinciales, era cualquier cosa menos un material adecuado para ser presidente de la República. *The making of the president* en el caso de Menem es una tarea que muy pocos hubieran querido emprender hace treinta o cuarenta años cuando él decidió ser presidente de la República.

Esta confianza en el destino y seguridad en sí mismo es lo que le da a Menem otra característica, la posibilidad de apostar fuerte y siempre doblar las apuestas, que muy pocos políticos argentinos han sabido hacer hasta el presente; probablemente ninguno desde los tiempos de Roca o de Perón que naturalmente tenía un conjunto de factores de poder en torno totalmente distinto.

Menem ha corrido a todo el mundo con sus apuestas que se han fundado siempre en la total confianza que tiene en sí mismo y en sus posibilidades. Ha apostado siempre a ganador y estoy totalmente persuadido de que a su vez ha tenido siempre una segunda opción reservada en el bolsillo en la hipótesis de que las cosas no se dieran como lo pretendía.

Desde luego se puede hablar del éxito de la gestión de Menem, de Menem ante la historia que todavía no está desde luego garantizado, porque todavía está en el gobierno y por lo tanto en condiciones de cometer uno de esos errores que tuercen la historia argentina. Así ha ocurrido prácticamente en el curso de todos los mandatos con la sola excepción del de Alfonsín, el único presidente en mi opinión que habiendo sido un pésimo administrador no cometió ningún error que torciera el curso de la historia argentina. De no cometer un error de ésos, Menem tiene asegurado en la historia un lugar importante. Lugar que garantizó con su capacidad de determinar cuáles son las tendencias de la historia contemporánea, el lugar que la Argentina tiene que ocupar en ese panorama histórico universal, y con la decisión para perseguirlo sobre la base de tres o cuatro ideas simples y tres o cuatro decisiones igualmente simples pero sumamente difíciles de tomar que adoptó al comienzo de su mandato.

Yo diría que esas decisiones de Menem son básicamente las siguientes. En el campo de la política económica, optar por el capitalismo y la economía de mercado. En el campo de la política militar, la decisión que se encarnó en los indultos, que le permitió ganar un espacio de diez años y cambiar para siempre la relación cívico-militar en la política argentina. En el campo de la política internacional, la decisión de apoyar a Estados Unidos en la primera ocasión que se presentara, lo que prepara con la decisión de restablecer relaciones diplomáticas con Inglaterra y ejecuta en la Guerra del Golfo. Todas estas decisiones son mayores, extraordinariamente importantes, entre otras razones, por su simpleza. Eran, diríamos, obvias, pero casi siempre la política se caracteriza por la gran dificultad de comprender lo obvio y de seguirlo con la firmeza con que en este caso Menem impulsó esas decisiones.

Por supuesto yo decidí acompañarlo cuando me hicieron el ofrecimiento sin ningún tipo de vacilación, porque ya estaba apoyándolo totalmente a partir del momento en que había visto sus primeros pasos en la Presidencia. Quiero decir de cualquier forma que si yo hubiera estado en la Argentina habría votado a Menem, y si hubiera podido tener influencia en la interna peronista –que no tenía puesto que no era afiliado ni pensaba serlo– siempre habría preferido la candidatura de Menem a la de Cafiero. Esta última para mí representaba la reencarnación en la Argentina de una versión folklórica de la socialdemocracia que no podía llevar al país en el momento de transmisión de mando sino a una profundización de los males que había dejado Alfonsín y a una probable restauración de las inquietudes en el campo institucional.

A esto podríamos agregar una característica adicional de Menem: no tiene ningún complejo de inferioridad y tampoco ningún escrúpulo político. Creo que es el prototipo de político maquiavélico y en ese sentido no se diferencia de Perón, que ha sido su maestro en todo lo que hace a todas las reglas fundamentales de la conducción. Menem ha aprendido bien aquella conferencia de Perón en la Escuela Superior Peronista en la que define los conceptos de estrategia y táctica política y donde señala que el conductor tiene el total monopolio y conocimiento de la estrategia y la táctica, mientras que los ejecutores conocen sólo los instrumentos y aspectos parciales de la táctica que además se funda en la información, el secreto y la sorpresa.

Menem más de una vez menciona estos elementos de información, secreto y sorpresa como las características de su acción política y, en efecto, con esas pautas se orienta. El monopolio del secreto es otra de las notas fundamentales que definen la personalidad de Menem. Nadie ha sabido nunca qué es lo que en última instancia tiene Menem en la cabeza, ni siquiera la gente que más contribuía a configurar sus decisiones fundamentales. El caso de Bauzá, que probablemente fue en un momento dado el más importante de los colaboradores de Menem en el trazado de la gestión de gobierno, manifiestamente no conocía lo que realmente pensaba Menem cuando decidió apostar por Duhalde, pensando muy razonablemente que en efecto Menem creía lo que decía cuando manifestó que aceptaba la reelección por una sola vez. Por supuesto, Menem no tiene ningún empacho en desdecirse. Su idea de la verdad o de la falta de la misma es exactamente la de *El príncipe* de Maquiavelo; está totalmente persuadido de que un gobernante que dice siempre la verdad está tan perdido como el príncipe que Maquiavelo describe con precisión tan clara.

La personalidad de Menem, además, tiene otro dato característico que se vincula a esa facilidad de convivir con la inteligencia, esa aptitud surge de su total falta de complejo de inferioridad y la enorme confianza que tiene en sí mismo. La confianza que tiene en sí mismo es lo que le permite dialogar con quien sea en la posición en la que se encuentra con total certeza de que no importan las ventajas que en algunos aspectos concede, partiendo de la realidad de que en otros aspectos él es quien tiene las ventajas. Su relación con Cardoso, el presidente de Brasil, es un ejemplo característico. Cardoso es una inteligencia luminosa, hombre de extraordinaria preparación, un intelectual de primer nivel que puede expresar sus ideas en cinco idiomas con la misma claridad. Menem es cualquier cosa menos un intelectual, pero sin embargo se lleva maravillosamente bien con Cardoso porque sabe que él pisa firme en un terreno que nadie le puede ganar: el terreno de la eficacia en la acción política. Si a Menem mañana le piden que inaugure el torneo de Augusta, él se para en el *tee* del hoyo uno, toma el driver y le da un golpe a la pelota con total tranquilidad delante de los ciento cincuenta mejores golfers del mundo sin ningún tipo de complejo.

Por eso está cómodo en relación a cualquier tipo de temario, aunque naturalmente no está dispuesto a ceder el tiempo a quien sea que le venga a plantear cualquier cosa. Menem, a diferencia de lo que pasaba con Alfonsín, es capaz de sostener una conversación, si le interesa, de dos horas consecutivas del presupuesto, pero en la medida en que el tema le interesa por dos minutos, un ministro que hable tres minutos sobre él pierde inmediatamente su imagen frente a él. Tiene que hablarle dos minutos, ya que la atención de Menem sobre el tema da para dos minutos, no porque no lo pueda atender sino porque si no le interesa no lo atiende. Y además hace muy manifiesto en sus gestos externos que la cuestión le dejó de interesar. Como tiene mucha confianza en sí mismo, descentraliza mucho la gestión de gobierno: los ministros tienen una muy grande capacidad de acción. En general al poco tiempo uno aprende que no hay que llevarle preguntas sobre decisiones que uno mismo tiene que adoptar. "Usted es el ministro, usted decide", es la respuesta que probablemente dará Menem a una pregunta que a su juicio corresponde estrictamente a la esfera de decisión ministerial.

La vocación por el poder de Menem no conoce límites y se expresa ante todo en la vocación de lucha por el poder, es decir en la fase agónica de la política, que como a cualquier político de raza es lo que más le interesa. Menem viviría haciendo elecciones cada cuatro años porque lo que le gusta fundamentalmente es ganar elecciones. En ese sentido no se diferencia en absoluto de la otra gran figura contemporánea de la política argentina que es Alfonsín. Y en esa materia tiene respecto de los límites constitucionales tan poco respeto como eventualmente estaba dispuesto a tener Alfonsín, de quien Menem toma la idea del programa de *Catorce años de gobierno*.

Respecto de sus ideas fundamentales, yo lo caracterizaría a Menem ideológicamente hablando como un profundo conservador. Es profundamente antiizquierdista. Es decir, en general en sus conversaciones privadas a la izquierda la califica de *zurdos,* que es un inequívoco matiz para caracterizar a una persona que realmente tiene un pensamiento que se orienta hacia la derecha. Derecha democrática, ciertamente Menem no tiene componentes fascistas en su personalidad. Tiene componentes autoritarios, pero en el sentido de hombre que ha restablecido el poder y que tiene cabal conciencia de la necesidad del ejercicio fuerte del mandato. Menem ha sido un presidente fuerte y es el primero que restablece las presidencias fuertes en la Argentina desde, yo diría, el primer gobierno de Perón.

Naturalmente que Menem tiene diversas capas en su personalidad, que es lo que explica su lado íntimo. Un lado frívolo que habría tenido expresiones mucho más notorias en la hipótesis de que su gobierno hubiera seguido con el viento a favor que tenía hasta 1994 con la economía internacional, y además si no hubiera ocurrido el acontecimiento de enorme importancia política para la Argentina que fue la desgraciada muerte de su hijo.

El grupo de compañeros de la intimidad de Menem que son los hombres con los que él descansa, no tiene sin embargo ningún tipo de influencia en su política. La gente que lo acompaña en su vida frívola no tiene capacidad para torcer ninguna decisión de Menem. Podrá quizás tener aptitud para que les haga un favor en el sentido de facilitarles algún negocio u operación de interés privado, pero la posibilidad de que puedan influir en sus decisiones no existe.

Es decir no hay *entorno* en el sentido de lo que hubo en el gobierno de Perón con figuras como López Rega. Menem no tiene ni podría tener un López Rega. Las figuras que más pueden gravitar en torno de Menem son aquellas que bien implementan las decisiones de gobierno que él quiere adoptar –en ese sentido no hay duda de que la influencia de Cavallo fue tremenda durante los años en que armonizó su actuación con la gestión del presidente–, o bien que pueden resolver problemas políticos fundamentalmente tácticos como lo hicieron durante largo tiempo Bauzá o posteriormente Alberto Kohan.

Kohan, a diferencia de Bauzá, tiene un aspecto importante –que explica su permanente presencia al lado del presidente en el curso de los últimos años– que es ser un compañero de la intimidad que llena vacíos, a mi modo de ver, que ha dejado la muerte de su hijo. No porque su hijo fuera un compañero sino porque su fallecimiento inesperado profundizó la soledad del personaje. Menem es de manera arquetípica el solitario en ejercicio del poder, es una personalidad extremadamente apartada a pesar de su gran cordialidad y de la facilidad de su relación cortés y cordial con la gente que no empece, sin embargo, a su profunda lejanía. Como Alberto Kohan es un hombre que puede jugar al fútbol, tenis, cartas o golf con él, y al mismo tiempo le puede hacer "un zurcido y un bordado" en el campo de la acción política, ocupa una posición en esta segunda Presidencia que no ocupó nadie en la primera. Bauzá servía para otras tareas más complejas que las que Kohan puede hacer, pero nunca estaba en condiciones de acceder a esa intimidad porque no era realmente un "camarada" de Menem.

El interés de Menem por la política internacional es un dato que no puede dejar de mencionarse en el análisis de su personalidad. Es, después de Frondizi, el político argentino que más interés ha tenido en la posición internacional del Estado argentino. En ese sentido es muy distinto de Alfonsín, que nunca tuvo una concepción internacional cuyo protagonista fuera el Estado, sino el partido. Alfonsín es un hombre de la Internacional Socialista en términos de su visión del mundo, porque la categoría política con que se maneja –al igual que Balbín–, no es ni el Estado ni la Nación, sino la democracia; y ésta expresada en el campo de la relaciones internacionales a través de las organizaciones partidarias. Probablemente Alfonsín habría sido distinto en la época en que no había internacionales, pero la existencia de internacionales partidarias hizo de Alfonsín un hombre que pudiera empalmarse en las mismas y condicionar su visión del mundo, que desde luego no es una limitada a las fronteras de la República. Es decir, nunca se hubiera enorgullecido como Balbín de no haber viajado al exterior de la Argentina; pero nunca tuvo como categoría política de protagonismo internacional al Estado y mucho menos a la Nación.

Menem, en cambio sí tiene las categorías de Estado y Nación en la cabeza. Ciertamente que sería interesante hacer un paralelo entre la idea del nacionalismo de Frondizi –que era un nacionalista consciente– y la idea de Menem, que en este momento ha recibido de manera muy significativa el impacto del globalismo y del internacionalismo. Pero no tengo la más mínima duda de que para Menem el protagonismo internacional es no una categoría política como la democracia o un sistema de partidos como la Internacional Socialista sino el Estado.

Por eso a Menem le interesan mucho las cuestiones internacionales y tiene un grado de información muy superior al promedio y al que la gente sospecha en materia de hechos de la política internacional. Por ejemplo, conoce muy profundamente la política de Oriente Medio, en lo cual desde luego influye su interés natural por todo lo referido a los árabes. Sus operaciones internacionales a veces pueden estar parcialmente condicionadas por objetivos de política interna. La campaña un tanto pueril por el Premio Nobel de la Paz lanzada por alguno de sus colaboradores con total desconocimiento de los mecanismos con los que el Premio Nobel de la Paz se asigna, que hacen de Menem el más improbable de todos los candidatos para poder recibir esta distinción, tiene que ver con esa posible falsa percepción. Pero esto no impide que Menem sea realmente un hombre que en materia de política internacional tiene nociones sumamente claras y también conciencia de algo indiscutible, que es haber adquirido un protagonismo significativo. Menem es Menem como titular de diario en cualquier país del mundo, hecho que prácticamente ningún presidente latinoamericano puede pretender en este momento.

Volviendo a las ideas conservadoras de Menem, se expresan tanto en su fastidio por todo lo que sea movimiento de izquierda como en su relación con los militares, y desde luego en sus ideas económicas centrales. La relación con los militares le permitió superar el sentimiento negativo muy natural que hubiera surgido de su muy injusta prisión. Esa confianza absoluta que tiene en sí mismo explica otra de las características de su personalidad que a mí me resultó y sigue resultando particularmente atractiva: Menem es un hombre sin resentimientos. Está tan seguro de sí mismo que tiene motivo para no ser resentido de nadie, y en un país de inseguros donde el resentimiento constituye la pasión más generalizada, Menem no tiene ese defecto. Esto le permitió encarar una relación con los militares al mismo tiempo que estaba muy decidido a ponerlos definitivamente en caja. Menem realmente habría sido capaz de fusilar si hubiera sido necesario en caso de una sublevación militar que requiriera ese tipo de medidas para acabar con el tema del desafío del poder militar al poder civil. Pero fundamentalmente en cuanto a eso decidió los indultos, y cuando tomó el toro por las astas en un tema tan delicado lo que hacía era expresar su sentimiento natural de que los militares no son enemigos del movimiento que él encarna. En ese sentido retornaba a las fuentes, Menem es uno de los hombres que tienen cabal conciencia de que Perón era general. Y su relación con las Fuerzas Armadas es de generar simpatía aunque esté dispuesto en materia de asignación de recursos del Estado a quitarles todo lo que sea necesario para mantener las finanzas públicas en orden.

En este último aspecto, y esto cerraría la semblanza, su actitud capitalista dura es absolutamente espontánea. En ese sentido probablemente lo refleje en los genes y tenga que ver con su propia familia: él proviene de una familia de pequeños empresarios exitosa. Tiene bastante noción de que las cuentas tienen que estar equilibradas para que las empresas funcionen, sabe que en el mundo de las empresas existe la sanción de la quiebra. Y en materia de cuentas del Estado, comprendió que la corriente inexorablemente llevaba a la victoria del capitalismo, a la desaparición del socialismo como opción, al predominio de Estados Unidos y a una conformación de economía en la que las transacciones internacionales de capital y la presencia de las inversiones de las grandes corporaciones en todo el mundo eran la definición de los rasgos fundamentales de la época. Es ese momento, pues su decisión a jugar en tal sentido correspondió además a sus instintos más naturales, que son pro mercado y antisocialistas. Hacer de la economía de mercado el modo natural de expresarse en la economía argentina, y la convicción de que era menester restablecer la moneda en el país, fueron las ideas directrices que le permitieron montar los puntos de apoyo fundamentales del gobierno fuerte que consiguió.

Una política de total coordinación

¿Cómo se produjo su designación como ministro de Defensa?

Fue de la manera más sorprendente. En el curso de la mañana del día en que el ofrecimiento me llega a fines de febrero de 1993, Álvaro de Soto, el jefe de gabinete de Pérez de Cuéllar, me había explorado sobre la posibilidad ofrecida por el secretario general de aceptar la misión de Naciones Unidas en El Salvador que tenía que poner fin a las negociaciones entre el Frente Farabundo Martí y el gobierno salvadoreño para acabar con la crisis.

Yo contesté que quería conversarlo con mi mujer, así lo hice, estuvo de acuerdo y esperé al día siguiente por la diferencia de horario para comunicarle mi aceptación a Álvaro de Soto. En esas circunstancias me llega un llamado del embajador argentino en Grecia –que había sido procurador general de la Nación–, un hombre próximo a Menem, que me dijo que necesitaba verme urgentemente para formularme una consulta. Le respondí que ese mismo día no era posible porque tenía una comida en el sector turco-chipriota de la isla con gente que había venido de Turquía a la que no podía faltar. Por lo tanto nos podríamos ver al día siguiente a primera hora. En efecto así se hizo y sin ningún tipo de preparativo me dijo directamente que el presidente me exploraba para ver si quería aceptar el Ministerio de Defensa.

Confieso que me tomó totalmente de sorpresa. Suponía que el hombre no se iba a desplazar de Grecia a Chipre para preguntarme simplemente el estado de mi salud, pero nunca esperé que se me ofreciera el Ministerio de Defensa. No calculé tampoco lo que podía ocurrir, pero me parecía que habría una exploración para una embajada de importancia. Continuamos la conversación hablando de bueyes perdidos y al cabo de media hora retorné al tema y le dije que aceptaba, no podía decir que no a un ofrecimiento de ese tipo.

Javier Pérez de Cuéllar enterado de la designación, me dijo: “No podías hacer otra cosa, hay posiciones que ni se buscan ni se declinan, y el Ministerio de Defensa es típicamente una de ésas”. Los hechos iban a demostrar qué acertado estaba, que hay posiciones que no se buscan.

Pero evidentemente no estaba en condiciones de declinar un ofrecimiento de un presidente que no conocía, representante de un gobierno democrático (yo había sido ministro de un gobierno de facto) y con el que además estaba totalmente de acuerdo en los aspectos generales de su gestión. Cuando le di esta respuesta me dijo que el presidente me llamaría esa noche. En efecto el presidente me llamó a mi casa, ratificó el ofrecimiento y yo mi aceptación.

Es interesante destacar que el ofrecimiento tenía una condición que me formuló el intermediario con esta pregunta: "¿Usted tiene objeciones de principio contra la reelección presidencial?". Y yo contesté a esa pregunta de la siguiente manera: "Esto supone una reforma de la Constitución. Una reforma de la Constitución tipo Mor Roig no me suscita ninguna objeción de conciencia". Lo cual por otra parte iba de suyo, porque como todos los argentinos al haber votado en las elecciones de 1983 significaba que estaba de acuerdo con la reforma de Mor Roig, que a pesar de haber sido hecha por decreto ley estaba legitimada por el voto del pueblo argentino. En una palabra, aceptaba la reforma de la Constitución que significara la reelección por un período en un plazo de cuatro años. Todo lo demás en ese momento parecía secundario como en efecto lo era y lo sigue siendo.

Así que vine a Buenos Aires convencido de cuál era el proyecto político del gobierno y además habiendo ya comprometido mi apoyo. Una vez que llegué fui a ver al presidente, que me recibió en Olivos a la noche y tuvimos una larga conversación con un tercer interlocutor que no puedo recordar si fue Erman González –con quien había tenido un encuentro preparatorio en Milán–, o Bauzá, aunque creo fue Bauzá. El presidente me recibió con todas las cortesías de práctica y me dijo por qué me había nombrado: "Yo lo nombré porque me aconsejó el presidente de Turquía –después lo ratificó el primer ministro turco– que no se explicaba muy bien por qué el gobierno argentino tenía en un país en una situación tan lejana y no en su gobierno a un hombre de sus características". Eso aparentemente le llamó la atención al presidente y creo que fue tal llamado de atención externa sobre una persona, y no cualquier tipo de consejo interno, lo que motivó esta sorpresiva designación.

Me pidieron total reserva en Chipre que mantuve, de manera que cuando se hizo público en Buenos Aires no había ningún analista preparado para eso.

En esa conversación con el presidente en un momento dado y riéndose dice: "Este amigo nos acompañará diez años". Lo cual no dejó de causarme sorpresa, habida cuenta de que en ese momento parecía totalmente improbable la reforma de la Constitución.

¿Por qué el Ministerio de Defensa?

Yo creo que la designación de Defensa se debió a que Menem estaba convencido de que el sector exterior de la Defensa tenía una gran importancia. Es decir que, dentro de su política orientada a priorizar la relación con Estados Unidos, el Ministerio de Defensa tenía que estar atento a todas aquellas novedades de la política internacional que permitían mejorar la imagen externa argentina, la posición argentina en el concierto de las naciones y la relación con Estados Unidos. Operaciones de paz, por ejemplo, que desde luego estaban en el ámbito de la decisión de la Cancillería, pero de la implementación por parte del Ministerio de Defensa, el replanteo de la política de seguridad hemisférica, el replanteo de las relaciones de defensa bilaterales con Estados Unidos. Además, obviamente, el presidente no desconocía mis actividades diplomáticas anteriores con Brasil y Chile por lo que se esperaba el replanteo de la relación con Brasil en el campo de las Fuerzas Armadas así como también respecto de Chile.

Ésa creo que fue la razón por la que –por otra parte en ese momento él no tenía ningún motivo para cambiar la conducción de la Cancillería– con muy buen criterio imaginó que un profesional de la política exterior como era yo, era el hombre indicado para conducir el Ministerio de Defensa sin choques con el Ministerio de Relaciones Exteriores en un momento en que tenía que haber una gran cantidad de actividades secantes. Personalmente pienso que eso era correcto y estaba totalmente de acuerdo con seguir una política de total coordinación con el Ministerio de Relaciones Exteriores. Me parecía que la designación en Defensa era extremadamente atractiva y nunca entendí por qué en el Ministerio de Relaciones Exteriores hubo en algunos sectores una actitud de desconfianza hacia mis eventuales intenciones.

Incluso sé que el mismo día de mi designación hubo una reunión entre altos funcionarios del ministerio que tuvo como propósito explorar si se me podía encontrar una debilidad en el campo de los derechos humanos para hacer una ofensiva preventiva. Pero yo creía que, por el contrario, la mejor garantía que podía tener el Ministerio de Relaciones Exteriores era que alguien que sabía de las competencias de las dos áreas estuviera a cargo de la implementación de buena parte de las políticas que debían ser llevadas a cabo con la dirección de la Cancillería. Jamás se me ocurrió que las iniciativas en el área de la seguridad internacional tenían que partir de Defensa. Defensa podía y tenía desde luego que opinar, podía tener sugerencias así como eventualmente plantear inconvenientes y hasta vetar iniciativas inadecuadas, pero de ninguna forma tomar la conducción de lo que por razones que no son solamente la Ley de Ministerios le corresponden al Ministerio de Relaciones Exteriores.

Me sentía además con confianza para el manejo de las relaciones con las Fuerzas Armadas. Sobre el particular no tenía ninguna duda de que en el tema de la relación Ministro-Fuerzas Armadas tenía que aprovechar las ventajas de la verticalidad castrense. En el sistema argentino el ministro de Defensa no es simplemente un enlace administrativo entre el presidente de la República y los jefes de Estado Mayor, sino que es el superior civil de los jefes de Estado Mayor de las Fuerzas Armadas. Así que mi orientación desde el comienzo iba a ser muy clara en el sentido de consolidar la supremacía civil y del gobierno constitucional sobre las Fuerzas Armadas.

No tenía por otra parte mayores dudas sobre cuál era la vocación actual de las Fuerzas Armadas, así como tampoco que respecto de ellas tenía que tener una actitud de respeto mutuo pero preservando jerarquías. A diferencia de otros ministros nunca se me ocurrió tutear por ejemplo, a un jefe de Estado Mayor, o aceptar cualquier tipo de relación que de alguna manera pusiera en tela de juicio la circunstancia de que yo era el jefe del establecimiento militar debajo, por supuesto, del presidente de la República.

Al asumir el Ministerio de Defensa sabía que había una serie de problemas delicados a tratar. El primero en términos cronológicos era la finalización del episodio Cóndor. De entrada se me advirtió que el tema de los depósitos fiscales –aunque no de todos los contratos de la Fuerza Aérea de Villalonga Furlong, supuestamente con el señor Yabrán– era delicado. Yo no había oído la palabra Yabrán antes de llegar a la República Argentina como probablemente ningún argentino lo había hecho antes de 1989, salvo que estuviera en el meollo de determinado tipo de actividades. Algunas personas me mencionaron entonces el nombre de Yabrán como algo a tener en cuenta.

Mi agenda era bastante clara. Reafirmar la supremacía civil sobre las Fuerzas Armadas, proyectarla en el campo externo, estimular las relaciones con los países vecinos –particularmente Brasil y Chile en materia de intercambios militares y de estimular todo tipo de medidas de confianza–, fomentar las operaciones internacionales de paz, orientar las Fuerzas Armadas hacia nuevos roles, trabajar en la reorientación del gasto militar, replantear algunos temas presupuestarios incluido el problema muy delicado de los retiros militares, analizar la relación con Estados Unidos y reformular la relación en el campo estratégico y de la cooperación bilateral. También debía continuar selectivamente el papel de eventual aliado en operaciones puntuales sin confundir la incorporación del país en una operación unilateralmente conducida por Estados Unidos con una alianza.

En una palabra, todo lo que posteriormente iba a ser implementado en los años que siguieron.

Cualesquiera que fueran las razones que movieron al presidente Menem a designarme ministro de Defensa, en términos prácticos la gestión que se ofrecía se ajustaba a mi experiencia personal y sobre todo la de los últimos años. Evidentemente estábamos ante un cambio de función, estructural, de las Fuerzas Armadas, que requería una reubicación en el país en términos funcionales, una ubicación en el mundo en términos de toda la política de defensa argentina, y también un replanteo de su integración, composición, equipamiento, doctrina y de su vinculación con otras Fuerzas Armadas en el escenario mundial.

¿Cuál fue su análisis sobre la decisión de enviar tropas al Golfo en el año 1990?

Cuando se produjo el envío de las tropas al Golfo yo estaba en Chipre y consideré totalmente adecuada la decisión. Me pareció que la decisión significaba un giro copernicano en la política exterior argentina, absolutamente necesario y dado en el momento preciso. Era reformular lo que en un sentido inverso había hecho el gobierno conservador de Castillo en Río de Janeiro en 1942. Es decir, ubicar al país en la línea de quienes estaban en ese momento configurando la historia; lo que en términos hegelianos podríamos considerar como los protagonistas de la historia. Estados Unidos lo era ya en 1942, la Argentina se equivocó de rumbo, y en 1991 era todavía más claro ese papel que asumían como única superpotencia después de la destrucción de la Unión Soviética.

Yo creía que el caso de Irak requería una intervención internacional, no me cabía duda de que se había cometido una violación inaceptable con la invasión a Kuwait por parte de Irak; era el caso característico de agresión previsto y sancionado por la Carta de las Naciones Unidas. Me parecía también muy claro que desde el punto de vista de equilibrio económico internacional no era posible que Saddam Hussein tomara el control de una parte tan importante de las reservas de petróleo. No tenía duda de que Estados Unidos tenía un *casus belli*, que iba a hacer la guerra cualquiera fuera la posición de los países del Consejo de Seguridad, y que además la iba a ganar muy rápidamente. Así que desde todo punto de vista me pareció que la Argentina hacía bien en apoyar una causa que estaba jurídicamente, moralmente, económicamente y estratégicamente justificada.

Así que a partir de ese momento yo había tomado una posición favorable de manera adicional al gobierno de Menem con quien tenía ya coincidencias tanto en el campo de la política económica adoptada como en el campo de la política institucional, particularmente en el tema del indulto de los comandantes.

Una nueva dimensión internacional

Le propongo continuemos analizando su gestión en Defensa.

Me parecía claro que desde el punto de vista del Ministerio de Defensa había, en primer lugar, que continuar la línea de consolidación del control civil de las Fuerzas Armadas; es decir, terminar con cualquier posibilidad de intervención de las Fuerzas Armadas en el proceso político. La función de poder moderador que en un momento dado pudo atribuirse a las Fuerzas Armadas en el pasado de la historia argentina había claramente terminado. No existían por otra parte los componentes internacionales que –queriéndolo o no los argentinos– habían explicado el rol protagónico de los militares en la política latinoamericana; éstos son la Guerra la Fría y la penetración de la Unión Soviética en el continente a través de distintos mecanismos. Estados Unidos ya no actuaba como un factor de interferencia en la política interna institucional porque simplemente no tenían el problema de la Guerra Fría por delante a enfrentar o resolver con procedimientos adecuados o inadecuados.

De modo que la etapa estaba abierta para una ofensiva de los poderes constitucionales para establecer un definitivo control de las Fuerzas Armadas por parte del poder civil. Esto suponía, por otra parte, darle un rol adecuado a las Fuerzas Armadas. Es decir, cuál era la filosofía nueva que se le iba a aplicar a las Fuerzas Armadas, que no tenían el justificativo que durante dos décadas había dado la Guerra Fría y que se encontraban en un cuadro en el campo regional en el que los conflictos con los países vecinos se hacían altamente improbables.

Yo había trabajado toda mi vida previa para desalentar cualquier tipo de conflicto con Brasil y con Chile, que eran las hipótesis tradicionales sobre las cuales se había fundado la estrategia, la táctica, el equipamiento y el entrenamiento de las Fuerzas Armadas Argentinas. Naturalmente a la altura de los tiempos en que me tocó asumir el Ministerio de Defensa esa tarea de alisar las relaciones con los países vecinos estaba cumplida por los gobiernos de todos los países interesados en los años inmediatamente anteriores. Era manifiesto que la Argentina no tenía en ese momento con Brasil ninguna hipótesis de conflicto ni siquiera en términos de ejercicio de Estado Mayor, y que con Chile la situación estaba prácticamente en el mismo nivel aunque todavía quedaran algunos conflictos diplomáticos como los limítrofes de Laguna del Desierto y de los Hielos Continentales.

Quiero aclarar que cuando hablamos de hipótesis de conflicto me refiero a hipótesis de conflicto militar, ya que conflictos de otra naturaleza existen siempre. También pueden darse conflictos en el campo económico, ya que en la medida que hay diferencias de intereses éstos pueden llevar a conflictos de naturaleza diplomática. Pero de ahí a las hipótesis militares sobre las cuales se fundan el grueso del sistema de defensa hay naturalmente un abismo cualitativo de diferencia. La circunstancia de que la guerra hubiera dejado de ser un instrumento pensable para la solución de cualquier problema en el ámbito latinoamericano desde luego replanteaba el problema funcional de las Fuerzas Armadas.

Había también una nueva dimensión internacional para la cual sí yo podía aportar una experiencia específica en el rol de la defensa. Esa nueva experiencia internacional era la asunción por parte de la Argentina de un papel adecuado en el juego de los conflictos internacionales. El papel adecuado, habida cuenta de su dimensión media pero no desdeñable, suponía las decisiones de mantener un equipo militar orgánico adecuadamente entrenado y capacitado para integrarse con las expresiones más avanzadas de la tecnología militar internacional, y que además aportara al país como un elemento no despreciable prestigio por misiones bien cumplidas al servicio de causas que merecían el esfuerzo.

Yo había visto ya, aparte de la participación argentina en coaliciones dirigidas por Estados Unidos, las primeras misiones internacionales de paz que podían considerarse parte de la política post-Guerra Fría. La Argentina era veterana en misiones internacionales de paz en el sentido de que ya había participado en el Medio Oriente, en el Congo desde 1960 en adelante. Pero obviamente las misiones internacionales de paz habían cambiado totalmente de dimensión desde el momento en que la Unión Soviética –antes de su implosión– había cambiado su política exterior.

Una de las razones por las cuales yo había aceptado la misión en Naciones Unidas en 1987 era un artículo publicado ese mismo año por Gorbachev en un diario soviético en el que definía la nueva visión de los conflictos internacionales por parte de la Unión Soviética. Afirmaba que se había descartado la exportación de la violencia como un instrumento de promoción ideológica, que la guerra revolucionaria no tenía ya más función en la política exterior de la Unión Soviética y que el papel de la Unión Soviética era, como potencia internacional responsable, contribuir a las misiones internacionales de paz que el contexto de Naciones Unidas enfrentaba. Eso me había dado bastante optimismo justamente para presidir una misión de paz como la de Chipre.

¿Cuáles fueron los objetivos que se planteó al asumir en el Ministerio de Defensa?

La Argentina ya había adoptado, en el momento en que yo tomé la decisión de aceptar el ofrecimiento del presidente Menem, en materia de misiones internacionales de paz decisiones tan importantes como la de acompañar la misión en la ex Yugoslavia que había sido resuelto poco antes de mi incorporación al gabinete.

De manera que teníamos una primera tarea que era continuar en la consolidación del control civil de las actividades militares y de las actividades de seguridad y contribuir a consolidar el buen nivel de relaciones poder político-Fuerzas Armadas que el presidente Menem había conseguido en la primera parte de su mandato. En segundo lugar: reubicación de las Fuerzas Armadas en el nuevo contexto nacional e internacional en cuanto a su participación en sus relaciones con el gobierno civil, lo cual suponía análisis del despliegue de las Fuerzas Armadas en el orden nacional, es decir en el espacio geográfico del país. Había que hacer un análisis de la función de ocupación y de desarrollo estratégico que las Fuerzas Armadas habían cumplido en el pasado cotejándolo con las actuales condiciones del país en las relaciones con sus vecinos. Así como también realizar un estudio de la relación de las Fuerzas Armadas Argentinas en las tareas de defensa del espacio geográfico que les corresponde ocupar, que no solamente se limita al territorio específico de la República la Argentina sino a áreas como el Atlántico Sur.

Era necesario examinar la relación consiguiente con los principales países de la región, la relación de las Fuerzas Armadas Argentinas con Estados Unidos como principal proveedor de recursos tecnológicos, de doctrina y de información, la relación con Estados Unidos en función de la subsistencia de un foco de conflicto territorial de importancia en el Atlántico Sur como era el tema de las Malvinas.

También debía replantearse el currículum de doctrina de las Fuerzas Armadas en las tres armas correlativamente con las funciones de las fuerzas de seguridad que en ese momento todavía dependían del Ministerio de Defensa, particularmente el rol de la Gendarmería. Asimismo, replanteo de las políticas de equipamiento de las Fuerzas Armadas habida cuenta de la escasez de recursos con los que se podía contar en ese momento, necesidad de buscar nuevas fuentes de equipamiento con la utilización de la menor cantidad de dinero, particularmente en Estados Unidos. Explotación por lo tanto de los derechos que la República Argentina había adquirido a partir de su participación en coaliciones con Estados Unidos, que significaban que en adelante podía conseguir en la Ley de Ayuda Militar Exterior Norteamericana una situación privilegiada que luego se iba a convertir en la llamada "alianza extra OTAN".

Otras tareas eran la exploración de zonas de acción común, en primer lugar con Brasil como posibilidad en ese momento concreta y posteriormente en el curso de mi gestión iba a esbozarse la posibilidad de algún tipo de cooperación con Chile; el análisis de la estructura orgánica de las Fuerzas Armadas incluida la hipótesis del replanteo del servicio militar.

Era un espectro bastante vasto de problemas muy vinculados además en última instancia con el tema de la seguridad internacional. Por eso yo me sentía bastante cómodo en el ejercicio de la función y en general podía decir que mis relaciones iniciales con las Fuerzas Armadas fueron bastante positivas.

¿Cómo armó su gabinete?

Decidí armar la mitad de mi gabinete en la línea política en Chipre. De entrada pensé que Vicente Massot era un candidato adecuado para la secretaría de Asuntos Militares aunque no le ofrecí absolutamente nada vía telefónica naturalmente. Cuando llegué a Buenos Aires hablé con él, ratifiqué mi impresión y le ofrecí el cargo que aceptó. Respecto del candidato para el área económica del ministerio, lo que se llama Secretaría de Planeamiento, no tenía una idea siquiera aproximada cuando llegué a Buenos Aires porque tenía que informarme primeramente de cuál era la tarea específica del secretario de Planeamiento del Ministerio de Defensa. Esta área se me antojaba muy vasta, como en efecto lo era, pero no sabía dónde había que poner el centro de gravedad.

En el tiempo que tuve para informarme antes de asumir el cargo me quedó sumamente claro que el tema fundamental era el del presupuesto y que era primordial tener a alguien que estuviera en condiciones de manejar el diálogo con el Ministerio de Economía. Es decir que no sabía hasta qué punto era un eje central de la gestión ministerial en el gobierno de Menem y con el ministerio de Cavallo. Y hasta qué punto a lo mejor el 80% del tiempo se destinaba a negociar con el Ministerio de Economía y con la Secretaría de Hacienda la obtención y luego la ejecución de las partidas de un presupuesto de 4.800 millones de dólares.

Pero de cualquier forma era muy claro que el tema pasaba por el presupuesto. Ahí fue cuando revisando a los candidatos llegué a la conclusión, de la que por supuesto nunca me arrepentí, de que un equipo fuerte en el sector específicamente contable –sin perjuicio de que después demostrara tener aptitudes muy grandes para otras cosas– era lo que me iba a quitar preocupaciones en esa área en la cual naturalmente yo no tenía ningún tipo de experiencia. Mi experiencia administrativa previa en el Ministerio de Relaciones Exteriores, era bien distinta dada la dimensión tanto menor del Ministerio de Relaciones Exteriores, que desde el punto de vista de manejo de números requería fundamentalmente una contabilidad; aquí hacía falta en cambio algo muy diferente.

Por lo tanto desde el comienzo de la gestión estuvo conmigo Federico Etchechoury. Me lo recomendó un amigo, conversé con él largamente, me pareció que era un hombre que realmente respondía al perfil que necesitaba y lo designé a él juntamente con el subsecretario de Ejecución de Presupuesto.

El equipo fue completado con Horacio Rodríguez Larreta, amigo de muchos años, a cargo de la Subsecretaría de Privatizaciones. Fue convocado con una misión fundamental que era terminar con el proceso de privatizaciones en marcha en el Ministerio de Economía. Es decir, lo que yo quería era terminar con cualquier tipo de empresa que estuviera en manos todavía del Estado. Había aún un porcentaje considerable de área a privatizar y pensaba a Rodríguez Larreta como una persona de absoluta confianza en una cuestión sumamente delicada como ésa, que iba a responder suponía yo de manera incondicional a la política que adoptara el ministerio con plena garantía de ejecución transparente.

El menor ruido posible

¿Cómo y por qué se adoptaron decisiones fundamentales sobre el Cóndor 2?

El tema del Cóndor 2 apareció en la primera semana de gestión, y le diría antes de la asunción del cargo. El Cóndor 2 fue uno de los temas que alguno de los amigos con los que cambié ideas al regresar a Buenos Aires me había señalado de inmediato como un problema de alta prioridad para Estados Unidos. El Cóndor 2 y el tema correo –particularmente los intereses de Federal Express– eran dos asuntos sobre los que debía tener el ojo abierto. Y ésa fue la primera oportunidad además en la que se mencionó el nombre de Yabrán que nunca había escuchado cuando estaba en Chipre. Yabrán vinculado al correo, no al Cóndor 2, del cual no hubo ningún tipo de referencia que lo vinculara a Yabrán ni hasta el día de hoy.

Pero el Cóndor 2 me fue indicado como un tema de prioridad absoluta para la embajada norteamericana. Yo del Cóndor 2 no tenía tampoco una información acabada ni había sido un tema que había seguido desde mi posición en Naciones Unidas, pero inmediatamente adquirí una información muy clara sobre cuál era la posición del gobierno y cuál era la decisión definitiva del gobierno de terminar con el asunto.

En realidad cuando yo me hice cargo del Ministerio de Defensa en abril de 1993 lo único que quedaba pendiente del Cóndor 2 era la ubicación de determinadas piezas de los misiles que Estados Unidos quería a toda costa encontrar. Ya se había producido el principal embarque vía España del grueso de las piezas requeridas por la embajada norteamericana, y el segundo tema que quedaba por resolver era el desmantelamiento de algunas piezas que Estados Unidos quería inutilizar de manera definitiva en la planta de Falda del Carmen. Es decir, el tema Cóndor 2 estaba de hecho agotado en la etapa de decisiones, la estrategia ya se había trazado y la implementación de esas decisiones se había llevado a un punto bastante avanzado. Eso va a explicar en definitiva por qué se produce la crisis del brigadier Juliá en la que consideré indispensable su desplazamiento. Aunque su separación era plausible puesto que se había cumplido el ciclo normal de los titulares de las armas, la verdad es que Menem era bastante reacio al cambio de los titulares y no tenía ningún interés en que salieran ni el brigadier Juliá ni el almirante Ferrer –jefe de Estado Mayor de la Armada– que a su vez consideré que era necesario saliera para no crear una desigualdad entre las dos fuerzas en cuanto a la duración de su jefe de Estado Mayor. Pero el tema de Juliá estaba atado a la íntima adhesión que él tenía al programa Cóndor, y por lo tanto la renuencia con la que se prestaba al cumplimiento de las instrucciones del Poder Ejecutivo: ubicación de las piezas y entrega definitiva de las mismas.

Dije que el tema Cóndor se había puesto en claro desde antes de la ocupación del cargo porque estando ya de regreso en Buenos Aires, cuando se producía la transición de la gestión de Erman González, en una entrevista que concedí, una cierta deformación de una respuesta que yo di a propósito del Cóndor provocó una gran alarma del canciller Di Tella que me pidió que lo fuera a visitar. Cuando yo le expliqué qué era lo que realmente pensaba sobre la materia quedó muy tranquilo, porque me dijo que ésta era una cuestión sobre la que el gobierno tenía tomada una posición definitiva y daba por descontado que no iba a tener dificultades en el Ministerio de Defensa.

De modo que mi tarea en relación con el Cóndor fue simplemente avanzar en la implementación de las decisiones tomadas sin que de mi parte hubiera ninguna discrepancia. Yo consideraba que el proyecto Cóndor era desacertado y que había sido orientado a una alternativa militar que desvirtuaba las finalidades originariamente orientadas a la exploración espacial y a los proyectos pacíficos en materia de explotación del espacio que habían caracterizado la anterior etapa de la Fuerza Aérea. Creía que en ese sentido habíamos adoptado una línea distinta de la de Brasil, que nos descolocaba tecnológicamente y nos cerraba la posibilidad de tener colaboración externa. También, que cualquier paso que se diera en materia de dar respuestas favorables a las políticas de proliferación de armas de destrucción masiva y de medios de transportes de las mismas, colocaba a la Argentina en una situación de paria internacional que se contraponía de manera incompatible con las líneas básicas que en materia de política exterior habían sido adoptadas.

La posibilidad de una política de desarrollo de misiles militares me parecía que le estaba simplemente vedada a la Argentina. De manera que sobre la filosofía del gobierno no tenía ningún tipo de desacuerdo.

Por supuesto que lo que yo no sabía en ese momento era si la planta Falda del Carmen era aprovechable o no a otros efectos, si realmente tenía una posibilidad de ser adecuada con facilidad a los fines de una actividad espacial orientada al uso pacífico de sus productos. Lamentablemente la transformación de Falda del Carmen en tal sentido no se reveló de ninguna manera un objetivo de fácil cumplimiento.

Otro aspecto que me resultaba desde luego inaceptable del proyecto Cóndor era el esquema de cooperación y los países con los que se había montado dicho esquema. Es decir, Egipto es un país con el que la Argentina tiene excelentes relaciones y es un buen socio en muchas circunstancias. Pero el tercer elemento del trípode, que era Irak, luego de los episodios que habían ocurrido al comienzo de la década, teñía al conjunto del proyecto con colores incompatibles con objetivos primarios de la política exterior argentina. No había la menor duda de que Irak era uno de los socios del proyecto, técnicos de Irak habían estado presentes en la planta de Falda del Carmen al igual que los técnicos egipcios, y la sola posibilidad de que la Argentina estuviera asociada a un proyecto militar de estas características con un país de las características de Irak quitaba al proyecto toda viabilidad política y en última instancia tecnológica.

Así que desde ese punto de vista yo consideré que había que seguir la línea del gobierno, que fue en efecto la que se siguió, aunque haciendo el menor ruido posible. Negociando con Estados Unidos en términos razonables, manteniendo una posición que no hiciera de los funcionarios de la embajada norteamericana procónsules en condiciones de dar órdenes. Inclusive tuve un choque bastante fuerte con el embajador Todman a propósito de un comentario que hizo que motivó una respuesta pública de mi parte muy enérgica que sin embargo no impidió que posteriormente por supuesto tuviéramos con él relaciones adecuadas.

En cuanto a la implementación de las decisiones, hubo ciertamente algunas pequeñas diferencias entre la Cancillería y el Ministerio de Defensa, había cosas que la Cancillería estaba dispuesta a dar que los norteamericanos no necesariamente requerían ni presionaban con argumentos razonables. Por ejemplo, en el desmantelamiento de algunos aspectos de la planta de Falda del Carmen el Ministerio de Defensa opuso resistencias que en última instancia fueron exitosas.

Pero éstos son aspectos muy marginales de lo que era una decisión en la que nosotros acompañamos plenamente la política del presidente y la del ministro de Relaciones Exteriores.

¿Qué ocurrió en el caso de Pernías y Rolón, seguido de cambios en su equipo de colaboradores?

El tema Pernías-Rolón fue el primer incidente en el que el Ministerio de Defensa tropezó con la tentativa de resurrección por parte de algunos sectores del país de los temas de enfrentamiento cívico-militar vinculados con los conflictos de la década del 70. Básicamente lo que ocurrió fue una interpretación equivocada de la conducción de la Armada sobre el manejo de ascensos a grados que requerían el acuerdo del Senado de oficiales que no habían tenido tropiezos en los ascensos normales de sus carreras durante la gestión tanto del gobierno de Alfonsín como del de Menem. Es probable que la Armada haya entendido que oficiales que habían sido ascendidos a cargos superiores en decretos que llevaban la firma del presidente Alfonsín no tendrían dificultades en escalar a posiciones que suponían el acuerdo del Senado.

Hay que tener en cuenta que, particularmente en el caso de la Armada, esta fuerza había procedido a depurar de manera bastante completa a cuadros que —a juicio de las conducciones de la Marina durante la gestión del gobierno de Alfonsín— habían cometido excesos inaceptables o inclusive delitos en el ejercicio de la represión de las actividades subversivas. Tengo entendido que la Armada había hecho incluso una serie de categorías para analizar la conducta de los oficiales durante aquellos años porque los primeros que podían hacer una autocrítica de su actividad eran los propios oficiales de las tres fuerzas.

La experiencia de que esos oficiales habían sido ascendidos sin dificultades por el gobierno de Alfonsín, e inclusive el hecho de que, según se me manifestó posteriormente, oficiales a los que se les podía hacer el mismo tipo de imputaciones habían sido ya promovidos con el acuerdo del Senado, movieron a que se presentara esa propuesta normal de ascensos al Poder Ejecutivo y que el requerimiento del acuerdo del Senado se hiciera sin tomar ningún tipo de precaución.

Ignoro si el almirante Molina Pico en el caso específico de los capitanes Rolón y Pernías había sospechado la posibilidad de un planteo de naturaleza política, y lo mismo había ocurrido con el secretario de Asuntos Militares, el licenciado Massot.

La verdad sea dicha que a toda la plana mayor del Ministerio de Defensa la tomó de sorpresa la publicación de Horacio Verbitsky en *Página 12* y el dato de que de un día para otro se planteara la posibilidad de que la Comisión de Acuerdos del Senado rechazara estos pedidos de acuerdo.

No hay la más mínima duda de que se había producido un cortocircuito. Es decir que había habido una información deficiente de parte de los asesores navales con los que trabajó el secretario de Asuntos Militares, que conocía suficientemente la Armada como para saber quién era quién, pero que había juzgado de perfecta buena fe que no se iba a suscitar ningún problema con estos pedidos. Y además había habido también un cortocircuito en la conexión entre el Ministerio de Defensa y el Comité de Acuerdos del Senado, puesto que no hubo el más mínimo indicio de que el tema se podía plantear. Como tampoco consiguientemente el contacto que hubiera permitido a los propios senadores desarmar de entrada el problema que se presentó en la comisión con el simple recuerdo de que los oficiales habían sido ascendidos en el gobierno de Alfonsín sin ningún tipo de inconvenientes.

Una vez que el tema se planteó quedó absolutamente claro que no había ninguna posibilidad de que los ascensos se produjeran en esa ocasión. Lo único que se podía conseguir en ese momento era que los pliegos de los capitanes Rolón y Pernías sin ser retirados quedaran durmiendo en el Senado mientras se procedía al despacho de los otros, que es lo que así se hizo a la espera de una mejor oportunidad.

El análisis que se hizo en cuanto a las implicaciones del caso me hizo tomar la determinación de aceptar la renuncia que me había ofrecido el licenciado Massot, hecho del que probablemente me haya arrepentido más de una vez aunque por mi parte dudo de que hubiera podido tener otra alternativa política. La necesidad de detener en el nivel de Massot lo que era una crisis política que podía amenazar con continuar fue requerida de manera muy unánime por los titulares de las comisiones de Defensa de las dos Cámaras y por la Secretaría General de la Presidencia. En eso puede haber incidido también la falta de simpatía política que Vicente Massot podía tener con alguno de los titulares de las comisiones de Defensa. Pero el análisis que hicieron en ese sentido era categórico.

De manera que fue una decisión de naturaleza política única que tomé en el curso de mi gestión y que me previno que cuando en adelante se intentara paliar una crisis con el sacrificio de una pieza menor en el tablero de ajedrez jamás lo hiciera de nuevo. Es decir, hasta el día de hoy considero que Vicente Massot se comportó como un caballero en la oportunidad en que ofreció su renuncia y en toda su conducta posterior. Y que tal vez hubiera sido mejor en ese momento enfrentar la crisis y rechazar la presión, aunque pudiera aceptarse desde luego que en este caso la responsabilidad política razonablemente estaba asumida por quien no había apreciado las implicaciones del episodio.

La verdad sea dicha que Massot se equivocó y por eso renunció. Yo no puedo decir que me equivoqué porque no sabía quiénes eran Rolón ni Pernías. Pero no puedo estar seguro de que no me equivoqué por no haber respaldado a quien se había equivocado.

Hacer fuerza con la fuerza del adversario

¿Cómo se vivió desde el Ministerio de Defensa el resonante discurso de Balza conocido como el de "la autocrítica"?

El discurso del teniente general Balza fue precedido por dos reuniones en las que participaron el ministro del Interior, que ya era Carlos Corach, los otros jefes de Estado Mayor y el ministro de Defensa. En ellas se empezaba a analizar la necesidad de que las Fuerzas Armadas tomaran una iniciativa en lo que se podría llamar, aunque todavía no bien determinado, "autocrítica" del pasado. Las Fuerzas Armadas habían contado desde luego con un respaldo de simpatía grande del presidente Menem que se había expresado en una medida tan difícil como los indultos.

El ensayo autocrítico de las Fuerzas Armadas no era tampoco una novedad total. La jefatura del Estado Conjunto de las Fuerzas Armadas en oportunidad que era ejercida por el brigadier Waldner había dado un paso bastante importante en ese sentido. Pero sobre todo el propio general Balza había ya formulado en algunos discursos –como el conmemorativo del Día del Ejército de 1993 pronunciado en La Pampa– algunos planteos de gran claridad particularmente en torno de qué quiere decir "obediencia debida". La inaceptabilidad de órdenes ilegales había sido ya formulada por Balza en su contenido y aspecto político, –no jurídico porque en este último sentido jamás el Código de Justicia Militar había aceptado en el pasado la obediencia debida a órdenes ilegales.

Balza había ya dicho con claridad para quien quería oírlo que los crímenes eran crímenes. Sin embargo no se había producido esto en un ámbito en el que las palabras resonaran con la fuerza con la que lo hicieron después. Por ejemplo, ese discurso al que me refiero del año 1993 fue bien anterior a la muerte del soldado Carrasco e inclusive a los casos de Rolón y Pernías, que fueron a fines de dicho año.

De manera que yo diría que los militares tenían con toda claridad ya reformulado su esquema. Toda la agitación política que el episodio Rolón-Pernías y luego el episodio Carrasco produjeron —a fines de 1993 y primera parte de 1994—, vinculado además todo con el proceso electoral que tenía lugar ese año había replanteado el tema en una caja de resonancia diferente.

La reunión a la que me refiero tuvo lugar en la Casa de Gobierno. Allí se esbozaron las líneas generales de una estrategia a seguir en manifestaciones públicas por parte de la conducción de las Fuerzas Armadas, se dijeron algunas cosas en la línea de un replanteo histórico de lo que había ocurrido en el pasado. Es decir, por un lado se reconoció que las Fuerzas Armadas no habían obrado caprichosamente cuando enfrentaron la subversión, y por otra parte se aceptó que en nombre de la supresión de la subversión se habían practicado conductas totalmente inaceptables.

Aproximadamente quince días después de esa reunión el general Balza me entrevistó y me dijo que pensaba oportuno hacer una manifestación pública cuyas líneas generales me hizo conocer; y que pensaba hacerlo en un pronunciamiento en un programa de radio o televisión. Posteriormente me informó de que iba a hablar esa noche en el programa de Neustadt.

No me envió el texto de lo que iba a decir, lo que por otra parte era una práctica que yo siempre había seguido. Es decir, jamás requerí de los jefes de Estado Mayor el texto que iban a pronunciar, me parecía que tenían responsabilidad suficiente para decir lo que debían y no lo que no debían. Pero por supuesto sí debía saber las líneas generales de lo que iban a decir. Menem no sabía nada de este discurso.

Cuando Balza pronunció su famoso discurso autocrítico se produjo inmediata conmoción, de tal forma que Menem me ubicó esa misma noche en el Teatro Colón –una de las pocas veces que lo hizo por un tema específico– y me preguntó si había oído el discurso de Balza. Le contesté que no lo había hecho, pero que sí lo conocía. Le pregunté si le había parecido mal, y me contestó que por el contrario le había parecido bien. Ahí terminó la conversación. Realmente Menem no conocía el discurso de Balza, pero probablemente debía de estar informado de la reunión que habíamos tenido con Corach unos días antes. Quizá Corach no había calculado que Balza iba a decir lo que dijo, pero que el gobierno deseaba que las Fuerzas Armadas se orientaran en algo aproximadamente de ese tipo, es un dato. La forma como Balza implementó ese esquema y el grado de autonomía que tomó en adelante en sus pronunciamientos nunca fue materia de objeción por parte del gobierno, porque realmente el costo de esa autocrítica lo pagaba en todo caso Balza y el beneficio de la misma se proyectaba más allá del Ejército.

Así que ésta fue la historia de la autocrítica de Balza, a la que siguió posteriormente un documento de menos envergadura hecho por los otros dos jefes oportunamente. En el que hizo el brigadier Paulik se recordaba que la Fuerza Aérea ya había dicho lo suyo años antes en términos no demasiados diferentes de los empleados por Balza por boca del brigadier general Waldner cuando ejercía la jefatura del Estado Mayor Conjunto.

Todo esto se producía dentro de un contexto de relación Fuerzas Armadas-gobierno que comenzaba a ensombrecerse con las discusiones presupuestarias.

¿Qué intervenciones tomó ante el caso del soldado Carrasco?

Haré primero una referencia a los temas periféricos pero en última instancia decisivos en materia política comenzando por el caso del soldado Carrasco. Es cierto que este caso tuvo mucho que ver con una transformación tan importante como la eliminación del servicio militar obligatorio y el establecimiento de las Fuerzas Armadas profesionales, pero no fue tampoco un mecanismo de causa-efecto. El caso del soldado Carrasco fue esencialmente politizado. Hubo en este caso dos elementos característicos: en primer lugar, el crimen en sí mismo de características sorprendentes por la manera en que se concretó, y luego el encubrimiento. No hay la más mínima duda de que en este operativo ha habido una forma de encubrimiento que todavía está siendo materia de indagación judicial y que aún hoy plantea importantes interrogantes.

Carrasco fue víctima de un homicidio que a primera vista parece la consecuencia preterintencional de un episodio de brutalidad, pero la posibilidad de que el soldado hubiera fallecido en definitiva como consecuencia de falta de atención médica si es que ésta se le intentó prestar, abre otros puntos de cuestionamiento que la indagación judicial tiene que terminar de esclarecer. El caso Carrasco fue conocido en nivel político a partir de la información que el jefe de Estado Mayor del Ejército proporcionó al Ministerio de Defensa. Desde luego se sabía por los diarios que había habido un episodio extraño en una unidad de Zapala, pero el tema se planteó de manera brusca, irrumpiendo de un día a otro cuando el jefe de Estado Mayor me informó que había resuelto la separación de la totalidad de la planta de oficiales del grupo de Artillería de Zapala como una medida preventiva. Ésta fue la reacción inmediata que tuvo el Estado Mayor antes de que se tomara otro tipo de decisiones.

El caso Carrasco se politizó de manera inmediata. Orgánicamente se intentó presentarlo como un caso de responsabilidad política: el Poder Ejecutivo era el responsable del fallecimiento de Carrasco y específicamente el Ministerio de Defensa. Esto además envolvió una ofensiva realmente directa contra el Ejército, donde las características especiales de la provincia de Neuquén tuvieron mucho que ver con este derivado e inclusive las cuestiones vinculadas a la política interna de Neuquén y del partido oficialista local, el Movimiento Popular Neuquino.

Cuando la cuestión adquirió relieve mayor hubo reuniones de la Comisión de Defensa, planteos periodísticos muy intensos, agitación en programas de televisión coordinados y se proyectó el tema en el ámbito parlamentario; el gobierno analizó la hipótesis de dar de baja a la totalidad de los soldados que integraban el grupo de Artillería de la guarnición Zapala. Esta hipótesis que luego fue rechazada habría producido consecuencias extremadamente graves en la medida en que el Ejército se habría sentido totalmente desautorizado. El Ejército específicamente estaba sumamente preocupado por la posibilidad de que un episodio de esta naturaleza se produjera, pero jamás hubiera podido considerar como razonable una solución que implicaba en última instancia violación de la ley. No se podía dar de baja sin una decisión legislativa a un sector de las Fuerzas Armadas por parte del Poder Ejecutivo antes de que se cumpliera un plazo determinado que no era el que todavía se había verificado a partir de la incorporación de la clase.

Por supuesto que los análisis del caso Carrasco exceden el objeto de este libro, pero sí vale la pena señalar que lo que el caso Carrasco demostró fue la reserva de resentimiento contra las Fuerzas Armadas que todavía existía en un sector de la sociedad argentina. Así como la capacidad de respuesta que esa reserva de resentimiento poseía aún en sectores importantes del país, particularmente sectores de la prensa. Hubo una intensa campaña antimilitar durante los varios meses que se sucedieron al deplorable episodio, que a su manera tenía vinculación también con el replanteo de los temas de la represión ilegal que se habían expresado en el episodio Rolón-Pernías que es algunos meses anterior al caso Carrasco. Y en todo lo que ocurrió ulteriormente, incluido el más reciente de los casos que es la reapertura del tema del ex presidente Videla.

La forma como eso juega dentro de la dialéctica gobierno-oposición ha planteado siempre una situación curiosa y paradójica. La curiosidad principal radica en que el Movimiento Peronista aparece de alguna manera como cómplice del gobierno militar, mientras que a su vez prácticamente la totalidad de los políticos que tienen hoy relevancia y que fueron oportunamente hostigados o detenidos durante el proceso militar son peronistas. Es notoria la presencia de figuras de estas características en los más altos niveles del gobierno nacional, en los gobiernos provinciales y en las legislaturas nacionales y provinciales. Se crea entonces una situación muy paradójica: los atacados por sectores de la prensa y por algunos sectores de la oposición son los que en alguna oportunidad fueron víctimas, y que por otra parte no tienen naturalmente ninguna simpatía especial por quienes en su oportunidad fueron sus represores. Esto crea situaciones de ambigüedad que han sido fuente de preocupación del gobierno y han contribuido a dificultar las relaciones con las Fuerzas Armadas.

Si el caso Carrasco no tuvo una relación causa-efecto con la eliminación del servicio militar obligatorio, ¿cómo lo explica?

La explicación es terminantemente clara. Desde luego que la muerte de Carrasco se prestó para que las campañas usuales que existen en el mundo entero contra el servicio militar obligatorio cobraran fuerzas. Sin embargo el gobierno no se proponía liquidar la conscripción, ni tampoco la oposición lo reclamaba. Pero ocurría algo que en ese momento solamente conocía el mismo gobierno y que curiosamente nunca fue materia de discusión y debate en la opinión pública, a saber cuál era el comportamiento práctico de la sociedad respecto de la obligatoriedad del servicio militar.

En el año 1993 el porcentaje de deserción que se había registrado luego de la convocatoria correspondiente de la clase, es decir el año inmediatamente anterior al episodio Carrasco, había sido superior al 30%. Por deserción entiendo la de los eventuales conscriptos llamados y ya revisados médicamente, es decir que se habían declarado aptos y que no se habían presentado a cuartel. Esto había significado una multiplicación de un año para otro de este tipo de deserción en porcentajes extraordinarios, y además había ocurrido en todo el país. Cuando la media histórica de deserción era 2 o 3%, se había producido el salto a diez o quince veces más. Se planteaba una situación muy extraordinaria, es decir, que el servicio militar había dejado de ser obligatorio en la conciencia de la gente. Además, existía la práctica certidumbre de que los juzgados federales se iban a plegar al comportamiento de la sociedad, no existiendo la posibilidad práctica de imponer por la fuerza el servicio militar al 30% de los conscriptos eventualmente desertores.

Éste era un tema que había sorprendido mucho a las Fuerzas Armadas y naturalmente también al gobierno. Se había conseguido cubrir las dotaciones requeridas por las Fuerzas Armadas, particularmente el Ejército que era la fuerza interesada, pero se había a su vez comprobado que si la gente resolvía no presentarse a realizar el servicio militar no había prácticamente posibilidad de imponer su obligación en función de que el comportamiento social había casi decretado una desuetudo de la obligatoriedad de la norma. Esto es un elemento indispensable para tener en cuenta, porque las Fuerzas Armadas habían registrado esa situación y por lo tanto sabían que estaban confrontados con un estado de cosas nuevo.

En segundo lugar, desde el punto de vista profesional, las Fuerzas Armadas desde la guerra de las Malvinas deseaban abandonar el sistema de la conscripción, porque habían comprobado que era un sistema ineficaz. Lo que pasa es que entendían que el paso a un esquema de soldados profesionales estaba más allá de las posibilidades financieras del Estado. Naturalmente existía además la preocupación de que un cambio tan revolucionario no se podía tomar de un día para otro sin las precauciones del caso; la experiencia mundial indicaba que todos los procesos de profesionalización de la tropa habían requerido transiciones comparativamente largas.

Además había un tercer elemento importante: el nuevo esquema de defensa del país y el nuevo despliegue de tropas requería muchos menos hombres que lo que había exigido en el pasado. Las Fuerzas Armadas habían tenido durante la época previa de la guerra de las Malvinas e inmediatamente posterior a ella una base normal del orden de los ochenta y hasta cien mil hombres. Es decir que la relación soldados y cuadros de oficiales o suboficiales era aproximadamente de cinco a uno. Pero en 1994 la totalidad de soldados no excedía en las tres armas a los veinticinco mil, y probablemente eran menos que eso. El total del número de soldados en el momento que se resolvió la derogación del servicio militar obligatorio seguramente no sobrepasaba los veinte mil.

Así que había tres elementos: deserción como comportamiento de la sociedad, disminución de los efectivos de tropas de las Fuerzas Armadas y el deseo de las Fuerzas Armadas de profesionalizar los cuadros ante la evidencia de que el Ejército de conscriptos no era eficiente.

Así que lo que el episodio Carrasco suscitó fue una reacción en el gobierno de hacer fuerza con la fuerza del adversario, fue un golpe de yudo de Menem. Menem entrevió la posibilidad de sacar ventaja política de una demanda que sectores de la oposición hacían para arrinconar al gobierno con la certeza de que el gobierno no iba a tomar ninguna medida para contrarrestarla. Cómo se implementó el tema: simplemente a través de una manera muy sencilla: Menem le preguntó al ministro de Economía, Cavallo, si era factible o no hacer una profesionalización de la tropa. Cavallo hizo los cálculos, tuvo una conversación muy sumaria con el Ministerio de Defensa, se hicieron grandes números y se vio que eran asequibles. El presidente tuvo una reunión con los jefes de Estado Mayor en Bahía Blanca aprovechando una festividad militar que obligó al desplazamiento de toda la plana mayor del área de la defensa hacia esa ciudad, y allí efectuó la consulta de cómo veían la posibilidad de que se pasara a las Fuerzas Armadas profesionales, y les requirió a través del Ministerio de Defensa un informe lo más rápido posible sobre la implementación eventual de la medida.

La primera reacción de las Fuerzas Armadas fue positiva, en general se pensó que era conveniente tener un período de transición a la manera como lo estaba haciendo Holanda en ese momento. Pero Menem quería que una vez tomada la decisión se hiciera lo más rápido posible, a los efectos de sacar el mayor rédito político posible de una medida que sin duda iba a tener una repercusión popular positiva.

Se terminaron de hacer con un poco más de detalle los cálculos de grandes números que se habían intentado, se hizo una reunión con el Ministerio de Economía que se comprometió a aportar 200 millones de pesos adicionales para el presupuesto del año siguiente, y la medida se puso en marcha. De manera que el caso Carrasco fue en realidad un pretexto, un disparador para implementar una situación que estaba madura. La gente que pensó que fue una respuesta oportunista lisa y llana a una crisis política no analiza la importancia del cambio estructural y su dificultad. Sobre todo no dan explicación de por qué fue tan exitoso el brusco reemplazo de un sistema de conscripción que tenía antigüedad prácticamente centenaria en el país por un sistema de soldados profesionales.

Así que aquí se vincula un episodio altamente politizado como fue el desgraciado episodio del crimen de Carrasco, por una parte, con una de las medidas más importantes adoptadas por el gobierno en el ámbito de la reestructuración del Estado.

Además hay otra consideración final que en ese momento se tuvo muy en cuenta: el servicio militar obligatorio había tenido una función ampliamente integradora en el país, pero lo que condicionaba esa función integradora y la hacía realmente posible era la universalidad, todo el mundo hacía el servicio militar. Pero en el momento en que el gobierno tomó la decisión el total de gente llamada era cinco veces menos que lo que normalmente había aportado la sociedad a las Fuerzas Armadas en épocas de población mucho menor. De manera que la universalidad no existía más, sino que había una especie de ruleta rusa que determinaba que gente que no tenía por qué ser llamada al servicio militar lo era y gente a la que le hubiera venido muy bien ir a hacer el servicio militar no era convocada.

Otras de las decisiones importantes que se adoptaron fue naturalmente la incorporación de personal femenino al Ejército. En líneas generales cabe decir que la experiencia del soldado profesional mientras yo la pude ver como ministro fue sumamente exitosa. No me cabe la menor duda de que la coyuntura ocupacional de la Argentina, particularmente en algunas regiones del país, daba además a un sector de la juventud una salida interesante con la profesionalidad de la actividad castrense.

Debía tenerse en cuenta por otra parte, y ése fue un tema estudiado desde el comienzo, que incorporar soldados a la vida militar implica el problema de qué se hace con ellos una vez que termina su ciclo. Es decir, un soldado no puede estar permanentemente en armas, hay una determinada duración de la carrera de soldado cuya determinación requiere bastante cálculo y que solamente la experiencia puede demostrar si fue calculada correctamente. Esto es determinar cuántos años como mínimo hacen falta para que la incorporación del soldado sea financieramente rendidora y profesionalmente adecuada y qué es lo que tiene que aprender ese hombre o mujer mientras está bajo banderas cuando es reintegrado a la vida civil. Obviamente no se puede entregar a un matador profesional, tiene que entrenarse a alguien que en el momento que se reintegre a la vida civil tenga conocimientos, aptitudes y experiencias que hagan esa inserción fácil.

Por eso el servicio militar obligatorio estaba íntimamente atado a la modernización del Ejército, al ingreso en un sistema en que la informática resultaba fundamental en todas las actividades del la vida castrense. También al espectro amplio de posibilidades ofrecidas por las actividades metalmecánicas, químicas, e incluso las del simple mantenimiento logístico que abrían posibilidades de entrenamiento de otra manera totalmente inaccesibles para jóvenes de distintas procedencias sociales.

Una experiencia al año y medio de la instalación del nuevo sistema, particularmente en el Ejército demostró una transformación sustancial en situaciones inesperadas como por ejemplo ocupación de enfermerías. Las enfermerías del servicio militar obligatorio estaban normalmente llenas por conscriptos que utilizaban ese mecanismo para liberarse de tareas que no les gustaban, en cambio las enfermerías del nuevo Ejército profesional estaban permanentemente desiertas. El soldado que está en la enfermería es porque realmente tiene algo, no les interesa ir allí porque prefieren naturalmente el trabajo que hacen. El grado vocacional sobre todo por la actividad de campo es muy alto.

Cabe poca duda entonces de que la adopción del sistema militar profesional, cualquiera haya sido el motivo de su puesta en marcha, fue una medida acertada que además encajaba en toda esta nueva concepción de las Fuerzas Armadas compartida de forma masiva por los cuadros de oficiales. Los cuadros de oficiales durante todo este ciclo experimentaron un proceso de internacionalización que particularmente en el Ejército significó un cambio cualitativo en el tipo promedio de oficial. Desde luego la Fuerza Aérea y la Armada, por definición profesional, tenían una inserción en el mundo espontánea, hecho que no ocurría en el Ejército.

La política internacional y consiguientemente la de defensa inaugurada a partir de la decisión de incorporarse a la Guerra del Golfo significó una universalización del Ejército, es decir una proyección hacia el exterior del Ejército que en última instancia ha hecho de esta fuerza la más integrada al sistema mundial de las tres Fuerzas Armadas Argentinas. El Ejército debe ser uno de los sectores de la sociedad, por ejemplo, donde hoy se habla más inglés, y la experiencia que han adquirido en determinado tipo de ramas de la ciencia jurídica contemporánea como el derecho penal humanitario es totalmente sorprendente para quien ha conocido las Fuerzas Armadas tradicionales argentinas.

En las Fuerzas Armadas se hacen inevitablemente más o menos especialistas en derecho penal humanitario quienes integran misiones de paz. El porcentaje de oficiales jefes de unidades –en el nivel por lo tanto de tenientes coroneles o mayores– que han integrado fuerzas de paz a lo mejor es hoy del 30% o más de la oficialidad, lo que supone versación en determinados aspectos del derecho internacional, en conocimiento de causas de política internacional, en conocimiento práctico de determinado tipo de conflictos, en comprensión de situaciones sociales nuevas, y en el manejo de instrumentos de naturaleza técnica que las Fuerzas Armadas Argentinas por su sola cuenta no habrían tenido.

Por supuesto, la facilidad interoperativa con cuadros militares con tecnologías más avanzadas se convertía en una necesidad *sine qua non* de las Fuerzas Armadas Argentinas. La interoperatividad con la OTAN que se ha alcanzado en etapas importantes en el curso de los últimos tiempos arrancó de la necesidad de ser interoperativo con los otros sectores que integraban las fuerzas militares de paz. Las Fuerzas de Paz de Naciones Unidas, aunque estuvieran integradas muchas veces por cuadros militares de capacidad inferior a las argentinas, estaban ubicadas en un esquema que desde luego respondía a las pautas más contemporáneas de las artes militares vinculadas con el tratamiento de situaciones sociales o políticas complejas.

Aunque el cuadro de oficiales y soldados perteneciera a países subdesarrollados en algunos casos, el esquema organizativo de Naciones Unidas les significaba por sí mismo un aprendizaje de singular validez a las Fuerzas Armadas Argentinas.

Una divisoria de aguas en la política argentina

¿Qué análisis hizo usted sobre la reforma constitucional para facultar la reelección del presidente Menem?

Como antes dije, al aceptar el ofrecimiento para ocupar la cartera de Defensa dejé en claro que estaba de acuerdo con una reforma constitucional tipo Mor Roig, es decir que no rechazaba la reelección. Es también un dato que Menem comentó al testigo de la conversación primera que tuve con él: "Este hombre nos acompañará diez años".

Yo no tenía la menor idea de cómo Menem podría conseguir apoyo para la reforma de la Constitución. Creo que muy pocos –si alguno– la tenían. Eso incluía a quienes, como Cavallo, analizaron la posibilidad de la propia candidatura presidencial para 1995. Había quienes pensaban que el procedimiento a utilizar sería el soborno liso y llano de un grupo de parlamentarios opositores. Varios dirigentes, como Gustavo Béliz, han referido que alimentaban tales sospechas y podría creerse que en ello se fundó su renuncia. Esa renuncia, dicho sea de paso, fue un episodio que me causó profundo desagrado, porque como se la fundó y presentó dejaba al resto del ministerio en posición muy desairada, como cómplice de un plan verdaderamente siniestro.

Siniestro y, desde luego, irrealizable. La única forma de reformar la Constitución era un acuerdo político, un pacto. Esto suponía el acuerdo de Alfonsín. La primera persona que me dijo que no le cabían dudas sobre la concreción de ese pacto y la aceptación de Alfonsín fue Jorge Antonio. A mí me parecía claro, en todo caso, que el acuerdo eventual tendría que ser sobre la base del esquema Mor Roig, dos períodos de cuatro años pero con la posibilidad para Menem de presentarse sólo una vez. Conversando con

Bauzá le expresé esta opinión, y Bauzá me dijo que tal era, en efecto, el esquema. Le pregunté entonces si había alguna idea para después y su respuesta fue: "Duhalde, desde luego". Yo no tenía por qué tener dudas, pero sin embargo le pregunté si estaba seguro. Bauzá me dijo entonces: "No se engañe: hay un acuerdo estratégico entre Menem y Duhalde". Un caso clásico de *famous last words*.

Lo cierto es que a los pocos días el presidente, que sobre estos temas se había mantenido enclaustrado en un cuidadoso mutismo, dio una entrevista al semanario *Noticias* en la que se incluía el mensaje clave: reelección por una sola vez. A partir de ese momento no me cupo duda de que a algo se llegaría, aunque como la inmensa mayoría de los "informados" me enteré del Pacto de Olivos una vez consumado.

Olivos fue el típico caso de pacto preexistente a la reforma constitucional de 1994. Fue ese pacto lo que hizo posible no sólo la reforma sino la espectacular legitimidad que la consagró con la unanimidad de los convencionales sobre su texto, a despecho de los numerosos problemas que la reforma deja planteados y que se sentirán en el futuro. Que una de las cláusulas del pacto es la reelección por una vez no puede dudarse. Ése es el compromiso asumido por Menem a cambio del acuerdo de la otra parte a lo que en adelante era una inevitable victoria.

Todo el debate jurídico sobre la posibilidad de interpretar la cláusula transitoria de la Constitución es básicamente inconsistente, elude el dato político que hay debajo de la norma. Y ello no es de extrañar. Quienes se han opuesto enconadamente al pacto no pueden o no quieren invocarlo. Los mismos que aceptaron la abolición de la Constitución de 1949 por un decreto del general Aramburu o las reformas constitucionales impuestas por decreto por el general Lanusse consideran escandaloso que el Poder Judicial constitucional interprete la constitución.

Y tienen razón. Pero esto no por razones jurídicas, que desde luego existen, sino por motivos políticos como siempre que de la sustancia constitucional se trata. Sólo otro pacto podría modificar las cosas. Por esa sola razón fue siempre imposible la re-reelección. Y sólo podría quedar abierta la posibilidad de intentarla si las fuerzas políticas argentinas resolvieran adoptar el cambio constitucional que supondría el establecimiento de una Presidencia *ad vitam*. Esto sería un cambio en el sentido de Carl Schmitt. Perón lo consiguió en 1949, pero eso fue el punto de partida de la revolución de 1955.

Ésta era mi opinión mientras me desempeñaba como ministro. Me fui del gobierno convencido de que cualquiera fuera la inmensa aptitud política de Menem, ese multiplicador, aplicado a una posibilidad cero, da siempre cero.

Lo que ha quedado en claro, sin embargo, es la necesidad de dotar al próximo gobierno de capacidad operativa, que es lo que ha destacado a Menem. La Constitución de 1994 va a mostrar su otra cara el año 2000. Su bizarra adaptación de las instituciones francesas a la Argentina puede ser una trampa. La posibilidad de un gobierno paralizado de manera estructural existe. La percepción de ese riesgo explica por qué ha habido tanta gente que respaldaba en secreto el milagro que hiciera posible la continuación de un presidente que ha capeado tantos temporales.

Pero la solución del problema tiene que ser política. La Argentina del fin de siglo XX necesita, como la de fines de siglo XIX, sus Sáenz Peña (Luis) o Uriburu (José Evaristo) que funcionaron no sólo por la Constitución sino porque los "factores reales de poder" los hicieron operativos.

Esto es lo que hace falta ahora. A eso están llamados Menem y Alfonsín, aparte de quien las circunstancias designen presidente. En los meses que faltan no puede cometerse el error que ponga en tela de juicio el sistema constitucional vigente, que no es una condición suficiente para constituir una república pero es una condición necesaria. La legitimidad política no se funda sólo en la legalidad formal. Los pactos eran los únicos límites que ponían coto al poder de Wotan, por eso los llevaba grabados en su lanza. Esos pactos han hecho posibles los fundamentos sobre los que reposa la paz de la ciudad. Los demonios protectores que decía Guglielmo Ferrero deben ser respetados. Si se los desafía, se desvía el curso de la historia con consecuencias casi siempre desastrosas.

¿Cuáles fueron las repercusiones en el gobierno de la denuncia sobre "las mafias enquistadas en el poder"?

Por supuesto que fueron materia de comentario en el gabinete, y que fueron consideradas como una decisión práctica de rompimiento por parte de Cavallo. Había poca duda de que el destinatario final del ataque era el presidente de la República, así como también de que el tema representaba, desde el punto de vista del presidente de la República, lo que podríamos llamar un *casus belli*.

La virulencia del ataque también la vinculaban algunos al siguiente hecho: Menem había ganado las elecciones con un margen que antes de las mismas solamente el propio Menem esperaba. La mayoría de la gente pensaba que Menem podía llegar a alcanzar la mayoría necesaria para ganar en la primera vuelta, pero no se esperaba que llegara a tener la mitad de los votos. Las cuentas pendientes entre Cavallo y un sector muy importante del justicialismo iban a ser ciertamente saldadas de una manera u otra luego del comicio. Pero la magnitud de la victoria de Menem envalentonó a algún sector del peronismo que no ocultó su intención de "precipitarse" políticamente sobre Cavallo y dañarlo más allá de lo que él estaba dispuesto a aceptar.

Ya había tomado estado público hacía un tiempo el tema del Banco Nación que podía, para algunos de los dirigentes peronistas anticavallistas, ser considerado como un ariete para el ataque contra el ministro de Economía. De suerte que la actitud de ataque que lleva el ministro de Economía probablemente tuvo una relación muy directa con la previsible ofensiva que sectores del peronismo le iban a lanzar, y le estaban lanzando. Pocos dudaron a partir de ese momento de que las relaciones Menem-Cavallo habían entrado en un terreno sumamente resbaladizo en el que resultaba difícil el restablecimiento de su normalidad.

No es que no hubiera dificultades anteriores, el ministro de Economía había tenido ya algunos problemas serios con otros sectores del gabinete con motivo de su idea del replanteo de la política de seguridad en una gran secretaría para la que él proponía un candidato que le resultaba grato: Licastro. Pero en ese tema no había un enfrentamiento entre Cavallo y Menem, porque Menem en principio también coincidía con la idea de poner la estructura de seguridad en una sola mano, que luego se ejecutó. En este tema yo personalmente siempre discrepé, ya que pensé que las policías no debían estar dependiendo de un solo organismo político. En ningún país del mundo las policías dependen de un solo ministerio, siempre dependen de distintos ministerios. En situaciones normales como la que la Argentina vive hoy, no es especialmente importante que las policías dependan de un solo ministro o no, pero las situaciones pueden no ser normales. Y en el momento en que se plantee una situación anormal las garantías de la gente cuando la estructura de la policía está concentrada en un solo organismo político podrán verse afectadas.

Pero éste fue un tema en el que no había discrepancia entre el ministro de Economía y el presidente de la República, que buscaban ante todo premiar la eficacia y pensaban que la eficacia de la estructura de seguridad estaba atada a que tuviera una sola conducción.

¿Qué recuerdo tiene usted de Alfredo Yabrán?

Cuando me incorporé al gobierno de Menem empecé a tener referencias sobre Alfredo Yabrán, cuyo nombre hasta ese momento jamás había escuchado, como la inmensa mayoría de los argentinos. Por otra parte, habiendo estado fuera del país durante los últimos años del gobierno de Alfonsín, no había podido acceder a las informaciones que probablemente la gente ya más o menos iniciada tenía sobre esta figura.

Cuando me hice cargo del ministerio se me dijo que las empresas asociadas con el Ministerio de Defensa, específicamente *Villalonga Furlong* en las tres operadoras de los servicios de depósitos, del *free shop* y de rampa de aviones le pertenecían a este señor. De él había básicamente una imagen vaga, no era un tema significativo de la política argentina aún, pero en el Ministerio de Defensa se formulaban las advertencias del caso porque se decía que el señor Yabrán tenía contactos íntimos con la Fuerza Aérea que se habían concretado en el montado de estas empresas.

El tema empezó a cobrar relevancia en la medida en que el gobierno ya estaba lanzado a un programa de privatización de aeropuertos. Este programa fue uno de los primeros que dio lugar a una insistente presión por parte del presidente en las reuniones de gabinete para que se lo impulsara y llevara adelante; presión en la que tenía también presencia activa el doctor Cavallo, ministro de Economía. Tanto Menem como Cavallo estaban convencidos de que la Fuerza Aérea tenía que apartarse de la conducción de los aeropuertos y que la privatización era indispensable, tanto para realizar las inversiones necesarias que requería la modernización del sistema aeroportuario argentino como para garantizar una mejor eficacia en la operación de aviones.

Esta idea era fuertemente apoyada por la Secretaría de Turismo, que entendía como un dato poco creíble en ese momento pero que los datos verificaron luego que la tendencia al incremento de turismo en la Argentina era sumamente acentuada y que requería, en consecuencia, mejores inversiones aeropuertarias.

La privatización de los aeropuertos, entre otros problemas, suscitaba qué hacer con las concesiones que se habían otorgado para el servicio de rampas, para el servicio de depósitos y para el *free shop*. También si convenía o no y cuál era el procedimiento adecuado para desinteresar a las compañías asociadas con la fuerza o con el Ministerio de Defensa.

En esa oportunidad conocí a Yabrán. Tuve una reunión con él –la única vez que lo vi en el curso de toda la gestión– en un encuentro que tuvo lugar creo que en junio de 1993. Fue una reunión que tuvo como objetivo el interés de Yabrán de saber si la nueva administración que yo representaba iba a continuar con la política de privatización de los aeropuertos, y en ese caso qué era lo que se pensaba hacer con las empresas. Como esto era muy al comienzo de la gestión, lo único que pude decir en esa oportunidad fue que el asunto estaba recién en estudio, que no tenía personalmente una idea clara sobre qué era lo más conveniente, y que en principio era un poco reacio a la idea de reestatizar lo que ya había sido privatizado, pero que todo iba a depender en última instancia de la política que se siguiera en materia de aeropuertos en general.

La figura de Yabrán al año siguiente comenzó a ser polémica dentro del gabinete a partir del momento de la sanción en la Cámara de Senadores del proyecto de Ley de Correos que introdujo violentamente el tema en el alto nivel gubernamental. Digo violentamente porque en la reunión de gabinete que se realizó en el curso del año 1994 el ministro Cavallo planteó en términos sumamente enérgicos su desacuerdo con el proyecto de ley que había sido sancionado en el Senado con el acuerdo entiendo que unánime del bloque justicialista y el bloque radical y alguna disidencia de algún senador del FREPASO, si es que lo había en ese momento.

Cavallo calificó al proyecto en términos sumamente duros, fue una de las sesiones realmente tensas que tuvieron lugar en el gabinete en el curso de los tres años largos en que fui ministro. El ministro de Economía embistió de manera ostensible contra el senador Eduardo Menem en la medida en que era un representante del Senado en la reunión, aunque no resultaba preciso ser un observador perspicaz para entender que buena parte del ataque estaba dirigido hacia el presidente. Las objeciones de Cavallo eran muy terminantes y yo diría que es partir de ese momento cuando el tema Yabrán se introduce como una divisoria de aguas en la política argentina. No es que no tuviera ya importancia, pero no se había convertido en el gran problema político que estalló definitivamente en el año siguiente, luego de las elecciones y en ocasión de la sesión en la Cámara de Diputados en la que Cavallo realizó sus denuncias contra lo que él denominaba las "mafias enquistadas en el poder".

La conversación a la que me referí inicialmente en la medida en que estaba vinculada con las empresas Edcadassa, Intercargo e Interbaires, no me dejó dudas respecto de la titularidad de las mismas. No podría recordar si Yabrán manifestó los motivos por los que estaba interesado en conversar sobre la cuestión de los aeropuertos, pero parecía totalmente evidente que lo hacía como propietario de las empresas, o por lo menos como una persona vinculada de una manera absolutamente íntima con ellas. La verdad es que nadie dudaba en el Ministerio de Defensa que el verdadero titular del paquete empresario era Yabrán, sin perjuicio de que jamás se hizo presente para alguna gestión directa ni indirectamente como titular formal de las empresas mencionadas.

Una política de defensa distinta

¿Qué balance hace de sus tres años en Defensa?

Los tres años de gestión en el Ministerio de Defensa se pueden considerar desde dos ángulos. Uno, el de las crisis marginales al ministerio pero que significaron en definitiva el ejercicio más intenso de actividad y el consumo mayor de tiempo: el tema del soldado Carrasco y el tema de las exportaciones ilegales de armas. Y, desde luego, las actividades centrales de la gestión que apuntaban a la continuación de una política de replanteo del sistema de defensa adecuado al esquema general de la política del gobierno de Menem.

La política del gobierno de Menem requería una política de defensa distinta que se complementaba y que era en alguna medida también parte de la política internacional del gobierno de Menem. Un replanteo internacional como el que había hecho Menem respecto de Estados Unidos, el abandono del Movimiento de los No Alineados, la decisión de hacer participar a la Argentina activamente en los esquemas operacionales de Naciones Unidas, obviamente requerían una readecuación del aparato militar y del sistema de empeñamiento de las Fuerzas Armadas en los conflictos internacionales. El avance del Mercosur replanteaba la relación con los vecinos y existía la tentativa orgánica de mejorar las relaciones con los vecinos miembros del Mercosur. El replanteo práctico de las relaciones con Chile también de una manera u otra, cualquiera fuera la importancia de la rutina y de las simples hipótesis de despliegue territorial de las Fuerzas Armadas, exigía el mismo esfuerzo imaginativo en áreas enteras como la Patagonia. Hasta inclusive la reorientación de la relación con Inglaterra, el empeño en buscar la solución del tema Malvinas por la vía de los acuerdos bilaterales y no por la de la presión internacional, también planteaban interrogantes sobre futuros operativos e incluso organizativos de las Fuerzas Armadas y en especial de la Flota de Mar.

¿Cómo incidió la política presupuestaria en su gestión como ministro de Defensa?

El problema del presupuesto fue el eje de mi gestión en el Ministerio de Defensa. El grueso del tiempo como ministro de Defensa lo dedicaba a la negociación presupuestaria con el Ministerio de Economía, y después a su implementación. A grosso modo el gasto de Defensa estaba en el orden del 11 o 12% del total del gasto del gobierno federal; lo que como porcentaje no dejaba de ser relativamente alto.

Para sintetizar el tema en una fórmula puede decirse que el gobierno de Menem mantuvo con las Fuerzas Armadas una relación en el campo político cordial y en el campo económico tormentosa. Lo que les dio de palabra y con un sentimiento sincero de simpatía lo restó en el campo presupuestario. No cabe la más mínima duda de que la política del Ministerio de Economía respecto de las Fuerzas Armadas era restrictiva y estaba íntimamente atada a esquemas no necesariamente locales. Documentos del Banco Mundial eran bastante categóricos en el siguiente sentido: si las Fuerzas Armadas habían tenido una relación de cuadros-tropa 1 a 5 en circunstancias normales y de repente pasaban a tener una relación de 1 a 1 –y menos–, que era lo que ocurría en el momento en que se estaban implementando los pasos económicos del tercer año de la convertibilidad, la conclusión era que las Fuerzas Armadas tenían excesivos cuadros que debían ser reducidos drásticamente. Es decir que si había 25 mil oficiales para 100 mil soldados y de repente el cuadro era de 25 mil oficiales para 20 mil soldados lo que había que hacer era reducir drásticamente el número de oficiales y suboficiales.

Obviamente esto estaba acompañado también de una nueva concepción de la función específica de las Fuerzas Armadas, aunque todavía no estaba en debate el tema de la acción de las Fuerzas Armadas respecto del narcotráfico.

Poca duda cabe de que desde el punto de vista de Estados Unidos las Fuerzas Armadas Argentinas requerían un replanteo, lo cual no quería decir que debían ser debilitadas sino que debían tener una función distinta. De que esto también era compartido por los organismos internacionales de financiación necesarios para el acompañamiento estratégico del plan económico tampoco cabe duda. Que el Ministerio de Economía de ninguna manera estaba dispuesto a premiar el gasto militar o de defensa dentro del esquema "defensa-seguridad" puede considerarse claro. Si el ministro Cavallo tenía que optar entre gasto de seguridad y gasto de defensa iba a optar por el de seguridad.

Por otra parte, Cavallo era el principal propulsor dentro del gobierno de un esquema de unificación de las fuerzas de seguridad en un solo ministerio político, en una secretaría específica de seguridad que él deseaba particularmente fuerte.

Al mismo tiempo el gobierno, incluido el Ministerio de Economía, no dejaba de comprender que las Fuerzas Armadas plantean en sí mismas una exigencia difícilmente compatible con un óptimo financiamiento público. Si un país tiene Fuerzas Armadas las debe mantener equipadas con un mínimo de eficiencia tecnológica que las haga útiles en términos de los planteos de defensa contemporáneos. Es decir, las Fuerzas Armadas tienen una muy pesada dimensión de costos generales que sólo se justifica si el grupo que en última instancia tiene que desempeñar las funciones de combate está razonablemente equipado en términos de tecnología contemporánea. Obviamente que la Argentina no podía pretender de ninguna manera tener un equipamiento de dimensión internacional óptimo, pero era y es mucho más costoso para un país tener Fuerzas Armadas no equipadas y obsoletas que tenerlas con el mínimo requerido para poder interoperar con las Fuerzas Armadas más avanzadas. Yo creo que ésa era la meta.

El objetivo era hacer posible que las Fuerzas Armadas Argentinas tuvieran una capacidad interoperativa con las Fuerzas Armadas de la OTAN, para usar un modelo claro.

La experiencia también demostraba que el costo –inclusive humano– de la disminución del gasto militar en mantenimiento y en operaciones era muy alto. Existía una relación directa, para poner un caso característico, en la Fuerza Aérea del número de horas voladas por los pilotos y el número de accidentes. Dos curvas absolutamente opuestas: a menor número de horas mayor cantidad de accidentes. Esto estaba determinado a priori cuando yo asumí la cartera y en la medida en que no se pudieron dar los recursos para un entrenamiento adecuado se multiplicaron, en efecto, los accidentes de acuerdo con la curva teóricamente prevista. Lo mismo en el área marítima.

En el Ejército se notaba menos por la circunstancia de que un accidente en tierra lo que tiene normalmente es costo de material pero no de vidas humanas.

A todo esto se sumaba el tema de los salarios militares y de los retiros. El asunto del salario militar estaba atado desde luego a la dimensión de la tropa. Y el tema de retiros militares estaba atado al sistema general de retiros en el régimen de reparto. El retiro militar había pretendido ser históricamente un sistema de capitalización distinto del mero sistema de reparto. Pero eso era más bien ficticio. La historia que me relató en su oportunidad el doctor Gómez Morales sobre cómo se organizó el sistema de retiros militares en la época de Perón es sumamente ilustrativa. Cuando el sistema de retiros militares se puso en marcha en lo que es su versión actual durante el primer gobierno de Perón, el doctor Gómez Morales, entonces ministro de Economía, le fue a plantear a Perón las consecuencias del sistema en términos de su inviabilidad financiera. Es decir era un sistema que Gómez Morales podía demostrar con mucha claridad que estaba quebrado en sí mismo. Perón lo escuchó con mucha preocupación y en un momento dado le preguntó a Gómez Morales: "¿Cuándo se va a producir la quiebra del sistema?", quien le respondió: "Por lo menos dentro de 20 o 25 años". Entonces Perón dijo: "Bueno, entonces dejemos el problema a quien esté aquí dentro de 20 o 25 años". Esto me lo contó personalmente Gómez Morales.

Mucho tiempo antes de que el doctor Menem llegara a la Presidencia de la República el aporte de Tesorería al Sistema Previsional de las Fuerzas Armadas era el segundo después del déficit de los ferrocarriles, y luego se convirtió en el primer aporte deficitario. Se trata de un aporte absolutamente sustancial destinado además a cubrir un sistema de retiros y pensiones que, sobre todo en los niveles superiores de la oficialidad, es además insatisfactorio.

La necesidad de reformar un sistema que fundamentalmente está desequilibrado por el número de suboficiales de las Fuerzas Armadas a niveles de sargentos mayores, suboficiales principales y sargentos ayudantes, y sus equivalentes en las otras fuerzas, realmente no tiene indicios de equilibrio en un lapso previsible.

Todos los mecanismos de reforma del sistema de retiro de las Fuerzas Armadas que se intentaron en el curso de la gestión no cerraban. En cuanto al sistema de salarios militares, evidentemente la decisión del gobierno era muy clara en el sentido de desenganchar definitivamente los salarios militares de lo que habían sido sus términos de referencia históricos: los salarios del Poder Judicial y de la diplomacia.

Hay que señalar que las discusiones iniciales entre las Fuerzas Armadas y el Ministerio de Economía durante mi gestión se beneficiaron del mejor clima que se planteó entre los dos ministerios a partir de la salida de Erman González, ya que él y Cavallo tenían una relación muy mala. La relación inicial mía con Cavallo fue mejor, aunque no se mantuvo necesariamente en los mismos términos a partir de un momento dado. Obviamente, se planteaban discrepancias objetivas entre lo que el Ministerio de Defensa requería y lo que el Ministerio de Economía estaba dispuesto a dar.

Pero conviene señalar lo siguiente: a medida que el tiempo pasaba el disgusto de las Fuerzas Armadas con la política general del gobierno a su respecto tendió a acentuarse. Es decir, los militares que habían replanteado su actitud respecto del gobierno de Menem luego de los indultos empezaron a sospechar que la política del gobierno de Menem en última instancia era acosarlos presupuestariamente y desarticular en términos objetivos la función de la defensa a través del "hambreamiento de los cuadros", la creación de condiciones que hacían la profesión muy poco atractiva, la pérdida de cuadros valiosos en la medida en que el sector civil ofrecía salarios mejores, la disminución de recursos financieros para las actividades operativas de las fuerzas, y desde luego el retraso en el reequipamiento.

La idea de que el peronismo en definitiva por una vía más astuta y sutil continuaba la política de acoso de las Fuerzas Armadas que habían iniciado de otra manera los radicales era inclusive alentada por el propio radicalismo, que señalaba que ciertamente había habido dificultades en la relación política entre el gobierno de Alfonsín y las Fuerzas Armadas, pero que el presupuesto militar había sido mucho mejor en ese gobierno que en el de Menem. Lo que era cierto.

El tema de los salarios militares no es un tema argentino sino universal, sobre todo muy grave en América Latina. Hay poca duda de que en términos relativos los salarios militares están muy atrasados, particularmente en las funciones que tienen de alguna manera equivalencia civil –el caso más típico es el de los pilotos–. Las Fuerzas Armadas del país han hecho grandes esfuerzos para preparar pilotos de combate o de transporte en las tres fuerzas y desde luego no están en condiciones de resistir la competencia de las compañías de aviación privadas. En términos históricos, incluso por el patrimonio que tienen entre manos los oficiales a cargo de la custodia de cuarteles o de compañías de distinto tipo, requerirían en el ámbito civil también remuneraciones más adecuadas.

Lamentablemente, el sistema de retiros militares se ha convertido en una trampa y en un verdadero cepo que traba la posibilidad de mejoramiento de los cuadros en actividad. El hecho de que existe una proyección inmediata ineludible legalmente determina que un incremento de sueldos resuelto para un centenar de generales en actividad de las tres armas se proyecta sobre un millar de generales en retiro.

Éste es un tema de muy difícil solución y que se plantea como una barrera para la racionalización de las Fuerzas Armadas en la Argentina y en otros países latinoamericanos; y cuya dificultad se acentúa en la medida en que –y éste es un tema que merece mayor análisis– la percepción social de la función de defensa requiere replanteos que aún no se han hecho. Esto era una de las tareas que podríamos considerar prioritarias en el curso de mi gestión en el gobierno de Menem.

Se ha imputado al gobierno de Menem una política de desmantelamiento de las Fuerzas Armadas.

Ciertamente esto no puede decirse de mi gestión. Durante ella se incorporaron los primeros elementos significativos que obtuvieron nuestros militares desde la guerra de las Malvinas. Menciono ante todo el sistema de aviones de combate A4RA, que no sólo resucitaron una fuerza aérea en curso de desaparición sino que permitió salvar la Fábrica Militar de Aviones que estaba destinada al cierre ante la indiferencia general, incluida la conducción de la Fuerza Aérea. El contrato con Lockheed fue una de las operaciones de mayor envergadura económica hechas durante el gobierno de Menem y no ha merecido la menor objeción. La impresionante renovación de la planta de Córdoba ha sido totalmente ignorada. La única atención que mereció de algún sector de la prensa fue el despido inevitable de parte del personal, aunque el replanteo de las operaciones de la empresa implicó un mejoramiento cualitativo del empleo en la provincia.

Otra realización importantísima fue la incorporación del sistema Palmaria, que dotó al Ejército de su primer batallón de artillería blindada, operación financiada sin requerir ningún recurso presupuestario adicional. Los acuerdos con Estados Unidos permitieron dotar al Ejército y la Fuerza Armada de helicópteros y abrieron el camino a la posterior incorporación de los aviones de reconocimiento P3 a la Armada: los aviones de entrenamiento de la Fuerza Aérea para la Escuela de Córdoba fueron rehabilitados, se negociaron con Rusia aviones de acrobacia que apuntaban a sostener la vocación de pilotos crecientemente desmotivados. Al procederse a la liquidación de TAMSE, se dispuso la fabricación de 120 vehículos blindados, la mayoría de ellos tanques TAM, en el más importante reequipamiento que había tenido el Ejército en más de una década. Los aviones Superetendart de la Armada fueron reacondicionados, así como los aviones de instrucción de la Escuela de Aviación.

La relación con Estados Unidos se tradujo en la larga y difícil negociación para la incorporación de la Argentina al régimen de adquisición de armamentos en el programa de ayuda exterior militar de Washington: lo que suele llamarse la condición de aliado extra OTAN. Ésta fue una negociación muy compleja que incluyó al Comité de Relaciones Exteriores del Senado que contiene elementos de índole confidencial.

La acción de reequipamiento de las Fuerzas Armadas se complementó con la continuación de la política de privatización de activos propiedad del Ministerio de Defensa, como la Petroquímica Bahía Blanca, o la transferencia a provincias de yacimientos mineros que la Dirección de Fabricaciones Militares había mantenido inactivos desde su descubrimiento, como la gran mina de litio del Salar del Hombre Muerto.

Más importante fue, sin embargo, la actividad internacional, que tuvo su punto culminante en la constitución del grupo de trabajo bilateral con los Estados Unidos. Durante la gestión del secretario de Defensa William Perry, las relaciones entre las áreas de defensa argentina y estadounidense alcanzaron un nivel inédito. Las unía un denominador común, a saber: la meta de consolidar el control del gobierno civil sobre las actividades de las Fuerzas Armadas. Éste fue el tema específico de las conferencias de ministros de

Defensa que comenzaron con la reunión de Williamsburg. Esas reuniones fueron posibles sólo por la acción coordinada entre Buenos Aires y Washington, en cuya ejecución tuvo un papel importante el subsecretario de Política y Estrategia, Ricardo Lagorio, un diplomático de carrera que me acompañó en mi gestión. Me tocó la responsabilidad del discurso de clausura de Williamsburg, y la de organizar la siguiente reunión de ministros, que tuvo lugar en Bariloche cuando ya me había retirado del cargo.

Las Fuerzas Armadas colaboraron en todas estas tareas con mucha eficacia. Su actuación en el escenario internacional, como la de la Gendarmería, les granjeó un especial prestigio. Lo corrobora un dato poco conocido: la invitación por parte del gobierno de Dinamarca a integrar una fuerza *stand by* a ser puesta a disposición del secretario general de la ONU para despliegue rápido. La Argentina fue el único país latinoamericano invitado, y las negociaciones se iniciaron de inmediato, juntamente con los gobiernos del país invitante y los de los cuatro países nórdicos, Holanda, Polonia, Hungría, Canadá, Irlanda y algún otro. Estas gestiones culminaron exitosamente en el ciclo de Jorge Domínguez, que me sucedió.

Lo cierto es que a despecho de los numerosos problemas existentes antes mencionados, las Fuerzas Armadas están hoy en mejores condiciones que hace diez años para cumplir sus tareas específicas, lo que no excluye la necesidad de que el país se plantee de una vez un debate serio en torno a la defensa y la seguridad.

¿Qué tiene que decir sobre el escándalo del tráfico ilegal de armas?

La venta ilegal de armas implicó la comisión de delitos. De eso no cabe duda, aunque hay que determinar en qué consisten esos delitos, particularmente en lo que se refiere al origen de las armas que fueron desviadas al exterior. Es evidente, por otra parte, que el escándalo mayúsculo que se montó en torno del episodio tuvo fuertes motivaciones políticas, y mucho tuvo que ver con las internas del gobierno y las disputas entre distintas áreas del poder. En todo caso es inaceptable que se haya pretendido envolver a gente que nada tenía que ver con este desdichado episodio, pero como hay en este momento una causa judicial en trámite en la que estoy involucrado, no quiero extenderme en este punto, ya llegará la oportunidad.

Epílogo

Las últimas líneas de este libro fueron dictadas en diciembre de 1998. Diez meses más tarde, la Argentina se prepara para un proceso electoral que tiene características nuevas para quien como espectador atento y a veces como actor de reparto siguió con atención y pasión, con esperanza y decepciones, con penas y alegrías la trayectoria de un país que llega al fin de siglo.

Quien tiene memoria de los años treinta puede intentar un balance de lo que hay de continuidad y de cambio en la vida argentina. No es éste el lugar ni la ocasión para tal balance pero al menos pueden hacerse algunas reflexiones breves dirigidas sobre todo al ciclo comenzado en octubre de 1983.

Ese ciclo empieza una nueva etapa en la vida del país. No se trata de que la Argentina haya descubierto la democracia recientemente, como suele decirse con manifiesto desconocimiento histórico. La Argentina alcanzó el sufragio universal y lo practicó genuinamente mucho antes que la mayoría de la países del mundo. Cuando se habla de viejas democracias latinoamericanas y se pone como ejemplo a Colombia o Venezuela que recién en la posguerra consiguieron desembarazarse de muy primitivos sistemas políticos, se ignoran hechos elementales. El sur de América del Sur fue la cuna de la democracia en esta parte del mundo, no sólo porque aquí comenzó a votarse sin fraude sino porque se alfabetizó a todo el mundo y se creó una conciencia que hace intolerable la estratificación social, en términos agudamente desigualitarios.

Por eso hay sólidas razones para pensar que las instituciones democráticas han echado raíces en nuestro país, precisamente porque no son nuevas. Las bases culturales del sistema tenían, en realidad, consistencia más solida que el sistema político mismo. Ahora, no con entusiasmo para un país amante (como casi todos) de los grandes líderes, nos aproximamos a una elección sin drama en el que será escogido el Luis Sáenz Peña o el José Evaristo Uriburu adecuado para nuestro tiempo. Luego de un largo empacho de carisma será conveniente un ciclo de digestión institucional que exigirá, desde luego una colaboración activa de todos los que fuera del marco formal van a conservar significativo poder o influencia.

La Argentina ha avanzado más que cualquier otro país de la región, en la consolidación del control civil de las Fuerzas Armadas. Esto es en buena parte resultado de la derrota en la guerra de las Malvinas, pero no cabe duda que ha sido meritorio el esfuerzo del gobierno y los militares mismos en definir nuevas funciones y en reubicarse en y ante la sociedad. Sin perjuicio de algunas heridas del pasado, no totalmente cicatrizadas, la opción militar ha dejado de operar como telón de fondo del escenario y variable de ajuste para desequilibrios reales o supuestos.

Alfonsín y Menem encarnaron liderazgos fuertes y el gobierno de Menem, además, fue un gobierno fuerte con capacidad para tomar decisiones muy difíciles.

Ambos presidentes acariciaron su propia versión de Tercer Movimiento Histórico, pero debieron resignarse a la realidad, como era perfectamente previsible.

La acelerada expansión de todo tipo de tendencias globalizadoras en la última década del siglo tomó al país mal preparado. La generación del Ochenta preparó muy bien a la Argentina para la expansión capitalista del siglo XX. No puede decirse lo mismo de quienes gobernaron desde Buenos Aires durante largas décadas. El gobierno de Menem percibió desde el comienzo tanto el significado de la desaparición del socialismo como alternativa, como el impulso a la globalización que implicaba el surgimiento de los Estados Unidos como única superpotencia. Con algunas desprolijidades y a veces con la tendencia de dar, sin contrapartida, lo que no se le requería, dio un giro copernicano en la política internacional argentina que es ciertamente irreversible y que fue necesario y correcto. Cualquier gobierno futuro mantendrá la orientación y podrá aprovechar de la experiencia en los errores cometidos. Esto es particularmente necesario en el restablecimiento total de la confianza en las relaciones con Brasil que constituyen la base irreemplazable de nuestra acción en el mundo.

La economía del país está menos preparada para enfrentar los desafíos de la globalización, que la estructura social y política para imponerse en lo que plantea la obligatoriedad de la democracia. El fracaso del proyecto de Frondizi fue un lujo que los argentinos no podían darse. La explosión de irracionalidad que lo destruyó, tiene sus puntos de contacto con la igualmente irracional euforia, con que casi todo el país se abrazó a la ilusión de las Malvinas. Y es curioso que así como ha habido un inconsciente esfuerzo colectivo para olvidar la guerra, también es notable la inconsciente negación de tantos, del golpe de Estado del 29 de marzo de 1962. Los años perdidos no se recuperaron y el replanteo profundo intentado por Menem pudo descontar sólo parte de esa desventaja.

No obstante Menem hizo un esfuerzo consciente y en gran parte exitoso para reubicar a la Argentina en un mundo en el que se había desvanecido. Lo que se consiguió fue, básicamente restablecer la condición del país como gran productor de *commodities* aunque, por supuesto, en una posición relativa mucho menos relevante que la de la Argentina del Centenario. De cualquier forma, la duplicación en la producción de granos, la eliminación de la fiebre aftosa, el gran salto en la pesca, ya comenzado en el gobierno de Alfonsín, la revolución tecnológica en cultivos como la soja, la notable expansión de la minería, la aparición de la Argentina como significativo exportador de petróleo, los acuerdos para la exportación de gas, reubicaron a nuestro país en una posición privilegiada, ya que es el único en el mundo que dispone de un espectro total de materias primas, incluidos los productos de la industria pesada siderúrgicos, químicos, petroquímicos o celulósicos, que tanto costó imponer hace sólo cuarenta años.

Estos indudables progresos no hubieran sido posibles sin una radical reforma del sector público argentino. Tal reforma fue sin duda extraordinaria en el ámbito de las empresas prestadoras de servicios públicos. La masiva privatización permitió el incremento notable de la producción de petróleo y gas, el mejoramiento cualitativo de la energía, la transformación acelerada de las comunicaciones, la reiniciación de la construcción de caminos y la recuperación de su mantenimiento, la lenta reanudación de la instalación de subterráneos, la transformación de los puertos, esta última una de las realizaciones que pudo exhibir el ciclo conducido por Domingo Cavallo, que ha pasado de alguna manera inadvertida, como inadvertido para la mayoría era el inmenso daño que causaba el catastrófico sistema portuario argentino. Si se tiene en cuenta el porcentaje de producto bruto que las empresas del Estado absorbían, puede aquilatarse no sólo la profundidad de la reforma sino la enorme reducción del área potencial de corrupción que fue erradicada. Los males engendrados por la corrupción no desaparecieron, pero no cabe duda que el próximo gobierno tendrá mucho más facilidad en combatir sus subsistentes aspectos puntuales. Lo mismo cabe decir con referencia a la eliminación de controles y a la desregulación aunque debe darse una mayor atención al área que ha quedado en manos oligopólicas. En el mismo capítulo positivo deben incluirse las privatizaciones en la desorbitada estructura de Fabricaciones Militares, particularmente las siderúrgicas y las petroquímicas sin olvidar las del área minera que aquella Dirección Nacional había bloqueado sistemáticamente.

El plan de convertibilidad fue el instrumento operativo a que el gobierno de Menem recurrió. Dicho plan se proyecta como un indudable interrogante en el futuro inmediato. La convertibilidad permitió no que la Argentina eliminara la inflación, sino más bien que recuperara su moneda prácticamente desaparecida en las últimas décadas. La inflación es sin lugar a dudas la más aviesa forma de corrupción así como el más injusto sistema de distribución de los ingresos. El país se ha acostumbrado a la nueva situación y puede decirse que tener una moneda ha pasado a ser una verdadera creencia. Por otra parte la convertibilidad importa la renuncia no ya, a la política monetaria sino a la solución de los problemas fiscales federales, provinciales y municipales vía la emisión de pesos. Sin embargo el persistente incremento del déficit consolidado terminó siendo encarado, valga la imagen, con la emisión de dólares vía endeudamiento. Las crisis externas golpearon fuertemente a la Argentina y hoy se ha hecho virtualmente imposible continuar con este mecanismo. No por nada las agencias calificadoras internacionales se negaron a mejorar el rating de la Argentina a despecho de su buena conducta y del prestigio de que han gozado sus equipos económicos. La relación deuda pública-producto bruto de la Argentina será mejor que la de cualquier país europeo, pero la composición de su producto no lo es. En su última visita a la Argentina me tocó presentar a Helmut Kohl en su conferencia en el Consejo Argentino para las Relaciones Internacionales, y allí el canciller alemán pronunció una frase lapidaria: "la industrialización es irreemplazable". Se la puede reemplazar con servicios a la americana, pero no con servicios a la argentina. Si se quiere preservar la estructura de privilegios de los más diversos tipos (pues privilegio es también el empleo público innecesario o ineficiente) refugiados en el sector público no estará amenazada la relación peso-dólar sino la convertibilidad ya que el financiamiento vía emisión será el único mecanismo disponible. La profundización de la desigualdad es inaceptable y la historia enseña que la democracia prefiere la agitación a la injusticia. Pero el camino único descubierto hasta ahora para acabar con la exclusión social es el desarrollo económico.

Es evidente que aunque la Argentina ha avanzado pasos sustanciales dista de haber ingresado al Primer Mundo. Lo que nuestro país tiene de Primer Mundo, sí, son sus gustos de consumo, particularmente los de la ciudad de Buenos Aires. La nacionalización de los medios de comunicación, en el sentido de su uniformización en casi todo el país, ha extendido el humor capitalino a otras áreas en las que nunca había penetrado. El interior se ha lanzado sin duda a cambios importantísimos en los que ha obrado de consumo la acción del Estado, de los privados nacionales, y de las empresas extranjeras. Hoy nuestro país es el segundo productor de soja transgénica del mundo así como el más promisorio nuevo productor de cobre y de oro. Esto no ocurrió por acaso sino por acciones bien orientadas, que pusieron en marcha políticas bien concebidas. Estos son ejemplos de lo que puede y debe hacerse si se quiere evitar que las tendencias desintegradoras que acompañan, aunque no necesariamente, el proceso de globalización provoquen nuevas crisis. La democracia argentina parece bien consolidada pero nadie debería confundirla con la suiza o incluso con la española.

La globalización tuvo en la Argentina una característica que la diferencia profundamente de Brasil e incluso de Chile, a saber, la transferencia del control de muchas de las principales empresas nacionales a manos extranjeras. Esa transferencia ha sido sustancial, y no sólo, por cierto, en el área de los servicios públicos. Los empresarios argentinos, en general, llegaron a la conclusión de que la escala de que disponían les impedía competir, y que la opción que enfrentaban era vender ahora a buen precio o asumir el riesgo de desaparecer o vender a precio menos conveniente. Esto, probablemente, no era cierto en todos los casos, pero así ocurrió. La voluntad de mantener las decisiones dentro del territorio se debilitó. No hay duda de que, para un empresario argentino, era normal y aun inevitable introducir consideraciones extraeconómicas en su toma de decisiones. Esto no tiene por qué ocurrir cuando aquéllas se adoptan en centros lejanos. Está por verse cómo influirá en el futuro el avanzado proceso de desnacionalización que tuvo lugar en los últimos años.

De todas formas, para un hombre de mi generación que siempre fue escéptico de utopías, las razones para ser optimista superan la preocupación por las sombras que sin duda existen. La perversidad totalitaria ha eclipsado. Nadie cree, como era lugar común hasta hace pocos años, que la violencia es la partera de la historia. Espero no tener que desmentirme cuando redacte mis próximas memorias.

Buenos Aires, setiembre de 1999

Índice

Presentación 9

Pasar de la teoría a la realidad 11

La necesidad de las soluciones democráticas 17

Frondizi: un interrogante 26

Una usina de pensamiento 30

El hombre más completo 42

Dar lo suyo a cada uno 44

Una forma de nacionalismo totalmente heterodoxa 51

El vecino de mi vecino es mi amigo 59

Política exterior, el centro de gravedad 73

Jugar a la historia y no a la política cotidiana 83

Alargar el plazo del golpe 95

Ganar un gran premio 105

El retorno a las ideas prefrondizistas 107

Un examen de tendencias 114

Dos líderes sospechosos 121

Posibilidades reducidas 124

Los compromisos asumidos 129

Cómo *Clarín,* en ese momento, suscitaba expectativas muy grandes 135

Una relación cautelosa 144

Una dimensión mítica de la violencia 151

No cae hasta que no lo empujan 157
Todos los inconvenientes y ninguna ventaja 163
Las balas empezaban a sonar por todos lados 171
Una violencia ambigua 187
Ungido de plenos poderes 189
El tema no era totalmente racional 204
La creación del clima bélico 218
Un peso muy propio 221
48 horas extremadamente tensas 222
Una salida política de construcción sumamente difícil 225
Un tira y afloje fenomenal 246
La prioridad 238 249
Una jugada muy ambiciosa 255
Un conflicto militar con la OTAN 265
Una versión latinoamericana de la socialdemocracia 283
No pasó de las puertas de los comités partidarios 297
Chipre, una especie de laboratorio 303
Fui uno de los tantos que se equivocaron 311
Una política de total coordinación 323
Una nueva dimensión internacional 328
El menor ruido posible 332
Hacer fuerza con la fuerza del adversario 337
Una divisoria de aguas en la política argentina 346
Una política de defensa distinta 352

Epílogo 359

Esta edición
se terminó de imprimir en
Grafinor S.A.
Lamadrid 1576, Villa Ballester,
en el mes de marzo de 2000.